MÚSICA   CULTURA POP   ESTILO DE VIDA   COMIDA
CRIATIVIDADE & IMPACTO SOCIAL

DEE SNIDER

CALA A BOCA E ME DÁ ESSE MICROFONE

Memórias Desvairadas

Tradução
Eduardo Alves

Belas Letras

Copyright © 2012, Daniel Dee Snider.
Título original: *Shut up and give me the mic – A twisted memoir*
Publicado mediante acordo com Simon & Schuster.

Nenhuma parte desta publicação pode ser reproduzida, armazenada ou transmitida para fins comerciais sem a permissão do editor. Você não precisa pedir nenhuma autorização, no entanto, para compartilhar pequenos trechos ou reproduções das páginas nas suas redes sociais, para divulgar a capa, nem para contar para seus amigos como este livro é incrível (e como somos modestos).

Nota aos leitores: esta é uma biografia que reflete as recordações das experiências do autor ao longo dos anos. Alguns diálogos e eventos foram recriados com base em lembranças e, em alguns casos, foram condensados para transmitir o que foi dito e o que aconteceu.

"Burn in Hell": Letra e Música por Daniel Dee Snider. Copyright © 1984 por Snidest Music. Todos os direitos nos Estados Unidos Administrados pela Universal Music — Z Melodies. Copyright Internacional Protegido. Todos os direitos reservados. Reproduzida mediante permissão da Hal Leonard Corporation.

"We're Not Gonna Take It": letra e música por Daniel Dee Snider. Copyright © 1984 por Universal Music — Z Melodies e Snidest Music. Todos os direitos nos Estados Unidos administrados pela Universal Music — Z Melodies. Copyright internacional protegido. Todos os direitos reservados. Reproduzida mediante permissão da Hal Leonard Corporation.

Letra de "Tasty" por Peppi Marchello. Copyright © 1974. Editora: Uncle Rat Music.

Este livro é o resultado de um trabalho feito com muito amor, diversão e gente finice pelas seguintes pessoas:

Gustavo Guertler (*publisher*), Eduardo Alves (tradução), Celso Orlandin Jr. (capa e projeto gráfico), Paola Sabbag Caputo (preparação), Jaqueline Kanashiro (revisão), Mariane Genaro (edição). Obrigado, amigos.

Foto de capa: Mark "WEISSGUY" Weiss

Fotos do encarte: quando não informado, cedidas pelo autor.

2021
Todos os direitos desta edição reservados à
Editora Belas Letras Ltda.
Rua Antônio Corsetti, 221 – Bairro Cinquentenário
CEP 95012-080 – Caxias do Sul – RS
www.belasletras.com.br

Dados Internacionais de Catalogação na Fonte (CIP)
Biblioteca Pública Municipal Dr. Demetrio Niederauer
Caxias do Sul, RS

S672c   Snider, Dee
          Cala a boca de me dá esse microfone : memórias
          desvairadas / Dee Snider; tradutor: Eduardo Alves.
          - Caxias do Sul, RS: Belas Letras, 2021.
             544 p.

          ISBN: 978-65-5537-169-7
          ISBN: 978-65-5537-168-0

          1. Snider, Dee, 1955-. 2. Autobiografia.
          3. Rock (Música). 4. Músicos de rock - Estados Unidos
          – Biografia. I. Alves, Eduardo. II. Título.

21/102   CDU 929Snider

Catalogação elaborada por Vanessa Pinent, CRB-10/1297

PARA SUZETTE

Seu amor, seu apoio e
sua devoção eternos e
altruístas ajudaram todos
os meus sonhos a se
tornarem realidade.
Eu nunca teria conseguido
sem você... e também não
iria querer.

EU TE AMO, PARA SEMPRE.

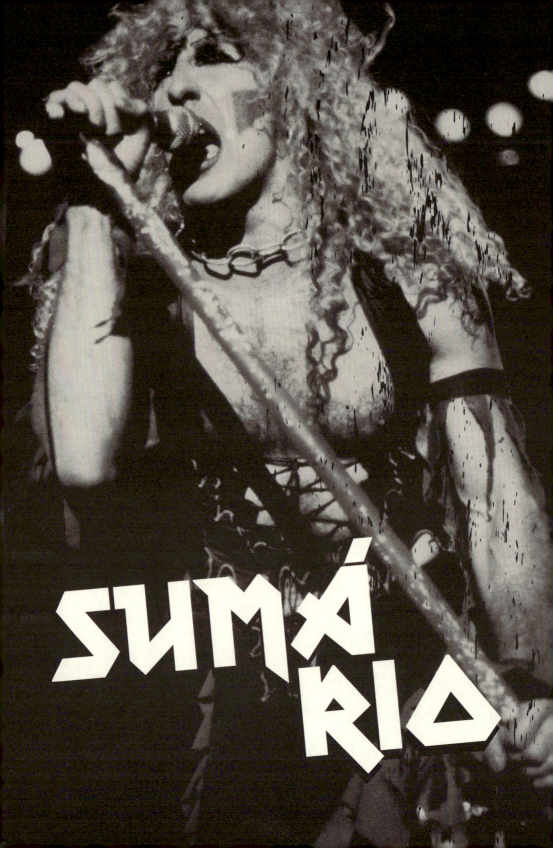

PREFÁCIO PARA A EDIÇÃO BRASILEIRA 9

PREFÁCIO 12

PRÓLOGO 16

VOU SER UM BEATLE 19

"ESSE GAROTO SABE CANTAR!" 29

NÃO, NÃO, CEM VEZES NÃO 36

SER OU NÃO SER 49

GRANDE FIASCO Nº 1 63

ISSO É O TWISTED SISTER? 76

BOCAIS DE ENEMA ALUCINADOS 86

OH, SUZY Q... 95

O ESQUADRÃO DE DEMOLIÇÃO 107

ENTÃO *ISTO* É NATAL 118

A LUVA ESTÁ LANÇADA 124

DE VENTO EM POPA 132

AQUELE OLHAR QUE DIZIA "FRACASSADO" 140

SOU APENAS UM DOCE TRAVESTI 149

VOCÊ VAI QUEIMAR NO INFERNO 153

QUE VENHAM TODOS OS FIÉIS 168

SOU MAIS SARCÁSTICO DO QUE VOCÊ 176

BATA DEVAGAR NESSA BATERIA 184

O MARASMO 193

EU TENHO VOCÊ, MEU BEM 202

BATERIA, BATERIA, BATERIA, BATERIA! 208

LEMMY KILMISTER: FADA MADRINHA 214

MARCADO POR TODA A VIDA 225

NÃO ACREDITO QUE ELES JOGARAM BOSTA 233

MAN-O-WIMP E OS NOVOS HIPPIES 242

É SÓ ROCK AND ROLL... MAS ELES GOSTAM 250

O PREÇO 262

BEM-VINDO AO MUNDO REAL 276

BEM-VINDO À TERRA PROMETIDA 291

AÍ A HISTÓRIA É OUTRA 302

O AIATOLÁ DO ROCK AND ROLLA 309

A GARANTIA 320

CINCO PALHAÇOS NUM FUSCA 327

O DIVISOR DE ÁGUAS 336

O QUE DIABOS ELE ACABOU DE DIZER? 347

POR QUE A CHUVA TEM CHEIRO DE URINA? 356

COMAM UM POUCO DE QUEIJO, RATT! 364

COMO DIABOS CONSEGUI ENFIAR
OS *DOIS* SAPATOS PLATAFORMA NA BOCA? 373

OS TEMPOS ESTÃO MUDANDO 385

NASCE UMA ESTRELA DO ROCK 400

"CLIQUE, CLIQUE, BUM!" 416

"SR. DEE SNIDER... A IRMÃ DESVAIRADA" 433

O QUE VOCÊ QUER DIZER COM "NINGUÉM APARECEU"? 452

E, ENTÃO, A BOMBA EXPLODIU 464

"NÓS TODOS CAÍMOS" 473

COMO SE DIZ "PUTA MERDA!" EM RUSSO? 483

"COLOCANDO O 'DESESPERO' EM DESPERADO" 495

"O QUE VOCÊ QUER DIZER QUANDO
DIZ QUE NÃO OUVIU O DISCO?" 509

MIJANDO CONTRA O VENTO 526

EPÍLOGO 536

AGRADECIMENTOS 543

PREFÁCIO

PARA A EDIÇÃO BRASILEIRA

EM 13 DE NOVEMBRO DE 2009, MINHA BANDA, O Twisted Sister, tinha acabado de desembarcar em São Paulo, Brasil, e estávamos em uma van acompanhada de uma escolta policial indo para o hotel. Ainda que eu tenha feito uma ensandecida visita promocional ao país 25 anos antes (vamos apenas dizer que, ao final da viagem, meus assistentes estavam tão chapados que eu precisei supervisionar meu empresário e cuidar da segurança do meu guarda-costas!), minha banda nunca tinha se apresentado por aí. Depois de nos reunirmos no início dos anos 2000, partimos em uma turnê para nos apresentar em alguns países que deixamos de visitar nos anos 1980, e o Brasil estava no topo da lista. O grande empresário do rock, Paulo Baron Rojo, tinha agendado dois shows para nós e dito aos nossos empresários que os fãs brasileiros estavam doidos para detonar com a porra do Twisted Sister.

Enquanto avançávamos na hora do rush, as ruas estavam abarrotadas de carros e caminhões voltando de um dia de trabalho. Foi apenas quando nossa escolta policial começou a abrir caminho entre os veículos para que o Twisted Sister pudesse passar que me dei conta da importância que minha banda tinha no país. Para ser honesto, não fazíamos ideia do tamanho de nossa popularidade. Mas, então, vendo as centenas de fãs esperando por nós no aeroporto, a situação do caminho sendo forçado no trânsito, depois os inúmeros fãs esperando por nós no hotel, eu soube que a música e a atitude do Dee Snider/Twisted Sister tinham, realmente, afetado os roqueiros do Brasil. E que roqueiros incríveis vocês são.

Quando minha banda subiu ao palco no Via Funchal na noite seguinte, a resposta foi extraordinária. Os fãs brasileiros tinham esperado tanto tempo para nos ver. Alguns estavam *chorando*. Para a banda e para mim, essa recepção fez com que sentíssemos uma grande alegria e uma culpa imensa. Aqueles fãs tinham sido obrigados a esperar décadas por aquele momento: por que demoramos tanto tempo para tocar aí?

A verdade é que não optamos por *não* tocar no Brasil. Fazer turnês pela América do Sul e Central em meados dos anos 1980 não era comum. Quando as coisas ficaram mais fáceis para as bandas tocarem nessas regiões, o Twisted Sister tinha se separado (1987) e levamos quinze anos para colocarmos nossas diferenças de lado e voltarmos a detonar juntos de novo (e foi preciso o ataque contra o World Trade Center em 2001 para fazer com que finalmente concordássemos em fazer isso).

Desde então, estive no Brasil muitas vezes e passei a valorizar o amor e o respeito que os fãs brasileiros têm tanto pelo Twisted Sister quanto por mim. E à medida que os anos vão passando, esses sentimentos continuam a crescer mutuamente. Quando a Belas Letras me disse que havia interesse em traduzir meu livro para o português, fiquei bastante contente, mas nem um pouco surpreso. Sei que existem pessoas no Brasil que querem saber mais sobre o que fez com que Dee Snider se tornasse o roqueiro que é... mas prepare-se: você está prestes a se deparar com algumas surpresas.

Minha história é muito diferente daquela de muitos roqueiros da minha geração. E não tenho medo de ser honesto sobre algumas verdades embaraçosas daqueles anos após a separação do Twisted Sister e antes de nossa reunião. Acredito que seja importante compartilhar com os fãs não apenas os bons momentos, mas também os períodos sombrios.

Até mesmos os heróis podem cair, mas podemos nos reerguer para detonar e inspirar as pessoas outra vez. Espero que, ao compartilhar essas coisas, você possa encontrar inspiração para os momentos sombrios em sua própria vida e também volte a se erguer para detonar com mais força do que nunca!

Mas chega dessa besteira... *Cala a boca e me dá esse microfone!*

Dee Snider
Placencia, Belize, outubro de 2021

SEXO, DROGAS E ROCK AND ROLL.

Parece que as pessoas nunca se cansam de ouvir coisas a esse respeito. Acho que essa é a grande promessa (ou o fracasso) do rock-and-roll. Não para mim, mas para a maioria das pessoas. Se essa é a única coisa em que está interessado, este livro não é para você. *Ele está mais para raiva, violência, amor e rock and roll.*

Se as únicas coisas que te deixam feliz são relatos de roqueiros desorientados pelas drogas, ex-drogados e ex-viciados em sexo, pode esquecer. Livros assim são papo-furado de qualquer maneira. Você já conheceu um drogado? Eles não conseguem lembrar o que fizeram trinta minutos atrás, que dirá trinta anos atrás. Eles tinham um diário? E você acredita neles? Viciados em heroína de verdade não conseguem segurar o próprio pinto; imagine uma caneta ou um lápis. E quem não é viciado em sexo? Quanta besteira.

Sou o cara que dava tudo de si para superar os obstáculos, deixava tudo o que tinha no palco a cada noite, não saía por aí traindo a mulher, cuidava dos filhos e esteve sóbrio o bastante para lembrar de tudo e escrever a respeito... *por conta própria*. As únicas coisas que anuviam minha memória são os anos e a tendência natural do contador de história de embelezar para o melhor proveito do leitor. Mas nada de mentiras.

Esta é uma história real de sonhos inocentes, muito esforço, uma perseverança como a de Jó, ascensão a alturas vertiginosas, obsessão megalomaníaca e uma queda entorpecente e brutal, acabando em desgraça. Ela também é sobre um amor e uma dedicação imortais entre um homem e uma mulher que – mesmo tendo passado por muitas tentações – resistiram a tudo. É como *Rocky I, II, III, IV* e a primeira metade do *V* todos juntos.

Do ponto de vista da reinvenção e da reivindicação do meu status anterior, é quase difícil de acreditar que já estive tão para baixo. *Quase*. As cicatrizes físicas e emocionais da minha vida arruinada me lembram do quão catastrófico e épico meu fracasso de fato foi... e como não quero passar por isso de novo. Diabos, se um vídeo da minha queda estivesse disponível no YouTube, ele teria, tipo, um bilhão de visualizações. Minha história deve inspirar e ser um conto de advertência ao mesmo tempo. Assim espero.

Embora eu seja mais conhecido por ser o líder da influente banda de hair metal dos anos 1980, Twisted Sister, desde meu retorno às boas graças, já trabalhei em filmes, na televisão, na rádio e na Broadway, fui o porta-voz nacional de uma importante organização de caridade e até já tive uma cidade batizada em minha homenagem. Nada mal para um sujeito com apenas *dois* sucessos (desculpe por discordar de vocês, VH1), que foi dado como morto e enterrado em 1987. Sei que muitas pessoas por aí *ainda* coçam a cabeça confusas por eu sequer estar na ativa. E escrevendo um livro? Rá! Confie em mim, eu me conheço muito bem. Não estou sentado aqui me glorificando todo envaidecido pelas minhas "impressionantes" conquistas. Não dou muita importância às coisas que já fiz, mas espero que algo possa ser aprendido com o *como* eu as fiz ou deixei de fazê-las. E realmente sei que existem *três lados* de uma história. Isso mesmo, três. A sua, a deles... e a verdade.

Esta história é minha.

A única coisa que me surpreende e me deixa confuso, porém, é minha improvável transformação em uma "figura pública estimada". Como foi que o garoto impopular que cresceu para se tornar um jovem raivoso, que se tornou o garoto-propaganda para os males do rock nos anos 1980, que foi preso por profanidade e agressão e boicotado por pais e grupos religiosos se tornou o bom-moço agradável que é hoje? Alice Cooper – um homem que já passou por esse mesmo fenômeno estranho – diz que as pessoas apenas se acostumaram conosco. "Se permanece na cena por tempo suficiente, você se torna parte da cultura americana", ele me falou certa vez. "As pessoas simplesmente esperam que estejamos lá." Como o Norm do seriado *Cheers*, acho. (Todo mundo no bar grite "Dee!".) Como quer que você explique isso, depois de anos de rejeição, aceitação final e então abandono indiscriminado, demorou um bom tempo para que me acostumasse com isso. Mas me acostumei.

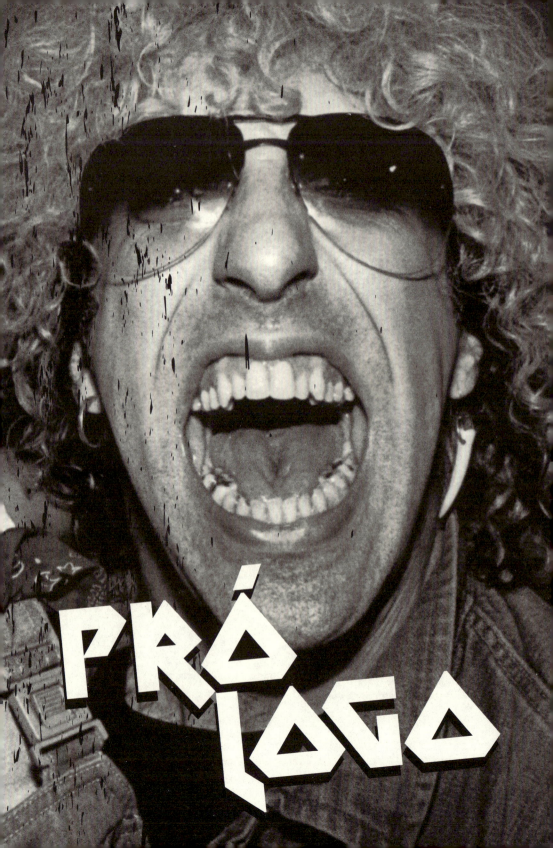

SÓ FIQUEI TORCENDO PARA ACORDAR

Está chovendo. Excelente. Que jeito de deixar uma situação ruim ainda pior. O ano é 1993, e enquanto fico sentado em minha minivan Toyota surrada com mais de 217 mil km rodados (tudo menos "estrela do rock"), leio os panfletos uma última vez: CABELO E MAQUIAGEM PARA CASAMENTOS. FALAR COM SUZETTE, em seguida nosso número de telefone. Simples, direto e uma maneira de Suzette ganhar cem dólares por umas duas horas de trabalho em um fim de semana. Nada como lucrar com os talentos de sua esposa.

Perdedor.

Puxo o capuz do meu moletom com força sobre a cabeça, não apenas para me proteger melhor da chuva, mas para evitar que as pessoas me reconheçam. Quase dez anos depois do meu auge, mesmo usando chapéu e óculos, as pessoas ainda me abordam todos os dias e dizem: "Ei, você não é...?". *Maldito rosto!* Eu me lembro de trabalhar com Billy Joel e ele dizer: "Ser rico e famoso é difícil; ser pobre e famoso deve ser *mesmo* um saco". Ele estava certo. *Você acha que o Billy está colocando panfletos em carros hoje à noite?*

Mas isso foi há uma década e eu estava sentado no topo do mundo com minha banda, o Twisted Sister. Estávamos no topo das paradas, éramos os queridinhos da mídia em todo o mundo, com um disco de platina múltipla e turnês internacionais. Eu era o garoto-propaganda do heavy metal. Tinha carros legais, barcos e uma casa cara em um bairro luxuoso. Tínhamos uma governanta e uma babá, paisagistas, zeladores e contadores que pagavam minhas contas. Tinha crédito em todas as lojas, guarda-costas e tudo que houvesse de primeira classe.

Agora estávamos na década de 1990 e eu tinha perdido tudo. Tudo. Exceto as coisas que de fato importavam na minha vida: minha esposa e meus filhos... e eu precisava sustentá-los.

Chega de enrolar, está na hora de acabar logo com isso. Casamentos na primavera significam ir a exposições de casamentos no final do inverno em salões de festas locais. Saio da minivan para a noite e a chuva é de gelar os ossos. Depois de me esgueirar para dentro do estacionamento cercado, começo a colocar panfletos nos para-brisas. Me movo com rapidez, não porque está frio ou porque quero acabar logo com o trabalho... só não quero que alguém me veja.

Ao longo do caminho, me deparo com outro cara colocando panfletos nos carros... *e ele me oferece um emprego!* Está impressionado com a rapidez com que trabalho. Se ao menos ele soubesse.

De repente, sou visto por um segurança e saio correndo. Não por causa do que ele vai fazer – me expulsar da propriedade? –, mas porque tenho medo de que ele me reconheça e diga: "Ei, você é o Dee Snider. O que aconteceu com você?".

Enquanto corro, penso pela milionésima vez: "Como diabos cheguei a esse ponto?".

1
VOU SER UM BEATLE

— VOCÊ VIU ELES ONTEM À NOITE?! VOCÊ VIU?!

Russel Neiderman, o garoto que eu mais desprezava no nosso bairro, estava transbordando de uma empolgação fora do comum. Eram 8h da manhã de segunda-feira e todos os garotos esperando no ponto de ônibus em Freeport, Long Island, estavam em polvorosa.

— Se eu vi quem? — respondi, confuso pelo entusiasmo incomum do valentão do bairro.

— Os Beatles!

No dia 9 de fevereiro de 1964, quatro rapazes de Liverpool, Inglaterra, incendiaram o país com sua aparição revolucionária no bloco de programas de sucesso "Must See TV" original, *The Ed Sullivan Show*. Mais de setenta milhões de pessoas sintonizaram para assistir ao programa naquela noite de domingo, mas pelo jeito eu fui a única pessoa que não tinha visto. Por quê? Porque meu pai tinha banido a televisão em nossa casa. Mais cedo naquele ano, meu pai proclamou (convenientemente depois de nossa televisão ter quebrado) que nós todos tínhamos nos tornado obcecados pela TV e que iríamos voltar ao básico: ler, jogar jogos de tabuleiro, montar modelos em miniatura etc.

Pelo lado bom, fui apresentado às histórias em quadrinhos e aprendi a montar aviõezinhos de madeira. Pelo lado ruim... *enquanto a história do rock and roll estava sendo feita, eu estava montando a porra de um quebra-cabeça!*

No ponto de ônibus, eu estava mais do que um pouco confuso pelo estardalhaço.

— *Os Quitos?* — perguntei.

— Os *Beatles* — corrigiu Neiderman, enfático —, eles são um grupo de rock and roll. Todo mundo está aos gritos!

Isso foi tudo o que eu precisava ouvir.

NASCIDO EM 15 DE MARÇO DE 1955, EM ASTORIA, Queens, Nova York (Áustria, não! *Astoria*), eu era o mais velho de seis filhos e o primeiro neto da família da minha mãe. Desde o dia em que nasci, e por pouco mais de um ano depois disso, fui a criança de ouro. O centro das atenções e adorações, eu não poderia ter sido mais idolatrado por minha mãe, meu pai, meus avós, minhas tias e meus tios... até que a enxurrada começou. Minha mãe (e os irmãos dela) começou a dar cria como se fosse uma competição. Minha mãe deu à luz seis bebês em oito anos. Eu não fui apenas chutado para escanteio por meus irmãos e minhas irmãs mais adoráveis e carentes, também fui obrigado a me virar sozinho cada vez mais.

Às vezes, crescer no lar dos Snider era como morar em um hospício – principalmente quando meu pai não estava por perto. Eu me lembro com clareza de um dia chuvoso, olhando para minha mãe, que segurava um bebê chorando em cada braço (Mark e Doug), meu encapetado irmão de cinco anos, Frank, perseguindo meu irmão de quatro anos aos gritos, Matt, em círculos em volta dela, e minha irmã de sete anos, Sue, reclamando em alto e bom som sobre *alguma coisa*. Minha mãe parecia estar prestes a perder a cabeça. Aquela mulher fez por merecer todos os tiques e neuroses que tem!

Deixei de ser o centro das atenções para me tornar "o mais velho" antes mesmo de estar ciente do que tinha acontecido, mas eu ainda tinha uma necessidade desesperada de ser o epicentro. Então, quando, na madura idade de quase nove anos, ouvi as palavras "Todo mundo está aos gritos" saírem da boca muitas vezes obscena de Russel Neiderman, eu soube o que tinha de fazer. Anunciei para todos no ponto de ônibus, que tenho certeza de que sequer me ouviram: "Eu vou ser um Beatle". Minha sorte tinha sido lançada, e eu não fazia a menor ideia do que um Beatle era, na verdade!

Não demorei muito para descobrir que os Beatles eram uma banda de rock com um visual bastante legal e que cantava canções incríveis. Eu não poderia ser um Beatle de verdade, mas podia montar minha própria banda de rock e com sorte provocar aquela mesma histeria. Não me importava com nenhum dos outros ornamentos do estrelato no rock, a não ser com a chance de, mais uma vez, me tornar a criança de ouro, o centro do universo. Eu era mesmo desesperado por atenção. No fim das contas, o estrelato no rock and roll seria a única maneira que eu teria de conseguir isso.

Minha estrada para me tornar uma "estrela do rock rica e famosa" foi longa e árdua. As ideias infantis que eu tinha sobre o que era necessário, combinadas com minhas tendências naturais para procrastinar, não me fizeram mergulhar de cabeça no verdadeiro processo para me tornar uma estrela até eu ter quinze ou dezesseis anos. Eu e meus colegas do primário que queriam ser estrelas do rock acreditávamos que seríamos literalmente descobertos por algum empresário da música, à la Sonny Fox[1], depois seríamos levados para gravar um disco e aparecer na TV. Não tocávamos nenhum instrumento, não ensaiávamos, não tínhamos músicas próprias nem nada! Éramos uns malditos idiotas.

Ao longo do caminho, cheguei a dar alguns "passinhos de bebê". Montei algumas "bandas" nos terceiro e quarto anos, formadas principalmente com um garoto com quem eu estudava chamado Scott, que não só tocava violão, como também tinha uma guitarra e um amplificador. No início, nossa banda se chamava Snider's Spiders e tocava

---

1 Ele era o apresentador de um programa infantil nas manhãs de sábado que recebia bandas de rock emergentes de tempos em tempos.

versões com "temas de insetos" das músicas dos Beatles e porque meu sobrenome rima com *spider* [aranha, em inglês]. Excelente, certo? Isso também prenunciava o "maníaco por atenção" que eu me tornaria.

O nome durou mais ou menos um dia inteiro antes que os outros caras da "banda" ficassem ligados e começassem a se perguntar por que o nome *deles* não estava sendo usado.

Porque seu nome não rimava com nada legal, Conway!

A extensão de nossa experiência em uma banda era passar tempo no quarto do Scott, cantando músicas dos Beatles e fazendo pose enquanto ele tocava guitarra. Ei, nós tínhamos nove anos.

De tempos em tempos, um bando de nós se reunia e organizava shows de dublagem para a garotada do bairro. Vestíamos nossas roupas para ir à igreja aos domingos (contrário à crença popular, não sou judeu), colocávamos perucas dos Beatles fáceis de encontrar (elas eram a última moda), usávamos raquetes de tênis no lugar de guitarras e latas de lixo viradas de ponta-cabeça no lugar da bateria, ficávamos em cima de uma mesa de piquenique e fingíamos cantar as canções dos Beatles tocadas em uma vitrola portátil.

E nós éramos bons. Cobrávamos dois centavos por criança (eram os anos 1960) para nos assistir fazer nosso lance. Eu me lembro de um show em que ganhamos vinte e oito centavos! Isso quer dizer que catorze garotos do bairro *pagaram* para nos assistir. Nada mal. Acho que mesmo naquela época eu já mandava ver!

EM 1965, DIANTE DA ESCOLHA ENTRE CONSTRUIR UM anexo em nossa casa para melhor acomodar nossa família em crescimento e mudar, minha família optou pela última, principalmente porque meus pais odiavam a família Neiderman tanto quanto eu odiava o Russel. Para constar, não éramos os únicos. Quando os Neiderman finalmente se mudaram do bairro alguns anos mais tarde, o quarteirão inteiro deu uma festa de despedida... e não convidou os Neiderman. Ah, toma essa!

A família Snider fez a grande mudança para a cidade ao lado, Baldwin, Long Island. Um passo definitivo para nós, mas ainda assim era um subúrbio de classe média/média-baixa, e na verdade não fizemos muita coisa para dar um toque de classe ao lugar. Além do fato de nós oito superlotarmos uma casa de quatro quartos, meu pai tinha uma visão única da vida suburbana.

Um corretor de seguros/policial estadual, meu pai certa vez mandou um sujeito que estava rebocando um carro ilegalmente na via expressa encostar e lhe fez o favor de não o multar. Em vez disso, ele tirou a lata-velha das mãos do sujeito, o rebocou de pronto para nossa casa (ilegalmente) e o colocou no quintal dos fundos "para as crianças usarem como brinquedo". Os vizinhos devem ter nos adorado. ("Olhe, querido, podemos ver o calhambeque dos Snider de nossa varanda fechada.")

Em minha antiga escola primária, a Bayview Avenue, eu era um garoto um tanto descolado, um tanto popular e um tanto inteligente. *Um tanto*. Sem que eu soubesse, o distrito escolar de Freeport era fácil, e eu tirava boas notas sem esforço. Quando estava na quarta série, meus pais receberam uma carta da escola informando que, tratando-se de notas, eu estava entre os dez por cento melhores. Minha mãe e meu pai ficaram tão orgulhosos que me levaram para o IHOP (um dos restaurantes favoritos da família Snider, naquela época e agora) para jantar *sem* meus irmãos (centro das atenções! Centro das atenções!), depois me compraram a coisa que eu queria mais do que tudo na vida: um par de botas estilo Beatles. Os sapatos que os Beatles usavam tinham bicos pontudos com salto cubado (um estilo de sapato que uso até hoje). Eles eram um pouco caros e "durões", mas eu os tinha merecido com minhas notas conquistadas sem esforço.

O fato de ter aquelas botas elevou por completo meu status de descolado. Quando as combinava com uma camisa de gola alta preta, calças relativamente apertadas e meu bracelete de prata falsa com meu nome gravado, eu ficava bastante estiloso. Que mala.

Nossa mudança para a "superior" Baldwin foi um choque de realidade para mim, mas ainda assim foi outro passinho de bebê na direção do roqueiro disfuncional que eu me tornaria. Sabe, ser descolado e popular quando criança funciona diretamente contra o ímpeto e a motivação necessários para que você se torne uma estrela do rock. Você não pode festejar, namorar e se divertir depois da escola e nos fins de semana. Você precisa ficar trancado no quarto, sentindo-se terrível e trabalhando na sua arte.

No primeiríssimo dia de aula da quinta série na minha nova escola, dei um jeito nisso.

Eu me vesti para impressionar. Minha mãe sempre comprava para nós algumas roupas novas para o começo do ano letivo, e eu estava usando as melhores que tinha. Resplandecente em minhas calças verde-escuro, camisa de botão verde (eu era o quê, um duende?), com uma gola alta postiça preta por baixo e minhas botas estilo Beatles, eu estava pronto para tomar de assalto a Shubert Elementary School.

LIÇÃO DE VIDA DO DEE

Nunca entre em um novo ambiente como se fosse o dono do lugar. Dedique algum tempo para fazer um reconhecimento do terreno antes de sair por aí querendo mandar em tudo.

Entrei na sala de aula da Sra. Saltzman com toda postura e atitude que um novato poderia reunir. Eu sabia que estava ganhando muitos pontos com meus novos colegas de classe, principalmente quando fiquei cara a cara com um sujeito grande e burro que pensava ser o durão. As coisas ficaram sérias bastante depressa e o palco foi montado para um clássico confronto depois da escola: às 15h ao lado do mastro da bandeira.

Durante o restante do dia, fui o assunto das conversas na escola. Eu era o novato descolado (louco?) que teve coragem de tirar satisfação com o "Hammy".

Sem que eu soubesse, Robert "Hammy" Hemburger (que nome horrível) era o garoto mais durão da escola. Além de ter espancado todos os novatos ao longo dos anos, sua reivindicação à fama aconteceu quando ele, aos apenas oito anos, ergueu uma tampa de bueiro de ferro fundido para obter acesso ao esgoto e recuperar uma bola perdida. Esse é o equivalente físico infantil ao de um homem adulto erguendo um carro! Infelizmente para Hammy, ele esmagou as pontas de todos os dedos quando relocou a tampa no lugar. Seus dedos se curaram com o tempo, mas eles – e as unhas – pareciam ter uma significativa aparência "achatada".

O dia letivo finalmente chegou ao fim, e eu caminhei até o mastro da bandeira em minhas roupas de "orgulho irlandês" (não, não sou irlandês) para colocar aquele imbecil em seu devido lugar e cimentar minha reputação na nova escola. Cimentei uma reputação com certeza. Hammy *literalmente* me levantou e me jogou contra uma parede de tijolos. Tenho certeza de que algumas outras coisas aconteceram entre a hora em que caminhei até o local da briga e o momento que fui arremessado, mas por mais que me esforce não consigo me lembrar. Provavelmente tive uma leve concussão.

A escola inteira estava lá para testemunhar o acontecimento (como é o caso quando o cara mais durão da escola briga com alguém, principalmente um novato desconhecido) e a única coisa que conquistei naquele dia foi minha reputação como o imbecil que quis tirar satisfação com Hammy.

Pouco tempo depois disso, Hammy decidiu que meu sobrenome, Snider, rimava com *snot* (?!) [meleca, em inglês], e esse se tornou seu apelido para mim: Snots. Mais ninguém me chamava disso, mas visto que eu não estava preparado para voltar a enfrentar o Hammy no ringue, continuei sendo Snots. Tê-lo me chamando de Snots durante toda a quinta e a sexta séries, e às vezes quando me encontrava ao longo dos anos antes de ele largar a escola, não fez maravilhas para meu fator descolado nem para minha popularidade.

Mas pense nisto: se eu tivesse batido no Hammy naquele dia, teria me tornado popular. Se tivesse sido popular, minha estrada para me tornar uma estrela do rock teria sido interrompida.

LIÇÃO DE VIDA DO DEE

Popularidade = atenção
Atenção = socialização
Socialização = o fim da motivação

Isto é um fato: a popularidade mata a criatividade e a motivação. Por que ficar sentado no quarto trabalhando em sua arte se você pode sair transando por aí? Me mostre artistas realmente atraentes e eu garanto que por alguma razão eles não eram populares nem baladeiros e ficavam, em vez disso, enfurnados em seus quartos e praticavam sua arte.

Meu exemplo favorito disso é de quando conheci uma sensação canadense do pop rock no *The Howard Stern Show*. Eu passava bastante tempo entre meados e o final dos anos 1980 no programa do Howard, e esse sujeito chegou em uma manhã para promover seu novo disco. Ele tinha uma beleza impressionante, estilo James Dean, então, durante um intervalo comercial, eu lhe perguntei o que tinha acontecido em sua juventude que o impedira de usar sua "boniteza" para ficar à toa, festejar e transar. Sua expressão esmaeceu e ele me olhou como se eu tivesse poderes psíquicos.

— Como você sabia? — perguntou o destruidor de corações, realmente alarmado pela minha pergunta. Logo expliquei minha teoria a ele, que abriu seu coração.

Com apenas seis anos de idade, entediado no auge de um inverno brutal, ele foi convidado para a festa de aniversário de uma garota de sua turma. Todos os seus colegas de classe foram convidados.

Ele estava empolgado para ir, principalmente porque sua mãe tinha comprado um presente bacana para a garota: um filhotinho de tartaruga-pintada, acompanhado de um aquário com cascalho, uma pedra e uma palmeira de plástico. Embora em muitos lugares seja ilegal vender essas tartarugas hoje em dia, nos anos 1960 esse era um dos presentes mais divertidos que uma criança poderia ganhar. A mãe dele embrulhou o aquário – com a tartaruga abrigada em segurança em seu interior – e o levou para a festa. Quando ele entrou na casa, a mãe da garotinha pegou o presente e o colocou junto com os outros, *em cima do aquecedor*.

A festa estava indo muito bem e, quando por fim chegou a hora da aniversariante abrir os presentes, todos os seus colegas de classe se reuniram em volta dela para emitir "uau" e "ah". Sua colega, por fim, pegou seu presente ainda embrulhado, e ele abriu caminho por entre o grupo até a frente, exclamando cheio de orgulho:

— Esse é meu! Esse é meu!

A empolgação na sala era palpável enquanto a garotinha toda animada rasgava o papel de embrulho, revelando o aquário da tartaruga... com um filhotinho de tartaruga morto pendurado para fora de sua casca no interior. O aquecedor escaldante tinha cozinhado o coitadinho vivo.

Bom, a aniversariante gritou, as crianças berraram, e daquele momento em diante ele ficou conhecido como o Garoto Tartaruga. Ele cresceu como um rejeitado e motivo de chacota, independentemente de quão bonito ele se tornava, de quão talentoso ele era ou o que fazia, ele sempre era apenas o *loser* aos olhos das crianças de sua cidade. Portanto, ele ficava sentado no quarto sozinho e... o resto você já sabe. Falta de popularidade = desenvolvimento criativo e ambição.

Enquanto isso, de volta ao meu momento de humilhação pessoal e determinante na vida, minha popularidade foi esmagada como os dedos do Hammy, e eu mergulhei mais fundo no meu mundo de sonhos de me tornar uma estrela do rock rica e famosa.

Gozado como as coisas funcionam.

2
"ESSE GAROTO SABE CANTAR!"

COM AS OPÇÕES DE SER O GAROTO DURÃO, O DESCOLADO ou o popular arrancadas das minhas escolhas na hierarquia das classes, optei por outra posição: palhaço da turma. Moderadamente desordeiro e às vezes divertido, essa posição me rendeu um pouco da atenção de que precisava (ainda que, com frequência, negativa), e as garotas meio que gostavam disso. Além do mais, com toda certeza era melhor do que ser um zero à esquerda.

Para piorar ainda mais as coisas na nova escola, o distrito escolar de Baldwin era, na época, um dos distritos com as melhores avaliações do país. Minhas notas A sem esforço se transformaram em notas C sem esforço em Baldwin. *Meus pais não ficaram nem um pouco satisfeitos.* Uma das poucas maneiras que eu tinha de conseguir atenção especial deles tinha se esvaído. Tive que me esforçar para tirar notas decentes durante praticamente toda a minha vida escolar. Não que eu não fosse inteligente, só não queria "me dedicar" (como quase todos os meus boletins afirmavam).

No início da sexta série, foram realizadas audições para um solo no clube do coral. Eu sempre tinha cantado nas aulas de música, assim como os demais. Essa foi a primeira vez que tive de fazer uma audição para alguma coisa. Como todos os outros, fui cantar para a maestrina do clube, a Sra. Sarullo, que também era minha professora. Uma italiana morena maternal, a Sra. Sarullo era agradável e sabia como lidar com sua turma. Era muito divertida, mas não era boba. Ela me apelidou de "Hood" [algo como "quebrada" em português], por conta de meus sapatos pontudos e minha óbvia vontade de me parecer com um malandro. Era muito melhor do que "Snots".

Entrei no refeitório/ginásio para minha audição, botas estilo Beatles estalando alto no chão. A Sra. Sarullo sentava-se ao piano, aguardando a próxima vítima. Não me lembro se eu estava nervoso ou não – é provável que estivesse. Quem não estaria? – nem que música cantei. Tudo que lembro é que a Sra. Sarullo interrompeu a canção na metade e exclamou:

— Esse garoto sabe cantar como um passarinho! — *Eu sei?* — Hood, você tem uma voz linda!

E, simples assim, minha vida mudou.

Não só consegui o solo no clube do coral, como também a Sra. Sarullo abriu seu enorme sorriso cheio de dentes para mim, e me tornei o centro das atenções... *no coral.* Onde permaneci durante todos os meus anos escolares. Era o único lugar em que as pessoas achavam que eu era especial. Somado a isso, eu agora sabia que podia acrescentar algo a qualquer banda de rock: *eu era um cantor!*

CLIQUE. (Som do ferrolho de um cadeado encaixando no lugar certo.)

Todos os anos a escola tinha um Concerto de Primavera, e é claro que o clube do coral da sexta série era a apresentação de destaque. O plano era o coral cantar primeiro, em seguida, eu entraria para meu solo depois da deixa. O clube do coral seguiu até o palco, e eu tinha algum tempo para ficar sem fazer nada. Andei até a lateral do palco para minha entrada. Quando ouvi a deixa, subi no palco e recebi aplausos e comemorações excepcionalmente empolgados. Fiquei de queixo caído! Eu nem tinha cantado ainda.

Acontece que eu estava atrasado e o coral ficou repetindo inúmeras vezes durante muito tempo a minha deixa, esperando por mim. Seja como for, a reação do público quando subi no palco me transformou para sempre. Era isso que eu queria. Era disso que eu precisava. Tinha de experimentar aquele barato causado pela reação do público de novo e não pararia até conseguir.

QUANDO PASSEI PARA A SÉTIMA SÉRIE, A SRA. SARULLO – por motivos que desconheço – passou a trabalhar com a nona série. Infelizmente, por conflitos de horários e falta de espaço na sala, não pude entrar para o Coral para Concertos, uma aula diária para cantores. Uma pena.

Alguns dias depois do início do ano letivo, encontrei a Sra. Sarullo no corredor e ela me perguntou como o coral estava indo. Enquanto ela cuidava tanto da educação geral *e* do clube do coral como professora do ensino primário, como professora da nona série ela foi relegada a apenas lecionar Estudos Sociais. Eu contei à minha "fada madrinha do coral" que não estava no coral, e ela ficou enfurecida.

— É isso o que vamos ver! — disse ela enquanto saía batendo os pés pelo corredor.

No dia seguinte, recebi um bilhete da secretaria dizendo que meus horários tinham sido mudados e que agora estava no Coral para Concertos. Como eu disse antes, ali permaneci até o fim da minha vida escolar. Ali eu era especial. Ali eu era alguém. Não tenho lembranças afetuosas da escola – nada de dias de glória para mim –, mas eu adorava cantar no coral. Era meu único consolo. Obrigado por isso, Dolores Sarullo, onde quer que esteja. Obrigado por reconhecer e defender meu talento. Obrigado por me fazer sentir especial quando eu precisava me sentir especial. Não poderia ter conseguido sem sua ajuda. Você foi uma professora excelente.

ENQUANTO REFLITO SOBRE OS MOMENTOS CRUCIAIS DA minha vida, sou atingido pela percepção de que relativamente poucas experiências nos transformam no que somos, nos definem como indivíduos e estabelecem o rumo pelo qual nossa vida será guiada. *Isso é assustador.* Não que eu não tivesse ciência disso antes, mas registrar isso em palavras me faz dolorosamente ciente da arbitrariedade de tudo isso e como a menor das mudanças em qualquer um desses eventos poderia ter feito com que eu trilhasse por algum outro caminho, em uma direção completamente diferente. Por outro lado, não consigo evitar sentir que, quando você quer muito alguma coisa e ocorrem eventos em sua vida que o impulsionam de maneira contínua na direção de seu objetivo, como exatamente eles foram arbitrários? Foi o destino? Algum poder superior está nos guiando? Estamos de maneira subconsciente criando nossas próprias experiências e, desse modo, guiando a nós mesmos? Pegue o fiasco da CPO, por exemplo.

Quando estava na sexta série, uma nova moda se alastrou pela minha escola: as CPOs. Significando *chief petty officer* [suboficial da Marinha], elas eram jaquetas leves parecidas com camisas que quase todo mundo usava. Elas vinham em azul-marinho ou bordô, e eu era louco por uma. Eu tinha de me enturmar.

Bem, *na moda* e *roupas* eram expressões que se excluíam mutualmente no lar dos Snider. Com oito bocas para alimentar, vestir e cuidar, meu pai tinha dois, às vezes três empregos para conseguir pagar todas as contas. Obrigado por isso, pai. Nós sempre tínhamos três refeições por dia, embora não tivéssemos carne na mesa todas as noites (e, quando tínhamos, miúdos como fígado, rim e língua não eram incomuns. Eca!) e não tínhamos roupas da moda. Não era incomum que minha família fizesse compras no Exército da Salvação. Não existe nenhuma vergonha nisso, mas para um jovem desesperado para se enturmar, isso não estava dando certo.

O Natal estava chegando e, por tradição, meus irmãos e eu poderíamos esperar um presente "frívolo" – algo que queríamos muito – e um monte de outras coisas práticas de que precisávamos, tais como meias e coisas assim. *Festa.* Decidi que faria uma campanha para que meu único presente fosse uma CPO.

Por ser o mais velho dos seis, meus pais se esforçaram muito mais para esconder de mim a "verdade" sobre o Papai Noel, por medo de que, assim que eu descobrisse, de maneira deliberada ou involuntária, desse com a língua nos dentes na frente dos meus irmãos mais novos e estragasse o Natal de todo mundo. Quanto mais esperto e desconfiado eu ficava, mais intensas ficavam as maquinações dos meus pais para que eu continuasse a acreditar. Quando notei que o papel de embrulho de todos os presentes era o mesmo, eles me perguntaram com incredulidade:

— Você não achava mesmo que o Papai Noel embrulhava todos os presentes do mundo sozinho, achava?

Que idiota! É claro que os pais precisavam ajudar. Quando dei de cara com todos os presentes embaixo da cama dos meus pais, semanas antes do Natal, fui ridicularizado.

— Você achava mesmo que São Nicolau entregava todos os presentes do mundo em uma noite só?

Acho que sou um imbecil! É óbvio que ele teria de fazer as entregas em etapas. As coisas continuaram assim, meus pais capitalizando com as inseguranças inerentes que uma criança tinha de não acreditar. Claro, se tudo o mais falhasse, eles tinham um plano B: "Bom, crianças que não acreditam não ganham presentes". *Eu acredito! Eu acredito!* Isto é, até um domingo na igreja quando eu tinha doze anos, e a notícia me foi revelada de uma maneira estranha.

Minha mãe lecionava para a sexta série da Escola Dominical na minha igreja. Uma cristã devota, nascida e criada como católica romana por seus pais suíços, ela ia à igreja todos os domingos de sua vida... até o dia em que se casou com meu pai outrora judeu. Eu digo *outrora* porque meu pai policial, jogador de beisebol, após seu *bar mitzvah* aos catorze anos, abandonou a fé. Ei, eles dizem: "Hoje você é um homem". Um homem pode abandonar sua fé se quiser, certo?

Proclamando que o judaísmo é uma crença, não uma nacionalidade (ele costumava dizer: "Me mostra a Judeulândia num mapa!"), meu pai se tornou um agnóstico e passou a mirar nas garotas gentias. Bom, não tenho certeza se ele realmente passou a mirar nessas garotas, mas ele conheceu minha mãe *goy²*, iídiche para uma pessoa gentia, no ensino médio, se apaixonou perdidamente e, por fim, a pediu em casamento.

Visto que a Igreja Católica não aceita o amor como uma desculpa para a blasfêmia, os padres se recusaram a casar meus pais e disseram à minha mãe que ela não era mais bem-vinda na Igreja e que iria "queimar no inferno". (Bom título para uma música, não acha?) Então meus pais tiveram uma cerimônia no civil e foram casados na prefeitura por um juiz. Só para constar, eles estão casados desde então.

Em um domingo, pouco tempo depois de eu nascer, minha mãe perdeu o ônibus que a levava à sua igreja católica (que ela frequentava apesar do pronunciamento dos padres) e literalmente perambulou até uma igreja episcopal. Eles a receberam de braços abertos, e eu (e todos meus irmãos e irmãs) fui batizado, crismado e criado (e cantei no coral da igreja) na igreja episcopal. Obrigado, Jesus!

Agora, em um domingo, durante uma aula, minha mãe estava transmitindo algum ensinamento cristão ou outro *para nós* quando surgiu o assunto sobre o Papai Noel. Olhando diretamente para mim diante da sala, ela disse:

— É claro que todos vocês sabem que Papai Noel não existe.

Agora eu sabia!

Quando o Natal chegou, eu estava para lá de empolgado. Eu sabia que desde que você pedisse só uma coisa (uma CPO), e que não fosse muito cara (não era), você teria seu desejo realizado. Claro que estava um pouco frio na rua para uma jaqueta leve, mas eu não ligava. Usaria minha CPO até as mangas apodrecerem!

Como era tradição, nós abrimos nossos presentes "tapa-buracos" primeiro, criando mais expectativa para os mais importantes. Meias, chocolate, uma camisa ou duas; tanto faz – estava tudo bem. *Vamos lá, CPO!*

---

2 Termo usado pelos judeus para se referir a alguém que não é judeu. [N.E.]

Por fim, eles me entregaram *a caixa*. Eu soube pelo formato, peso e tamanho que estava "na hora" da CPO. Rasguei o papel de embrulho e arranquei a tampa da caixa para encontrar... *um casaco de estilo militar. O quê?! Nada de CPO?!* Caí no choro (ei, eu tinha doze anos) enquanto minha mãe em desespero tentava explicar como eles tinham procurado por toda parte, mas as lojas tinham vendido todo o estoque. Não queria nem olhar para o casaco que eles tinham me dado. Chorei, gritei que odiava o casaco e disse para minha mãe que meu Natal estava arruinado. Até hoje consigo me lembrar da expressão magoada no rosto dela. Ela genuinamente se sentiu horrível. *Sinto muito por isso, mãe.*

Fiel à minha palavra, eu nem olhava para o casaco idiota que ela tinha me dado. Quando a primavera chegou (e eu tinha me acalmado), precisei de uma jaqueta leve e por algum motivo peguei meu presente de Natal e o vesti. Não era nada como uma CPO, mas era meio que legal. Gola militar, botões dourados descendo pela frente, mas, não, eu a odiava. Até eu ir para a escola...

Todo mundo pirou. Todos queriam saber que tipo de jaqueta era e onde eu a tinha comprado. E eu era a única pessoa que tinha uma! (Centro das atenções! Centro das atenções!)

Adorei a reação que estava recebendo por ser diferente de todos os outros. Adorei a atenção que isso me trouxe e também a admiração. Daquele dia em diante fiz tudo o que podia para parecer diferente e ser diferente. Como um viciado, eu tinha de receber aquela reação tanto quanto possível e sempre que pudesse. Não precisava nem ser de maneira positiva, eu só precisava ser notado. *Eu tinha de ser único.*

Até hoje digo à minha mãe que foi tudo culpa dela. Se ela ao menos tivesse me dado a jaqueta que todos os outros tinham, a que eu tinha pedido, as coisas teriam sido completamente diferentes. Não teria me dedicado tanto em ser diferente.

Curso determinado para o estrelato do rock? Sim, sim, capitão!

3
NÃO, NÃO, CEM VEZES NÃO

AO LONGO DOS ANOS SEGUINTES, CONTINUEI A "tocar em bandas", o que se resumia a alguns caras e eu conversando muito sobre o que a nossa faria (e desenhando diversos nomes de bandas em nossos cadernos) e ensaiando pouco. Na escola primária, meus colegas de banda eram Rich Squillacioti (um integrante constante até mais ou menos meu último ano do ensino médio) na bateria e David Lepiscopo na guitarra. Nunca tivemos um baixista (ninguém queria fazer isso) e a princípio não acho que sequer tínhamos um microfone para mim. Mas ainda assim éramos "uma banda" e contávamos muitas vantagens. Eu me lembro de um dia em que empilhamos todo o nosso equipamento em um *carrinho de compras* e o empurramos pelo bairro para nos mostrar. Seríamos gigantes!

Uma constante em minha vida era um espelho de corpo inteiro no meu quarto. Todos os dias, no instante em que chegava da escola, ia para o meu quarto (na verdade, meu quarto e de um ou dois irmãos), trancava a porta, colocava música para tocar e dublava com bastante intensidade na frente daquele espelho para o público imaginário do outro lado. Eu mandava ver até estar pingando de suor ou até meus pais gritarem para abaixar o maldito volume/deixar meus irmãos entrarem no quarto. Bom, sou conhecido por ter uma ótima performance no palco – isso é provavelmente o que faço de melhor. As pessoas sempre me perguntam como me tornei tão bom e eu respondo: "Pulando na frente do espelho do meu quarto". Ah, claro, os vários anos me apresentando ao vivo ajudaram, mas me apresentar na frente do espelho me deu a confiança inicial para sair por aí e meter as caras, saber como o que eu estava fazendo parecia para o público. Ainda não consigo resistir a fazer caretas ou poses quando tenho um espelho disponível. Durante anos ele foi minha única plateia.

Musicalmente, no final de 1965, em 1966 e em 1967, todo mundo gostava dos Beatles, Stones e toda aquela coisa da Invasão Britânica/ Imitação da Invasão Britânica que estava rolando. Mas, no verão de 1965 e outono de 1966, dois novos programas de televisão, apresentan-do bandas definitivamente "norte-americanas", foram ao ar. *Where the Action Is* e *Os Monkees* exibiram duas bandas de pop/rock para o grande público, Paul Revere and the Raiders e os Monkees, respectivamente[3]. Essas duas bandas não apenas tiveram um grande apelo para o público jovem, como nós tivemos a chance de assistir às suas palhaçadas diária ou semanalmente, abastecendo ainda mais o meu, e o de muitas outras crianças, desejo de ser uma estrela do rock.

Enquanto a maioria das crianças da minha escola e da minha casa eram fãs dos Monkees, fui atraído pelo perigo sutil do cantor Mark Lindsay, do Paul Revere and the Raiders. Eu sei, eu sei, *perigo* e *the Raiders* pode parecer, para aqueles de vocês familiarizados com aquelas bandas de "rock feliz", meio que um paradoxo[4], mas, diferentemente dos Monkees, cujas músicas eram pura banalidade pop, as canções de Paul Revere and the Raiders eram cheias de insinuações. Sucessos como "Hungry" e "Kicks" eram praticamente músicas disfarçadas sobre sexo,

---

3 Para aqueles que estão se perguntando, depois de um ano sem televisão, meu pai finalmente tinha se cansado de "montar quebra-cabeça" e em uma noite saiu bufando de casa com um simples: "Já chega!". Ele voltou pouco tempo depois carregando duas televisões novas. Estávamos reconectados.

4 Paul Revere and the Raiders são uma das bandas de "rock de garagem" originais de Portland, Oregon, e a primeira a gravar a canção "Louie, Louie", que passou por uma investigação pelo governo federal.

drogas e álcool. A leve rouquidão de Mark Lindsay e o tom em geral "mais pesado" da música da banda são precursores reconhecidos do que se tornaria "hard rock" e, no futuro, "heavy metal". Sou um headbanger original e dou créditos ao Paul Revere and the Raiders por me iniciar nesse caminho. *Obrigado, rapazes!*

Meu pai não queria saber da minha paixão pelo rock and roll. Seu sonho quando criança era ser jogador de beisebol profissional (não, não sou parente do Duke Snider), um sonho que ele nunca conseguiu perseguir ou realizar. Estava convencido de que seu filho mais velho tinha um talento natural e queria que eu fosse o jogador que ele nunca pôde ser. Bem, eu gostava de jogar beisebol, mas não na mesma medida que queria ser uma estrela do rock. Acho que meu pai viu meu amor pelo rock como uma ameaça em potencial para os planos que ele tinha para mim.

Para dar crédito à minha mãe, ela foi positiva e encorajadora a respeito da minha obsessão "boba". Por ela mesma ser uma artista e ter cantado em diversos corais, enxergava o valor de qualquer coisa criativa e pagou com seu próprio dinheiro, conquistado a muito custo (ela lecionava arte para a terceira idade), para que eu fizesse aulas de violão em grupo no verão da sétima série. Não tínhamos muito dinheiro, e isso foi de encontro aos desejos de meu perpetuamente raivoso pai (personificado por Mark Metcalf nos vídeos do Twisted Sister), portanto, isso foi muito importante. Todas as manhãs ao longo de algumas semanas, minha mãe me levava de carro para as aulas e eu aprendia a tocar violão básico. *Obrigado por isso, mãe.* Armado com minha recém-descoberta habilidade de tocar alguns acordes básicos e com um violão, eu sentia que finalmente estava no caminho certo.

Meus irmãos costumavam falar sobre formar uma "banda de rock familiar", como os Osmonds ou os Cowsills. Minha irmã, Sue, um ano mais nova do que eu, compartilhava uma paixão por muitas das mesmas músicas[5] e gostava de me ouvir cantar ou cantava junto comigo, mas fazer com que meus irmãos muito mais novos de fato aprendessem a tocar um instrumento era só mais uma fantasia rock and roll. Todos nós, entretanto, cantávamos no coral da igreja, e uma vez apresentamos o hino "Lo, How a Rose E'er Blooming" em família para a congregação. Até hoje sinto pavor quando, em reuniões de família, alguém começa a cantar essa música (geralmente de brincadeira), minha mãe se junta à cantoria com entusiasmo e todos nós somos forçados a repetir nossa requisitada apresentação daquele domingo de 1971. Uma vez foi, com toda a certeza, o suficiente.

Em 1968, uma banda chamada Human Beinz lançou um cover de uma música dos Isley Brothers chamada "Nobody but Me". Essa pequena cantiga cativante de dois acordes repete a palavra *no* cem vezes durante a canção e *nobody* 46 vezes, fazendo com que ela seja "um tanto" repetitiva. Ela chegou ao Top 10 das paradas de *Billboard*, e seu status de "hit" e as simples estruturas da letra e dos acordes se tornaram a forragem perfeita para dois quintos do grupo vocal "Família Snider". Eu tocava violão e fazia os vocais principais, enquanto a animada Sue tocava pandeiro e gritava os vocais de apoio "Shing-a-ling! Skate! Boogaloo! Philly!". Essa era a melhor canção que já tínhamos tocado e a praticávamos o dia inteiro.

Apenas para ter certeza de que não estávamos nos enganando sobre como nossa performance era ótima, tocamos para nossos irmãos e nossa mãe e eles adoraram. Mal podia esperar que o cínico e descrente do meu pai chegasse em casa. Eu o deixaria de queixo caído!

Quando meu pai finalmente chegou, Sue e eu não conseguíamos conter nossa empolgação. Corremos para a sala de estar para cumprimentá-lo, armados com violão, pandeiro e partitura.

---

5 Ela me apresentou ao álbum *Machine Head,* do Deep Purple – um álbum de metal dos primórdios –, e curtia Alice Cooper antes que eu.

— Papai! Papai! Espere só até ouvir isso! Nós aprendemos uma música! Ensaiamos o dia todo!

Com toda genuína energia roqueira que conseguimos reunir, Sue e eu apresentamos nossa música para ele, cantando todos os "no, no, no" e "boogaloo" com a maior empolgação. Quando terminamos, esperando seus maiores elogios pelo excelente trabalho que tínhamos feito... *ele zombou de nós sem misericórdia.*

— Vocês chamam isso de música? Isso é uma piada! "No, no, no, no, no"? Que tipo de música idiota é essa?!

Ficamos desolados. Para piorar as coisas, durante as semanas seguintes, sempre que um dos amigos dos meus pais nos visitava, meu pai contava a história do idiota do seu filho (minha irmã mais nova foi com certeza ludibriada a cantar comigo) e a asneira de sua canção "No--No". Eu me sentia completamente humilhado, mas por dentro estava fervilhando de raiva. O velhote tinha acendido a chama inicial que, por fim, se transformou em um incêndio devastador de raiva que me impulsionaria até o topo.

Alguns anos mais tarde, meu pai tentou levar crédito pelo meu sucesso, sugerindo que o fato de ele ter sido tão duro comigo quando criança foi o que me motivou para seguir em frente. "É como aquela música do Johnny Cash, 'A Boy Named Sue'", proclamou ele. "Se eu não tivesse sido tão duro, você nunca teria chegado ao sucesso."

Para essa estupidez, respondi: "Como sabe que eu não seria mais feliz como um contador bem ajustado?". *Otário.*

NA OITAVA SÉRIE, O CORAL DA MINHA IGREJA FOI abordado com a proposta de gravar cem canções infantis para uma série de álbuns projetados com o intuito de oferecer uma oportunidade para que crianças de escolas de educação primária sem um programa musical formal pudessem cantar. Todos nós ficamos bastante empolgados.

Não apenas iríamos ter a chance de gravar em um estúdio de verdade, como cada um de nós seria pago com "uma televisão em cores".

Bem, em 1968, TV em cores ainda era uma coisa relativamente nova. Não era possível encontrar um aparelho por menos de trezentos e cinquenta dólares. Portanto, em troca de uma tarde por semana para ensaiar e todos os sábados durante cinco meses para gravar, nós, garotada de doze e treze anos, ficaríamos ricos! Minha irmã e eu (Sue também cantava no coral da igreja) – ainda sentindo as dores de nosso ano sem televisão – fantasiávamos sobre estarmos deitados em nossa cama, assistindo à nossa própria *televisão em cores*! Isso era incrível.

Quando concluímos essa tarefa hercúlea (período durante o qual alguns de nós, garotos do coral, passamos pela puberdade e nossas vozes mudaram de uma maneira embaraçosa), fomos informados, sem que ninguém soubesse, incluindo nossos pais e os diretores do coral da igreja, que alguma empresa japonesa tinha lançado um modelo portátil de televisão em cores barato a um preço de cento e cinquenta dólares. Nos anos 1960, *made in Japan* era um sinal de inferioridade. Gozado como as coisas mudaram, hein? Pelos meses de trabalho duro nos ofereceram uma porcaria de TV ou cento e cinquenta dólares em dinheiro. Meu primeiro envolvimento com a indústria musical e eu já estava sendo explorado, prenunciando coisas ainda por virem. Minha irmã e eu ficamos com o dinheiro (ainda assim uma bela porção de trocados para duas crianças), e eu aprendi uma valiosa lição de vida.

Em algum lugar nos armários de escolas espalhadas pelos Estados Unidos, tenho certeza de que ainda existem alguns LPs empoeirados do Strawberry Wristwatch [Relógio de Pulso de Morango, em português]. Foi assim que nossos diretores do coral nos batizaram; foi a era psicodélica. Será que *eles* estavam sob o efeito de drogas psicodélicas? Isso explicaria nosso acordo de merda. Me pergunto se alguém sabe (ou se importa) que essas foram as primeiras gravações de Dee Snider.

Ah, sim; peguei meus cento e cinquenta paus e com a contribuição de quinze dólares do meu pai (valeu) comprei minha primeira guitarra de verdade: uma Gibson SG Special. Agora eu estava começando a detonar.

O ÁPICE DA EXPERIÊNCIA COM MINHA BANDA "MUITA conversa, pouca ação" aconteceu mais para o final da nona série. Eu agora tinha uma banda chamada Brighton Rock, formada por eu mesmo na guitarra e no vocal; Rich Squillacioti, na bateria; Phil Knourzer, no baixo (finalmente um baixista!); e Timmy Smith, na guitarra solo. Rich e eu tivemos uma experiência de vida interessante com Timmy antes de ele se juntar à banda.

Timmy era nosso único amigo descolado, que, aos catorze anos, fumava tantos cigarros sem filtro, que tinha dedos amarelados pela nicotina. Quando Rich e eu decidimos que o único jeito de pegarmos garotas seria se fumássemos (é, esse era o problema), Tim pegou um dia para nos ensinar, começando com cigarros com filtro Tareyton para nos amaciar naquele mundo inclemente. Depois de uma tarde fumando um cigarro após o outro, fazendo poses descoladas e lidando com o gosto e o hálito ruins, e o cheiro de cigarro em nosso corpo, Rich e eu resolvemos que, se tivéssemos de fumar para pegar garotas, seríamos celibatários. Lição de vida aprendida.

Como muitas bandas antes, a Brighton Rock *nunca* ensaiava, mas éramos cheios de papo-furado. Sentávamos juntos todos os dias no almoço, discutindo como detonaríamos e agindo como os Beatles e os Monkees. Certo dia, Phil chegou com novidades incríveis. A igreja que frequentava organizaria um baile e ele conseguiu um show para nós! Embora bailes de igreja fossem locais de apresentações típicos para bandas novas, Phil frequentava a igreja Unitarista, que era a mais descolada de todas, fazendo com que esse contrato fosse muito mais legal. Esse seria meu primeiro show. *Eu tinha finalmente chegado lá!* Está certo que nunca tínhamos ensaiado, mas o show aconteceria dali a seis meses, bastante tempo para montar um repertório.

À medida que as semanas e os meses passavam, prometemos a nós mesmos que ensaiaríamos, mas alguma coisa sempre nos impedia de nos reunirmos. Por uma razão ou outra, ao longo dos seis meses não conseguimos nos encontrar sequer *um* dia para ensaiar. Não sei quanto aos outros caras, mas eu era um procrastinador crônico cheio de papo-furado, que sempre adiava tudo até o último minuto. Até aquele momento, eu achava que estar em uma banda era algo descomplicado, uma coisa que simplesmente "acontecia" de alguma forma. Rapaz, como eu estava errado.

Na semana do show, a realidade de que o tempo tinha acabado nos atingiu e o fato inegável de que não seríamos capazes de fazer um show inteiro por conta própria se assentou sobre nós. Ainda acreditávamos que poderíamos ensaiar um repertório curto na igreja no *dia do show*, mas sabíamos que precisávamos de alguém para ser a atração principal.

Alguns de nossos melhores amigos, e uma verdadeira inspiração para a Brighton Rock, estavam em uma banda que fazia shows de verdade chamada Armadillo. Da mesma idade que nós, esses caras estavam muito à frente; leia-se: *eles não eram cheios de papo-furado e realmente faziam aulas e ensaiavam*. Eles foram uma inspiração tão grande no começo que quero me certificar de mencioná-los um por um: Doug Steigerwald na guitarra (mais coisas sobre ele mais para a frente); Denny McNerney na bateria (ainda é um grande amigo meu), Mike Graziano no baixo; e o muito mais velho (ele estava no ensino médio!) Don Koenig nos vocais. Esses caras sabiam tocar, e sua performance de "Black Sabbath", do Black Sabbath, não só foi a minha apresentação ao heavy metal, como também me deixou morrendo de medo. Incrível.

Minha banda abordou os caras do Armadillo (sentados na mesa de banda *deles* durante o almoço) e perguntou se eles queriam ser a atração principal no show da igreja Unitarista naquele fim de semana, e eles aceitaram. Para nossa completa alegria, estávamos salvos! Agora tudo o que tínhamos de fazer era ensaiar um repertório curto no dia do show. *Rá!*

O sábado chegou, e descarregamos nosso equipamento bem cedo para que pudéssemos ter o máximo de tempo para ensaiar antes do baile. Timmy levou o irmão mais velho (com as mesmas manchas de nicotina) com ele para tocar gaita. Não tínhamos nem decidido qual seria o repertório! Pela primeira vez tentamos passar músicas que cada um de nós conhecia e – surpresa, surpresa – todos conhecíamos apenas *três* músicas. Ensaiamos nosso "repertório" por algum tempo (umas duas horas, no máximo) e ficamos aturdidos ao descobrir que *éramos péssimos!* Eu não conseguia acreditar. Como isso era possível? Nós *conversávamos* sobre nossa banda o tempo todo.

Éramos um lixo tão grande, que na mesma hora rebatizamos nossa banda com esse nome, Garbage, lixo em inglês (pré-datando a muito mais popular banda Garbage em umas três décadas). Eu me lembro de Phil, furioso, literalmente jogando seu baixo no chão, e em vez de continuarmos a ensaiar e trabalhar nas músicas (por que fazer isso?), fizemos o que qualquer banda muita conversa, pouca ação faria: fomos passando por todos os pôsteres no prédio, riscamos o nome Brighton Rock e acrescentamos Garbage. Que belo exemplo de uma profecia autorrealizadora.

A hora da nossa apresentação chegou depressa demais, e nós seguimos para o palco (o piso do salão de reuniões da igreja) e nos postamos diante de uma casa cheia de garotos sentados no chão, esperando para serem sacudidos. Alguém apresentou a banda para a multidão confusa ("Senhoras e senhores, nós somos o Garbage!") e nós nos lançamos no canto fúnebre que é a música "Atlantis", de Donovan. *Que merda de música de abertura!* Conseguimos tocar a música inteira, para uma resposta morna do público, e esse foi o momento em que Phil e eu decidimos que, para a gente, já tinha dado. *Que diabos estávamos pensando?!* Por estarmos mais perto da saída, sem falar nem uma palavra sequer para os outros integrantes da banda, Phil e eu demos o fora. Sem perceber que seu baixista e seu guitarrista-base/vocalista principal tinham deixado o palco, Rich fez a contagem para a próxima música, e ele, Timmy e o irmão de Timmy (vamos chamá-lo apenas de Manchado) começaram a tocar a música seguinte sem a gente. Chocados com o que estava acontecendo, Phil e eu assistíamos enquanto aquela catástrofe se desenrolava. Que os céus nos livrassem de ter de voltar para cima daquele palco.

O público ficou mais do que um pouco confuso, e à medida que os integrantes remanescentes lentamente se davam conta de que Phil e eu não estávamos mais no palco (o que havia naqueles cigarros que eles estavam fumando?!), eles pararam de tocar e, um a um, deixaram o palco. Que fiasco.

Nos bastidores, ficamos parados em um silêncio aturdido, perplexos pela dura realidade que tinha acabado de nos atingir. E então a coisa ficou ainda pior. A porta para a área dos bastidores foi aberta e *meu pai* entrou. Sem que eu soubesse, depois de anos me ouvindo tagarelar sobre minhas bandas e música, ele tinha decidido ir, sem que fosse esperado, e conferir meu primeiro show. Olhei para ele, ele olhou para mim, ele balançou a cabeça em desapontamento e desgosto, então foi embora sem dizer nada. Até hoje, aquele show nunca foi mencionado ou discutido.

Eu não poderia ter me sentido mais humilhado ou envergonhado. Aquela experiência me marcou e me mudou para toda a vida. Jurei nunca, *jamais*, me apresentar de novo a não ser que estivesse completa e meticulosamente ensaiado e preparado. Apenas em anos mais recentes considerei subir no palco e fazer uma jam com outra banda. Eu tinha ferrado tudo pra valer. Meu blefe tinha sido desafiado e eu não podia culpar ninguém, a não ser eu mesmo. Agora sabia que, se quisesse ser uma estrela do rock, seriam necessários trabalho duro e perseverança. Ninguém me entregaria fama e fortuna de bandeja.

DAQUELE PONTO EM DIANTE, TODAS AS MINHAS BANDAS ensaiavam, e muito. Ao longo do caminho, descobri um novo axioma:

LIÇÃO DE VIDA DO DEE

Uma banda só é tão boa quanto seu elo mais fraco.

Como? Quando me dei conta de que poderia entrar em bandas bem melhores se apenas cantasse em vez de insistir em também tocar guitarra muito mal. Embora ser capaz de tocar um pouco de guitarra me tenha sido útil ao longo dos anos (eu costumava traduzir minhas músicas do Twisted Sister compostas usando apenas a voz para a guitarra e as mostrava para a banda), tinha chegado a hora de me libertar e me tornar o performer descontrolado que eu sabia que tinha nascido para ser. Diabos, uma das razões de eu ser tão ruim na guitarra era que me movia demais para poder tocar bem, mas eu ficava muito bem fazendo isso!

Meu pai mais do que nunca lutou contra minha busca por uma carreira na música. Depois do que tinha testemunhado, por que não faria isso? Ele não poderia ter ficado mais decepcionado com o caminho que o filho mais velho estava tomando. Uma vez que eu tinha desistido por completo de jogar beisebol e começado a deixar o cabelo crescer (depois de um incidente feio com um corte de cabelo feito às forças no começo do primeiro ano do ensino médio), meu pai basicamente desistiu de mim. Ele quase não falou comigo nem mesmo me reconheceu durante anos. As coisas só melhoraram quando meu irmão mais novo, Mark, demonstrou interesse em beisebol e meu pai pôde mais uma vez focar seu orgulho e apoio paternais em algo que ele compreendia.

Para ser justo com meu pai, ele cresceu durante a Grande Depressão, uma época em que sonhos eram estilhaçados e não alcançados. Foi criado para acreditar que a única maneira de conseguir alguma coisa na vida é lutando e agarrando todas as oportunidades – e também que sonhos não se realizam. Bem, ele estava certo quanto à primeira parte. Acrescente a isso o fato de que o rock era um entretenimento estranho para sua geração, e eu compreendo sua resistência. Acredito que meu pai se sentiu orgulhoso de verdade de mim apenas recentemente, quando passei uma temporada na Broadway em 2010. "Estrela da Broadway" era um conceito que ele era capaz de entender. Minha busca por um sonho impossível de uma carreira no rock era, do ponto de vista dele, ficar apenas observando enquanto seu filho percorria um caminho de grandes decepções e autodestruição. *Cara, como ele estava errado!*

O homem fez quase tudo que podia para me impedir e me desencorajar. Ainda que ele tivesse que lidar com as demonstrações de rebeldia com punições vigorosas, não podia apagar o fogo que aumentava dentro de mim. Lembro uma vez em que meu pai me proibiu de ensaiar com minha banda da época, The Quivering Thigh. Então comecei a correr. Todas as noites, vestindo roupas de corrida, saía de casa, corria vários quilômetros até o ensaio, ensaiava um pouco com a banda, e corria de volta para casa. Com determinação, tudo é possível.

No segundo ano do ensino médio, de tempos em tempos eu tocava em bailes e festas, enquanto a maioria dos meus amigos do Armadillo tinha montado uma banda nova, Harvest, e já estava tocando em clubes à noite – ainda que eles sequer tivessem idade suficiente para beber. O extraordinário guitarrista solo do Harvest, Doug Steigerwald, era um amigo de longa data, coroinha na minha igreja e uma verdadeira inspiração para mim. Eu sempre ficava admirado com ele. Com ambos os sobrenomes começando com S, nos sentávamos lado a lado todas as manhãs na sala de chamada. Certo dia, ele estava se recuperando de uma noitada de agito e eu estava tagarelando (como sempre) sobre minha banda, a banda dele, rock e qualquer outra coisa com alguma ligação remota com a paixão que tínhamos em comum. Por fim, Doug, que era mais quieto, disse, quase como uma revelação para si mesmo:

— Você fala sério sobre alcançar o sucesso, não é?

— É! — respondi com incredulidade.

Incomodei-o com isso durante anos. Ele tinha percebido isso só agora? As próximas palavras de Doug no estilo Yoda me afetaram como poucas. Refleti sobre elas, segui-as e as repeti com frequência ao longo das últimas quatro décadas.

— Não deixe que ninguém impeça você de seguir seu sonho. Nem a família, nem os amigos, nem namoradas... *ninguém*. No instante em que deixar *qualquer um* impedir você de seguir em frente, você estará *acabado*. Tente não ser desagradável sobre isso, mas o que quer que faça, não deixe ninguém impedi-lo.

Fiquei sentado ali, embasbacado pela declaração profunda de Doug, as palavras sendo gravadas na minha psique. Alguns anos depois, vi meu querido amigo Rich Squillacioti literalmente chorar quando o substituímos em nossa banda porque ele simplesmente não era bom o suficiente para nos levar ao próximo patamar. Se eu tivesse deixado nossa amizade impedir o que era certo para minha carreira e para a banda, isso também teria sido meu fim.

Até hoje não sei o que estava acontecendo na vida do Doug para que fizesse um pronunciamento como aquele, mas deve ter sido algo bastante pesado. Alguns anos depois, Doug abandonou seus sonhos de estrelato no rock e ingressou na Força Aérea dos Estados Unidos, depois de ter sido bastante roubado e enganado por algum imbecil da indústria musical. Doug adorava música, mas, como muitos, não conseguia encarar o lado desagradável do negócio. É chamado de *negócio* musical por uma razão.

Armado com meu recém-adquirido conhecimento, segui rumo ao desconhecido, sabendo para onde estava indo, mas não como chegaria lá.

4
SER OU NÃO SER

AINDA QUE A MÚSICA FOSSE UMA CONSTANTE EM minha vida, meu lugar, no complexo sistema de panelinhas e círculos sociais do ensino médio, era tudo, menos constante. Sempre me esforçava para fazer parte de algum grupo. Queria ser aceito. Visto que eu queria parecer durão e tinha uma conexão com meu amigo manchado de nicotina, Timmy Smith, a princípio tentei me enturmar com os arruaceiros. Nós os chamávamos de vagabundos ou *greasers*[6]. Embora gostasse do estilo, eu não conseguia entrar na onda de maltratar as pessoas só por maltratar (um pré-requisito) e minha constante média de notas Cs era desagradável para os outros caras. O dia da entrega dos boletins chegava e nos reuníamos para comparar as notas.

— Eu tirei três Fs e dois Ds — gabava-se um marginal.

— Ah, é, eu tirei quatro Fs e tive uma reprovação por faltas — vangloriava-se outro bosta.

— E você, Snider?

— Um monte de Cs — resmungava eu, torcendo para que não notassem.

— Uau... se liguem só no tamanho do cérebro do Snider!

---

6 Os *greasers* foram uma subcultura nos anos 1950 e 1960 nos Estados Unidos de jovens das classes trabalhadora e baixa. Usavam muita brilhantina ou vaselina nos cabelos, calças jeans e jaquetas de couro. [N.T.]

Eu simplesmente não me encaixava.

Desnecessário dizer que minha média 2,0 e a falta de interesse nos Matletas e no clube de xadrez também não me ajudavam a fazer progresso com os intelectuais da escola. Eu tinha média A em Educação Física, mas precisava trabalhar todos os dias depois das aulas (nada de mesada semanal na casa dos Snider), portanto não podia sair para praticar esportes após o horário das aulas nem achava que o mundo tinha o formato de uma bola de futebol americano. Isso queria dizer que ser um atleta estava fora de questão. Seria de se pensar, visto que eu fazia parte de bandas, que me enturmar com as "aberrações" (roqueiros, maconheiros, artistas) teria sido algo natural, mas não foi. Eu não bebia nem ficava chapado. Eles simplesmente olhavam para mim como se eu fosse esquisito.

O fato de eu não beber nem festejar era uma coisa que cortava o barato com muitas das panelinhas. Os festeiros não se sentem confortáveis com pessoas que ficam sóbrias. Eles não confiam nelas. Então, quando eu não estava na escola, no trabalho ou no ensaio com minhas bandas, praticamente ficava sozinho ou passava algum tempo com alguns dos meus amigos párias.

Por que não caio na badalação? Ah, a pergunta de um milhão de dólares. Bem, não bebo porque tive uma experiência ruim aos catorze anos. Fiquei tão bêbado, que não conseguia levantar do chão e jurei que, se o Senhor Todo-Poderoso me deixasse voltar a andar, nunca mais tocaria no demônio do álcool. Mantive essa promessa até poucos anos atrás, depois de ler muitas coisas boas a respeito do valor saudável de beber uma taça de vinho tinto durante o jantar (Jesus bebia vinho). Você deveria ter visto as caras de meus familiares e amigos na primeira vez que me viram pegar uma taça. Eles acharam que era um sinal do Apocalipse!

Quanto às drogas, sempre soube que tenho uma personalidade obsessiva e, se começasse a usá-las, não seria capaz de me controlar. Além disso, nunca tive muita dificuldade para "me soltar". Sempre fui um garoto pirado, e a princípio as pessoas que eu conhecia que festejavam costumavam dizer: "Snider, a gente quer ver como você fica quando está chapado". Então, depois de passarem mais um tempinho comigo, diziam: "Pensando melhor, *a gente não quer, não*".

Sou contra drogas e álcool? Na verdade, não. Sou apenas contra imbecis. Se você consegue festejar e continuar sendo você mesmo ou se sente mais solto, uma versão mais divertida de quem você é, que Deus te abençoe. Mas, se quando você festeja, se transforma em algum tipo de cuzão mutante detestável que não sabe quando parar... sem você, eu consigo viver.

O lamentável é que a sociedade criou um ambiente em que as pessoas não se sentem confortáveis se soltando, a não ser que estejam chapadas ou tenham bebido alguma coisa. Quantas vezes você esteve em algum lugar e pediu a alguém, ou alguém pediu a você, para fazer algo como dançar ou cantar e ouviu ou disse: "Me deixa tomar algumas doses primeiro". Por quê? Porque a sociedade dita que tudo bem ficar louco, besta ou agir feito um bobo se estiver chapado. Isso dá uma desculpa para se envergonhar. "Ah, eu estava tãoooo chapado." Se eu subir no balcão do bar, pôr meu pinto para fora, mijar no chão e estiver bêbado, me colocam em um táxi e me mandam para casa. Se eu fizer a mesma coisa sóbrio, vão dizer que sou louco e vão me dar uma surra, me prender, ou os dois. Esses dois pesos e duas medidas criam um ambiente perigoso.

Estive limpo e sóbrio durante toda a minha carreira. As pessoas veem o jeito como me visto, ajo e me apresento e supõem que estou chapado. "Cara, você deve estar tão chapado", dizem para mim, admirando meu estado de loucura. Quando digo a eles que estou completamente sóbrio, elas me olham como se eu fosse maluco. Que mundo! Se quiserem que as pessoas parem de se embebedar ou de ficar chapadas (em especial a garotada), é necessário mudar a maneira como a sociedade percebe a situação. Pare de permitir que isso seja uma desculpa aceitável para um comportamento deplorável. Pare de retratá-la como legal.

E pare de considerar esquisito o comportamento extrovertido quando você não está chapado . Só então você verá algumas mudanças.

Ao somar minha atitude de não cair na badalação com minha personalidade já confusa, você tinha um pária completo. Quando comecei o nono ano, já tinha tentado me enturmar e desistido, ou tinha sido chutado, de todos os grupos ou das panelinhas. Sim, eu tinha meus outros amigos párias, mas queria ser popular, ou pelo menos fazer parte de algum grupo determinante de personalidade[7].

Eu sentia como se estivesse desvanecendo, me tornando apenas uma parte de um pano de fundo para as pessoas bonitas que viviam vidas empolgantes. Então decidi que não aturaria mais aquilo. Certo dia me dei conta de que, se não resistisse – se não me recusasse a desaparecer em silêncio em algum canto –, eu me transformaria em outra pessoa sem nome e sem rosto no mundo. Tomei a decisão consciente naquele dia de que não ligaria mais para o que as outras pessoas pensavam. Não precisava da aprovação ou aceitação delas, e preferia ficar sozinho e feliz a ser apenas outro seguidor de alguma panelinha patética. Decidi que seria eu mesmo, e – sei que isso parece brega – foi nesse dia que minha vida começou.

Daquele dia em diante, fui eu mesmo – ou pelo menos o eu o qual me tornaria. Não aconteceu da noite para o dia. Foi uma profecia autorrealizável. Quanto mais eu me forçava para ser quem queria ser e não dar a mínima para o que os outros pensavam, mais real isso se tornava.

Por volta dessa mesma época, criei um novo conceito de motivação pessoal: AMP, ou atitude mental positiva. Não estou brincando. Eu acreditava que, se pensasse e agisse de maneira positiva, coisas positivas aconteceriam comigo, e meus pensamentos positivos se tornariam realidade. Ainda acredito nisso. Sei agora que isso é apenas outra forma

---

7 Estranhamente, acredito que seja essa qualidade indefinível que me permitiu agradar tantos tipos diferentes de pessoa ao longo dos anos. Até mesmo minha religião e opinião política são distorcidas. Olhe na internet e você encontrará que sou judeu, cristão, satanista, republicano, democrata, liberal, conservador e independente, aclamado e insultado ao mesmo tempo por grupos apoiadores ou adversários! Adoro isso!

de profecia autorrealizável, mas, quando tinha dezesseis anos, era mais o fato de eu me tornar ciente do poder do pensamento positivo. Daquele momento em diante (e até hoje), quando as pessoas me perguntam como eu estou me sentindo, não digo "Ok", nem mesmo "Bem", digo "Excelente!". Mesmo quando não estou. Essa mentalidade me levou muito longe e, quando as coisas estavam ruins, me impedia de chafurdar em autocomiseração e negatividade e me ajudava a focar na promessa do que estava por vir. Isso faziam as pessoas se perguntarem o que diabo eu estava planejando que elas nada sabiam a respeito. Além disso, era muito melhor do que frases como: "É só mais um daqueles dias", "Sou azarado mesmo" e "Lei de Murphy". Ouvir a garotada reforçando esses pensamentos negativos na mente jovem e fértil me deixa completamente louco. São pensamentos assim que colocam você no caminho para uma vida inteira de aceitação do fracasso. Isso que se dane!

LIÇÃO DE VIDA DO DEE

AMP: atitude mental positiva. A vida será incrível porque digo que ela será!

"AMP" se transformou em meu mantra diário e em uma fonte de grande diversão para meu pai. Sempre que as coisas não estavam dando certo para mim, ele não perdia tempo em jogar o AMP na minha cara ou citava mais rápido a frase de efeito positiva e dizia desdenhoso: "Eu sei, eu sei, AMP", antes que eu pudesse pronunciá-la. Ele nunca me desencorajou. De tempos em tempos, ele ainda menciona a AMP, mas é mais com assombro e reconhecimento de que minha abordagem na vida valeu a pena e eu tinha razão. Mesmo que não tivesse tido razão, qual é a vantagem de viver a vida com uma atitude negativa?

Com uma autoconfiança recém-encontrada, minha missão estava clara: seguir em frente. Eu estava vivendo o "axioma do sucesso de Doug Steigerwald". Cada banda que eu formava ou à qual me juntava era um passo na direção *do topo* – e ninguém, *nem nada*, me impediria.

No meu último ano do ensino médio, estava em uma banda chamada Dusk, junto com meu perene baterista, Rich Squillacioti (essa é a banda da qual me despedi dele), e meu melhor amigo e companheiro pária, o guitarrista Don Mannello[8]. Com o tecladista Mark Williamson e o baixista James "Dino" Dionisio, tínhamos a honra de ser a banda mais popular do *novo rock* da escola. Deixo essa distinção clara porque havia uma banda tributo dos anos 1950 (os anos 1950 estavam na moda nos anos 1970) chamada The Dukes, bastante popular também. Conto mais sobre eles depois.

Visto que Dino Dionisio era o sujeito mais durão da escola (ele certa vez tinha jogado um cara *por cima* do teto de um carro), tive a oportunidade de elevar minha recém-descoberta atitude eu-tô-cagando-e-andando-para-o-que-você-pensa a um outro nível. Pela primeira vez, explorei o que alguns chamariam, de maneira pejorativa, coisas de "bicha", como usar brilho, joias femininas, roupas cor-de-rosa e sair dançando pelo palco. Tudo isso fazia parte do popular movimento glitter rock da época, mas para um garoto em uma escola de ensino médio suburbana, usar essas coisas e se apresentar desse jeito em um baile é um tanto indecente. Graças ao Dino, além de não me safar de usar essas coisas, todos os garotos descolados dançavam com intensidade quando minha banda tocava, aplaudindo, pedindo músicas, e muitas das garotas

---

8 Don Mannello se tornou Don Fury, lendário produtor de bandas de hardcore de Nova York. Tenho orgulho de você, Don!

gostosas olhavam para mim pela primeira vez como se eu não fosse um completo perdedor. Eu tinha uma namorada séria na época, mas isso era legal de qualquer maneira. Ah, sim... vocês todos que se fodam.

Eu me formei no ensino médio, em 1973, no quadro de honras (eu finalmente tinha me dedicado), e segui direto para meu futuro sem nunca olhar para trás. Exceto pela minha época no Coral para Concertos[9] e talvez no clube de teatro, eu com toda certeza nunca tive "dias de glória". Não fui à formatura e sequer comprei o livro do anuário.

Com meu amigo Don Mannello (dessa vez no baixo), formamos uma nova banda chamada Harlequin, mas também me matriculei no New York Institute of Technology, me formando em Comunicação. Por causa da pressão dos meus pais e da minha namorada, fui para a faculdade como uma "rede de segurança", caso eu não fosse bem-sucedido no rock. Calculei que, se não pudesse gravar discos, os tocaria, por isso fui para a faculdade para aprender a ser um *disc jockey*. Eu sei... prenúncio.

O Harlequin era um power trio clássico, autoindulgente, dos anos 1970 com um vocalista (eu) que estava bastante impressionado consigo mesmo. Roger Peterson (guitarra), Joe Moro (bateria), Don e eu nos concentramos em sermos barulhentos e pesados apenas por sermos barulhentos e pesados. Em minha primeira verdadeira banda de metal, finalmente estava tocando a música que realmente amava.

Até a chegada das primeiras bandas de metal, havia uma enorme união entre os fãs de rock. É só dar uma olhada no programa do Woodstock original: The Who, Richie Havens, Crosby, Stills & Nash, Mountain, Country Joe and the Fish, Jimi Hendrix, Sha Na Na, Ten Years After, Sly and the Family Stone, Santava – que mistureba confusa de gêneros! E o público gritava de maneira igual para todos eles.

---

9 Por fim, acabei o ensino médio como contratenor treinado em música clássica, chegando aos corais do Condado, do estado e da Costa Leste (o que me transformou em uma das trezentas melhores vozes do ensino médio da Costa Leste) e recebi uma classificação 6A, uma das mais altas da New York State School Music Association (NYSSMA). O único comentário negativo no meu certificado de classificação foi: "Muito inquieto".

Eu não. Gostava de bandas pesadas e odiava as mais leves. Curtia Mountain, Cream e Hendrix, comprei os primeiros discos do Led Zeppelin e do Black Sabbath quando foram liberados e o álbum *On Time,* do Grand Funk Railroad, no mesmo dia em que saiu. Diabos, no nono ano, fiz parte de uma banda que *só* tocava Black Sabbath. Para mim era "Helter Skelter", nada "Blackbird", "Jumpin' Jack Flash" e "Angie", e não queria "açucarar as coisas", eu queria detonar!

Em lembro que, em uma festa do ensino médio em 1972, Don Mannello e eu quase saímos na porrada com Phil Knourzer (sim, meu ex-baixista) e seus amigos hippies por causa de comentários negativos que eles fizeram sobre Jimi Hendrix e Deep Purple. A Nação Woodstock estava desmoronando e eu estava brandindo uma marreta do heavy metal!

O Harlequin fazia mais shows do que minhas outras bandas e também ensaiava mais. Melhorei minhas habilidades vocais e performáticas. Éramos populares em âmbito local, e pela primeira vez senti que poderia estar na banda que me levaria para o topo.

Então recebi um telefonema do Peacock.

NÃO ME LEMBRO DE COMO ELES ME OUVIRAM OU me descobriram, mas uma banda cover em atividade chamada Peacock me abordou para saber se eu queria cantar para eles. Eles tinham acabado de chutar o vocalista e precisavam de um substituto. Fui ver uma apresentação deles e não fiquei lá muito impressionado. Eles tinham a pior introdução de todos os tempos. "Nós somos a Peacock! *P* como em *pea; C* como em *cock!* Vocês da esquerda podem ver o *pea,* vocês da direita podem ver o *cock!*[10]" Credo!

Eles eram uma jukebox humana, tocando "os sucessos do rock e nada além dos sucessos do rock, com a ajuda de Deus" com bastante

---

10 *Peacock* significa *pavão. Cock* é uma gíria para pênis. [N.T.]

habilidade, mas eu estava em uma banda de heavy metal fodona com músicos virtuosos; aquilo era definitivamente um passo para trás. Enquanto estava ali em pé lhes assistindo, a lembrança da voz de Doug Steigerwald soou em meus ouvidos: "No instante em que você deixar de seguir em frente, você estará acabado".

O Harlequin estava tendo dificuldades para entrar no circuito dos clubes, conseguindo apenas um ocasional agendamento lastimável e fazendo shows ao ar livre nos parques do condado. O Peacock estava trabalhando cinco noites por semana. Essa era uma oportunidade que não só me permitiria ganhar a vida tocando música, como também desenvolveria minhas habilidades e me faria ser notado. O Peacock não era *a* banda, mas *aquela* banda poderia estar por aí observando.

Eu sabia que teria de dar tudo de mim para ter sucesso na música, mas também sabia que, se eu tivesse um plano B (ir para a faculdade)... eu o usaria.

LIÇÃO DE VIDA DO DEE

É muito fácil se permitir falhar quando o fracasso "não é tão ruim". Quando falhar significa autodestruição total e completa, você dá muito mais duro para ter sucesso.

Pelo menos é assim comigo. A escolha para mim tinha de ser: tenha sucesso ou morra... então joguei a rede para longe. Mais uma vez, sendo o menos idiota possível, deixei meus amigos do Harlequin (incluindo meu melhor amigo e colega de banda de longa data Don Mannello), contei a novidade de que estava largando a faculdade para meus pais e me juntei ao Peacock.

TOCAR CINCO NOITES POR SEMANA AJUDOU MUITO A me colocar nos trilhos. Saí da casa dos meus pais (e me mudei para o apartamento no porão do meu avô em Flushing, Queens) e me tornei um músico profissional. Lembro-me com bastante clareza de ir para casa na van do grupo (eles tinham a própria van para transportar os equipamentos!) antes de o Sol nascer na minha primeira noite com a banda, pendurado na janela da van gritando: "Eu adoro isso!". Tocar em uma banda que se apresentava ao vivo e ser um vampiro do rock era tudo o que eu queria fazer. E era o que estava fazendo.

Durante minha passagem pelo Peacock, aprendi algumas coisinhas. A maior delas foi: "Sempre dê o seu melhor". Tocar cinco sets por noite (quarenta minutos tocando, vinte descansando) significava começar cedo para um clube com um público esparso e encerrar para um clube quase vazio. O set intermediário era o mais cheio, e o segundo e o quarto eram o aquecimento para o ápice e o que ia acalmando os ânimos, respectivamente. Os caras do Peacock usavam roupas de palco e tal, mas só davam um show mesmo nos sets intermediários. Eles ajustavam as roupas e a performance de acordo com o número de pessoas no clube. As noites dos dias de semana eram mais fracas, por isso eles se esforçavam menos (se a coisa estivesse mesmo fraca, não usávamos nossas roupas de palco nem fazíamos uma boa apresentação), enquanto os fins de semana ficavam lotados, portanto, eles davam tudo de si. Que conceito idiota.

Quanto menos pessoas, mais *duro* você tem que dar. Você quer que aquelas pessoas fiquem, contem para os amigos e voltem uma próxima vez para ver aquela banda incrível que fez um puta show para quatro pessoas! Quando me juntei ao Twisted Sister (a banda que já fazia shows frequentes em que entrei em seguida), eu me certificava de que em todos os sets, independentemente de quão vazio o lugar estivesse, recebesse cento e dez por cento do que eu tinha para oferecer. Acredito piamente que *essa* foi a atitude que ajudou o Twisted a se tornar um fenômeno nos clubes da região dos três estados[11] e até hoje uma das maiores bandas ao vivo de todos os tempos. Pergunte a qualquer um que viu um de nossos shows[12]. E não, nenhum dos outros integrantes do Peacock fez algo significativo em suas carreiras musicais.

A outra coisa importante que aprendi tem mais relação com o estilo de vida. Eu morava sozinho em um apartamento no porão e vivia de acordo com os horários comuns dos músicos: ia para a cama ao nascer do Sol, me levantava à tarde. Em uma noite de inverno, voltei para meu apartamento por volta das 4h da manhã. Ainda estava escuro. Eu estava exausto, então fui direto para a cama. Quando acordei, ainda estava escuro, então dei uma olhada no relógio e vi que passavam um pouco das 5h. A princípio pensei: *Ah, só dormi uma hora*, mas não estava me sentindo nem um pouco cansado. Confuso, eu por fim me dei conta de que passavam das 5h *da tarde... e eu nem tinha certeza de que dia era!*

Isso pode não parecer muito importante para você, mas surtei. Liguei a TV e descobri que tinha dormido mais de treze horas. A situação me deixou aturdido. Fiquei lá sentado enquanto percebia que um dia inteiro tinha passado. As pessoas tinham ido para a escola ou para o trabalho e voltado para casa, a bolsa de valores tinha sido aberta e fechada, grandes eventos tinham sido realizados etc. Eu não sabia se tinha feito

---

11 A chamada região dos três estados se refere aos estados de Nova York, Nova Jersey e Connecticut. [N.T.]

12 Em 1982, Randy Janckson, guitarrista/vocalista do Zebra, contou ao Jason, magnata da gravadora Atlantic, que o "Twisted Sister é a melhor banda ao vivo do mundo. Não chegamos nem perto, e mais ninguém chega". Depois de ver a banda naquela noite, Jason disse: "A banda (Twisted Sister) fez um dos melhores shows que eu já vi (e eu basicamente vi todos eles)".

sol ou se tinha ficado nublado porque dormi o dia todo! Jurei que, mesmo que minha escolha de profissão fosse um trabalho noturno, daquele dia em diante nunca dormiria o dia todo de novo, acordaria cedo nos dias de folga e daria o fora do apartamento. Havia mais coisas na vida do que apenas tocar na banda. (Eu acabei mesmo de dizer isso?) Talvez essa não seja a revelação mais chocante, mas esse foi o começo de um entendimento do equilíbrio que afetaria minha vida e carreira.

Tive outras epifanias enquanto estive no Peacock. A primeira foi com meu avô. A mudança para o apartamento no porão da casa do pai da minha mãe teve dois propósitos. Primeiro, me tirou da casa dos meus pais e me deixou mais perto do quartel-general do Peacock, no Queens. Eu não suportava mais morar na casa dos meus pais. Minhas escolhas de vida eram uma fonte constante de atrito entre mim e meu pai, eu não tinha nenhuma privacidade e não suportava a vida suburbana. Dividia um quarto com meus dois irmãos mais novos, Mark e Doug (na época com treze e onze anos), com apenas uma divisória de madeira com furos para seccionar meu espaço, que mais parecia uma cela, e me dar algum tipo de privacidade. Estávamos vivendo um em cima do outro, e quando eu tocava minha música pesada a todo volume, meus irmãozinhos costumavam implorar por misericórdia[13]. Acho que também não era muito fácil para eles.

Às vezes, a vida na residência dos Snider se tornava tão enlouquecedora, que eu entrava no meu carro, dirigia para algum lugar, estacionava e só ficava sentado ali, ouvindo música, com o aquecedor no máximo (meu pai mantinha o termostato de casa nos congelantes 20°C, para economizar dinheiro), e lia revistas em quadrinhos. Era maravilhoso ter meu próprio espacinho.

Para piorar as coisas, eu achava a vida suburbana absolutamente sufocante. Os engarrafamentos de Baldwin, a monotonia de um lugar

---

13 Por mais que costumassem implorar, eles algum tempo depois passaram a amar o metal. Meu irmão Mark se tornou produtor e roteirista do lendário programa de rádio de metal extremamente popular nos anos 1980 chamado *Metal Shop*. Eu fiquei tão orgulhoso.

onde todas as casas e os terrenos eram idênticos e o modo de vida totalmente igual das pessoas me deixavam maluco. Eu sabia que havia mais coisas na vida do que aquilo em algum outro lugar. Pela manhã bem cedo, antes que a cacofonia de sons do subúrbio começasse, eu conseguia ouvir uma cachoeira em algum lugar ao longe. Em todos meus anos morando e perambulando pela vizinhança, nunca tinha visto uma, mas conseguia ouvi-la com clareza. Só de saber da existência de algo ali perto tão bonito como uma cachoeira me trazia alegria e paz interior. Eu costumava sentar na varanda pela manhã bem cedo, bebendo café e apenas ouvindo. Isso me fazia sorrir.

Certa manhã, estava todo contente do lado de fora, apenas ouvindo e sorrindo, quando meu pai saiu.

— O que você está fazendo?

— Ouvindo a cachoeira. — Nem mesmo ele podia estragar aquilo.

Meu pai parou, ficou ouvindo por alguns instantes, depois riu.

— Isso não é uma cachoeira. Esse é o barulho dos carros na via expressa, imbecil! — disse e saiu andando. Ele tinha outros sonhos e fantasias para destruir. Eu fiquei desolado.

O outro motivo para me mudar para a casa do meu avô foi para fazer companhia a ele. Minha avó tinha falecido recentemente, deixando-o sozinho pela primeira vez desde que ele era jovem. Meus pais acreditavam que só de ter a energia de outra pessoa na casa lhe faria bem durante a transição.

Eu gostava muito do meu avô. De tempos em tempos, ele cozinhava e jantávamos juntos. Certa noite, ele se abriu comigo e mudou minha vida para sempre. Meu avô foi ferramenteiro, fazendo peças mecânicas de precisão para usinagem. Ele, na verdade, fez peças usadas no primeiro pouso lunar. Meu avô tinha trabalhado muito duro durante toda a vida e cuidado bem da família, mas ele me contou sobre como tinha deixado que seus colegas de trabalho tirassem vantagem dele, com frequência fazendo o trabalho deles sem receber crédito, elogios ou promoções. Frank Schenker (meu avô) era um homem ótimo e um bom trabalhador, mas era ingênuo e uma presa fácil. As palavras que ele disse em seguida tiveram um impacto enorme em um jovem de dezenove anos cuja vida se estendia diante de si, com muitas páginas em branco esperando para serem preenchidas. "Danny, não seja um molenga como eu fui", meu avô de oitenta e poucos anos alertou. "Não deixe que as pessoas passem por cima de você." Compreendi o que meu avô estava dizendo. Obrigado por esse conselho, vovô. *Nunca deixei que fizessem isso comigo.*

As lições de vida foram acumulando durante o período de menos de um ano em que fiquei no Peacock. Mas a maior – sobre relacionamentos – aprendi por conta própria.

Ser solteiro em uma banda de rock em atividade queria dizer que não havia escassez de garotas. Não interessa se você está em uma banda boa ou ruim, desconhecida ou famosa, rica ou pobre (claro que quanto melhor e mais famosa a banda for, e quanto mais dinheiro você tiver, mais gostosas serão as garotas que você vai pegar), sempre haverá garotas por aí que vão querer ficar com caras de bandas. Não resta dúvida de que esse é o motivo mais comum que você ouvirá para o porquê de caras entrarem em bandas: conhecer garotas. Um clube diferente a cada noite era igual a uma nova garota a cada noite, e ainda que isso com certeza tenha seu apelo, estava faltando alguma coisa para mim.

Em um dia de inverno infeliz, estava sozinho e com um resfriado terrível em meu apartamento. Era um dia chuvoso. Eu olhava para o cinza no lado de fora da janelinha do porão, o frio irradiando através do vidro. Me sentia péssimo e queria muito alguém para ficar comigo, mas que mina do rock iria querer ficar com um roqueiro doente com nariz escorrendo, febre e tosse? E com qual mina do rock eu iria querer ficar quando estava me sentindo daquele jeito? Na madura idade de dezenove anos, me lembro com clareza de pensar: *Será que algum dia eu conhecerei alguém que ficará comigo o tempo todo?* Eu já sabia que a tradicional vida de estrela do rock não seria para mim.

Menos de dois anos depois, minhas preces seriam atendidas.

5
GRANDE FIASCO Nº 1

MINHA PASSAGEM PELO PEACOCK CHEGOU AO FIM COM o primeiro dos meus grandes fiascos. Seria de se pensar que eu aprenderia. Crescentes problemas com o nojento do baixista (que permanecerá inominado porque é um otário) chegaram ao auge com um confronto físico, e eu saí. Tive de tolerar sua falta de higiene, os cigarros, a personalidade difícil e o fato de ele fazer polichinelos pelado. Eu conseguia lidar com tudo isso (bom, talvez não com os polichinelos), mas no instante em que as coisas ficaram violentas, dei o fora. Sei que você ouviu uma miríade de histórias sobre ótimas bandas de rock tendo altercações físicas entre si (às vezes, em cima do palco), mas quando em alguns momentos parecia que o mundo inteiro estava contra mim, o único lugar que eu não queria e não toleraria brigas era entre os integrantes da banda. Não resta dúvida de que às vezes vocês querem matar uns aos outros, mas essa é sua arte e sua paixão. Guarde a hostilidade para os detratores.

Poucas semanas depois de deixar a banda, estava quebrado. Sempre fui péssimo com dinheiro e tinha administrado mal o que tinha ganhado com a banda. Meu aluguel estava meses atrasado e eu não tinha nenhum dinheiro para comprar comida; estava sobrevivendo à base de sanduíches de manteiga de amendoim e geleia. Meus pais, ao verem como eu tinha quebrado a minha cara, "mandaram" que eu voltasse para a casa deles. Eles sabiam que não podiam de fato mandar em mim, mas viram que eu era orgulhoso demais para pedir, então *afirmaram* que eu voltaria, querendo ou não, até eu me recuperar. *Obrigado por isso, mãe e pai.*

Algumas semanas depois de voltar para casa, cheguei ao fundo do poço: meu carro quebrou e eu não tinha dinheiro para o conserto. No subúrbio, não ter um carro é pior do que não ter lugar para morar. Você sempre pode morar no carro. Sem dinheiro, sem emprego, sem namorada, endividado, morando com os pais, sem banda e sem carro? É, esse é o mais fundo a que se pode chegar. Minha única escolha era deixar meu sonho de ser uma estrela de rock de lado e fazer o que fosse necessário para voltar aos eixos. Engoli o que tinha sobrado do meu orgulho e arrumei um emprego na plataforma de carregamento de uma nova loja de departamentos, Korvettes, prestes a inaugurar.

Bem, nunca tive problemas com trabalhos braçais – vinha trabalhando desde os doze anos. Minha família não tinha muito dinheiro, então, se eu quisesse alguma coisa, precisava ganhar o dinheiro para comprá-la, e que tipo de garoto não quer coisas? Principalmente quando do se está no nono ano ou no ensino médio e começa a querer roupas, discos e dinheiro para sair. Por isso, começando como entregador de jornal quando tinha doze anos (e vários outros bicos, tais como pintar casas, cortar grama e remover neve), eu sempre trabalhei. Fui ajudante de garçom, atendente de banheiro, paisagista, churrasqueiro, taxista, lixeiro, babá e muito mais. Você faz o que tem de fazer.

O emprego na plataforma de carregamento parecia uma maneira justa o bastante para me tirar do buraco em que eu tinha me enfiado, mas durante o treinamento descobri que nem todos encaravam o trabalho do mesmo modo que eu. Ao final do treinamento, os gerentes nos perguntaram se tínhamos alguma pergunta. Eu não tinha. Trabalharia, seria pago e, quando estivesse recuperado, pediria demissão. Meus colegas de trabalho, não. Eles queriam saber a respeito de benefícios, planos de aposentadoria, indenização trabalhista, licença-maternidade e outras coisas. Todas essas pessoas de dezenove e vinte e poucos anos estavam falando como se fossem ficar naquele emprego para sempre.

Mais tarde, na plataforma de carregamento, perguntei aos rapazes sobre seus planos a longo prazo. Eles responderam em uníssono: "É uma boa empresa. Temos um futuro aqui. Por quê? Você não está ansioso para ficar?". Sem nem pensar nas consequências, exclamei: "Diabos, não! Vou ser um rock star!". Grande erro.

"Rock Star." Esse virou meu novo apelido, e não era usado como elogio. Eu era ridicularizado sem misericórdia por minha ambição e isso foi usado contra mim.

"Ei, Rock Star, pegue aquele lixo." "Rock Star, limpe aquele chiclete no chão." "Ei, Rock Star, uma das privadas transbordou." Se houvesse um serviço humilhante para ser feito, era dado a mim, sempre anunciado em alto e bom som para que todos ouvissem, e antecedido por, "Ei, Rock Star...". Às vezes, eles chegavam a usá-lo no sistema de interfone da loja para a diversão de todos. Era um saco, mas não me desencorajou. Trabalhar naquela loja de departamentos foi apenas uma necessidade infeliz em minha jornada. Sabia que com o tempo eu deixaria o emprego e todos aqueles imbecis insultuosos para trás e voltaria para minha estrada rumo ao estrelato. Ah, e a propósito... essa rede de lojas de departamentos no fim das contas veio a falir. Fodam-se! Embora uma coisa interessante tenha acontecido certo dia na plataforma de carregamento...

Meus colegas de trabalho e eu tínhamos acabado de descarregar um semirreboque cheio de colchões e estávamos sentados ou deitados confortavelmente em cima de uma das pilhas, esperando o elevador de carga chegar. De repente, uma enorme lata-velha entrou com tudo no estacionamento vazio do outro lado da rua e começou a rodar fazendo uma série de giros em 360 graus cantando pneus. "Ei, Rock Star", exclamou um dos perdedores na plataforma, "aquele cara se parece com você!". Ao me concentrar no motorista do carro, vi que ele tinha um enorme afro como o meu. Fizemos contato visual e acenamos um para o outro, irmãos de cabeleira.

Naquela época, meu cabelo castanho crespo estava alcançando dimensões monstruosas. Ele sempre tinha sido repartido no meio, até eu entrar no Peacock, quando o baterista Seth Posner me levou para o seu cabeleireiro para dar um jeito na minha "juba". No final dos anos 1960, uma banda de segunda categoria de Long Island chamada The Illusion tinha ficado conhecida por seus afros caucasianos bem-cuidados. Seth achou que essa seria uma ótima maneira de domar minha juba, e por um tempo foi mesmo. Sem ser grande fã de cortes de cabelo, meu afro tinha ficado enorme! Quando finalmente fui promovido da plataforma de carregamento para a área de vendas do departamento de utilidades domésticas, virei o melhor vendedor de *secadores de cabelo*. Ainda que eu não usasse um secador (exceto por, de tempos em tempos, usar o soprador de folhas com seus ventos de 160 km/h de um amigo paisagista), os clientes simplesmente presumiam que o cara com todo aquele cabelo devia entender da coisa, então eles recorriam a mim pedindo conselhos. Por fim, me disseram que eu tinha de cortar o cabelo ou perder o emprego. Adivinhe qual dos dois escolhi?

Alguns anos mais tarde, quando Mark "the Animal" Mendoza e eu por fim nos conhecemos oficialmente (depois de meses de reconhecimento silencioso enquanto nossos "chapéus cabeludos" raspavam nas paredes e viviam esbarrando um contra o outro nos clubes), ele me contou que ele era o lunático fazendo as derrapadas naquele dia no estacionamento. O Animal disse que viu meu afro incrível e decidiu fazer um showzinho para um colega "cultivador de cabelo" com o carro de entregas da loja de autopeças que ele estava usando. História verídica.

DURANTE MEU PERÍODO DE RECUPERAÇÃO, TENTEI FORMAR uma banda nova (Heathen), mas ela nunca conseguiu decolar e no fim das contas foi dissolvida. Então fiquei sabendo de uma coisa que me deixou ligado: a banda local Twisted Sister estava se apresentando sem um vocalista.

Desde meu último ano no ensino médio até meu único ano na faculdade e durante todo meu tempo no Peacock, tinha ouvido falar dessa banda. Nascida dos New York Dolls e da cena glitter rock do começo dos anos 1970, o Twisted Sister – que se anunciava como a banda favorita do Mott the Hoople, até Mott ficar sabendo disso e lhes enviar uma ordem judiciária – era popular na região dos três estados. Ainda que nunca os tivesse assistido ao vivo, eu tinha visto a foto deles nos jornais musicais locais e tinha ouvido falar de como se apresentavam: maquiagem pesada e penteados bufantes, sapatos com solas de plataforma e roupas glamorosas, tocando as melhores músicas de Bowie, Mott, Lou Reed e outras bandas de glitter rock daquela época.

Formada em 1973, a banda original durou mais ou menos dezoito meses antes de implodir. A badalação do vocalista principal, Michael Valentine, por fim provou ser demais (embora ele, na verdade, tenha pensado no incrível nome do grupo em uma noite desvairada), e a banda se separou. No início de 1975, a banda foi reformada com um novo vocalista e guitarrista solo, o novo vocalista foi logo mandado embora e, no verão de 1975, o guitarrista Jay Jay French assumiu o posto de "vocal" da banda.

Quando fiquei sabendo que o Twisted estava sem vocalista principal, vislumbrei uma verdadeira oportunidade. Eu adorava todas as bandas cujas músicas eles tocavam e curtia glitter rock (que tecnicamente já tinha chegado ao fim em 1975), mas ainda tinha de entrar naquela onda de maquiagem. Diabos, eu tinha um bigode até sair do Peacock! Como parte do meu "recomeço" depois de sair do Peacock, decidi raspar o ofensivo "acumulador de migalhas". Graças a Deus. Nunca mais deixei crescer um bigode.

O que eu mais adorava no Twisted Sister era o nome. *Twisted Sister* [Irmã Desvairada, Desmiolada, em tradução livre]. Cara, como esse nome evocava algumas imagens exóticas. Eu tinha de entrar naquela banda.

Em agosto de 1975, eles estavam tocando em um clube em Wantagh, Long Island, chamado Bobby Mac's. Usando o soprador de folhas do meu amigo paisagista, sequei meu cabelo até ele atingir proporções majestosas, calcei meus sapatos de plataforma e saí para vê-los pela primeira vez.

Entrei no clube pequeno, cheio, mas não lotado, e me postei na pista de dança. O repertório da banda era composto inteiramente de canções de Lou Reed, Mott, Bowie, Kinks, Stones e afins, faladas/cantadas no clássico estilo de Lou Reed pelo guitarrista Jay Jay French (ele não canta porra nenhuma). A banda tinha um visual excelente e Jay Jay French exsudava a atitude de uma verdadeira estrela do rock, mas eles *com certeza precisavam de um vocalista*. Eu mal podia esperar para abordar a banda.

Depois do show, fiquei de olho na porta do camarim, esperando-os saírem. Keith Angelino, também conhecido como Keith Angel, o novo guitarrista da banda, foi o primeiro. Um verdadeiro clone de Keith Richards/Johnny Thunders, ele parecia acessível, portanto fiz minha aproximação. Me apresentei, disse a ele que cantava pra cacete e que detonava pra valer (mas não com essas palavras) e que adoraria cantar na banda dele. Keith reagiu de maneira bastante positiva, mas disse que eu teria de conversar com Jay Jay.

Keith voltou para o camarim para buscá-lo, e alguns minutos depois apareceu Jay Jay French usando maquiagem, óculos escuros, sapatos de plataforma e indumentária glitter rock bastante apropriada. Preciso admitir que fiquei abismado com ele. Aquele era um dos caras que eu tinha visto em todos aqueles anúncios nos jornais, o que era uma grande coisa para alguém que estava tentando aparecer naqueles jornais! Aquele era *o* Jay Jay French!

Jay Jay já parecia bem-informado sobre mim e por que eu estava ali e me contou que a banda estava trabalhando todo seu material com base em seu "estilo vocal" e que não estavam interessados em arrumar um novo vocalista. Desanimado, agradeci a Jay por seu tempo. Enquanto me virava para ir embora, Jay Jay, no que era seu estilo pragmático de um verdadeiro homem de negócios – e eu aprenderia isso depois –, disse: "Mas me passa seu número de telefone, por precaução". Não vi nenhum motivo para fazer isso, mas lhe passei meu número mesmo assim.

Mais tarde, quando enfim entrei para a banda, fiquei sabendo que Keith Angel (que já não estava mais na banda na época) tinha dito ao Jay Jay: "Tem um imbecil chamado Danny Snider (meu nome na época) lá fora e ele quer cantar na banda". Jay Jay supôs que Keith me conhecia (não me conhecia, mas em retrospecto ele tinha uma intuição *aguçada*) e me desconsiderou antes mesmo de ouvir o que eu tinha a dizer. *Onde você está agora, Keith Angelino?*

Demoraria quase meio ano até que eu voltasse a ter notícias de Jay Jay French.

CHEGOU O DIA EM QUE ME DEI CONTA DE QUE EU não estava em uma banda, ou cantava, havia quase seis meses! Isso não era uma coisa boa por diversos motivos, o maior deles era que eu estava perdendo minha boa forma vocal.

A laringe é um músculo, e se você não a exercitar com regularidade, ela se torna fraca. Se exagerar, ela fica irritada e é possível estirar ou danificá-la permanentemente. Mas se você nunca a exercitar, atrofia e enfraquece. Por ter ficado sem cantar por tanto tempo (para um cantor), sabia que estava mal preparado se aparecesse uma oportunidade para cantar em uma banda. Eu precisava exercitar minha voz.

Não sei ao certo como descobri a banda – é provável que tenha sido no jornal de rock local ou pendurado no quadro de avisos em alguma loja de música ou em um estúdio de ensaios –, mas eles não precisavam apenas de um vocalista, também precisavam de um baixista. Em vez de entrar nessa banda de gente estranha sozinho, fiz uma rápida ligação para o baixista do Heathen, Lee Tobia. Eu lhe disse que estava procurando uma banda com a qual ensaiar para manter minhas habilidades afiadas e perguntei se ele queria fazer o teste comigo. Ele estava sem uma banda no momento e também precisava se "exercitar", então fomos juntos para a audição. Não me lembro do quão boa ou ruim a banda era (sei que não fiquei impressionado o suficiente para dizer: "Ei, encontrei minha próxima banda!"), mas isso não importava, eu só precisava de um grupo com o qual ensaiar para estar pronto para quando a oportunidade aparecesse. Alguns anos depois, virei aluno de Tony Robbins (isso mesmo, o cara é incrível), e ele verbalizava o que eu sabia por instinto: a sorte é o encontro da preparação com a oportunidade. Eu precisava estar preparado porque sabia que a oportunidade estava chegando. Não me pergunte como.

Lee e eu detonamos na audição (é claro) e fomos aceitos na banda. Quando perguntamos o nome da banda, fomos informados de que compartilhariam essa informação conosco quando tivessem certeza de que éramos mesmo os caras certos. Por quê? Porque o nome era tão bom que temiam que pudéssemos roubá-lo e usá-lo em outra banda. Nem eu nem Lee jamais tínhamos passado por algo assim. *Devia ser um belo de um nome.*

Depois de várias semanas ensaiando (nunca havia shows nem a conversa sobre marcar algum), pediram que Lee e eu ficássemos para uma reunião da banda depois do ensaio. Os caras se sentaram conosco e nos disseram que finalmente tinham certeza de que éramos o vocalista e o baixista certos para a banda (isso mostra como nos conheciam pouco) e que estavam prontos para compartilhar o nome supersecreto conosco. (Rufem os tambores, por favor.)

— *This* [Isto].

— *This* o quê? — perguntou Lee.

— *This* — responderam eles.

— *This?* — entrei na conversa, confuso.

— É. Só *This* — respondeu um dos cientistas de foguetes passando por integrante da banda — Como em "isto detona", ou "isto é demais, ou "isto é o melhor!".

— E que tal "*isto é uma bosta*"?! — berrei eu, sem acreditar.

Desnecessário dizer que Lee Tobia e eu não éramos mais bem-vindos no This. Eu me pergunto: em que laboratório os antigos membros do This estão trabalhando?

EM MEADOS DE JANEIRO DE 1976, DEPOIS DE TER sido mandado embora da loja de departamentos Korvette's, comecei a trabalhar na Double B Records & Tapes em Freeport, Long Island. A Double B era uma empresa de distribuição local, atuando como intermediária entre as gravadoras e as lojas. Fui contratado para cuidar da seção dos cartuchos Stereo 8 (Lembram-se deles? Alguém? *Alguém?*) do armazém – não era um departamento muito grande – preenchendo formulários de pedidos de lojas e levando-os para a expedição para serem empacotados e enviados.

Estava sendo treinado para substituir o sujeito que na época preenchia os formulários de pedidos. Assim que eu estivesse pronto, ele deixaria o emprego, e meu chefe, Zeke, poderia tirar suas férias há muito vencidas. Enquanto preenchia os formulários, eu imaginava como seria legal quando um dia algum garoto estivesse preparando pedidos para os meus discos.

Zeke era um completo bundão (em contraste com os meio bundões com quem eu tinha trabalhado antes), com uma voz aguda e estridente para combinar. Ele gostava de ficar gritando e pegava no meu pé de modo implacável.

Certo dia, eu estava no telefone público que ficava bem ao lado do escritório de Zeke e ele me ouviu conversando com meus colegas da banda This sobre o ensaio daquela noite.

Quando desliguei, Zeke me chamou para dentro de seu escritório.

— Que história é essa de ensaio?

— É, depois do trabalho. Com minha banda.

Zeke partiu para o ataque.

— O trabalho vem em primeiro lugar; sua banda vem em segundo. Preciso que você faça hora extra hoje. Não pode ensaiar com sua banda.

Não pode ensaiar? Eu nunca fazia hora extra. Aquele imbecil tinha me passado hora extra só para me foder. Não disse nada e saí do escritório. Nada era mais importante para mim do que minha música. Sabia que meus dias na Double B Records & Tapes estavam contados.

UMA SEMANA DEPOIS, NO FINAL DE JANEIRO DE 1976, recebi convites para participar de audições para duas bandas. Cara, eu gostaria de ver meu horóscopo para aquela semana. Um deles veio dos meus antigos amigos do ensino médio da banda cover dos anos 1950, Dukes. Eles tinham se tornado uma banda de clubes bastante famosa, trabalhando com regularidade com uma grande quantidade de seguidores. Eu tinha cantado em um coral com o vocalista do Dukes, então eles sabiam que eu tinha as habilidades necessárias para o *doo--wop[14]*, que era a pedra angular de seus shows. Eu adoro a música dos anos 1950, portanto fiquei bastante empolgado ao receber a ligação.

O segundo telefonema veio de... *Jay Jay French, do Twisted Sister!* Depois de inúmeras semanas mandando ver nos vocais por conta própria (e da dissolução e reformulação da banda pela terceira vez), Jay Jay tinha sido convencido por muitas pessoas de que a banda realmente precisava de um vocalista/frontman.

Lembra por que eu disse que tinha deixado minha banda matadora, Harlequin, para me juntar à banda mais inferior, Peacock? Para desenvolver minhas habilidades vocais e performáticas e ser notado pelas pessoas. Bem, deu certo.

O agente de agendamento de shows do Peacock, Kevin Brenner, da Creative Talent Associates (CTA), quem eu praticamente nunca via, tinha me notado. Como agente de longa data do Twisted Sister, ele não apenas disse a Jay Jay que a banda precisava de um frontman, como também sugeriu que Jay desse uma conferida em um tal de "Danny Snider".

— Danny Snider? — retrucou Jay Jay — Esse cara me abordou pedindo para fazer parte da banda uns meses atrás.

Sabe quando você nunca ouviu uma determinada palavra ou viu uma certa coisa antes e, depois que isso acontece, parece que você a

---

14 Estilo musical com base no rhythm and blues. [N.T.]

ouve e a vê em todos os lugares? Foi mais ou menos isso que aconteceu comigo e Jay Jay. Depois de eu me apresentar no clube naquela noite, parecia que Jay ouvia o meu nome o tempo todo.

Muito antes de Kevin Brenner mencionar meu nome para Jay, um barman chamado Phil Zozzaro, que todos chamam de Wha[15], de um dos clubes onde tanto o Twisted Sister quanto o Peacock tocavam, ficava o tempo todo falando com Jay Jay sobre um garoto que cantava no Peacock. "Você tem que conferir esse cara, Jay Jay! O garoto é incrível!" Obrigado por isso, Wha.

VOCÊ SABE O QUE É LSD? NÃO, NÃO O ALUCINÓGENO.

Lead Singer Disease [Doença do Vocalista Principal]. Ah, isso existe, e todos os cantores principais sofrem dela. Não vou negar. É claro que sofremos disso. Vocalistas escolheram uma profissão em que as pessoas esperam que nos postemos diante de uma multidão com apenas nossa voz e personalidade para entretê-la. Não temos nenhuma guitarra nem bateria entre nós e o público, nada de botões, manípulos, pedais ou parafusos para remexer quando a música para ou público fica impaciente. Ficamos lá em cima expostos. Tudo o que temos para nos proteger é o ego gigantesco necessário para nos levar lá para cima. É o fato de sermos tão cheios de si que nos faz acreditar que as pessoas realmente vão querer nos ouvir e nos ver fazendo as coisas que fazemos. Vocalistas são o exemplo perfeito de pessoas com parafusos a menos na cabeça.

Já foi dito que a maioria das pessoas tem mais medo de falar em público do que de morrer. Nós somos os malucos que escolheram o primeiro como nosso ganha-pão. É claro que somos pirados. É preciso ser! Nossos colegas de banda querem que sejamos metidos, egoístas e insolentes em cima do palco, mas também querem que "baixemos a

---

15 Phil era chamado de Wha porque todas as vezes que alguém falava com ele, respondia: "Wha?". [Uma forma reduzida de *What? – Quê?*] (Entendeu?)

bola" no instante em que descemos do palco. Rá! As coisas não funcionam assim. Não é um botão que podemos simplesmente ligar e desligar; é como somos. É o que nos motiva. É o que nos faz agitar. Compreendo sua frustração (ou da banda), mas o "vocalista principal sem ego" é uma criatura mítica, como um unicórnio ou o Pé Grande. Eles não existem.

A questão é que todas as bandas têm a vã esperança de poderem se virar sem um frontman de alguma maneira. Talvez um dos caras da banda, um dos *músicos*, consiga dar conta do recado, e eles conseguirão se virar sem um. Embora isso possa acontecer, e existem muitos ótimos guitarristas ou baixistas que também são bons vocalistas, tecladistas ou até mesmo bateristas que são bons vocalistas, a terrível verdade é que a LSD é contagiosa. Após algum tempo, quem quer que seja o "vocal principal" vai contraí-la e se tornará tão ruim quanto qualquer outro frontman. São ossos do ofício.

Depois de lidar com dois vocalistas dignos de pesadelo, Jay Jay esperava que talvez pudesse dar um jeito de ficar sem um. Ele até chegou a levar para a banda seu amigo de infância, Eddie Ojeda, para tocar guitarra e cantar. O Eddie tem uma voz ótima... mas não é um frontman. Jay Jay tentou se virar sem um vocalista, mas não conseguiu, então fez a ligação. Talvez esse tal de Danny Snider não fosse como os outros. *Até parece.*

Não demorei muito tempo para me decidir entre o Dukes e o Twisted Sister. Eu sabia que todo aquele lance dos anos 1950 era só uma coisa passageira; não havia futuro em gravar canções antigas (o Sha Na Na já tinha mamado muito naquelas tetas), e eu teria que cortar meu cabelo! Um grande empecilho. Eu via um verdadeiro futuro no Twisted Sister, portanto agarrei a oportunidade de fazer uma audição.

Havia um problema. Eu tinha acabado o treinamento no trabalho, o sujeito que eu estava substituindo tinha ido embora e meu chefe tinha marcado de sair de férias na semana em que o Twisted Sister queria que eu viajasse com eles para fazer a audição. Espere um pouco! Eu estava à procura de uma maneira de me vingar de Zeke, o Bundão. Problema resolvido! Larguei o emprego sem aviso-prévio e deixei aquele pau no cu na mão (sem querer fazer trocadilhos). Além de acabar com suas férias, ele mesmo foi obrigado a ficar catando cartuchos Stereo 8 enquanto procurava por um substituto para mim. *A vingança é uma filha da puta!*

6
ISSO É O TWISTED SISTER?

MINHA AUDIÇÃO PARA O TWISTED SISTER NÃO SERIA típica. A banda tinha um longo fim de semana de shows agendados em um clube em uma área de ski no norte do estado de Nova York chamado Hunter Mountain. Jay Jay tinha feito um acordo com o Turtleneck Inn para que a banda ficasse hospedada lá durante a semana. O plano era que eu fosse de carro com a banda até o clube, fizesse a audição e, se tudo corresse bem, ensaiasse com eles durante a semana para os shows no fim de semana. Não sei se eles estavam confiantes de que eu atenderia aos requisitos ou estavam apenas esperançosos, mas eu de pronto concordei com o plano. Eu nunca tinha ido mal em uma audição na minha vida, mas, mesmo assim, levei dinheiro para um bilhete de ônibus para voltar para casa. A última coisa que eu queria era ficar preso durante uma semana com uma banda que não me queria e depois ter de fazer a longa viagem de carro também com eles. Além disso, o Queen (quando a banda ainda era metal) tinha um show marcado para quando eu estivesse viajando, e, visto que eu não tinha perdido nenhuma de suas turnês anteriores (isso foi antes de eles ficarem realmente grandes – eu sou um fã original! O *Queen II* é o melhor), eu não estragaria a audição *e* uma chance de ver o show da minha banda favorita da época.

Eu sentia que tudo o que tinha feito na minha vida até aquele momento havia me levado àquela audição. Eu estava preparado.

No dia 1º de fevereiro (aniversário do meu pai), na noite anterior à nossa partida, uma fortíssima tempestade de gelo atingiu a região. Eu tinha certeza de que minha grande audição seria adiada, mas, apesar de todas as viagens na área terem sido interrompidas, o plano permaneceu o mesmo. Kenny Neill, o baixista original do Twisted Sister, dirigiria a perua da banda (eles tinham um carro da banda!) da casa dele em Upper Montclair, Nova Jersey, até Long Island (geralmente uma viagem de três horas; com aquele clima ele deve ter demorado pelo menos quatro horas) para me pegar na casa dos meus pais em Baldwin, depois buscaríamos o novo baterista do Twisted, Kevin John Grace (baterista nº 2, para aqueles que estiverem contando), em umas duas cidades depois da minha, em Levittown. Em seguida pegaríamos Jay Jay em Manhattan, então, seguiríamos para o Bronx, para buscar o guitarrista Eddie Ojeda. Só daí todos iríamos para o norte do estado até Palenville, Nova York, para o Turtleneck Inn. *Parecia bem fácil.*

Eu tinha visto fotos de Kenny Neill e ele parecia ser um sujeito bastante pirado, mas a pessoa que chegou para me pegar era tudo menos isso. Com uma aparência e uma fala que pareciam incrivelmente normais (e um pouco nerd; desculpe, Kenny), ele parecia bastante *maduro*. Todos os integrantes da banda (exceto Kevin) eram de três a cinco anos mais velhos do que eu. Não parece ser muita coisa agora, mas, quando se tem vinte anos, essa é uma diferença significativa, e acho que isso teve seu papel em alguns dos problemas que se desenvolveram mais tarde entre mim e os rapazes.

Mesmo assim, eu estava empolgado pra caramba e guardei minha mala no carro e comecei minha aventura. Durante nossa viagem, não demorei a descobrir que Kenny era um alcoólatra em recuperação (um pouco mais rock and roll) e frequentava diversas reuniões por semana no AA. Fiquei admirado que ele fosse capaz de trabalhar em um ambiente de um bar/clube e controlar sua doença. Ele conseguia e nunca teve uma recaída durante os dois anos em que trabalhamos juntos. Até onde sei, Kenny está sóbrio há mais ou menos trinta e cinco anos. Parabéns, Kenny.

Quando chegamos à casa do baterista Kevin John Grace, ele parecia jovem (talvez até mais jovem do que eu) e foi até o carro usando óculos e *galochas!* Eu tinha visto uma foto do Kevin; ele tinha um visual ótimo e não usava óculos (nem galochas). Acho que ele os tirava para as coisas da banda. Não que haja alguma coisa errada em precisar de óculos (todos os óculos escuros de Jay Jay são de grau), mas os óculos, as galochas, as luvas e o casaco de frio lhe davam ar de bobão. Esse era *o* Twisted Sister e eu estava andando em uma perua verde-oliva com dois nerds! Próxima parada, Nova York para pegar a lenda local, Jay Jay French.

Para a grande maioria da garotada de Long Island, Manhattan é bastante intimidadora. Eram meados dos anos 1970 e Nova York era tudo, menos "a cidade grande mais segura dos Estados Unidos". Era exatamente o oposto. Aquela era a Manhattan retratada em *Serpico*, *Operação França* e *Desejo de Matar*, quando o Harlem era o *Harlem* e a Forty-Second Street era repleta de prostitutas, sex shops e cinemas pornôs. Antes da Disney. Manhattan naqueles dias era permeada de "áreas ruins" e era necessário saber por onde andar para evitar problemas em potencial. Eu havia estado ali em raras ocasiões, a não ser para ver os desfiles com meus pais, viagens escolares ocasionais e alguns shows. Em uma das minhas visitas mais recentes, os caras do Harlequin e eu tínhamos quase sido roubados por uma gangue em uma noite no Central Park, depois de um show do Uriah Heep (nos tempos em que eles literalmente costumavam impedir que qualquer um entrasse no parque à noite porque era perigoso demais). Eu não era um fã da Grande Maçã.

Jay Jay morava no Upper West Side, onde nasceu, foi criado, ainda vive e, tenho certeza, de onde um dia tirarão seu corpo. Ei, ninguém abre mão de um apartamento com aluguel controlado na cidade de Nova York. Em 1976, essa era a região mais baixa do Harlem e *não* era um lugar seguro.

Nós três chegamos à residência de Jay e estacionamos o carro. Pelo que me lembro, Kevin ficou no automóvel para cuidar das nossas coisas (o que ele teria feito se alguém tivesse tentando nos roubar, eu não sei. Acertá-lo com uma galocha?), e Kenny e eu subimos para pegar o Jay.

Jay abriu a porta usando óculos, macacão, um suéter e sapatos de dança Capezio brancos. O que diabos estava acontecendo?! Aquele não era o roqueiro alto, descolado e cheio de brilho que eu tinha conhecido seis meses antes! Ele estava colocando algumas coisas de última hora na mala e me convidou para ir até seu quarto conversar.

Enquanto o esperava se aprontar, fui apresentado a um nível de pornografia que nunca tinha visto antes. Aqueles eram os anos 1970 e minha exposição às revistas *Playboy* e *Penthouse* era limitada; pornografia não era meu lance. Era o de Jay Jay. Ele tinha importado revistas pornográficas com fotos obscenas que eram inacreditáveis para um jeca de vinte anos de Baldwin, Long Island. Nunca vou me esquecer de uma mulher loira, bonita (sueca?), que depois de um longo dia no trabalho chegou em casa... para transar com cinco caras de uma vez. A foto dela com um sujeito em cada mão e os outros três em cada um de seus orifícios me deixou desconcertado por um bom tempo. Eu tinha tantas perguntas. Que ótima primeira impressão.

Nossa próxima parada foi no Bronx, para buscar Eddie Ojeda. Bem, se Nova York era intimidante, o Bronx estava em outro patamar. Eu só o tinha visto retratado em filmes como *Inferno no Bronx*[16] e ouvido a respeito em histórias terríveis nos noticiários; nunca sob uma luz lisonjeira. Fiquei bastante apreensivo em ter de ir até lá.

Eddie Ojeda é um espanhol/porto-riquenho. Por ter crescido na branquela Baldwin (havia três negros na escola inteira), eu não conhecia muitos hispânicos (cheguei a ter um amigo mexicano chamado Carlos), mas, de novo, eu os tinha visto retratados na televisão e em filmes. Nada lisonjeiro.

---

16 Esse filme é, na verdade, de 1981, portanto, ainda não tinha sido lançado quando o incidente retratado pelo autor aconteceu. [N.T.]

Quando chegamos ao prédio de apartamentos da família de Eddie, na Jerome Avenue, o lugar estava zunindo de agitação. Assim como nos filmes. Encostamos na frente do prédio e Jay Jay desceu do carro para buscar Eddie lá dentro. Fiquei maravilhado com a maneira casual com que aquele roqueiro/fazendeiro/dançarino bizarro (Jay agora estava usando um casaco forrado de pele) passou andando por entre toda aquela comoção diante do prédio e entrou. Destemido. Enquanto aguardávamos no carro (pelo que pareceu uma eternidade), parecia que alarmes de emergência disparavam o tempo todo. Até então, aquela experiência não estava fazendo nada para dissipar meus medos e preconceitos.

De repente, ouvi alguém gritar. Eu me virei e vi uma mulher irromper pela porta da frente do prédio de Eddie, com as mãos cobrindo o rosto e sangue escorrendo. *Que porra?!* Viaturas e ambulâncias chegaram, a coisa toda virou um pandemônio. Então Jay Jay e Eddie saíram casualmente do prédio, conversando e rindo enquanto eu sentei em choque.

Ostentando um "corte de cabelo disco" e usando um casaco longo de tweed com padrão de espinha de peixe, Eddie não tinha um estilo rock and roll, mas parecia bastante descolado. Não perdi tempo em impressioná-lo ao perguntar se seu sobrenome era realmente pronunciado *O-hey-da* (três anos de notas medíocres em espanhol finalmente valeram a pena) e ele passou a reforçar todos os estereótipos que eu tinha sobre os porto-riquenhos.

Antes que tivéssemos avançado um quarteirão, Eddie perguntou se poderíamos parar em um lugar onde descontavam cheques para que ele pudesse sacar um pouco de dinheiro. Ele usou a grana para comprar uma garrafa de birita em uma loja de bebidas convenientemente localizada ao lado, então a bebeu com um saco marrom em volta! *Você está de sacanagem?!* Será que ele poderia ser um pouco mais ético? Aquele foi um comportamento atípico de Eddie, e até hoje ele racha de rir quando pensa em como isso deve ter parecido para um garoto de vinte anos dos subúrbios passando por um choque cultural. Valeu, Eddie.

Agora que estávamos com toda a banda, começamos nossa *suposta* viagem de duas horas para o Norte do estado até o Turtleneck Inn. A palavra atuante sendo *suposta*.

À medida que a noite caía, devido ao gelo, a viagem ficou ainda mais perigosa, e, conforme nos aproximávamos de nosso destino nas montanhas Catskill, as estradas se tornaram completamente traiçoeiras. Nossa velocidade diminuiu para um rastejar, mas o crédito vai para o nosso intrépido motorista Kenny (que estava na estrada havia quase doze horas) por enfim nos levar ao nosso destino em segurança.

O tempo de viagem com certeza não foi desperdiçado. Conversamos para passar as horas e as usamos para nos conhecermos melhor. Me dei muito bem com Kevin John Grace, provavelmente porque tínhamos quase a mesma idade e ele era de Long Island e menos vivido do que os outros três. Nós dois éramos jecas dos subúrbios.

Ainda que quase não me lembre de nada das conversas que tivemos durante aquela viagem, recordo-me de uma com clareza. Naquela época, a banda estava usando o nome Twisted Sister '76, para anunciar a nova formação e capitalizar com a futura comemoração do bicentenário dos Estados Unidos. (Alguém se lembra de toda a comoção por causa disso?) A banda estava até decorando o palco com bandeiras dos Estados Unidos e tinha um logo novo para o Twisted Sister '76 com uma garota fazendo topless com uma bandeira sobre o peito. Jay Jay (sempre pragmático) me informou que, com três quintos da banda (supondo que eu fosse aceito) sendo novos, depois do bicentenário a banda mudaria de nome. *O quê?!*

Sendo novo ou não, eu não podia ficar ali parado, observando aquilo ser discutido nem mesmo como uma possibilidade. Disse-lhe que, como alguém de dentro, ele estava muito envolvido para ser objetivo. Como alguém de fora, eu podia atestar o valor que o nome tinha na cena de clubes, e, a longo prazo, o nome Twisted Sister era inestimável. Não apenas pela imagem determinante da banda que ele evocava, mas pela esperteza do jogo de palavras e do som sibilante das duas palavras juntas. *Twisted Sister!* Tenho certeza de que não expliquei isso de maneira tão eloquente assim, mas consegui dar meu ponto de vista, e acho que isso fez sentido para Jay Jay. Mudar o nome nunca voltou a ser discutido.

AINDA QUE O SUPRACITADO QUEEN FOSSE MINHA banda favorita *nova*, uma grande quantidade de outros grupos estava ajudando a me definir como vocalista e artista. Eu adorava muitas das bandas da cena glitter rock. Bowie, Mott the Hoople, T. Rex, Sparks (alguém? Alguém?), Sweet, The New York Dolls, entre outras, eram presença permanente no meu toca-discos, mas seguem as três maiores: Led Zeppelin, Black Sabbath e Alice Cooper. A original Alice Cooper Band, por sua atitude e presença de palco; Black Sabbath, por seus *riffs* e a atmosfera ameaçadora; e Led Zeppelin... porque todos os membros da banda são deuses!

Se alguma dessas bandas é a responsável por eu me voltar para o lado mais pesado, essa é o Led Zeppelin. Se algum vocalista é responsável por me mandar berrando para a estratosfera, esse é o maravilhoso Robert Plant. Tive um pôster do Robert pendurado acima da minha cama durante todo o ensino médio, então eu literalmente fazia uma reverência diante dele todas as vezes que ia para cama. E se eu, como vocalista, era conhecido por alguma coisa, era por fazer uma bela de uma imitação de Robert Plant.

A cena de clubes da região dos três estados era toda focada em tocar covers. Praticamente não havia lugar para se tocar músicas próprias, e o público que frequentava os clubes não queria ouvir nenhuma. Muito triste. Esperava-se que as bandas fossem jukeboxes humanas, tocando canções que as pessoas conheciam e queriam ouvir. Os sucessos. Tratando-se de bandas de rock e do gênero rock and roll, nenhuma banda era maior do que o Led Zeppelin. As bandas se esforçavam ao máximo para tocar as versões mais precisas das músicas do Zeppelin, e o público exigia isso. Tocar Led Zeppelin de maneira desleixada era sacrilégio. O engraçado é que me lembro de ver o Led Zeppelin em sua turnê de 1977 e de ficar atordoado com a maneira como eles eram "imprecisos" ao vivo. Sinto muito, rapazes, mas, se uma banda de bar tocasse suas músicas do jeito que vocês tocaram naquela noite, ela teria sido coberta com piche e penas e sido espicaçada da cidade. Sério.

Tendo dito isso, se uma banda de bar conseguisse tocar Led Zeppelin relativamente bem, ela poderia trabalhar, e o fato de eu ser capaz de mandar ver nas músicas do Led Zeppelin sempre tinha sido meu vale-refeição.

No dia 2 de fevereiro de 1976, o dia da minha audição, nós passamos algumas músicas que todos conheciam bem, mas sei que foram minhas versões de "Communication Breakdown" e "Good Times Bad Times" que fecharam o negócio. Eu era capaz de cantar Led Zeppelin bem e isso (para alguém com a mente voltada para os negócios como Jay Jay French) era dinheiro no banco.

Um pouco depois da minha audição, Jay Jay me pediu para sair com ele para a noite fria de inverno. Ele foi elogioso sobre minha audição, mas então recitou as regras:

(1) Ele era o dono do nome Twisted Sister. (Isso depois de planejar abandoná-lo menos de vinte e quatro horas antes.)

(2) Ele era dono do sistema de som.

(3) Charlie Barreca, o engenheiro de som da banda, era um membro da banda.

Aparentemente, o plano grandioso era que Jay Jay tocaria guitarra, gerenciaria a banda e seria o compositor, e Charlie seria o engenheiro de som, gerente de turnês e produtor dos discos da banda. Parece impressionante, não é? Jay e Charlie devem ter bolado essa ideia de jerico enquanto fumavam um baseado em uma praia nas Bermudas. Deve ter sido uma parada boa pra cacete.

Jay Jay estava planejando reformular o Twisted pela terceira vez e sabia que seu velho amigo Charlie (literalmente; Charlie era dez anos mais velho do que Jay) tinha cuidado do som em um documentário do Grateful Dead que nunca viu a luz do dia. (Parece qualificado para cuidar do som ao vivo e das gravações em estúdio, na minha opinião.) Aí está. Uma prova definitiva de que a maconha deixa você mais burro.

Depois de recitar a regras – com as quais tratei de concordar logo – Jay Jay disse: "Está certo... vamos ver como vai ser". O quê? O que isso queria dizer? Eu estava na banda ou não? Foi assim que as coisas ficaram. Com essa incerteza, eu meio que me juntei à banda que me levaria ao topo. Essa falta de segurança em minha posição na banda é outra peça do relacionamento disfuncional que veio por fim se desenvolver entre mim e eles.

Depois de ter recebido *meio que* umas boas-vindas à banda, voltei para dentro para me juntar aos *meio que* meus companheiros de banda. Eu me sentei ao lado de Kevin John Grace no bar e compartilhei a *meio que* boa notícia e comecei a criar mais alguns vínculos com meu novo baterista. Assim que comecei a conversar com Kevin sobre nosso novo relacionamento e como detonaríamos, Jay Jay French se aproximou de mim pelo outro lado e sussurrou no meu ouvido, quando eu estava no meio de uma frase: "Não fique tão amiguinho dele; ele vai ser chutado". Puxa! Tentando não revelar nada para Kevin enquanto continuávamos a conversar, fiquei me perguntando sobre a "estabilidade no trabalho" naquela banda. Estava claro que éramos todos substituíveis.

JÁ QUE EU ENCARAVA AQUELA OPORTUNIDADE COMO UM recomeço para mim em uma vida nova, abordei Jay Jay French à procura de alguns conselhos sábios. Eu já admirava aquele cara.

— Quero que esse seja um recomeço para mim — disse para Jay — Quero um primeiro nome novo. Como você acha que eu deveria me chamar?

Ele me olhou com seriedade e respondeu:

— Deixa eu pensar.

No dia seguinte, quando nos cruzamos nas escadas que levavam aos nossos quartos, Jay Jay me disse:

— O que você acha de *Dee*, como em Dee Dee Ramone, mas só Dee?

Pensei a respeito por literalmente um segundo e respondi:

— Gostei. Diga para os outros não me chamarem mais de Danny. — E foi assim. Dee Snider nasceu. Que Deus ajude a todos.

7
BOCAIS DE ENEMA ALUCINADOS

FUI ME ACOMODANDO COM OS SHOWS AO LONGO DAS semanas seguintes conforme aprendia os outros covers que a banda tocava. Eles tinham algumas poucas músicas próprias que odiei ("TV Wife", "Follow Me", "Company Man", "Can't Stand Still for a Minute"), mas, na cena de clubes da região dos três estados nos anos 1970, você nem podia anunciar que estava tocando uma música sua. Você tinha que apresentá-la como uma faixa obscura de uma banda popular. "Essa é uma do primeiro disco do Deep Purple!" Se sua música fosse boa, entre os sets as pessoas iam até você e diziam: "Adoro aquela música do Deep Purple!".

Além de assumir os vocais do material existente, a banda adicionou músicas que melhor se encaixavam à minha voz (começando com mais Led Zeppelin). Coisas que não funcionavam para mim (como Kinks, Stones e Dave Mason) foram cortadas do repertório. A lista de músicas não foi a única mudança evidente. Visualmente, eu estava pronto para explorar o lado mais glam do rock que eu achava que definia o nome Twisted Sister. Ainda que eu tivesse usado indumentárias no palco antes, elas não eram nem de perto tão femininas quanto as que eu tinha em mente para o futuro, e eu nunca tinha usado maquiagem.

Bem, em 1976, aos vinte anos, eu não era nem de perto tão seguro com a minha heterossexualidade como sou agora. Não, não é que achasse que poderia ser gay, apenas enfrentava o temor do adolescente suburbano de que as pessoas *pensassem* que eu poderia ser gay. Dito isso, eu estava ansioso para abraçar a coisa toda, mas mais em uma direção teatral à la Alice Cooper do que em uma direção desafiadora de gêneros à la David Bowie. Usando um par de botas de plataforma de 12 cm de couro preto que iam até as coxas (muito Alice) como ponto de partida, juntei quaisquer roupas femininas que ficassem "no limite", sem ultrapassar aquela linha divisória (leia-se: claramente homossexual). Em grande parte, elas eram colantes preto e branco, macacões e algumas roupas reluzentes que tinham sobrado da minha época no Peacock. Meu traje mais escandaloso era as já citadas botas, uma meia-calça preta, shorts pretos cortados (pensem em Daisy Dukes), luvas longas e uma camiseta que dizia I'M DEE, BLOW ME [Sou Dee. Me chupe][17]. Ok, essa roupa era meio de travesti. Não que haja alguma coisa errada com isso.

Em relação à maquiagem, fui tão cauteloso e cuidadoso quanto possível. Jay Jay (meu mentor na época) me mostrou como aplicar base e eu colocava um pouco de cinza nas pálpebras (em uma tentativa de criar um visual de viciado em anfetamina) e círculos avermelhados nas maçãs do rosto como uma boneca. *Era um começo.*

Ao entrar no Twisted Sister, pensei que estava me infiltrando no verdadeiro mundo de excessos do rock and roll. Jay Jay me contava histórias dos primórdios do Twisted (todos os dois anos anteriores), cheios de sexo, bebedeiras e drogas, e eu ouvia arrebatado, mas não estava vendo muitas evidências disso agora. Todos os caras tinham namoradas firmes, Kenny Neil estava sóbrio, Jay Jay French tinha praticamente parado de beber e de ficar chapado, Kevin John Grace era um jeca como eu e, ainda que Eddie Ojeda gostasse de cair na badalação, com suas calças largas de cintura alta, cabelo disco e Gibson 335 de corpo oco, ele pare-

---

17 Créditos a Alice Cooper pela ideia da camiseta. Era um jogo de palavras de um comercial de uma antiga companhia aérea no qual aeromoças – era assim que elas eram chamadas naquela época – olhavam para a câmera e diziam: "*I'm Cindy... fly me*". [Sou Cindy... voe comigo, em tradução livre.]

cia mais um astro da música latina do que de rock. Uma pena. Mesmo assim, eu pressentia que os excessos do rock and roll eram iminentes.

ESTÁVAMOS AGENDADOS PARA TOCAR EM UM CLUBE em Levittown, Long Island, chamado Hammerheads. Por alguma razão, a maioria dos bares em que tocávamos tinha um tema náutico. Não importava se ficavam na praia ou a centenas de quilômetros de distância nas montanhas, um percentual ridículo deles era repleto de escotilhas, anteparos, redes de pesca e balcões de bares de acrílico com conchas e cascas trocadas encravadas neles. O Hammerheads não era exceção.

Em um dos nossos primeiros shows, como na maioria dos lugares em que tocávamos naquele patamar, estávamos dividindo o camarim com outra banda. Ambos os grupos estavam no clube no final da tarde para fazer a passagem de som. Nenhum dos caras do Twisted tinha ouvido falar da banda de abertura antes – eles não eram da nossa área –, mas pareciam ser bem legais. Enquanto os caras da minha banda estavam no palco montando o equipamento, desci até o camarim para pendurar minhas roupas de palco. Os rapazes da outra banda já estavam lá e, enquanto eu pendurava algumas das coisas mais "femininas", um dos integrantes da banda me perguntou em um tom sugestivo:

— Ei, cara, você curte bocais de enema alucinados?

O quê?

Ainda que não soubesse o que era um *bocal de enema alucinado*, eu conhecia cada palavra daquela frase e isso me deu um indício de que alguma coisa não estava certa. Abalado, eu disse alguma coisa concisa como: "Valeu, mas estou bem" e, tentando não parecer muito apavorado, corri para cima.

Jay Jay e Eddie estavam descendo para o camarim, então agarrei o Jay, o puxei de lado e, frenético, contei a ele sobre minha experiência. Jay Jay apenas deu risada. No que se tornaria uma questão corriqueira para mim com os integrantes mais velhos da banda, fui tratado como um garoto idiota de Long Island e não fui levado a sério. Isso mudaria com o tempo (o que é um eufemismo!), mas, se alguma vez eles se sentiram justificados a me tratar daquele jeito, essa vez foi bem aquela.

— Ei, Eddie — Jay chamou seu amigo bem vivido — espere até ouvir o que o Dee acabou de me contar.

Enquanto descíamos juntos, Jay contou ao Eddie sobre a pergunta da outra banda, e agora os dois zombavam de mim, cantando: "Bocais de enema alucinados! Bocais de enema alucinados!". Implorei para que acreditassem em mim.

Quando entramos no camarim, apinhado com os membros da outra banda – espere um pouco. Deixe-me reformular isso – apinhado com os *músicos da outra banda* (melhor), Jay Jay e Eddie estavam cantando a plenos pulmões o segundo refrão de "Bocais de Enema Alucinados" (um ótimo nome para uma música, agora que penso nisso).

Ao ouvi-los, os outros músicos ficaram animados.

— Vocês curtem bocais de enema alucinados?

Jay e Eddie pararam de cantar.

— O quê? — Eddie se engasgou.

— Bocais de enema alucinados — respondeu o moralmente corrupto líder da banda. — Se liga. — Com isso, ele pegou uma maleta preta, a abriu e, pasmem, arranjados de maneira bem organizada, em todos os formatos, cores (em grande parte pastel) e tamanhos, havia o que com toda certa eram bocais de enema alucinados, além de sondas e sacos de enema em diferentes medidas (quartilho, quarto, galão)! Até mesmo o Sr. Pornô, Jay Jay French, caiu em um silêncio aturdido.

A outra banda era sexualmente "aventureira" e, além de seu comportamento pessoal pervertido em casa (você sabe, os costumeiros sadomasoquismo, *bondage*, fetichismo e antigas filmagens pornográficas), eles gostavam bastante de fazer enemas uns nos outros no banheiro antes de subirem no palco. Às vezes eles até compartilhavam um graças a um bocal de enema alucinado de duas pontas em formato de Y.

Bom, Eddie e Jay Jay – que não estavam mais rindo – negaram e saíram arrastando os pés, me deixando com aquele bando, que na verdade foram legais e pragmáticos sobre a coisa toda. Eles responderam às minhas muitas perguntas e chegaram a me dar um bocal de enema alucinado bem legal para levar para casa (meio que como um prêmio de consolação) caso algum dia eu quisesse experimentar. Nunca o usei (desculpe por desapontar), mas ainda o tenho no fundo de uma caixa de lembranças em algum lugar. Rapaz, como isso vai deixar meus netos de cabelo em pé quando o encontrarem depois que me for!

O TWISTED TOCAVA CINCO NOITES POR SEMANA, DE terça a sábado, fazendo quatro sets de quarenta e cinco minutos por noite. Sempre peguei bastante pesado com minha voz, então cantava os três primeiros sets com a banda em cada noite e eles tocavam o quarto sem mim, Jay Jay e Eddie cuidando dos vocais.

Algumas semanas depois de eu entrar para a banda, aconteceram duas coisas. Como prometido, Kevin John Grace (baterista nº 2 do Twisted Sister) foi chutado da banda (ele não tinha o que era preciso para chegar ao topo) e foi substituído pelo baterista nº 3. Ao contrário do meu querido amigo Jay Jay, que, em minha opinião, banaliza a importância dos cinco integrantes principais do Twisted ao falar o tempo todo sobre os integrantes que estiveram na banda antes que sequer tivéssemos um contrato de gravação (desse modo, enfatizando que ele é o único integrante original da banda), quero dar crédito e respeito aos rapazes que, como uma unidade, nos fizeram chegar ao topo. A. J. Pero é o único baterista que importa, ele tocou em todos os maiores e melhores discos do Twisted Sister, portanto, não vou gastar tempo falando sobre os cinco bateristas que vieram antes dele. Além disso, eu odiava o baterista nº 3.

A segunda coisa que aconteceu foi que, depois de anos cantando notas altas, comecei a perder meu alcance mais alto e minha voz em falsete.

Para quem não sabe, o falsete de um homem é aquela voz alta, "feminina", que todos temos, que, se desenvolvida de maneira apropriada, pode ser usada como sua verdadeira voz de canto. Em música clássica, você pode se tornar um contratenor, que é em essência um soprano masculino. Alguns dos vocalistas favoritos do rock mundial usaram essa "voz desenvolvida em falsete" e a transformaram em suas assinaturas. Um bom exemplo: Axl Rose, do Guns N' Roses.

Eu tinha uma voz natural de tenor (aguda), mas meu falsete desenvolvido ao extremo me permitia cantar músicas entoadas por mulheres e por vocalistas mais agudos do rock. Não mais. Sem que eu soubesse, estava cantando com uma infecção na garganta e danifiquei minha voz. Meu falsete desapareceu – assim como minha imitação de Robert Plant – e meu alcance se desintegrou. Perder a voz que tinha me definido a vida toda (e me feito entrar para o Twisted Sister) poderia/deveria ter sido o golpe mortal em minha motivação e carreira musical. Mas não me deixei desanimar.

Comecei a canalizar meu Alice Cooper interior.

AINDA TÍNHAMOS QUE PEGAR O RITMO E ENCONTRAR nosso público, mas estávamos chegando lá, abrindo para algumas das maiores bandas da cena de clubes, tais como Good Rats e Baby. Chegamos até a abrir para alguns artistas lendários, como Tommy James, do Shondells ("Mony Mony", "Hanky Panky"), e Leslie West[18], do Mountain ("Mississippi Queen"). Eu me lembro de nosso primeiro show grande abrindo para o Good Rats. Eles eram uma ótima banda local que, de fato, tinham discos lançados por gravadoras grandes, mas tocavam quase exclusivamente na cena de clubes da região dos três estados. Por que eles não deram o pulo para a cena nacional? Eu só posso especular.

---

18 Leslie West, um herói da minha infância, desde então se transformou em um amigo querido.

Lá nos anos 1970, se você fosse um grupo popular que tocava na cena de clubes da região dos três estados, você estava em um negócio lucrativo. Quão lucrativo? As bandas maiores podiam ganhar mil dólares ou mais por semana, *por integrante...* em dinheiro! (Um patamar que o Twisted Sister alcançaria em breve.) Pelos padrões de hoje, isso seria um salário semanal para cada integrante da banda de aproximadamente três mil e quinhentos dólares, livres de impostos. Havia músicos de vinte e dois a vinte e cinco anos ganhando o equivalente a um quarto de milhão livre de impostos por ano! E isso para bandas com cinco integrantes. Algumas das maiores bandas da época tinham três! Faça as contas. Os integrantes das maiores bandas de clubes estavam dirigindo Corvettes e Mercedes, comprando casas caras e literalmente vivendo como estrelas do rock. Em todas as cenas locais, há músicos que acham que isso é o suprassumo e que eles são os fodões. Bom, Dee está aqui para fazer uma revelação... Não é, você não é, nunca foi e nunca será. Sinto muito, cara.

Meu palpite é que o Good Rats simplesmente não conseguiu aceitar a realidade que era "cair na estrada". Você ganhava pouco ou nenhum dinheiro[19], ficava longe de casa e da família meses a fio (alguns integrantes do Good Rats eram casados e tinham filhos), viajava ao redor do mundo em carros ou vans alugados (para começar) e dividiam quartos de motel de merda com outros dois, três ou quatro sujeitos. (Onde é que eu assino?!) Então vejamos, dormir na própria cama todas as noites, ter dinheiro, dirigir um Mercedes esportivo e viver em uma casa cara... ou cinco caras em um carro alugado horrível, babando um em cima do outro enquanto dormem[20]? Decisões, decisões. Portanto o Good Rats ficava em casa.

---

19 Naquela época, sua gravadora costumava pagar para você sair em turnê, e os custos eram somados à sua conta.

20 Para o crédito do Twisted Sister, decidimos pela última opção e escolhemos logo no começo.

NOSSO PRIMEIRO SHOW DE ABERTURA PARA O GOOD

Rats foi no 1890's Club, na minha cidade natal de Baldwin. Meus pais foram ao show, mas, visto que foram com dois dos meus irmãos mais novos, em vez de entrar, decidiram ficar do lado de fora do clube e ouvir através das paredes.

Bem, nos primórdios de nossa carreira, tínhamos apenas um roadie, Ritchie the Face, e Charlie Barreca, nosso engenheiro de som, mas eles não conseguiam cuidar de tudo sozinhos. O Twisted Sister ainda descarregava a van, montava o equipamento, se apresentava todas as noites, depois desmontava tudo e carregava o próprio material. Era um saco. Mesmo que abundante, nossos equipamentos não chegavam nem perto da montanha de equipamentos com pilhas de amplificadores, torres de P.A. e um show de luzes completo que se tornariam. Diabos, àquela altura nosso show de luzes consistia em Ritchie the Face ligando e desligando as luzes do palco do clube. Impressionante.

Naquela primeira noite, com meus pais empoleirados do lado de fora do clube ouvindo por uma saída de ar, Ritchie the Face acendeu as luzes e o Twisted Sister subiu ao palco diante de um clube lotado. Nós nos lançamos em nossa música de abertura da época, "Drivin' Sister" (modificada para "Twisted Sister"), do Mott the Hoople, e arrebentamos! Quando a música chegou ao fim, mil pessoas simplesmente ficaram ali, em um silêncio completo, chocadas. (Foi exatamente como a reação à "Springtime for Hitler" em *Primavera para Hitler*.)

De repente alguém na plateia gritou: "Veado!".

Andei (todos os dois passos) até a frente do palco do tamanho de um selo postal e lancei um olhar ameaçador para a plateia. "Quem disse isso?!", gritei no microfone. Nenhuma resposta. *Covarde!*[21] Depois de

---

21 Eu costumava ficar irritado quando as pessoas me chamavam de bicha, veado ou gay e entrava em confrontos e brigas. Levando em consideração como costumava me vestir e a aparência que tinha, o que eu esperava que me chamassem? "Machão"?

lidar apropriadamente com o sujeito impertinente, nos lançamos em nossa próxima música e seguimos detonando.

Ainda estava morando na casa dos meus pais e, quando acordei no dia seguinte e os vi, eles me perguntaram:

— O que aconteceu?

Confuso e ainda um pouco grogue da noite anterior, eu disse:

— O que quer dizer com "O que aconteceu"? — Eles me contaram que ficaram esperando do lado de fora, observando centenas de jovens lotarem o clube. Quando minha banda finalmente subiu no palco, eles ouviram nossa primeira música, mas quando tinha acabado, eles não ouviram nenhuma resposta. "Para onde todo mundo foi?"

Abrimos para o Good Rats muitas vezes depois disso, conquistando o público cada vez mais. Chegou a noite (de novo no 1890's Club) em que os expulsamos do palco. Por fim, eles escreveram e gravaram uma música sobre o Twisted Sister chamada "Don't Hate the Ones Who Bring You Rock 'n' Roll" [Não odeie aqueles que lhes trazem o rock and roll, em tradução livre], que faz parte do repertório deles até hoje. Sim, o Good Rats (com apenas o vocalista original) ainda toca na cena local de clubes e, não, o dinheiro não é o que costumava ser. Nem de perto.

8
OH, SUZY Q...

JÁ OUVIU FALAR DO EFEITO BORBOLETA? NÃO o filme, mas a ideia na qual ele se baseia. Basicamente, o efeito borboleta, de acordo com o Google Answers, é "a observação de que um evento aparentemente tão insignificante quanto o bater das asas de uma borboleta pode criar um distúrbio minúsculo que, no movimento caótico da atmosfera, pode se amplificar o bastante para mudar o movimento atmosférico em grande escala, sendo possível até que acarrete uma tempestade enorme em um lugar distante".

Em 16 de abril de 1976, minha vida, minha banda e essencialmente milhões de pessoas ao redor do mundo foram transformadas para sempre. Conheci minha futura esposa, Suzette. Isso soa muito dramático? Presunçoso? Patético? Pau-mandado da mulher[22]? Não é. Conhecer Suzette mudou drasticamente minha vida. Graças a isso, minha banda (em inúmeros níveis visuais) e a música que eu escreveria foram afetadas de grandes maneiras. A música e as apresentações ao vivo do Twisted Sister vêm entretendo, emocionando e até mesmo inspirando pessoas, por todo o mundo, há mais de três décadas. Essa é a definição do efeito borboleta.

O Twisted ia abrir o show para um popular grupo local chamado Bonnie Parker Band, no Hammerheads, em Wantagh, Long Island.

---

22 Ei, se você vai ser pau-mandado de alguém, melhor que seja de uma mulher.

Bonnie Parker era uma baixista/vocalista feminina (ei, nunca se sabe, visto que a ambiguidade fazia parte da cena) incrível e descolada que detonava e acabava com a baixista/vocalista incrível e descolada da época, Suzi Quatro. Ela era uma enorme estrela do rock na Europa e logo se tornou conhecida nos Estados Unidos como Leather Tuscadero no sucesso de televisão dos anos 1970, *Happy Days*. Mas era aí que morava o problema. Já existia uma Suzy Quatro. O mundo não precisava de "outra melhor". (Ele quase nem precisava de uma.)

MENOS DE DOIS MESES COM O NOVO E MELHORADO

Twisted Sister (agora com o baterista nº 3), nós ainda não tínhamos praticamente nada de seguidores e estávamos ansiosos para nos apresentar para o público de Bonnie. Usando meus infames shorts e camiseta com I'M DEE, BLOW ME (bem, era infame para mim), subi no palco naquela noite para nosso primeiro set, inconsciente de que minha vida nunca mais seria a mesma. Como sempre, praticamente ninguém estava ali para nos ver. Visto que o set de abertura da noite era nosso, o público de Bonnie Parker ainda estava para chegar. Eu estava olhando para as catorze ou quinze pessoas, no máximo, espalhadas pelo salão. Enquanto detonávamos nossa primeira música, olhei para a frente do palco e fiquei de queixo caído. Devolvendo meu olhar, olhos que cintilavam, cabelos dourados, pele bronzeada (extraordinário para abril) e um sorriso que iluminava o salão, estava a garota mais linda que já tinha visto. Ela estava dançando e batendo palmas junto com a música e sorrindo para *mim*! E todo homem sabe o que (nós achamos) isso significa: ela me quer. Havia um sujeito assomando de maneira protetora atrás dela, mas isso não a impedia de me lançar o internacional sinal atemporal de interesse.

Tentei parecer descolado e não a encarar demais, mas eu precisava avaliar a situação. Começando de cima para baixo, repassei minha "checklist masculina". O rosto e o cabelo já tinham atendido aos requisi-

EU ERA UMA
ESTRELA...
AS PESSOAS
SÓ NÃO
TINHAM SE
DADO CONTA
DISSO
AINDA.

tos. Peitos... *puta merda, eles eram enormes!* Cintura... estreita; bunda... pequena e durinha; pernas – ela estava usando calça jeans – longas e finas. Que corpão! Linda, miudinha e peituda. Aquela era a garota dos meus sonhos!

Ela ainda estava sorrindo para mim. Alguma coisa estava errada. Não porque ela estava sorrindo, mas porque sorria muito abertamente. Uma garota como aquela deveria estar agindo com um pouco mais de timidez. Ela... deve ser menor de idade! Tinha que ser isso. Ela não tinha experiência suficiente com a "etiqueta dos clubes" para manter as aparências. Visto que a idade mínima para ter permissão para beber naquela época era dezoito anos, imaginei que aquela garota incrivelmente gostosa e bonita deveria ter dezessete anos. Eu precisava conhecê-la.

Desde meu primeiro dia no Twisted Sister, estava determinado a agir e ser tratado como uma estrela. Eu sempre soube que alcançaria o sucesso, mas agora estava em uma banda com a qual eu faria isso, portanto, todas as bobagens, a estupidez, a procrastinação e a enrolação do "Danny Snider" tinham acabado. *Reformulei toda a minha personalidade quando entrei para o Twisted Sister.* Estava determinado a ser a pessoa que sempre quis ser. Dee Snider era uma estrela do rock, e com toda a certeza agiria como tal.

Com essa finalidade, a banda chegava cedo ao clube para descarregar o equipamento e passar o som. Isso garantia que o grupo sempre soasse o seu melhor (o Peacock nunca passava o som), e eu estava no clube muito antes de as portas serem abertas e o público entrar. Estrelas do rock de verdade não eram vistas passando pelas portas da frente e caminhando pela plateia, como uma pessoa normal. Você as vê em cima do palco e é isso. Assim, eu nunca saía do camarim e andava pelo clube entre cada set. *Nunca.* Muito embora ninguém no lugar desse a mínima para mim, estava determinado a me comportar como se eu fosse importante. Se *eu* não achasse que eu era importante, como poderia esperar que algum dia alguém pensasse isso? A banda colocou cavaletes (roubados) da polícia na frente do palco que diziam MANTENHA DISTÂNCIA porque qual é a primeira coisa que as pessoas fazem quando veem um sinal desse tipo? Ficam o mais perto que podem. Profecia Autorrealizável Básica.

Os camarins dessas espeluncas deixavam muito a desejar. Eu passava horas sentado sozinho todas as noites (o restante da banda se divertia bastante socializando no clube) em um armário ou banheiro antes do primeiro set, entre cada set, durante todo o último set em que eu não me apresentava e depois do show até o clube fechar. Só então eu escapulia do clube e saía para as primeiras horas da manhã para voltar para casa. Eu era uma estrela... as pessoas só não tinham se dado conta disso ainda.

Menciono isso para deixar você a par da minha mentalidade e para que possa entender como foi significativo que eu deixasse o camarim depois do set e saísse para encontrar aquela garota maravilhosa.

Escapuli para fora do camarim, ainda me escondendo nas sombras ao lado do palco, sem querer estragar por completo minha fachada de estrela do rock. Eu a vislumbrei diante do palco, em pé com a amiga e o sujeito que eu tinha visto atrás dela, esperando minha banda voltar. Ah, ela estava toda na minha.

Chamei a atenção dela e casualmente acenei para que ela se aproximasse; ela veio de imediato, abandonando o sujeito que estava com ela. *Eu ia me dar tão bem!* Ela parecia ainda mais gostosa de perto. Ela tinha que ser minha.

— Ei, como vai? — perguntei eu, meu sotaque caipira de Long Island aparecendo.

Sua resposta foi completamente abstrata:

— Sou uma boa menina.

Confuso, segui adiante.

— *Claro.* Você está com aquele cara? — Código masculino. Eu não queria ser um daqueles idiotas que dão em cima de garotas acompanhadas.

A garota insanamente gostosa olhou para trás em direção ao sujeito que eu estava apontando e, horrorizada, disse:

— *Ecaaa*. De jeito nenhum! — Ela estava abandonando sua companhia por mim! Aquilo estava no papo.

— Legal — respondi com frieza. — Como você se chama?

As três sílabas que ela pronunciou a seguir fecharam o negócio.

— Suzette.

Uau. O nome mais bonito para a garota mais bonita. Era como uma canção. *Suzette.*

Estava na hora de deixá-la aturdida com minha experiência de vida e percepção.

— Você não tem dezoito anos, tem? — perguntei como se soubesse das coisas.

— Não. — Suzette ficou um pouco envergonhada por ter tido sua farsa revelada.

— Quantos anos você tem? — pressionei. Era quase uma pergunta retórica.

— Quantos anos você acha que tenho? — disse ela de maneira evasiva.

A gente ia mesmo fazer aquele joguinho bobo? *Tudo bem.*

— Dezessete. — Não foi um palpite.

— Quinze — corrigiu Suzette.

Eu quase engoli minha própria língua.

— *Quinze?* — repeti, esperando que de alguma forma eu tivesse ouvido errado.

— Sim. Quinze.

Puta merda! E agora? Eu estava louco por aquela garota e estava claro que ela sentia o mesmo por mim. Mas antes que eu pudesse avançar muito nessa linha de pensamento, Suzette me interrompeu.

— Quantos anos você tem?

— Quantos você acha que tenho? — Nós dois podíamos jogar esse jogo.

— Fim da casa dos vinte, começo dos trinta — respondeu ela, direta.

Fim da casa dos vinte, começo dos trinta?!

— Acabei de fazer vinte e um! — protestei.

— Não mesmo. Deixa eu ver sua carteira de motorista.

Em seguida, desci correndo para o camarim, peguei minha carteira e voltei para cima. Eu mostraria a ela.

Para ser justo, eu realmente parecia estar no fim da casa dos vinte, começo dos trinta. Sempre aparentei ter essa idade. Mesmo quando me esgueirava até um bar aos catorze anos com alguns dos meus amigos "mais velhos" de dezesseis, todos eles eram expulsos por serem menores de idade, enquanto o velho rabugento do barman me perguntava o que eu queria beber! ("O que vai querer, senhor?") Nunca me pediram para mostrar uma identidade na vida!

Quando voltei, ela estava pacientemente esperando por mim. Ainda que eu tivesse certeza de que ela me queria, o lance da idade e seu pedido para ver minha identidade me abalaram um pouco. (Isso e o "Sou uma boa menina". O que ela quis dizer com isso?)

Entreguei minha carteira para a beldade bastante menor de idade.

Suzette a analisou, nos mínimos detalhes.

— Viu — disse eu com orgulho —, acabei de fazer vinte e um.

Suzette não estava acreditando.

— Você provavelmente só tem isso aqui para poder conhecer garotas jovens.

Ela estava tirando uma com a minha cara?! Decidido, pedi seu número de telefone. Suzette me passou. Mais uma prova de que ela estava a fim de mim! O quão *pouco*, eu ainda estava para descobrir.

AS DUAS SEMANAS SEGUINTES FORAM UM BORRÃO de shows do Twisted Sister, pontuados com pensamentos sobre Suzette e telefonemas para ela. Eu estava obcecado por aquela garota jovem demais, e as ligações brincalhonas e sua visita seguinte só pioraram as coisas.

Até hoje, Suzette se faz de inocente a respeito de todos os sinais que estava me enviando. Como eu viria a descobrir, ela realmente não estava nem um pouco interessada em mim, o que me fez querê-la ainda mais.

E aquele comentário "Sou uma boa menina"? O objeto dos meus desejos era uma virgem completa, tendo sido beijada apenas por dois sujeitos. Eu estava navegando em águas completamente inexploradas! Mas ela de fato me deu seu número, e tínhamos conversas sem-fim ao telefone. Eu a convidei para ir me ver em outro show local, e ela topou.

Se eu já tinha ficado encantado com o brilho efervescente de Suzette da primeira vez, seu visual quando entrou no clube naquela noite foi o golpe decisivo. Fui arrebatado por sua beleza feminina.

Admito de boa vontade que (como a maioria dos homens) sou dolorosamente superficial. Nem vou tentar fingir que vi em Suzette algum "blá-blá-blá interior". Minha atração foi puramente física; minha checklist de Qualificações da Mulher Perfeita era patética, de tão desprovida de substância. Tendo dito isso, da maneira como as coisas aconteceram, acredito que muitas outras coisas estavam "operando" em nossa aproximação final. Não sou um cara espiritualizado, mas a maneira como ficamos juntos e como nos demos bem têm que ser mais do que coincidência. Uma astróloga profissional fez nosso mapa astral em nosso primeiro ano de namoro e nos disse que nunca tinha visto duas pessoas mais compatíveis. Não acredito muito nessas coisas, mas trinta e cinco anos depois... só estou dizendo. Mas vamos voltar à minha superficialidade e aos sinais mal encaminhados de Suzette...

Suzette chegou ao clube – um bar de motociclistas nojento, se você quer saber – usando um vestido de noite justo, preto, decotado, na altura dos joelhos, com um par de sapatos de salto alto. Ai, meu Deus! Na minha checklist da garota dos meus sonhos só tinha sobrado um quadrado desmarcado: *pernas*. Ela estava usando calça jeans boca de sino justa na noite em que a conheci, portanto não consegui ter uma leitura precisa do que estava acontecendo abaixo dos joelhos. Mas naquele vestido? *Tique!*

Havia um quadrado secreto na parte de trás da lista. Não era obrigatório, mas seria um grande bônus se minha garota dos sonhos tivesse essa qualificação: italiana.

Eu tinha sido íntimo de uma família italiana chamada DiBenadetto em Baldwin. Anthony "Nino" DiBenadetto foi roadie de bateria do Harlequin e o baterista na minha outra banda, Heathen. Eu tinha conhecido seu irmão, Sal, um fotógrafo de rock local, no ensino médio. Eu adorava a paixão da família DiBenadetto, a intimidade, o apoio... e a comida. Não havia nenhum outro lugar como a casa dos DiBenadetto para um músico esfomeado. Sempre havia alguma coisa deliciosa para comer e uma atmosfera agradável. Melhor de tudo, sempre me sentia como se fizesse parte da família. Mas esse é o jeito italiano.

Prometi a mim mesmo que encontraria uma linda garota italiana e levaria a energia e as tradições das famílias italianas para minha vida por "aplicação", se é que você entende o dublo sentido. Acabei descobrindo que o sobrenome de Suzette era Gargiulo. Não dá para ficar mais italiano do que isso. *Bada bing, bada boom*!

Levei Suzette para casa depois do nosso show no clube naquela noite na van que transportava o equipamento da banda e a beijei pela primeira vez, fechando o negócio... *ou pelo menos foi o que pensei.*

Depois de ver Suzette no clube naquela noite, toda a questão da idade desapareceu por completo, para mim pelo menos. O motivo para garotas de quinze anos criarem famílias na Roma Antiga era porque elas se pareciam com Suzette! Nada me impediria de fazer com que ela fosse minha. Uma semana depois, nós planejamos nosso primeiro encontro oficial.

AINDA QUE NAQUELA ÉPOCA EU NÃO CONSEGUISSE ver nada de errado com o eu de vinte e um anos namorando a Suzette de quinze, sentado aqui escrevendo, com uma filha de quinze anos... compreendo tudo o que há de errado nisso! Claro, Suzette e eu tivemos um caso amoroso bastante lendário, fizemos coisas ótimas juntos, criamos uma família maravilhosa e permanecemos juntos durante os períodos bons e ruins, mas, se algum sujeito de vinte e um anos que se pareça comigo acha que vai chegar na minha porta da frente para buscar minha filha deslumbrante de quinze anos, ele vai conhecer o cara na capa do álbum *Stay Hungry,* do Twisted Sister, ao extremo. Não vai rolar! Felizmente para mim, a família de Suzette me deu uma chance – mais ou menos.

A noite do nosso encontro finalmente chegou e eu me dirigi à casa de Suzette para pegá-la, vestido nos trinques, e antes de chegar lá fiz algo que nunca tinha feito por nenhuma garota: tinha aparado o cabelo. Eu devia estar apaixonado!

Encontrar de novo a casa de Suzette não foi difícil. Desde que a tinha deixado lá depois daquele show no clube, eu tinha ido até sua casa, sem que ela soubesse, algumas vezes para gravar a localização na memória e com a esperança de ter um vislumbre dela no lado de fora. Sei que isso parece loucura e um tanto assediante. E é mesmo. Mas quando digo que conhecer Suzette mudou minha vida, falo sério. Eu estava absolutamente obcecado.

Cheguei naquela noite de domingo e caminhei até a porta da frente em minha vestimenta rock and roll mais requintada: sapatos com plataforma de 15 cm em tons chocolate com listras rosadas; uma jaqueta curta, justa, de jeans azul e couro preto; e calça jeans boca de sino azul--bebê tão apertada que dava para ver que eu era circuncidado. O que eu estava pensando?!

Suzette abriu a porta, corando profusamente (eu não fazia a menor ideia de que ela sentia vergonha de mim), e me levou para dentro para conhecer sua família.

Em muitas famílias italianas, domingo é "dia de molho", ou seja, é feita uma panela de molho à bolonhesa (um processo que dura o dia todo) e a família inteira se reúne para jantar. Suzette me levou para a sala de jantar formal para conhecer os adultos. A mãe de Suzette, o namorado *goombah* [pessoa de descendência italiana] de sua mãe, Tony (os pais de Suzette eram divorciados), suas tias Ruthie e Annie e a vizinha Betty estavam todos lá tomando café e comendo doces italianos.

Eu conseguia ouvir o tema de *O Poderoso Chefão* tocando ao fundo (em minha mente). As apresentações foram feitas, então Suzette me levou para a cozinha para conhecer seus dois animais selvagens mais novos... quer dizer, irmãos, Vinny e Billy, e a irmã mais nova, Roseanne. Muitos outros primos mais velhos e mais novos também estavam lá, assim como alguns dos amigos de Suzette, todos eles eram parte da reunião semanal do Domingo do Molho. Fui apresentado, seguiram-se um bate-papo e brincadeiras, então pediram que eu voltasse à sala de jantar. Sem problema. Sempre me dei muito bem com os pais.

Por alguma razão, Suzette optou por ficar com os primos, portanto voltei sozinho. Sentei à mesa e troquei cortesias com a linda mãe de Suzette, Jeanette[23], as tias, a vizinha e o namorado da Jeanette. O clima, os filmes, a comida e as outras coisas foram discutidos em detalhes, até que me dei conta de que, uma por uma, todas as mulheres estavam saindo do cômodo, me deixando sozinho com o Grande Tony, o *goombah*! No meio de uma frase, ele me interrompeu.

— O que você quer com uma garota de quinze anos? — rosnou ele.

Eu não poderia contar o que eu queria de verdade (o que *qualquer cara* iria querer).

— Bom, sabe, Suzette é madura para a idade dela e eu sou imaturo para a minha e, tipo, a gente meio que se encontra no meio...

— Para de falar merda! — vociferou ele. Eu deixei, e ele continuou: — Se você encostar a mão nela, esta *família* vai te caçar nos quatro cantos do mundo e vai jogar você no fundo de um lago. Está entendendo o que estou dizendo?

Eu lembro de pensar: *Snider, você já foi longe demais.* Mas eu estava apaixonado por Suzette para deixar que até mesmo aquilo me desanimasse. Bem naquele instante, percebi que talvez aquela calça jeans azul-bebê não tivesse sido a melhor escolha. A mancha azul-escuro que

---

23 Já foi dito que se você quiser saber como a garota com quem você está namorando ficará quando envelhecer, dê uma olhada na mãe dela. A mãe de Suzette era um estouro de 38 anos. *Tique!*

estava se espalhando depressa onde eu tinha me molhado estava começando a aparecer. Eu estava assustado, mas ainda assim respondi:

— Sim, senhor. — Minha sorte estava lançada. Não dava mais para voltar.

Depois disso, as senhoras da família de Suzette voltaram para a sala como se tivessem ficado perambulando pelo lado de fora.

— Vocês tiveram uma boa conversa? — perguntou uma delas.

— Sim — respondeu o *goombah*. — Nós nos entendemos agora.

E nos entendemos mesmo.

Suzette não fazia ideia do que tinha sido dito naquela noite. Ficou mortificada quando descobriu, mas isso explicava por que a mantive a uma certa distância durante todo aquele primeiro e desconfortável encontro... e durante muitos outros encontros depois dele. Eu não queria um par de sapatos plataforma de cimento, mas nem essa ameaça podia me manter longe dela.

9
O ESQUADRÃO DE DEMOLIÇÃO

AO LONGO DOS MESES SEGUINTES, O NOVO E MELHORADO Twisted Sister começou a se tornar uma unidade. Digo *começou* porque sinto como se estivéssemos em constante mutação e desenvolvimento. Sempre tivemos o plano principal estabelecido, mas estávamos sempre mudando, refinando e ajustando.

A cena de clubes da região dos três estados era apenas um meio para chegar ao fim. Dada a escolha entre ter trabalhos diurnos normais e trabalhar em nossa carreira musical à noite em algum estúdio para ensaios, nós optamos por ganhar a vida como uma banda cover, desenvolvendo nossas habilidades performáticas e musicais enquanto fazíamos isso, e focar em nossas músicas originais nos dois dias de folga que tínhamos por semana. Pelo menos as primeiras duas partes desse plano correram bem.

Nosso agente de agendamentos da CTA, Kevin Brenner, começou a nos chamar de Esquadrão de Demolição porque não importava para quem estávamos agendados para abrir, acabávamos dominando, roubando seu público e os detonando. Logo nenhuma banda queria que abríssemos para ela. Não jogávamos limpo. Desde o início, o Twisted Sister acreditava em vencer a qualquer custo, e não sentíamos vergonha de usar todos os truques conhecidos. Enquanto outras bandas focavam em virtuosismo musical, dávamos ao público roqueiro jovem, bêbado, chapado e desesperado para se divertir exatamente o que queriam todas as noites: uma festa descomedida.

Lembro-me de uma noite na qual a verdade sobre as apresentações ao vivo me atingiu em cheio. Vínhamos dando muito duro havia semanas, e gritar a plenos pulmões todas as noites em clubes cheios de fumaça tinha finalmente começado a ter suas consequências. Estávamos tocando em um clube em East Quogue, Long Island, chamado the Mad, Mad Hatter em uma noite de sábado. Os sábados eram sempre as melhores noites da semana para tocar, e o lugar estava lotado. Subimos no palco e a nossa música de abertura começou a ser tocada, e então descobri que estava com um alcance de cinco notas (em vez do meu costumeiro alcance de vinte e quatro a trinta e duas notas). Eu não conseguia cantar!

Eu me virei para Jay Jay com uma expressão de "o que diabos eu vou fazer?" estampada na cara. Era a primeira música da noite! Eu tinha pelo menos mais trinta para cantar! Jay Jay deu de ombros; ele não tinha a resposta. Não poderia simplesmente parar e dizer: "Ei, pessoal, não vou conseguir cantar essa noite, foi mal". Então fiz a única coisa em que consegui pensar: enlouqueci pra caralho! Até aquela noite eu sempre tinha me movimentado bastante, mas agora elevei isso a outro patamar, *e o público adorou!* Eles não estavam nem aí que eu não estava conseguindo cantar bosta nenhuma, desde que pudesse detonar, e isso eu podia!

LIÇÃO DE VIDA DO DEE

O show sempre vem em primeiro lugar; precisão e qualidade ficam em um distante segundo lugar. Você sempre pode tocar e soar bem em seus discos.

Acho que essa é uma lição que o Led Zeppelin já tinha aprendido.

Enquanto isso, as coisas tinham ido de mal a pior entre mim e Suzette. Com pior quero dizer que eu estava mais obcecado do que nunca. Só conseguia pensar nela praticamente. Sempre que eu tinha tempo livre, passava no telefone com ela ou saía para vê-la. Eu ouvia músicas como "She's the One", do Bruce Springsteen, e "I Wish I Was Your Mother", do Mott the Hoople, repetidas vezes porque elas me faziam lembrar dela. Quando ela ia me ver nos shows, eu não conseguia parar de olhá-la. Eu a fazia se sentar perto do palco só para que pudesse ficar de olho nela; eu estava certo de que outra pessoa apareceria e a levaria embora. Eu era um maníaco ciumento.

Falando em ir aos shows, Suzette ia comigo para quase todos, cinco noites por semana. Ela tinha quinze anos e ainda estava no ensino médio!

Se você está se perguntando como os pais dela deixaram isso acontecer, também não sei. Pensei muito a respeito disso. Deixando de lado a baboseira cósmica "fomos feitos um para o outro" (o que fomos), apareci em uma época de transições na residência dos Gargiulo. Os pais de Suzette eram divorciados; o pai dela morava a umas duas horas de distância. Ele aparecia religiosamente todos os fins de semana para sair com os filhos e lhes dar o cheque da pensão, mas nunca entrava na casa (naquela época, o casal divorciado não estava se dando bem) e não queria saber o que estava acontecendo lá dentro. A cada semana, ele e os filhos saíam para jantar ou iam ao cinema, e então ele os levava de volta para casa.

Enquanto isso, a mãe de Suzette e o namorado, há muito divorciado, Tony, o *goombah*, terminaram pouco depois de eu entrar em cena. Sua ameaça à minha vida naquele primeiro encontro foi basicamente seu discurso de despedida. A falta de uma figura paterna na casa (as duas irmãs vizinhas da mãe de Suzette também eram divorciadas), que seria muito mais crítica a respeito do que estava acontecendo com sua filha (mães confiam demais), me ajudou ainda mais em minha missão de fazer com que Suzette fosse minha.

Para piorar as coisas, a mãe de Suzette, Jeanette (que ela descanse em paz), ainda era relativamente jovem (trinta e oito anos), atraente e vigorosa. Ela se casou jovem, teve quatro filhos, passou por um divórcio e tinha acabado de romper com um namorado de longa data. A última coisa que ela queria era ficar em casa e ser mãe. Jeanette queria festejar, e era o que fazia. Portanto, quando sua filha mais velha, madura e centrada, aluna cheia de méritos, lhe dizia que estava saindo todas as noites, Jeanette lhe dava vinte dólares (caso ela ficasse presa em algum lugar e precisasse pegar um táxi para voltar) e deixava Suzette fazer suas coisas[24].

Suzette ficava comigo no camarim antes dos shows, entre os sets e depois dos shows (e para fazer suas lições de casa) e me assistia da lateral do palco durante meus sets. Em determinado momento, os caras do Twisted tiveram que sentar comigo e me mandar parar de cantar todas as músicas *para ela*. Sem saber o que estava fazendo, eu ficava fitando Suzette durante todo o set. Eu estava louco por aquela garota.

Ao final de toda noite, eu a levava para casa de carro, ela dormia por algumas horas, então levantava e ia para a escola, começando todo o ciclo outra vez. Isso durou mais ou menos um ano! Quando penso nisso agora, parece incrivelmente perverso e errado! Juro que tomava conta dela, me certificava de que ela comesse e a ajudava com a lição de casa. *Ai, meu Deus, isso soa ainda pior!*

Colocando a loucura de lado, algo a mais estava em jogo além de apenas uma obsessão ensandecida movida a testosterona. No início, sem que eu soubesse (inteiramente), Suzette não era apenas uma aspirante a estilista, ela também tinha uma paixão por maquiagem e cabelo. Aos poucos, ela passou a trabalhar no meu visual de palco. Ciente de que eu era um otário sabe-tudo, ela pouco a pouco me con-

---

24 Ao discutir com Suzette sobre a insanidade das quais me safei, ela não perde tempo em destacar que sua mãe confiava em mim e sabia que eu era um bom rapaz. Jeanette estava certa em relação às duas coisas, mas mesmo assim...

venceu a fazer experimentos. Já contei sobre como me preocupava em ir longe demais e fazer com que as pessoas pensassem que eu fosse gay, mas Suzette foi me deixando mais confortável em ousar mais com a maquiagem.

Certa noite, ela sugeriu que eu passasse batom.

— De jeito nenhum! — exclamei.

— Ah, vamos lá. Só passe um pouquinho de brilho. Olhe, é transparente. — Com isso ela tirou da bolsa uma bandeja de 30 cm cheia de brilhos labiais baratos, com mais ou menos uma dúzia de cores diferentes. Começando com um brilho completamente transparente, as cores dos brilhos labiais na bandeja iam ficando gradualmente mais escuros até chegarem a um vermelho-sangue.

— Ok — concordei, passando o brilho transparente que se parecia com vaselina. Em essência, parecia que eu tinha molhado os lábios com a língua; nada mal. Além do mais, eu não podia ser gay. Eu tinha aquela gostosura ao meu lado para provar.

No fim das contas, o brilho transparente acabou, então, passei a usar o brilho labial com um leve tom "natural". Era quase a mesma coisa. E eu sabia que não era gay.

Tenho certeza de que você imagina aonde isso vai chegar. Semana após semana, outra tonalidade de brilho labial chegava ao fim, e eu tinha de passar para a próxima tonalidade mais escura, repetindo meu novo mantra, "não posso ser gay. A Suzette é minha namorada", até que por fim eu estava usando o batom vermelho-sangue do fim da bandeja... e ali fiquei desde então.

Suzette fez a mesma coisa com os esmaltes.

— Por que você não usa esmalte?

— Eu não sou bicha — respondi como um típico idiota suburbano dos anos 1970.

— Claro que não é. Só experimenta um pouco de preto. É legal. *Por favor* — implorou ela.

— Ah, tudo bem. — Preto era bem legal.

Bom, preto levou ao azul, que levou ao roxo, que levou ao vermelho, que levou à cor que usei no palco durante trinta anos: rosa. Foi basicamente assim que minha maquiagem se desenvolveu, e meu cabelo pouco a pouco passou de castanho para um loiro berrante. Aquela garota era capaz de me convencer a fazer qualquer coisa. Mas, para dizer a verdade, eu gostava.

Com minha namorada troféu ao meu lado, me tornei destemido. Não demorei a usar o rosto coberto de maquiagem e passei a me arriscar mais com o que estava vestindo. Idas às lojas como a Ian's, no West Village, rendiam roupas pós-glam e botas descoladas, mas os produtos do Frankie (Frankie era o especialista da Ian's, conhecido por acreditar que um tamanho serve para todos e por sua habilidade de espremer pessoas de tamanho grande dentro de roupas de tamanho pequeno) eram caros. Fazer compras nas "Grandes & Assustadoras" lojas femininas rendiam blusas de cair o queixo (por todos os motivos errados) pelo preço certo. Uma relação custo-benefício muito melhor.

Certa noite, no início do nosso namoro, Suzette foi me ver em um clube. Como sempre, ela estava deslumbrante. *Essa garota sabe se vestir!* Com os jeans mais apertados que eu já tinha visto (será que ela os tinha vestido ou os "aplicado"?) e sapatos de plataforma, ela estava usando o top turquesa de crochê com franjas mais sexy do mundo. Eu o adorava. Tudo isso contrabalanceado com um bronzeado reluzente, peitos de matar e um corpo devastador, ela estava maravilhosa, e fiz questão de que ela soubesse disso.

Algumas semanas depois, ela foi me assistir em um clube e, sabendo o quanto adorei aquele top turquesa na última vez que o vi, decidiu me deixar embasbacado de novo. Quando Suzette chegou ao clube, entrou e olhou para o palco... e me viu usando exatamente o mesmo top! Para piorar as coisas, eu a vi no meio do público e comecei a apontar de um jeito desvairado para os tops que ambos estávamos usando, como se ela não tivesse notado seu enorme namorado sob os holofotes do palco. *Eu fiquei tão empolgado.* Ela cobriu o rosto envergonhada e se escondeu em um canto!

No fim do set, desci do palco e corri até ela, agravando minha gafe de moda e humilhando mais ainda minha namorada.

— Você comprou minha blusa! Por que você comprou minha blusa? — gritou ela.

Confuso, respondi:

— Eu te disse que adorei seu top. Lembra? Disse: "Onde você comprou esse top?".

Deve ter sido mais do que uma coincidência pouco tempo depois daquela noite Suzette começar a desenhar e fazer roupas para mim. Ela nunca mais teria de se preocupar com o namorado usando as mesmas roupas que ela.

POR VOLTA DO FINAL DO VERÃO DE 1976, DEPOIS DE seis meses na banda, todos nós sabíamos que aquele era o grupo que nos levaria ao topo e compreendíamos o que precisávamos fazer para chegar lá: material próprio, seguido de uma fita demo e apresentações especiais para as gravadoras. Decidimos que realizaríamos isso mais depressa se dividíssemos uma casa.

A ideia era simples: não tínhamos muito tempo livre, portanto morar juntos nos ajudaria a maximizar nosso tempo de trabalho e a nos unir enquanto banda. Todos tínhamos essa visão de uma "usina de ideias rock and roll" em que nossa criatividade e camaradagem fluiriam livremente.

É claro que *sim*.

Apenas o nosso baixista, Kenny, pulou fora dessa ideia. Não sei se ele via os problemas inerentes ou apenas precisava de privacidade (ele era um sujeito quieto e cheio de manias). De qualquer maneira, ele nos assegurou que, quando precisássemos dele, ele estaria lá. Portanto, Jay Jay, Eddie, o baterista nº 3, meu velho camarada Don "Fury" Mannello (precisávamos de um quinto colega para que alugar uma casa fosse financeiramente possível) e eu nos mudamos para uma casa ridícula de tão bonita no bairro luxuoso de Old Harbor Green, em Massapequa, Long Island. Não faço a menor ideia de como conseguimos aquela residência. Era uma linda casa assobradada com quatro quartos, três banheiros, sala de estar, sala de jantar, escritório, biblioteca, porão concluído, dependências de empregada e uma piscina com uma pérgula. Era incrível! Por ficar bem do outro lado da rua do Clube de Iatismo Harbor Green e no mesmo quarteirão de Carlo Gambino, o líder da família criminosa Gambino, eles não deveriam ter tido nenhum motivo que fosse para deixar que um bando de roqueiros vagabundos como nós alugasse o lugar. Eles deveriam estar desesperados.

Nós nos mudamos... e o desperdício de tempo que duraria um ano começou. Claro, trabalhamos em um punhado de novos covers para nossos shows em clubes (algo que era necessário fazer para manter os shows frescos, para que as pessoas continuassem indo nos ver), mas em se tratando de músicas próprias – nosso motivo para alugar juntos aquela casa – escrevemos uma música. Mas estou me adiantando.

A casa se transformou no que seria de se imaginar que uma residência de uma banda de rock se transformaria, mas esse não era o problema. Depois de trabalhar as horas ridículas que trabalhávamos (em média, saíamos de casa às 17h para um show e voltávamos por volta de doze horas depois), de terça a sábado, a última coisa que queríamos fazer no domingo era ensaiar. Eu quase não conseguia falar mais para o final da semana, e todos precisávamos de uma porcaria de um dia de folga. Sobrava a segunda-feira.

Ainda que nos sentíssemos e agíssemos como estrelas do rock, não éramos, e cada um de nós tinha muitas responsabilidades pessoais das quais cuidar. Quando acordávamos à tarde, tínhamos apenas poucas horas para correr por aí cuidando dos afazeres. Uma coisa levava à outra, e basicamente nunca conseguíamos trabalhar em nossas músicas originais.

EU REALMENTE ADMIRAVA JAY JAY FRENCH QUANDO

me juntei à banda. Ele era quase três anos mais velho do que eu, com mais experiência, mais descolado e no geral parecia ser centrado. Eu precisava e queria sua aprovação.

Certo dia, Jay Jay mostrou à banda uma progressão de acordes e melodia nas quais estava trabalhando para uma música original. Isso era ótimo, e essa era a razão exata de termos ido morar juntos. Para encorajar um ambiente íntimo e criativo onde poderíamos trocar ideias musicais e as desenvolver em canções que definiriam nossa banda. *Fantástico!* Bem, eu não tinha quase nenhuma experiência em composição (exceto pelas musiquinhas que todos nós fazemos em nossa cabeça e achamos que são incríveis), mas escrevi uma letra para a música do Jay Jay. Eu estava *muito* ansioso em relação a como ela seria recebida.

Quando a banda finalmente encontrou tempo para se reunir e ensaiar de novo, me aproximei ansioso de Jay. "Escrevi uma letra para a sua música." Jay Jay me olhou de *cima* (nós temos a mesma altura) através daqueles óculos de grau grossos, do jeito que só um homem astigmático consegue, e perguntou: "O que você tem?". Enquanto a banda observava, Jay Jay tocou sua música e eu cantei, lendo a letra em uma folha de papel. Meu rosto estava queimando, eu estava suando, e sei que a folha com a letra deveria estar tremendo[25].

Quando terminei a música, Jay Jay não disse nada a princípio. Ele tirou a letra de mim, deu uma olhada nela e disse em um tom condescendente: "É sobre você e Suzette. Que fofo". Então ele me deu as costas sem dizer mais nada. *Fofo?!*

Fiquei desolado. Tinha me submetido diante de Jay Jay, desnudado minha alma, e ele teve a audácia de ser desdenhoso comigo?! Vergonha se transformou em humilhação, e humilhação, em raiva. Naquele ins-

---

25 Até hoje, depois de todas as músicas que escrevi e dos milhões de discos que vendi, ainda sinto um grande desconforto ao mostrar uma ideia para uma música nova a alguém. Não tanto quanto naquele dia com Jay, mas ainda me sinto muito vulnerável ao fazer isso.

tante, nosso relacionamento mudou para sempre. Meu *antigo* mentor, Jay Jay French, foi adicionado à crescente lista de pessoas para quem eu tinha de me provar. Assim como meus pais, professores, ex-chefes, minhas ex-namoradas, meus amigos, colegas de trabalho e todos os outros desgraçados que tinham zombado, desprezado ou desacreditado de meus sonhos, agora meu colega de banda – um cara do meu próprio time – era oficialmente um inimigo de Estado. Anos mais tarde, quando contei a Jay Jay sobre esse momento crucial em nosso relacionamento, ele nem se lembrava do acontecido. As coisas costumam ser assim. O "esmagado" fica esmagado e o "esmagador" sequer sabe a importância do que fez. É como um tanque passando por cima de um carro híbrido. Esse foi o fim da minha tentativa de algum dia escrever com Jay Jay French.

POR VOLTA DA MESMA ÉPOCA, FIQUEI CARA A CARA com a realidade da dedicação que teria de ter para alcançar meus objetivos. Meus problemas de voz estavam piorando e, depois de esgotar as soluções médicas, decidi procurar um professor de canto. Talvez um professor pudesse explicar o que estava acontecendo.

Não sei ao certo quem me recomendou Katie Agresta (é provável que tenha sido Kevin Brenner), mas ela era considerada uma milagreira pelos vocalistas de rock. Muitos professores de canto sequer consideram a ideia de trabalhar com roqueiros – eles não acham que o que fazemos é canto de verdade –, mas Katie estava começando a ganhar certa fama. Cyndi Lauper, a então ex-vocalista com um estilo meio Janis Joplin de uma banda cover de Long Island chamada Mister Magoo, tinha saído para montar sua banda, Blue Angel, e estava começando a obter um pouco de reconhecimento por suas incríveis habilidades vocais. Katie Agresta era sua professora de canto. Isso era bom o bastante para mim.

Peguei um trem para Manhattan para me encontrar com Katie pela primeira vez. Ela ouviu minha voz, mas foram as respostas que dei para suas perguntas que lhe disseram qual era o meu problema. Quantas horas por noite eu dormia? *Poucas.* O que eu comia? *Você sabe, fast-food e tal.* O que eu bebia? *Café, achocolatado e chá gelado.* Katie já tinha ouvido o suficiente. Pelo lado positivo, eu não tinha que lidar com problemas ou efeitos negativos das drogas, cigarro (exceto por inalar fumaça de cigarro todas as noites nos clubes) ou álcool. Mas não dormia o suficiente nem comia de maneira apropriada, e bebia muito laticínio. Ela explicou que eu não podia esperar que tivesse voz todas as noites se não desse descanso suficiente a ela, se lhe negasse o combustível certo para ter um bom desempenho e a sufocasse com laticínios. Eu não conseguia acreditar. Conhecia sujeitos que fumavam, bebiam, ficavam chapados, quase não dormiam, praticamente não comiam e cantavam como passarinhos todas as noites. "Algumas pessoas podem se safar", respondeu Katie, "você não pode". *Merda!*

Mesmo sendo um cara forte como sempre fui, orgulhoso de sempre ter estado em excelente forma física, minhas pregas vocais *sempre* foram meu ponto fraco. Agora, mesmo sem cair na gandaia, tive que encarar a realidade de que, se estivesse falando sério sobre chegar ao sucesso, eu teria de restringir ainda mais meus momentos de diversão e dedicar minha vida a ser um vocalista de rock. Foram acrescentados à lista de deveres que Katie me deu aquecimentos e esfriamentos vocais ao longo da noite, nada de conversa excessiva antes, durante e depois dos shows e beber chá quente com mel e limão no palco em vez de uma bebida gelada e refrescante (o que trava suas pregas vocais). Praticamente nada de diversão.

Olhei para o estilo de vida diante de mim e soube o que tinha de fazer. Estava decidido a chegar ao topo, e não havia praticamente nenhum sacrifício que não estivesse disposto a fazer.

10
ENTÃO *ISTO* É NATAL

A ESSA ALTURA DO MEU RELACIONAMENTO COM SUZETTE, por fim descobri algo desencorajador. Ela não gostava de mim. Demorei semanas para perceber isso completamente, mas àquela altura eu estava tão decidido a conquistar o coração daquela garota, que não dava mais para dar meia-volta.

Ao que parece, o meu medidor Ela Me Curte estava bastante desregulado.

Por que ela estava sorrindo tão abertamente para mim naquele primeiro show? Suzette explicou que ela e sua melhor amiga, Wendy, tinham conhecido dois sujeitos, pegado identidades de outras pessoas (obrigado por isso, prima Felicia) e ido ao clube para ver as "bandas de garotas", Bonnie Parker e Twisted Sister. Quando ela entrou no clube, o Twisted Sister estava no palco, e a distância ela pensou que fossemos exatamente isto: *garotas*. Assim que se aproximou do palco e viu o que *realmente* éramos, ela não conseguia parar de sorrir. Eu era uma aberração! Ainda que tenha achado que éramos ótimos.

Então por que ela me deu seu número de telefone naquela noite? Porque ficou *com medo* de não dar. Quando perguntei a ela por que não tinha simplesmente me dado um número errado, ela respondeu que pensou nisso, mas travou. E o lance de me ver na semana seguinte em outro clube? Bom, depois de falar comigo ao telefone todos os dias, ela

ENTÃO *ISTO É NATAL*

achava que eu era um cara legal (a única coisa que eu na verdade tinha a meu favor) e se sentiu mal em dizer não quando a convidei.

O que aos poucos fui descobrindo nas semanas seguintes foi que Suzette não só não estava interessada em mim nem se sentia atraída por mim, como também *sentia repulsa de mim!* Ela tinha vergonha de ser vista comigo. Será que dava para eu ser um pouco mais egocêntrico? Caso você ainda não tenha se dado conta, sou o clássico narcisista.

Para completar, Suzette não tinha nenhum interesse prévio em músicas ou bandas. Ela não tinha sequer um disco ou uma fita nem onde os tocar.

Suzette tentou quase de tudo para terminar comigo diversas vezes durante aqueles primeiros meses, mas eu simplesmente não a largava. Não importava a reclamação que ela tivesse sobre mim, eu me ajustava. O que quer que ela não gostasse, eu mudava. Quando levantei a voz para ela pela primeira vez e ela abriu a porta do meu carro e começou a sair enquanto o carro ainda estava em movimento, jurei que nunca mais gritaria com ela. E ainda não grito[26]. Quanto mais eu percebia que ela não me queria e quanto mais aprendia sobre ela, mais eu a queria.

Esta era minha teoria: estava convencido de que alcançaria o sucesso e sabia que qualquer garota que se interessasse por mim depois que o tivesse alcançado estaria comigo pelos motivos errados. A saber, eu seria uma estrela do rock rica e famosa.

Meu pensamento era: se eu pudesse conquistar o coração de Suzette, conseguisse que ela me amasse *por quem eu era*, sempre saberia que ela estava comigo pelos motivos certos. Não porque estava em uma banda

---

26 Meu pai era de gritar. Eu odiava o jeito com que ele falava com a minha mãe e quando criança eu costumava rezar para não ser como ele quando eu crescesse. Apesar disso, à medida que ficava mais velho, desenvolvi o mesmo padrão com minhas namoradas, gritando com elas do mesmo jeito que meu velho fazia com minha mãe. Foi preciso que uma Suzette de quinze anos quase pulasse do meu carro e as palavras "se você falar comigo desse jeito de novo, eu dou o fora daqui!" para me curar disso. De uma maneira estranha, minhas preces foram atendidas.

ou tinha fama e dinheiro ou porque ela gostava da música[27]. Ao começar nosso relacionamento como um completo zero à esquerda, o que quer que acontecesse, eu nunca conseguiria estar abaixo daquilo... zero. Eu nunca teria de me preocupar sobre o porquê de ela estar comigo. Não sei de onde tirei essa curiosa sabedoria, mas estava certo.

Preciso dar créditos à melhor amiga de infância de Suzette, Wendy Cohen-Yair, que me instruiu ao longo da estrada tortuosa que era namorar Suzette. Costumava ligar para Wendy pedindo conselhos quando ficava confuso com as atitudes da minha namorada e/ou não sabia o que fazer. Wendy sempre me guiava pelas dificuldades, mesmo na vez em que Suzette por fim me convenceu de que não queria mais sair comigo. Eu pararia por aí e me afastaria do relacionamento, mas Wendy me assegurou que Suzette estava completamente a fim de mim e só não sabia como se expressar.

Portanto, aguentei firme. Acabou que *Wendy mentiu*. Suzette de fato não queria mais saber de mim. Quando ela perguntou por que em nome de Deus Wendy me disse que ela ainda queria ficar comigo, Wendy respondeu: "Senti pena dele. Ele está tão apaixonado por você". Obrigado por isso, Wendy. Suzette também agradece a você. Eu te disse que éramos feitos um para o outro.

Queria que meu primeiro Natal com Suzette fosse ótimo. Estávamos namorando havia oito meses e começando a nos sentir como um casal. Para o aniversário de 16 anos dela, eu a tinha impressionado com um filhote de pastor-alemão. Suzette tivera um adorado pastor-alemão branco quando criança, então lhe dei outro. Ela amou. Eu tinha de superar o presente de aniversário para o nosso primeiro Natal.

Ao contrário dos Natais "econômicos" com os quais eu tinha crescido, comprei quatro ou cinco presentes diferentes, o toque final foi

---

27 Só recentemente descobri que minha esposa nunca gostou da minha voz. Quando demonstrei surpresa diante disso, Suzette respondeu: "Você sabe que meu vocalista favorito é o Steve Perry, do Journey. Sabendo disso, o que te faz pensar que eu gostaria do seu jeito de cantar?" *Ai.*

ENTÃO *ISTO* É NATAL

uma nova televisão portátil para o quarto dela. A dela tinha quebrado e, como ela gostava de dormir com a TV ligada, estava se sentindo frustrada por não ter mais uma. Eu sabia que a deixaria de queixo caído.

A véspera de Natal chegou e o Twisted Sister não trabalharia[28]. Mal podia esperar para acabar a comemoração na casa dos meus pais e seguir para a casa da Suzette com meus presentes. As duas famílias gostavam de comemorar a véspera de Natal, mas a minha celebrava muito mais cedo. A família de Suzette era conservadora na ocasião: nenhum presente era aberto antes da meia-noite. Cheguei na hora para as festividades. A árvore de Natal dos Gargiulo estava *abarrotada* com uma quantidade de presentes que nunca tinha visto antes.

Suzette, agora no segundo ano do ensino médio, estava cursando um cronograma acelerado para poder se formar um ano antes e ir para o Fashion Institute of Technology (FIT). Ela tinha interesse em design de moda desde criança (uma criança muito mais nova) e estava morrendo de vontade de abraçar a carreira escolhida. Com essa finalidade, ela se matriculou no programa de design de moda da Board of Cooperative Educational Services (Boces). A Boces permite que os alunos frequentem suas escolas regulares e tenham aulas pela manhã, para que, então, possam se concentrar em um aprendizado mais profissionalizante pela tarde. Ansiosa para impulsionar sua carreira, Suzette frequentava as aulas na Boces todos os dias.

Enquanto isso, de volta às festividades, a troca de presentes estava a todo vapor. Bem, na minha casa, entregávamos um presente de cada vez, observávamos o ganhador abri-lo e reagíamos de acordo. Enquanto o fazíamos, minha mãe pegava o papel de embrulho rasgado do chão e o jogava fora, então passávamos para o presente seguinte.

---

28 O Twisted sempre fazia questão de tirar folga na maioria dos feriados para que pudéssemos curtir o dia e passar algum tempo com nossa família. Ainda fazemos isso. Ficaríamos com o papel de "banda da casa" no filme de Rodney Dangerfield, *De Volta às Aulas*, mas dispensamos porque ficaríamos longe de casa no Natal. Ao que parece, Danny Elfman e Oingo Boingo não se importavam com esse tipo de coisa. *Pagãos*.

Muito civilizado. Na residência dos Gargiulo... nem tanto. Eles tinham tantos presentes que, se avançassem nesse ritmo, já seria Ano-Novo quando terminassem.

Não me lembro das nuances exatas da troca de presentes, mas abri o primeiro presente que Suzette me deu e encontrei um modelo "original da Suzette" de um top feito à mão incrível para eu usar no palco! Branco, caído em um ombro, com uma luva longa para o braço exposto, ele tinha franjas longas e brancas em toda parte. Era incrível... *incrivelmente gay!* Adorei.

Abri presente por presente (Suzette tinha muito mais presentes para mim do que eu tinha para ela) para encontrar modelos originais, cada vez mais desvairados, que ela tinha feito à mão nas aulas da Boces. Enquanto as outras garotas trabalhavam em modelos para si mesmas – ou para pessoas normais –, Suzette tinha passado todo o seu outono criando roupas para eu usar com a banda. Elas eram maravilhosas!

Você consegue imaginar o que os professores e as outras garotas da turma dela pensavam quando viam Suzette trabalhando naquelas roupas grandes hiperfemininas para seu na época desconhecido namorado de 1,85 m de altura e 82 kg? (Eu era mais magro na época.) Suzette não ligava para o que as outras pessoas pensavam. Nunca ligou.

A cereja do bolo foi um macacão de laicra rosa bem colado, aberto na frente quase até meu púbis, com franjas brancas que desciam até o chão por toda as costas e os braços. Eu tinha dito a Suzette que sempre quisera um traje como aquele, e ela desenhou e fez um para mim. Inacreditável! O que fez com que os esforços fossem ainda mais incríveis foi que Suzette não conseguiu encontrar franjas compridas o suficiente, então ela, seus irmãos e sua irmã juntaram dois fios com nós para fazer cada uma das franjas, para criar o comprimento do traje inteiro! Eu fiquei boquiaberto.

Parado no meio da sala de estar dos Gargiulo, enfiado até os joelhos em papel de embrulho (os Gargiulo deixavam tudo ficar amontoado), fiquei tocado com a generosidade da minha namorada e de sua família.

ENTÃO *ISTO* É NATAL

A maioria dos presentes embaixo da árvore tinha sido para mim. Eu me arrastei para atravessar a pilha de papel de embrulho como uma criança passando pelas folhas caídas e jurei que daquele dia em diante os Natais seriam assim, nem que eu tivesse que trabalhar o ano todo só para poder arcar com o custo. Sempre foram.

E o mais importante, e não percebido por completo naquela época, foi que o enorme esforço de Suzette tinha acabado de me lançar, e o Twisted Sister no fim das contas, a outro patamar. Claro, ela poderia apenas estar tentando evitar que eu voltasse a usar roupas iguais às dela, mas tinha me incentivado a abraçar meu travesti interior e ser a melhor "Irmã Desvairada" que eu poderia ser. *O que é tudo o que ela sempre fez*: ajudar outras pessoas de maneira altruísta a alcançar a grandeza.

Não havia mais como voltar!

11
A LUVA ESTÁ LANÇADA

NA CENA DE CLUBES DA REGIÃO DOS TRÊS ESTADOS, o Twisted Sister era *a* banda festeira. Ninguém era capaz de incendiar um público como nós, e logo nos tornamos bastante requisitados, principalmente para feriados e eventos especiais. Quando estavam para fechar o Hammerheads original (o clube onde Suzette e eu nos conhecemos), os donos decidiram encerrar em grande estilo e contrataram o Twisted para um último estouro. Talvez essa tenha sido uma escolha ruim de palavras. Ao final da noite, as paredes internas tinham sido derrubadas e o encanamento arrancado, junto com grande parte do forro do teto, por fãs saqueadores, ensandecidos pela banda. Nossos seguranças naquela noite eram alguns amigos motociclistas/faixas-preta de uma escola de caratê conhecida como ACK (American Combat Karate). Fundada pela lenda das artes marciais, Richard Barathy, a American Combat Karate já praticava artes marciais mistas anos antes de virar moda. Crédito a quem ele é devido.

Em algum momento durante aquela noite ensandecida, alguém jogou spray de pimenta em uma pessoa no clube superlotado, acertou um dos membros da ACK nos olhos, e então tudo virou um pandemônio. A cena foi uma reminiscência dos Stones em Altamont, com nossos seguranças faixas-preta/motociclistas descendo o cacete em praticamente todo mundo à distância de um braço (ou perna)... e a banda não parou de tocar! As pessoas estavam sendo levadas embora em ambulâncias (um sujeito chegou a ter a orelha arrancada a mordidas!). Uma lembrança que tenho daquela noite é a visão do gigantesco ar-condicionado central do clube despencando do teto e caindo no público. É, eles disseram que queriam fechar com um estouro.

DURANTE O ANO EM QUE MORAMOS JUNTOS, MUITAS reuniões de banda foram realizadas. Uma reunião infame se deu quando Eddie – depois de meses chegando atrasado, perdendo compromissos e não agindo muito como um integrante da banda – seria despedido e substituído por meu melhor amigo e colega de casa do Twisted, Don Mannello. Don era um excelente guitarrista boa-pinta e teria sido um ótimo acréscimo à banda.

Jay Jay, o empresário e porta-voz da banda, estava decidido a despedir Eddie e, então, "virou a casaca". Sem consultar o restante de nós, Jay deu a Eddie mais uma chance para entrar nos eixos. Ficamos aturdidos. Para grande surpresa, Eddie – que sempre tinha uma desculpa "legítima" para tudo – não demorou muito para criar vergonha na cara e permaneceu integrante da banda.

Outra reunião foi marcada para discutir o futuro do grupo. Não de uma maneira agourenta, mas positiva sobre "o que temos que fazer para alcançar nossos objetivos?". O convidado especial nessa reunião: Kevin Brenner, nosso agente de agendamentos. Kevin tinha trabalhado com dúzias e mais dúzias de bandas ao longo dos anos, mas éramos a primeira que ele conseguia ver dando o salto de banda cover de bar para uma banda que tocaria as próprias músicas em casas de show por todo o mundo.

Uma linha do tempo e um plano de jogo foram discutidos, mas, quando o assunto passou para músicas originais, explodi. Eu não suportava as músicas originais que tocávamos na época. Elas eram não apenas fracas, como também inapropriadas para minha voz, para a banda e para suas ambições. Aquela não era a primeira vez que eu reclamava sobre aquelas canções, mas é provável que tenha sido a mais intensa.

Kevin Brenner me olhou.

— Você sabe compor músicas?

— Sim — respondi cheio de confiança.

— Você *escreveu* alguma música?

Opa. Brenner me pegou nessa.

— Hum... *não* — murmurei.

— Então cale a porra da boca até ter alguma coisa melhor — rugiu nosso intrépido agente.

Xeque-mate! Fiquei corado. Foi humilhante ser colocado em meu devido lugar daquele jeito e também foi frustrante... porque ele tinha razão. Não suporto pessoas que fazem críticas o tempo todo sem ter absolutamente nenhuma sugestão de como fazer as coisas de maneira diferente ou melhor. Fiquei sentado em silêncio pelo restante da reunião e, quando ela terminou, subi enfurecido para meu quarto e bati a porta. Eu sabia que tinha razão quanto às músicas originais da banda e tinha certeza de que era capaz de compor canções. Estava na hora de aguentar ou me calar. Inspirado pelo álbum *Burnin' Sky,* do Bad Company, escrevi minha primeira canção original para a banda alguns dias depois. Apresentei a eles "Pay the Price"[29] e eles gostaram. Nós a elaboramos (em um clube) e a adicionamos ao repertório.

Dali em diante, passei a trabalhar em músicas novas e originais o tempo todo, escrevia tudo – instrumental, melodias e letras – sozinho. Sentindo-me alienado do restante da banda por diversos motivos, estabeleci como objetivo criar sozinho todas as músicas que definiriam o Twisted Sister.

---

29 Embora nunca tenha sido lançada em um álbum oficial do Twisted Sister por uma grande gravadora, "Pay the Price" pode ser encontrada no CD do Twisted *Club Daze Volume 1: The Studio Sessions* em formato demo. Mesmo que não seja o som pelo qual por fim nos tornamos conhecidos, ainda assim é uma boa canção. Principalmente por ser a primeira.

EM 1977, O TWISTED SISTER TINHA SOLIDIFICADO SUA
posição como força dominante na cena de clubes em Long Island e no norte do estado de Nova York e estava começando a expandir sua esfera de influência ainda mais em Nova Jersey e Connecticut. O Esquadrão de Demolição estava em ação. Os clubes da cidade de Nova York (tais como o CBGB) nunca foram uma opção porque eram pequenos demais e não pagavam bem, e porque nossa dedicação contínua ao movimento não mais "em voga" do glitter rock do começo dos anos 1970 nos transformava em párias para os roqueiros "descolados demais" da cidade.

Sempre fico chocado com a forma como os magnatas da indústria musical de Nova York perambulam por alguma espelunca meio vazia (no centro ou na cidade alta, você escolhe), veem uma banda tocando para um punhado de hipsters apáticos e voltam para o trabalho no dia seguinte proclamando terem descoberto o próximo grande sucesso. Enquanto isso, do outro lado da ponte (ou do túnel), alguma banda está mandando ver em um salão perigosamente superlotado, com pessoas literalmente quicando contra as paredes, e ela passa completamente despercebida. No auge dos dias de clubes do Twisted Sister, nos apresentávamos nos subúrbios para públicos de mil a três mil pessoas *por noite* (às vezes mais de quatro mil), *cinco noites por semana*, mas tivemos de ir para a Inglaterra para sermos notados pela indústria musical! Acho que, se não estiver na cidade, não é possível que tenha valor, certo? *Malditos idiotas das gravadoras*. Mas estou me adiantando demais. Quando as pessoas questionavam a dedicação do Twisted Sister ao que na época era considerada uma tendência musical morta, eu respondia: "Se está tão acabada assim, por que as pessoas ainda piram quando subo no palco toda noite?". Quando uma tendência chega ao público dos subúrbios ou das zonas rurais, os "centros culturais" urbanos já passaram para outra moda.

Eu sabia que ainda havia bastante vida em todo aquele lance de glam rock e eu o abracei com paixão. Os trajes inimagináveis que Suzette criava estavam deixando as pessoas de queixo caído, ainda que alguns caras da minha própria banda se sentissem envergonhados pelas vestimentas mais reveladoras na área das genitálias. Suzette fazia calças tão apertadas, que não deixavam muita coisa para a imaginação. Eles não nos chamavam de cock rockers[30] à toa! Esses trajes, combinados com minha predileção para comportamento insano no palco e as reações violentas diante de sujeitos inoportunos, estavam construindo uma reputação para mim e para a banda como uma atração "a ser conferida".

Em quase todas as noites, eu pulava do palco para cima do público e arrumava uma briga com um bêbado imbecil que achava que eu deixaria suas zombarias passar. Isso que se foda! Agora eles podiam voltar para casa e contar aos amigos como tinham tomado uma surra de uma "bicha" enorme de salto alto, vestida com um top curtinho de cetim e um boá de plumas roxas. Eu *adorava* esse traje.

Nunca fui um lutador, mas não consigo nem permitirei que um arrombado na plateia (ou na rua, aliás) dite o que devo ou não usar. As plateias têm uma mentalidade de turba. Se você permitir que um ou dois se safem depois de dizer merda ou atirar coisas em você, outros criarão coragem e sem demora você terá um grande problema nas mãos.

EM DETERMINADA NOITE, EM UM CLUBE EM NOVA JERSEY, eu estava conversando com o dono do local quando ele fez uma referência ao "meu chefe".

— Meu chefe? — indaguei. — Quem é meu chefe?

— Jay Jay — respondeu o dono do clube de maneira direta, como se tivesse ficado surpreso por eu sequer ter perguntado.

Jay Jay? Meu chefe?! Fiquei enfurecido! Será que as pessoas achavam que o caso era esse? Jay Jay ainda era o "líder da banda", em es-

---

30 O chamado *cock rock* se refere à ênfase agressiva da sexualidade no rock explorada por alguns músicos ao usarem calças muito apertadas que deixavam suas partes íntimas bastante evidentes. [N.T.]

sência a pessoa que dirigia o espetáculo. Ele era o mascate consumado do festival, entretendo o público a cada noite (com minha ajuda) entre uma música e outra com um humor judeu sem graça. Para ser justo, a plateia adorava. A ideia de que suas besteiras sem substância estavam ofuscando meu talento (eu com certeza me achava pra cacete) estava me fazendo perder a cabeça.

Enquanto dirigia para casa naquela noite, soltava fogo pelas ventas. Talento *não* necessariamente vence no final. Conversa-fiada ganha do talento. Então, o que ganha da conversa-fiada? Virei e revirei essa questão em minha mente, analisando-a por todos os ângulos, até que a ficha caiu.

LIÇÃO DE VIDA DO DEE

Conversa-fiada ganha do talento. Talento + conversa-fiada ganham da conversa-fiada!

Eu sabia exatamente o que tinha de fazer. Para dominar, precisava pegar o ardil de Jay Jay, melhorar e acrescentá-lo às habilidades vocais e à performance que eu já estava pondo em prática toda noite. E fiz exatamente isso.

À medida que os meses passavam, continuei a escrever cada vez mais músicas e a refinar meu visual e minha atuação. Os outros integrantes da banda não se dedicavam tanto aos seus visuais, assim, no final de 1977, as pessoas estavam começando a achar que a singularidade do nome *Twisted Sister* se referia a mim. Eu era a "irmã desvairada". Acho que os outros integrantes da banda podem ter tido sua própria epifania àquela altura.

EM AGOSTO DAQUELE ANO, O EXPERIMENTO FRACASSADO que foi a casa da banda chegou ao fim, e todos seguimos nossos próprios caminhos. Jay Jay e o baterista nº 3 foram morar juntos, e Eddie, que tinha se casado em segredo com sua noiva, Clara, encontrou uma casa com ela. Depois de se formar no ensino médio no final do segundo ano, Suzette foi aceita na escola de sua escolha, a Fashion Institute of Technology, na cidade de Nova York, uma enorme conquista para uma garota de dezesseis anos. Suzette moraria no dormitório da escola. Isso era um problema.

Como eu disse antes, a cidade de Nova York podia ser um lugar assustador para os suburbanos. Ainda que eu tivesse ganhado mais experiência ao longo dos dezoito meses em que estive com o Twisted Sister, a cidade ainda era um lugar bastante estranho para mim. Agora eu estava diante de um problema ainda maior: o amor da minha vida se mudaria para lá.

Suzette agora estava oficialmente "apaixonada" por mim, embora eu não saiba ao certo se a síndrome de Estocolmo teve alguma coisa a ver com isso. Estávamos juntos havia quase um ano e meio, e nosso compromisso um com o outro era praticamente definitivo (sem mencionar que nosso romance era fácil). Suzette podia escolher estudar ou em Paris ou em Nova York. Devido à seriedade de nosso relacionamento, ela optou pelo segundo, mas, compreensivelmente, ela não faria a viagem de casa para a escola todos os dias. Quando minha namorada do ensino médio foi para a faculdade, vivenciei o distanciamento que acontece quando um casal fica longe um do outro por longos períodos.

Eu não deixaria que isso acontecesse com Suzette. As aulas dela na faculdade estavam agendadas para começar na primeira semana de setembro, portanto eu pulei em um trem em meados de agosto e segui para a Grande Maçã para encontrar um apartamento para mim.

Como um perfeito idiota, vestido com minhas melhores roupas (uma camisa masculina colorida de manga comprida, calças boca de sino de cintura alta e sapatos de plataforma), segui caminho até a Penn Station, depois peguei o metrô, por *cinco quarteirões*, até a FIT. É óbvio que eu não tinha nenhuma noção de distância na cidade de Nova York. Saí da estação de metrô em uma tarde úmida de meados de agosto, pingando suor, e parei na frente da escola na Seventh Avenue. Olhei em volta e, exatamente do outro lado da rua, havia um prédio isolado: Kheel Tower. Esperei que o sinal de pedestres ficasse verde (jeca!) e, então, atravessei a rua para dar uma olhada.

O superintendente do prédio me disse que havia um apartamento disponível e me mostrou um duplex matador de um quarto, um banheiro e um lavabo, com varanda, no vigésimo terceiro andar, com vista para a escola (e, como descobri depois, bem ao lado do reitor da FIT). O aluguel era um pouco salgado, mas achei que, com alguns colegas de quarto, eu poderia fazer aquilo dar certo.

De um telefone público na calçada liguei para meu velho amigo Don Mannello e meu antigo baterista, que tinha virado aspirante a ator, Rich Squillacioti. Eles disseram que topavam. Assim, eu disse ao superintendente que ficaria com o apartamento, voltei a entrar no trem e segui para casa. Levei menos de uma hora nessa procura por apartamentos.

Quando contei a todo mundo que tinha encontrado um apartamento exatamente onde queria, sem um corretor, de primeira, ninguém acreditou. Encontrar um apartamento em Manhattan é um processo longo e árduo. Coisas assim simplesmente não aconteciam. Aconteciam, sim, se você estivesse predestinado a ficar com a mulher dos seus sonhos.

Eu me mudei duas semanas depois. Suzette ficou dois dias no dormitório, então, sem que o pai dela ou meus pais soubessem, ela foi morar comigo. Moramos juntos desde então.

12
DE VENTO EM POPA

TENDO CHEGADO AO TOPO DA CENA DE BANDAS COVER de bares, o Twisted Sister se tornou bastante lucrativo. As melhores bandas locais viviam como estrelas do rock, e agora o Twisted Sister estava ganhando dinheiro suficiente para também viver como elas. Carros, casas e muitas outras coisas estavam por vir à medida que faturávamos ainda mais durante o verão de 1977. Para o nosso crédito, percebemos algo que obviamente outras bandas não percebiam. Ser e viver como estrelas do rock na região dos três estados *não* era o nosso objetivo. *Não* era com o que todos nós sonhávamos. Era bastante parecido, mas não era. Nem de perto.

Os caras do Twisted se reuniram e discutiram a tentação de simplesmente pegar o dinheiro e aproveitar a vida. *Ou* poderíamos ficar com um salário mínimo e investir em nós mesmos. Ser uma ótima banda de bar não durava para sempre. Ter discos de platina e de ouro pendurados nas paredes, sim. Portanto, com uma votação de quatro a um, decidimos que depois do verão cortaríamos nosso salário em mais da metade e usaríamos o dinheiro extra para as coisas que ajudariam a nos transformar em *verdadeiras* estrelas do rock. Verdade seja dita, eu nunca me via como se estivesse tocando em clubes e bares. Na minha mente, todos os bares eram casas de show, todos os clubes, uma arena. Não sabia disso na época, mas isso é chamado de visualização positiva: ver mentalmente as coisas como você quer que elas sejam, não como elas são.

Eu disse que quatro dos cinco membros da banda votaram a favor de cortar nossos salários pelo bem maior. O voto contra foi de Eddie Ojeda. Eddie alegava que não conseguiria sobreviver com o salário mínimo que o restante de nós ganharia. Ele era casado, precisava de mais. Bom, se me lembro bem, a esposa dele tinha um emprego muito bom, eu estava morando com minha namorada e todos nós estávamos tendo alguma dificuldade. Eddie não aceitou, então ficou com mais dinheiro do que o restante de nós. Ele devolveu o dinheiro para a banda depois que alcançamos o sucesso, mas quem é que precisava do dinheiro então? Portanto, sem o apoio total de Eddie, investimos em nós mesmos e em nosso futuro. Uma equipe foi contratada, novas iluminações e sistemas de som foram comprados. O dinheiro que *não* pegávamos para nós mesmos era usado para o que quer que precisássemos para a melhoria da banda. Então a última peça foi encaixada.

Depois de ver o que as indumentárias de Suzette estavam fazendo por mim, a banda a contratou, começou a lhe pagar um salário e a colocou para desenhar e criar novas roupas para usarmos no palco. Daquele ponto em diante, ao longo de toda a história da banda, Suzette foi responsável (ou culpada) pelo visual do Twisted Sister. Ela nos guiou ao visual mais "esfarrapado" pelo qual a banda se tornou conhecida. Suzette sabia (muito antes de mim) que eu não era nenhum rostinho bonito e que precisava fazer uso das minhas qualidades, a saber, o meu eu "fodão", como Suzette costumava dizer: "Você não usa maquiagem, você usa pintura de guerra". Ela estava certa. Não havia nada de bonito em mim. Mas estou me adiantando muito. Primeiro *tentei* ser bonito.

POR MAIS ESTRANHO QUE POSSA SER, QUANTO MAIS feminino eu ficava visualmente, mais agressivo e hostil me tornava como pessoa. Não acho que havia uma correlação direta entre as duas coisas, mas vou deixar essa questão para que um psiquiatra analise. Isso aconteceu por volta da época em que a frase de efeito "parecem com mulheres, falam como homens e tocam como desgraçados" começou a ser usada para descrever a banda. Eles deveriam ter acrescentado "e vão acabar com você se você não gostar!".

Eu me lembro, bem no começo, que uma revista gay da cidade de Nova York enviou um repórter para ver e entrevistar a nova "banda travesti" dos subúrbios. Ele apareceu em algum bar de motociclistas onde estávamos tocando, assistiu ao nosso primeiro set, depois foi para os bastidores e disse: "Vocês não são gays!". Parado ali em meus saltos altos e vestindo um top feminino curto com um nó na frente, respondi: "É claro que não. O que o fez pensar que éramos?". Acho que eu estava mandando sinais confusos.

Uma aura de violência sempre parecia pairar sobre nossos shows. Parte disso era por causa da atmosfera inerente de um show em um clube. Os shows eram em bares, tarde da noite, o álcool (e as drogas) prevalecia e os lugares eram superlotados com uma plateia predominantemente de adolescentes angustiados, prontos para caírem na porrada. Some a isso uma banda cheia de energia como o Twisted Sister, com um frontman incendiário (eu) agitando as coisas, e você com certeza tem uma receita para um desastre em potencial. Acredito que eu mais desferia golpes preventivos do que tentava arrumar encrenca, mas, de qualquer maneira, violência costumava ser o resultado final. Com tantos momentos de violência, ou de quase violência, naqueles dias, é difícil decidir quais compartilhar. A vez em que seguraram uma navalha contra minha garganta no estacionamento de um clube? A vez em que eu sem perceber "fui tirar satisfação" com três membros dos Hell Angels? Ou a vez em que uma gangue de motociclistas preparou um ataque em um dos clubes em que o Twisted Sister estava tocando para pegar nossos guarda-costas e eu tive que realizar um "conselho de guerra" em nosso camarim?

Em novembro de 1977, ocorreu um incidente que eu gostaria de dizer ter sido o ponto crítico da violência que me cercava... mas não posso. Na verdade, foi o começo de um patamar completamente novo.

Estávamos no meio do segundo ou terceiro set da noite, em um clube chamado Speaks[31], em Island Park, Long Island. Speaks era um dos mais importantes lugares para tocar, e o Twisted Sister era uma de suas maiores bandas. Quase mil e quinhentas pessoas lotavam o lugar, mas não estávamos tendo uma noite muito boa. Estávamos tendo problemas com microfonia do sistema de som (a coisa que mais me tira do sério), mas às vezes a plateia – por alguma razão qualquer – simplesmente não está curtindo o show tanto assim. Eu tentei usar todos os truques que tinha na manga, mas simplesmente não estávamos conseguindo levar o público ao nível costumeiro de insanidade.

De repente, no meio de uma música, uma garrafa passou raspando pela minha cabeça.

Não existe nada mais baixo do que jogar alguma coisa nos artistas em cima do palco. Concentrados no que quer que estejam fazendo para a plateia, com luzes brilhantes nos olhos, eles estão completamente vulneráveis e incapazes de ver qualquer coisa que esteja se aproximando. Muitos artistas já sofreram ferimentos graves causados por coisas jogadas contra eles enquanto estavam no palco. As pessoas que jogam coisas são as mais covardes e maricas que existem. É como ser um atirador de elite. Seus alvos não possuem nenhum meio de se defender e nem mesmo têm chance de evitar serem atingidos. A saúde e o bem-estar deles dependem unicamente da sua imprecisão. Seus montes de bosta.

A garrafa errou minha cabeça por pouco. Com as luzes bem nos olhos, eu não consegui ver quem a jogou, mas sabia de qual direção ela tinha vindo. Parei de cantar e andei até a beirada na frente do palco.

— Quem jogou isso, porra?! — gritei no microfone enquanto a banda seguia tocando. Minha banda tinha experiência em como lidar com meus confrontos. Eles repetiam a mesma progressão de acordes até que

---

31 Antigamente conhecido como The Rock Pile e The Action House. Algumas das bandas mais lendárias da história do rock tinham tocado lá, incluindo Jimi Hendrix e Cream.

eu tivesse terminado meu esporro ou voltasse para o palco. Profissionais de verdade.

Ainda que ninguém tivesse confessado ter jogado o projétil, alguns fãs estavam apontando para uma área específica de onde ele tinha vindo. Foquei meu ataque verbal e desci o couro no meu agressor, quem quer ele ou ela fosse.

— Se você tem *metade* de uma bola – não *bolas*, não *uma bola; metade de uma bola, um semicírculo* –, você vai se mostrar e subir neste palco e me encarar! — Eu esperava que fosse um cara. Não sabia ao certo o que faria se fosse uma mulher. A plateia sempre gostava dos meus esporros, e ainda que eu estivesse mais enfurecido do que jamais estive, tentei ser engraçado. *Um semicírculo?!*

Nem assim houve reação, mas a minha galera continuava apontando para uma área específica. Continuei pressionando:

— Você é um puto. Seu pai é um puto. — Fui direto para a jugular. — Sua *mãe é uma puta.* — Tecnicamente possível, mas ninguém gosta quando você fala merda sobre a mãe deles.

Dito isso, um sujeito no lugar exato para o qual todo mundo estava apontando, talvez cinco ou seis metros para os fundos da casa lotada, levantou os dedos do meio e começou a gritar:

— Vai se foder!

Fiquei ensandecido. Em todos os anos em que tive coisas jogadas contra mim, eu nunca tinha de fato encontrado meu agressor, *e ali estava ele!*

— Você! Foi você?! — gritei em nosso gigantesco sistema de auto-falantes — Vem aqui em cima, seu merda! Venha aqui em cima e me encare como a porra de um homem!

O cuzão permaneceu no lugar, xingando e agitando os dedos do meio no ar.

Não sou um lutador propriamente dito e com certeza não sou o cara mais durão do mundo. Além do mais, não interessa onde você esteja, sempre existe alguém mais durão por aí... e sempre existem as armas. Com isso em mente, todas as vezes em que pulei do palco atrás de alguém na plateia, sempre avaliei minhas opções. Se entrasse em uma encrenca, com quem eu poderia contar?

Naquela noite, notei dois fãs motociclistas particularmente grandes perto de onde aquele sujeito estava. Sabendo com quem contar, parti para o ataque. Se ao menos eu tivesse planejado *isso* um pouco melhor.

Incitado pela frustração de um público indiferente, por encontrar meu atacante pela primeira vez e por sua falta de cooperação, decidi fazer algo que pareceu completamente plausível *na minha cabeça*. Em vez de descer pela frente do palco ou usar os degraus na lateral e correr o risco de perder aquele imbecil no meio da multidão, eu simplesmente mergulharia no mar de fãs abaixo de mim, eles me segurariam e eu pegaria o filho da puta. Essa má ideia foi planejada em bem menos tempo do que você levou para ler isso, e me lancei do palco.

Para citar Eddie Ojeda: "De repente, eu vejo um par de botas vermelhas de salto alto passando pela lateral da minha cabeça".

Eu com certeza pairei no ar.

Não levei em conta algumas coisinhas naquela noite desastrosa. A primeira foi a natureza humana.

LIÇÃO DE VIDA DO DEE

Quando as pessoas veem 82 kg em 1,85 m (com salto) de couro e lamê prateado (outro traje matador), montado como um boneco da tribo Zuni da Trilogia do

Terror, de Karen Black, caindo sobre elas de uma altura de três metros... elas saem correndo do caminho!

O clube estava tão abarrotado naquela noite, que não era possível enfiar mais ninguém no lugar, mas, enquanto eu descia, a plateia de algum modo se dividiu como o Mar Vermelho. Juro pela minha vida que não sei para onde aquelas pessoas foram. Bati com força no chão e, quando me levantei, me vi cara a cara com meu agressor, parado na pose do grou saído direto do filme *Karate Kid*, pronto para golpear. Logo tratei de procurar meus reforços – os fortes fãs motociclistas – e eles estavam bem ali, abrindo uma área para a briga.

— Deem espaço para eles! Deem espaço para eles! — *Obrigado, rapazes.* Já mencionei que a banda ainda estava tocando? Em todos os meus anos de arranca-rabos com pessoas da plateia, devo destacar que em nenhum momento um dos integrantes da banda veio em meu auxílio. Roadies, sim. Banda, não. Não sei se eles sentiam medo, confusão ou simplesmente achavam que era problema meu, mas noite após noite eu tinha de encarar a confusão sozinho. Exceto pelo meu fiel reforço, nosso engenheiro de som, Charlie, "a Sexta Irmã" Barreca! Amo você por isso, Charlie.

Uma das coisas que eu tinha aprendido em meus anos de brigas em salões de bares foi: "Em caso de dúvida... futebol americano!". Para me afastar da distância de ataque daquele aspirante a Bruce Lee, disparei para cima do desgraçado, o agarrei pela cintura e comecei a empurrá-lo por entre a plateia. (Impressionante, com salto agulha!) Enquanto eu o empurrava para trás, meu camarada Charlie chegou por trás e o agarrou. Em questão de segundos, todos os leões de chácara do lugar caíram em cima do sujeito e ele foi arrastado para fora do clube.

Enquanto eu mancava por entre a plateia, voltava para o palco e subia –já conseguia sentir que havia alguma coisa gravemente errada com a minha perna – o outrora plácido clube entrou em erupção. *Era isso que precisa para arrancar uma reação deles?!* A plateia continuava a berrar quando uma garota na fileira da frente fez sinal para que me agachasse para que ela pudesse me dizer alguma coisa. Eu me inclinei para ouvir o que ela queria falar.

— Aquilo foi ensaiado?

Ugh!

No dia seguinte, eu mal conseguia andar. Tinha machucado o fêmur na queda e minha perna ficou do tamanho de uma melancia. Eu me arrastei por mais um punhado de músicas naquela noite, então tive de deixar o palco; estava sentindo muita dor. Tivemos que cancelar as três noites seguintes por causa do meu ferimento.

Assim que retornei, Jay Jay me informou que a banda tinha decidido contratar alguns guarda-costas. "Você não pode continuar cuidando da nossa segurança."

Você acha?

13
AQUELE OLHAR QUE DIZIA "FRACASSADO"

DURANTE A PRIMAVERA DE 1978, FIZ MINHA JOGADA.
Pedi a Suzette de dezessete anos em casamento.

Eu estava cansado de estar em clubes e apresentar a garota dos meus sonhos, a garota com quem eu pretendia passar o resto da minha vida, como "minha namorada". Todos os caras de todas as bandas apresentam todas as garotas com quem estão – mesmo que por apenas cinco minutos no reservado do banheiro – como suas "namoradas". Incluindo as aspas. Eu ficava puto da vida por não haver nenhuma distinção entre Suzette e uma tiete qualquer.

Eu planejava fazer o pedido havia algum tempo. O pai do Jay Jay, Lou, era um vendedor de joias e a namorada dele, Josephine, trabalhava no Diamond District de Manhattan, na Forty-Seventh Street. Ela me arrumou um bom negócio em um anel de noivado. Deixei um sinal para a reserva e paguei prestações ao longo das semanas seguintes. Eu mal consegui me conter depois de pegar o anel. No instante em que voltei para o apartamento, perguntei se Suzette queria ser minha esposa. Ela chorou (acho que de alegria) e disse sim. Nós dois sabíamos que não estávamos prontos para marcar uma data nem nada do tipo, e que não estaríamos tão cedo. Nosso noivado mostrava ao mundo nosso compromisso um com o outro e nossa intenção de ficar juntos para sempre.

Sem que eu soubesse na época, o pai de Suzette, Vinny, tinha descoberto que ela não estava morando no dormitório. A imbecil da colega de quarto de Suzette ficou bastante feliz em compartilhar essa informação quando ele ligou querendo falar com Suzette. *Vagabunda.* ("A Suzette não está aqui. Ela está morando com o namorado.") O pai dela ficou furioso (bastante compreensível). Sua filha de dezessete anos não só estava morando com um músico de agora vinte e três anos, como também Vinny estava pagando por um dormitório que não estava sendo usado. Eles não são baratos.

Devo mencionar que o pai de Suzette tinha sido outrora músico profissional. Líder e baterista do Vinny Garron Orchestra em sua juventude, o pai da minha esposa arrebentava. Ele desistiu de suas ambições quando se casou e "teve que fazer a coisa certa", o que é muito importante na comunidade ítalo-americana. Além de "saber" como os músicos eram, não consigo evitar pensar que havia um pouquinho de inveja. Eu estava correndo atrás do meu sonho e ele tinha desistido do dele.

Vinny Garron também odiava o rock porque ele "acabou com a indústria" e porque roqueiros não eram músicos de verdade, "não são capazes de ler partituras". Para piorar... eu era o "cantô"! Não poderia estar mais abaixo no totem dos caras-certos-para-minha-filha. O pai de Suzette queria mandá-la para Paris para terminar a faculdade e, assim, poder mantê-la longe de mim. Quando pedi Suzette em casamento, ela diz que respondeu sim para acabar com o plano de seu pai e poder terminar a faculdade em Nova York. Suzette afirma que na época ela não tinha nenhuma intenção de se casar comigo. Isso não é típico de uma adolescente?

Embora o amor cada vez maior entre mim e Suzette possa parecer romântico, não era um relacionamento fácil. Ela era uma jovem determinada e eu estava me transformando em um paspalho cada dia mais arrogante. Quanto mais minha banda se tornava popular e quanto mais reconhecimento eu recebia pelos meus talentos, mais autocentrado e egocêntrico ficava. E estava só me aquecendo. Estávamos em 1978. Só cheguei ao meu auge em 1985! Dá para imaginar? Posso ver agora que foi apenas meu relacionamento com Suzette e seus chiliques aparentemente irracionais que me mantiveram com os pés no chão de alguma forma. Eu estava avançando por um caminho sombrio e ele só piorava a passos largos.

TODOS OS ANOS A BANDA TIRAVA UMA OU DUAS SEMANAS

de férias depois do fim de semana do Dia do Trabalho[32], o grande final de um longo verão repleto de rock and roll. O fechamento tumultuoso do Hammerheads aconteceu em agosto, levando a intensidade violenta dos shows do Twisted Sister a um novo patamar. A banda estava preparada para uma pausa, e eu precisava de férias. A nossa primeira pausa em 1977 tinha sido relaxante, terapêutica e boa para a alma. A de 1978 nem tanto.

NO DIA 12 DE SETEMBRO, SUZETTE E EU ESTÁVAMOS

no meu carro, saindo da cidade em direção a Long Island para uma consulta dentária no final da tarde. Quando saí da Clearview Expressway e entrei na Grand Central Parkway sentido leste, um maníaco em uma picape me fechou e meteu os pés no freio! Também meti os pés no freio, cantando pneus até parar e por pouco evitando bater na traseira do veículo dele. Com isso, o idiota deu no pé. *Ah, não, nem pensar!*

Furioso, enfiei o pé no acelerador e saí atrás daquele bosta. Costurando pelo trânsito da hora do rush (com Suzette me repreendendo o tempo todo), alcancei o otário e encostei do lado dele. Eu lhe mostrei o dedo do meio e o "vai se foder, cuzão!" mais perverso que consegui pronunciar. Satisfeito, fui embora, só para ver aquele desgraçado sair em minha perseguição!

Quando encostou ao meu lado, ele não xingou nem mostrou o dedo do meio: ele tentou me jogar para fora da estrada! Desviei, evitando por

---

32 Comemorado em setembro, nos Estados Unidos. [N.T.]

pouco ser atingido e/ou bater em outro carro na estrada. A coisa não terminou por aí. Costurando pelo tráfego intenso, ele veio atrás de mim, tentando bater no meu carro. O tráfego na via expressa parou enquanto aquela briga de trânsito insana se desenrolava.

Por fim, a picape disparou na minha frente e deu uma guinada brusca na frente do meu carro, quase me jogando para fora de um viaduto. Quando meu carro parou, aquele maluco (lembre-se: sempre existe alguém mais durão do que você) pulou da picape e atacou meu carro. Antes que eu pudesse sair do carro, ele bloqueou minha porta (boa jogada, a propósito), enfiou a mão pela janela parcialmente aberta e começou a me puxar pelos cabelos através da abertura de 10 cm.

Bem, não quero insinuar que fui corajoso nem fodão, de jeito nenhum − eu estava morrendo de medo. Estou contando uma história admonitória aqui. A pessoa corajosa foi minha noiva de 1,60 m de altura e 50 kg. Ela saltou pelo lado do passageiro, deu a volta correndo pela traseira do carro e pulou nas costas do sujeito! Sufocando-o com um braço em volta do pescoço dele, ela começou a socar sua cabeça com a outra mão.

Que mulher!

Àquela altura, o lunático soltou uma das mãos do meu cabelo e começou a tentar bater em Suzette. Ao ver que ela estava em perigo, enfiei a mão embaixo do assento e peguei uma chave de roda que eu guardava ali para proteção. Enfiando a mão direita pela abertura da janela (eu ainda estava sendo puxado pela pequena abertura), comecei a bater no sujeito com a chave de roda. A coisa toda estava fora de controle!

Por fim, algumas pessoas saíram de seus carros e se aproximaram para separar a briga. Provavelmente porque essa era a única maneira que eles teriam de chegar em casa. Conseguiram tirar o agressor de cima de mim, mas ele se desvencilhou. Ele atacou o carro, com sangue escorrendo pelo rosto, e deixou uma grande mancha de sangue no meu para-brisa.

Quando a polícia chegou, nós dois fomos presos. Enquanto estávamos ali sentados, esperando para sermos fichados, eu lhe perguntei por que ele tinha ido atrás de mim para começo de conversa. Ele respondeu: "Você me fechou". *Eu o fechei?* Eu nem sabia que o tinha fechado! Em seguida ele acrescentou: "Você tem sorte que não peguei uma das minhas armas". O sujeito tinha um suporte cheio de armas na picape.

Nossos veículos foram confiscados, fomos levados para dentro e fichados. Ele por assédio – um pequeno delito – e eu por agressão com arma letal! O canalha tinha tentado matar Suzette e eu com sua picape, e porque eu tinha me defendido e causado nele um leve dano corporal estava sendo acusado de um crime! Para piorar as coisas, ele foi solto sob uma fiança que ele mesmo pagou, e visto que estava muito tarde para que eu fosse processado, tive que passar a noite na cadeia. Sabe, é bastante ruim quando suas ações o deixam para baixo e lhe causam dor e sofrimento, mas quando elas magoam pessoas inocentes, principalmente de quem você gosta, é ainda pior. Minha burrice, minha direção agressiva, tinha posto a garota que eu amava em perigo, e agora ela estava sozinha, tendo que lidar com as consequências dos meus atos.

Por ser um típico dia de final de verão, tínhamos saído do apartamento sem jaquetas. Enquanto estávamos na delegacia, uma frente fria chegou e começou a chover. Usando apenas uma camiseta branca manchada de sangue (que ficou transparente quando ficou molhada), a Suzette de dezessete anos foi levada para fora da delegacia, para a noite fria, em uma área perigosa da cidade. Ela não fazia ideia de onde estava em relação ao nosso apartamento e tinha de encontrar o caminho de casa com apenas alguns poucos dólares no bolso. Eram os anos 1970; não existiam telefones celulares nem cartões de caixa eletrônico. Até hoje me sinto um completo bosta por colocá-la em perigo e fazê-la passar por aquilo. Sinto muito, Suzette.

ENQUANTO ISSO, NA PRISÃO, QUANDO ME LEVARAM da área de detenção para passar a noite em uma das celas, já tinha perdido a refeição noturna. Já que eu não podia ser processado até o dia

NOSSOS
VEÍCULOS
FORAM
CONFISCADOS,
FOMOS LEVADOS
PARA DENTRO. E
FICHADOS. ELE
POR ASSÉDIO
- UM PEQUENO
DELITO - E EU
POR AGRESSÃO
COM ARMA
LETAL!

seguinte, eles sequer se deram o trabalho de permitir que eu fizesse meu telefonema de direito. Além de Suzette, ninguém mais sabia onde eu estava, e ela não sabia que tinham me levado para outro lugar.

As celas da prisão eram tudo, menos luxuosas. Tinham uma privada comunitária no meio e "bancos" de metal sem nenhum tipo de roupa de cama sobre a qual sentar ou deitar. Eu estava com frio, com fome, com medo e confuso. *Como eu vim parar aqui?* Deixei a ira me dominar, me deixei levar pela minha direção agressiva e acabei encontrando um adversário à altura. Agora estava enfrentando acusações de crime, puníveis por anos de prisão! Confie em mim, não importa que você se convença de que não tem antecedentes criminais (exceto por algumas prisões por dirigir com a carteira suspensa) e de que não haja nenhuma maneira de eles *de fato* te prenderem, sua mente mexe com você. Enquanto você fica lá sentado na cela durante a noite, esperando para encarar o juiz, fica se cagando todo. Eu pensava em como diabos tinha chegado àquele ponto, examinando toda a minha existência.

No meio da noite, os carcereiros vieram e nos tiraram da cela, acorrentaram nossas pernas juntas e nos enfiaram em um camburão sem janelas. Não fazia ideia de para onde estavam me levando. Como Suzette ou qualquer outra pessoa saberiam onde eu estava? A realidade de como as autoridades podem "extraviar" você com tanta facilidade, se elas quiserem, me atingiu e foi aterrorizante.

Quando a manhã finalmente chegou, fomos transportados pela quarta vez para outro lugar, levados para sermos processados. Meus colegas de cela e eu não recebemos sequer um copo d'água a noite inteira. Quando me postei diante do juiz, meu agressor também estava lá (aposto que ele teve uma bela noite de sono em sua casa). Ouvi os defensores públicos dizendo algo sobre eu não ter antecedentes e visto que um processo era improvável, meu agressor concordou em retirar as acusações contra mim se eu retirasse as acusações contra ele. *O quê?* Embora eu tivesse todas as justificativas para ter feito o que fiz e que aquele monte de bosta tivesse causado toda aquela maldita situação, agarrei a chance de dar o fora daquele lugar e recuperar minha vida. Aleluia!

Quando fui liberado e descobri onde diabos eu estava, fui até um telefone público e liguei para Eddie Ojeda, que era quem morava mais perto dali. Quando chegou, Eddie me contou que eu tinha aquela expressão única de pessoas que acabaram de passar um tempo na cadeia. Sem saber que Eddie tinha ido buscar um número suficiente de pessoas na cadeia para saber que nós compartilhávamos "uma expressão", perguntei a ele que expressão era essa.

— Um misto de choque, descrença e humilhação — respondeu Eddie.

Era praticamente isso mesmo.

Ao longo dos anos, passei a me lembrar daquela noite como um momento decisivo para mim. Fiquei cara a cara com o caminho aterrorizante pelo qual minha vida estava seguindo. Até cheguei a escrever uma música, "Burn in Hell", anos depois, que relata minha experiência de autodescoberta.

> *You can't believe all the things I've done wrong in my life.*
> *Without even trying I've lived on the edge of a knife.*
> *Well, I've played with fire,*
> *I don't want to get myself burned*
> *To thine own self be true*
> *So, I think that it's time for a turn*
> *Before I burn in hell!*
> *Oh, burn in hell![33]*

O mais estranho é que levei quase dois anos para passar por uma verdadeira mudança. Ao escrever este livro, precisei montar uma linha

---

33 Você não vai acreditar em todas as coisas que fiz de errado na vida / Sem nem mesmo tentar vivi na corda bamba / Bem, brinquei com fogo / Não quero me queimar / Sê fiel a ti mesmo / Então, acho que está na hora de uma mudança / Antes que eu queime no inferno! / Oh, queime no inferno! [N.T.]

do tempo como referência. Descobri que, embora minha experiência com aquela briga de trânsito tenha de fato me deixado morrendo de medo, ela não foi suficiente para me fazer entrar nos eixos. Que idiota eu era.

14
SOU APENAS UM DOCE TRAVESTI

SOUBE DO THE ROCKY HORROR SHOW DESDE SUA breve temporada na Broadway em 1975. Pelo que tinha ouvido, o espetáculo era uma conexão direta entre o glitter rock e a nostalgia dos anos 1950, que estava em alta naquela época, mas a temporada acabou, e foi só isso... por algum tempo.

Um malfadado lançamento em filme se seguiu e, de novo, não o vi e sequer ouvi muita coisa a respeito dele.

Corte para o outono de 1977 e, vivendo em Manhattan, começamos a ouvir rumores sobre exibições à meia-noite do filme *The Rocky Horror Picture Show*, no Waverly Theater, na Sixth Avenue, em Greenwich Village. Quando a banda finalmente teve uma noite de folga que coincidia com uma dessas exibições, Jay Jay, Suzette e eu fomos ao cinema. Nós nos juntamos às sete outras pessoas presentes, para uma incrível experiência musical e visual – sem a participação de uma plateia. Nossa vida coletiva mudou para sempre.

Nossas maquiagens, roupas e músicas não demoraram a ser influenciadas pelo *Rocky Horror*. "Sweet Tranvestite", primeiro como introdução, depois como uma música de fato, foi acrescida ao nosso repertório, assim como "Time Warp". Pela primeira vez, o Twisted Sister tinha se transformado em quem dita a moda, visto que compartilhamos nosso amor pelo RHPS com todos nossos fãs. *The Rocky Horror Picture*

Show foi, sem dúvida, um dos primeiros desencadeadores da febre do hair metal que estava por vir.

O Twisted Sister estava tão conectado ao crescimento fenomenal da popularidade do RHPS que fomos convidados a nos apresentar na primeira convenção do *Rocky Horror Picture Show*, realizada no Calderone Concert Hall, em Hempstead, Long Island, no dia 20 de fevereiro de 1978[34].

Ainda consigo ver as expressões aturdidas no rosto de Richard O'Brien (roteirista/Riff Raff), Patricia Quinn (Magenta) e Nell Campbell (Lil' Nell) enquanto eles adentravam, inadvertidamente, no fanatismo que rodeava o RHPS.

Impagável.

A apresentação do Twisted Sister na convenção do *Rocky Horror* nos levou a dar outro passo importante em nossa carreira. Sabíamos que éramos responsáveis por colocar muitas daquelas bundas nos assentos do auditório naquela noite. Procurando levar as coisas ao próximo patamar, começamos a pensar: *por que não realizar nosso próprio festival?*

ARMADOS COM UM MONTE DE MÚSICAS ORIGINAIS e uma enorme (e crescente) base de fãs, nos encarregamos de fazer o que nenhuma banda de clubes sem um contrato com uma gravadora em nossa área tinha feito antes: organizar um festival completo. Portanto, com nosso próprio dinheiro, alugamos o Calderone Concert Hall e no dia 28 de outubro de 1978 mandamos ver... mas não sem alguns percalços.

O estresse de gerenciar os assuntos do dia a dia do Twisted Sister, tocar em clubes todas as noites e organizar nosso primeiríssimo festival

---

34 Você pode ver o nome do Twisted Sister na marquise do Calderone para a convenção no DVD bônus do *History of the Rocky Horror Show.*

deixou Jay Jay bastante desgastado. Muitos assuntos precisavam ser resolvidos para um show como aquele. Tenha em mente que tudo o que teve de ser resolvido e organizado para aquele único espetáculo eram as mesmas coisas que qualquer banda nacional tinha de fazer *para uma turnê inteira.* Foi uma façanha impressionante para o grupo, mas ainda que a maior parte dos elementos criativos fosse predominantemente minha, *todos* os elementos empresariais e financeiros recaíram sobre os ombros de Jay.

Na noite do show, exageramos em muitos níveis. Tivemos um comediante e uma banda de abertura conosco na escalação e – sem ter uma ideia verdadeira do que deveria ou não entrar no repertório de um festival – levamos tudo e mais um pouco. Todas as músicas originais que tínhamos, mais um punhado de covers que eram nossa marca registrada foram incluídos. Me lembro de estar na metade do show e sentir uma pontada no lado do corpo, o tipo de coisa que você às vezes sente quando está correndo. Eu não entendia. Por que estava ficando sem ar? Está certo que o palco era maior, mas eu pulava por todo o lado durante horas a cada noite. No âmbito aeróbico, eu estava em excelente forma.

Quando deixamos o palco, fomos informados de que estivéramos lá em cima por quase três horas! Não era nenhuma surpresa eu ter sentido uma pontada.

Nossa primeira apresentação em um anfiteatro foi um sucesso sem precedentes. Os ingressos esgotaram com bastante antecedência e elevou os shows do Twisted Sister a um novo patamar. O evento no Calderone Concert Hall subiu ainda mais nosso status na comunidade dos clubes. Agora éramos o Twisted Sister, a "atração de festivais". Infelizmente, a provação se mostrou ser demais para Jay Jay, e ele anunciou, compreensivelmente, que estava deixando o cargo de empresário da banda. Se fôssemos levar as coisas a outro patamar, precisaríamos de um empresário cujo único propósito fosse nos levar ao topo.

Em um golpe de sorte, Mark Puma, o promotor do nosso show no Calderone, estava pensando em entrar para o ramo de gestão de bandas.

Ele ficou bastante impressionado com aquele grupo local que – completamente por conta própria – agendou, promoveu, esgotou os ingressos do auditório e, então, levou o lugar abaixo. O empresário iniciante tinha encontrado sua banda novata.

A visão em retrospecto sendo sempre perfeita, agora enxergo a tolice dessa união. Ter um empresário que estava aprendendo o ofício enquanto nos empresariava não foi nossa melhor jogada em nossa carreira. Mas ficamos impressionados por ele ser um importante promotor de shows do nordeste (tínhamos ido a uma tonelada de seus shows) e pelo seu escritório e pela sua equipe. Mark Puma parecia ser a combinação perfeita, portanto assinamos com ele.

15
VOCÊ VAI QUEIMAR NO INFERNO

O FIM DE 1978 TROUXE OUTRA GRANDE MUDANÇA PARA nossa banda. O baixista Kenny Neil, um dos fundadores da banda, decidiu sair. A dedicação de Kenny à sua sobriedade e sua "amizade íntima com Bill W[35]" (Alcoólicos Anônimos) o estavam transformando em uma pessoa cada vez mais religiosa. Em algum momento durante o ano, Kenny oficialmente se converteu e estava começando a ter dúvidas sobre ser cristão devoto *e* integrante do Twisted Sister.

No outono daquele ano, diversos membros da congregação de Kenny foram ver um show do Twisted Sister no Zaffy's, em Nova Jersey, para lhe providenciar uma resposta à sua pergunta. Eles entraram em fila no salão, parecendo bastante como um júri, e ficaram sentados impassíveis enquanto fazíamos o que fazíamos, da única maneira que fazíamos. Depois do show, deram a Kenny seu veredicto. Acreditavam que o diabo estava agindo por meio de algumas das minhas músicas originais e dos gracejos de Jay Jay em cima do palco. Tenho certeza de que minha relutância em dar a outra face também não ajudou. O mais estranho é que não houve nenhuma menção ao fato de usarmos roupas femininas ou maquiagem. Que cristãos eles. Kenny nos disse no ato que sairia da banda assim que encontrássemos um substituto adequado.

---

35 William Griffith Wilson, também conhecido como Bill W., foi cofundador dos Alcoólicos Anônimos. [N.T.]

Kenny Neil é um grande sujeito, e compreendíamos e respeitávamos o que ele estava passando, então, além de lamentarmos sua saída, aceitamos sua decisão como algo que ele simplesmente tinha de fazer.

Curiosamente, eu estava enfrentando em silêncio minhas próprias dúvidas em relação ao cristianismo naquela época. Nasci e fui criado como cristão e frequentei uma igreja episcopal todos os domingos – e cantei no coral – até os dezenove anos. Tinha perdido minha fé aos dezenove? Não. Entrei para uma banda de rock bastante ativa (Peacock) e só chegava em casa depois dos clubes e bares por volta das 6h da manhã dos domingos. Eu não estava *tão* empenhado assim em ir à igreja.

Conheci dois dos meus melhores amigos, os irmãos gêmeos Willy e David Hauser, na igreja. Eles foram meus cúmplices ao longo da minha adolescência. Depois de perderem o pai quando eram muito novos, eles se tornaram homens de negócios bem-sucedidos – ainda que implacáveis. Aos dezessete anos, eles tinham criado o maior negócio de paisagismo do estado de Nova York; aos dezenove, tinham comprado uma grande creche (sua segunda). Solícitos e solidários (me oferecendo com frequência empregos de que eu muito precisava) ao longo da minha juventude, Willy e David eram grandes amigos. Em algum momento por volta do final dos anos 1970, os irmãos Hauser se converteram. Sendo os batalhadores que eram, atacaram seu recém-redescoberto cristianismo como se a vida deles dependessem disso. Tentaram salvar de maneira bastante agressiva basicamente todas as pessoas que eles achavam precisar de salvação, ao ponto de destruir o negócio bem-sucedido que eles tinham dado tão duro para construir. Quer dizer, se você entra para comprar um pouco de sementes de grama e uma placa enorme acima da porta diz O ARMAGEDOM ESTÁ CHEGANDO! (isso é verdade), talvez você diga: "Ah, para o inferno com isso" (trocadilho proposital), e deixa de fazer sua compra. Nada bom para os negócios.

Os irmãos Hauser caíram em cima de mim de maneira implacável, tentando salvar minha alma rock and roll. Eram vendedores muito bons e, embora eu não caísse naquela retórica toda de "o fim está próximo" (o arrebatamento supostamente estaria para acontecer em 1984), eles plantaram uma semente de dúvida em mim. E se estivessem certos e eu não fosse um dos escolhidos e salvos? A possibilidade de ficar preso em um mundo pós-apocalíptico começou a me assombrar. E se eu estivesse a horas de distância de Suzette em algum clube quando o fim chegasse? Visto que eu sempre usava botas com plataforma de 12 cm naqueles dias – não os melhores sapatos para caminhar e percorrer o mundo em ruínas que as profecias prediziam –, comecei a levar um par de tênis de corrida na minha mala junto com as roupas de palco, apenas para o caso de os gêmeos estarem certos. Eu estava preparado para correr de volta para onde quer que Suzette pudesse estar quando o fim chegasse.

A estrela da banda estava em uma ascensão meteórica. Sabíamos que a decisão de Kenny de sair da banda não devia ter sido fácil para ele, mas a questão de quem substituiria Kenny não foi nem um pouco difícil de resolver. Mark "the Animal" Mendoza, outrora da influente banda punk Dictators, era nosso roadie de baixo na época e a primeira e única escolha para ocupar os sapatos de plataforma de Kenny.

Como disse, nossos caminhos já tinham se cruzado antes, mas Mark e eu nos tornamos amigos quando ele ia aos clubes ver o Twisted durante as pausas nas turnês do Dictators.

O Dictators tinha um contrato com uma gravadora grande e eles fizeram turnês com bandas como Kiss, Blue Öyster Cult e muitas outras atrações de arenas da época. O Dictators estava onde o Twisted Sister queria muito estar. Ser a banda escolhida por Mark quando ele estava em casa era muito importante para nós.

Quando Mark saiu do Dictators, estávamos por coincidência procurando um técnico de baixo/roadie. Ao ficar sabendo sobre a vaga de emprego, Mark nos abordou e disse: "Se não posso tocar em um grupo, prefiro ser um roadie para uma banda a ter um trabalho normal". Agora essa é uma atitude rock and roll! Ele era muito qualificado para o trabalho, era amigo da banda e tinha o maior respeito por Kenny. Mark foi logo contratado e foi um acréscimo excelente – ainda que qualificado demais – para nossa equipe.

Depois de meses trabalhando junto ao palco e assistindo à banda e ao Kenny todas as noites, a transição de Mark para integrante da banda foi bastante tranquila. Enquanto ensaiávamos as músicas com Mark, Suzette fazia milagres para transformar um motociclista barbado do Dictators em um integrante barbeado do Twisted Sister.

Kenny saiu em dezembro de 1978, e Mark entrou sem perder tempo. Em Mark, encontrei um igual, em termos de idade (ele é um ano mais novo que eu) e de origem (ele também tinha crescido nos subúrbios de Long Island), e um irmão em meu amor pelo heavy metal. Parafraseando *Como o Grinch Roubou o Natal*: "E o que aconteceu depois? Bem, é dito no Twisted Sister que, quando Mark 'the Animal' Mendoza entrou, o coração heavy metal da banda aumentou dez vezes em tamanho naquele dia".

E adorei isso!

Com Mark Mendoza na banda e nossa carruagem atrelada ao (o que pensávamos ser) formidável "cavalo" de Mark Puma, um plano de jogo começou a se formar. Agora só tínhamos que nos concentrar no ataque às gravadoras.

EU MENCIONEI QUE ESTAVA ME TRANSFORMANDO EM um monstro? Ah, sim, estava. Minha hostilidade em relação ao mundo estava crescendo a uma velocidade astronômica. Meu novo amigo, o guarda-costas da banda e colega de quarto meu e de Suzette (ano três na cidade de Nova York), Roger, e eu estávamos empurrando um ao outro para lugares muito mais sombrios. Eu tinha conhecido Roger depois de uma batalha estilo gangue extremamente violenta em um clube onde o Twisted Sister estava tocando, e nos alimentávamos com as piores qualidades (e senso de humor) um do outro. Uma vida inteira de indignidades (tenho que admitir que algumas delas imaginadas) por mim suprimidas estava vindo à tona a cada dia que passava. Eu usava a crescente popularidade da banda para disparar diatribes cheias de veneno todas as noites no palco, direcionadas ao ilusório "eles". "Eles" poderiam ser pais, professores, adultos, políticos, policiais, bunda-moles de discotecas, garotas metidas ou qualquer pessoa no clube que não estivesse participando, ou quem eu percebia que tinha uma "atitude". Sem me dar conta, estava criando um clássico cenário "nós contra eles", com os roqueiros posicionados como os desfavorecidos protestando contra seus opressores. Isso funcionava muito bem. Eu apenas gostaria de poder afirmar que sabia o que estava fazendo. Por outro lado, é provável que tenha sido a autenticidade das minhas hostilidades que convencia o público. Eu era um pesadelo perverso cuspidor de profanidades com um ódio crescente que estava afetando minha visão do mundo. E a plateia adorava! Eu estava me transformando no campeão das pessoas (antes do Rock!).

Minha raiva não se limitava ao palco. No escritório do nosso empresário, eu obrigava a secretária a manter uma lista sempre crescente de pessoas e organizações das quais eu me vingaria ("Karen, coloque fulano na lista!"), e eu tinha um ditado para acompanhar meu fanatismo: VEUV – "vingança é uma vadia" (bem diferente do AMP, tenho que admitir). Até mandei fazer camisetas estampadas com VEUV. Eu era maluco. Usando minha raiva e meu ódio como motivação, enfiei minhas presas na tarefa em mãos: dominação mundial.

O plano grandioso do Twisted Sister era "limpar" e criar um pacote apropriado para nossa fita demo atual, em seguida fazer um show especial para toda as gravadoras de uma vez só. Como? Agendando nós mesmos um show e vendendo todos os três mil ingressos do prestigioso New York Palladium, um feito sem precedentes para uma banda sem gravadora. Sabíamos que nossos fãs ensandecidos lotariam o lugar.

Os ingressos para o nosso show no dia 16 de março de 1979 esgotaram em menos de um dia. Para termos certeza de que as gravadoras não perderiam nosso feito incrível, colocamos um anúncio de página inteira na principal revista das paradas de sucesso da indústria musical, a *Billboard*. Todas as gravadoras escalaram seus melhores funcionários para estarem no show com bastante antecedência. Como poderiam não fazer isso? O Twisted Sister estava fazendo o impossível, e com certeza éramos o próximo grande sucesso.

Como nunca fomos do tipo que dá as coisas por certas, decidimos mergulhar de cabeça. Novas roupas para todos (incluindo diversas trocas de roupas para mim), uma iluminação teatral completa com um palco para acompanhar. Usando milhares de dólares que não tínhamos usado como salário (exceto pelo Eddie), financiamos tudo por conta própria, incluindo dois letreiros enormes que diziam DISCO e SUCKS [Discoteca é um Lixo], feitos para deixar claro nosso grito de batalha atual.

No final dos anos 1970, a discoteca era rainha, e o Twisted Sister sempre encarou a missão de destruí-la. Desde quebrar discos de música de discoteca com uma marreta no palco (com frequência abrindo buracos no chão) a queimar pôsteres dos Bee Gees e do *Embalos de Sábado à Noite*, enforcar e eletrocutar efígies de diversas estrelas da discoteca, nós, os "Rock 'n' Roll Saviors"[36] (uma das nossas melhores músicas daquela época), estávamos espalhando a palavra: a discoteca estava morta! Vida longa ao rock! Ainda que aquele lance de enforcamento tenha nos deixado encrencados certa noite.

Embora a maioria dos nossos shows fosse em áreas suburbanas, também tocávamos em algumas áreas rurais. Havia um clube no norte do estado de Nova York onde os roqueiros locais nos adoravam. Costumávamos lotar o lugar. Certa noite, depois de um set intenso detonando a discoteca, a reação do público foi particularmente muito acima do normal. Tínhamos acabado de enforcar a efígie do especialista em discoteca Barry White, depois jogamos "o corpo dele" para

---

36 Os Salvadores do Rock and Roll, em português. [N.T.]

a plateia. O público deixou o boneco em pedacinhos e eles ficaram absolutamente ensandecidos.

No fim da noite, estávamos conversando com o dono do clube sobre a reação entusiasmada do público, e ele disse de maneira bastante casual: "Não dá pra errar quando se enforca um preto". *Quê?!* Idiotas que éramos, nunca nos demos conta de que isso poderia ser interpretado de outra maneira. Logo explicamos que enforcar a efígie de Barry White era puramente simbólico, refletindo nossa opinião sobre a música disco como uma forma de arte. Certamente não éramos racistas. Tínhamos um guitarrista porto-riquenho na banda e um dos antigos bateristas era afro-americano.[37]

— Vocês enforcaram um preto — reiterou o dono do clube. — O pessoal por aqui adora isso.

Desnecessário dizer que essa foi a última noite que fizemos aquilo.

ORGANIZAR UM FESTIVAL COMO AQUELE NO PALLADIUM

exigia o mesmo grau de esforço que uma atração importante empregaria para estruturar uma turnê inteira – e envolveria todas as despesas também. Ensaiamos sem parar com a banda e a equipe, repassando a produção inteira em um enorme estúdio. Aquela era nossa chance e não poderíamos deixar nada ao acaso.

Na noite anterior ao show, alugamos o teatro Palladium – uma tremenda despesa – para fazer um ensaio geral no próprio palco onde iríamos fincar nossa bandeira. O Twisted Sister agarrou a oportunidade. Mas, naquela noite, no ensaio, o inesperado aconteceu. Eddie Ojeda sofreu uma convulsão tônico-clônica no palco.

---

37 Anos mais tarde, o Twisted Sister proibiu o lançador secundário do Atlanta Braves, John Rocker, de usar "I Wanna Rock" como sua introdução depois que uma fala racista sua particularmente contundente foi publicada na *Sports Illustrated*.

De súbito, no intervalo entre as músicas, Eddie despencou no chão e começou a convulsionar violentamente. Inconsciente, ele foi levado às pressas ao hospital, e dessa maneira – apesar de ainda não sabermos – o trem desgovernado que era nossa carreira tinha descarrilado completamente.

Eddie se recuperou com uma velocidade surpreendente, e remarcamos nosso show para o dia 6 de abril. Tudo parecia bastante simples. Quem dera. O que não nos demos conta foi de que as agendas dos melhores executivos da indústria musical são planejadas com bastante antecedência. Por causa disso, cada pessoa importante que estaria presente no dia 26 de março *não poderia* estar lá três semanas depois, portanto enviaram seus subalternos, alguns tão insignificantes (para nossa carreira) como suas secretárias.

A segunda situação que aconteceu, que praticamente ninguém (exceto, talvez, Nostradamus) poderia ter previsto, foi que *a cena musical tinha mudado*. Nas três curtas semanas entre o colapso de Eddie e nosso show remarcado, a "new wave" minimalista tinha chegado, e ninguém queria saber de uma banda grandiosa, exagerada, de heavy metal com uma grande produção.

NO DIA 6 DE ABRIL, O SHOW REMARCADO ACONTECEU sem nenhum empecilho. O lugar estava lotado, a resposta dos fãs foi inacreditável... *e as gravadoras não deram a mínima.* Apenas uma ficou interessada, mas eles precisavam de uma segunda apresentação – uma formalidade, eles nos asseguraram – para fechar o negócio.

Embora estivéssemos um pouco abalados pela resposta limitada das gravadoras, sabíamos que era necessário que apenas uma dissesse sim, e a Epic Records era uma gravadora grande. O presidente de lá queria ver uma apresentação nossa, mas havia um detalhe: tínhamos que organizar a produção completa às 11h da manhã para ele. *Você está de sacanagem comigo?*

Não era apenas a questão do horário (eu não levantava antes do meio da tarde), mas os gastos de replicar esse "show especial" seriam astronômicos. A banda ainda estava se recuperando das despesas do cancelamento do Eddie. A Epic Records nos assegurou de que seríamos reembolsados e, de novo, que aquilo era apenas uma formalidade, e seríamos contratados.

Odiei a ideia de fazer isso – era um insulto pedir que nos apresentássemos daquele jeito –, mas, quando o dia chegou, depois de apenas poucas horas de sono, levantei às 6h da manhã, para estar preparado para detonar na hora do show. Demoro duas horas para me preparar para qualquer apresentação, por isso às 9h eu estava nos estúdios SIR, aplicando minha maquiagem e aquecendo a voz. Às 11h, estávamos vestidos e esperando que a Epic Records nos agraciasse com sua presença.

Às 11h30, o bunda-mole entrou com duas outras pessoas e, sem dizer nada, sentou-se *em um sofá* que estava no meio do salão, diante do palco. Mergulhamos em nosso show e tocamos nosso repertório completo de noventa minutos, incluindo números com a participação da plateia – dos quais eles não participaram – como uma "formalidade" para sermos contratados pela Epic Records; *o negócio estava fechado.*

Quando terminamos o show, o presidente da Epic Records e seus comparsas saíram sem dizer *uma palavra sequer* para a banda. Eu quis acabar com aquele bosta – verbal e fisicamente.

VOCÊ NUNCA VAI ADIVINHAR O QUE ACONTECEU EM seguida. Isso mesmo. A Epic Records dispensou a banda, dizendo que éramos "dinossauros" e que ninguém mais estava interessado em "rock de arena". Eles não nos reembolsaram pelas despesas daquele show particular. Desnecessário dizer que o presidente da Epic foi acrescentado à minha lista VEUV. *Aquele otário.*

É claro que, conforme a banda seguia em frente depois de nosso fracasso "Épico", nos convencemos de que sermos rejeitados por todas as gravadoras do país era um mero obstáculo na nossa estrada para o estrelato. O mercado tinha mudado por completo, e as pessoas de dentro da indústria diziam que não havia nenhum interesse em absoluto por uma banda como a nossa. *Ah é?* Experimente dizer isso aos *milhares e milhares* de fãs de rock que iam assistir ao Twisted Sister nos clubes *todas as semanas*. O Twisted Sister não era apenas uma banda *grande* na cena da região dos três estados, éramos *a* banda da cena da região dos três estados. Nossa façanha no Palladium naquela noite lançou nosso status na cena local para a estratosfera. Tocar para milhares de pessoas a cada semana afetou os gostos musicais de uma geração de fãs de rock da região e a música que gerações futuras *em todo o mundo* ouviriam. Como posso dizer algo tão maluco assim? Continue lendo.

O Twisted Sister estava definindo a cena musical local e estabelecendo o padrão pelo qual outras bandas estavam sendo julgadas. Os clubes tinham sido construídos para acomodar nosso público e nossas necessidades de palco, e os músicos jovens que seriam o futuro do rock se juntavam para estudar tudo o que fazíamos. Em nossa plateia, ou em bandas que abriam para nós em algumas noites, estavam membros do Bon Jovi, Cinderella, da banda do Billy Idol (Steve Stevens), Kix, Poison, Anthrax, Overkill, entre outras. Até mesmo o Metallica original – na época completamente desconhecido – abriu para o Twisted Sister em um dos primeiros shows deles na Costa Leste, diante de quase quatro mil pessoas[38].

O Twisted Sister estava definindo o que a se tornaria o hair metal, thrash metal e a vindoura nova onda do heavy metal nos Estados Unidos. Até mesmo as bandas punk encontraram inspiração no que estávamos fazendo. Durante muitos anos, o Green Day tocou "We're Not Gonna Take It" em seus shows.

---

38 Não me lembro deles abrindo para nós nem de vê-los naquela noite, visto que eu sempre estava nos bastidores me preparando para nosso show. Quando fizemos uma turnê juntos alguns anos mais tarde, eles me contaram sobre esse show de abertura. Alguém chegou a me mandar o anúncio do jornal local alguns anos atrás. *Incrível.*

Isso explica como algumas percepções das pessoas sobre minha banda são desconexas. Se você viveu e cresceu no nordeste norte-americano (ou na Europa Ocidental), estava ciente do efeito e da importância do Twisted Sister. Se você fosse do resto do país (e do mundo), sua percepção começava e terminava basicamente com dois de nossos discos de maior sucesso, e tendemos a ser desconsiderados como uma banda de um sucesso só ou como fogo de palha.

Com rejeições chegando quase todos os dias vindas dos intocáveis executivos das gravadoras sentados nos arranha-céus das cidades grandes, a resposta visceral de milhares de fãs de rock ensandecidos a cada noite nos dizia para permanecermos no caminho. Ou seja, quem sabia mais o que os compradores de discos queriam ouvir: pessoas de terno na cidade ou a garotada que de fato comprava as malditas coisas?! Éramos lembrados todos os dias que o público que comprava discos estava morrendo de vontade de ouvir músicas gravadas pelo Twisted Sister.

Em julho daquele verão, o Twisted Sister foi convidado para tocar em uma série de shows semanais em um parque de diversões de Long Island. Todas as terças à noite, uma banda local era contratada para fazer um show gratuito em um estacionamento enorme atrás do Adventureland em Farmingdale. A cada semana, a média de pessoas presentes era trezentas ou quatrocentas, mas fomos informados que uma das bandas (acho que o Good Rats) atraiu por volta de oitocentas. O Twisted sabia que poderia trazer muito mais do que isso, e nós mergulhamos de cabeça (como sempre) para fazer daquele *o* show do verão. Até chegamos a contratar um avião para puxar uma faixa acima da praia, no fim de semana anterior, para ajudar a fazer a divulgação.

Na noite anterior ao show no Adventureland, o Twisted Sister foi convidado para uma festa de despedida de um amigo em comum da banda, Barry Ambrosio. Barry era um músico local bastante querido que foi preso e cumpriu pena por posse de cocaína. Um clube local foi reservado para acomodar todos os amigos de Barry e duas notáveis estrelas do rock também estavam lá: Billy Joel e Ritchie Blackmore, do Deep Purple e do Rainbow.

Conhecer esses dois músicos incrivelmente bem-sucedidos foi uma revelação para mim. Enquanto Blackmore era esquisito, esquivo e desagradável, Joel era exatamente o oposto. Acolhedor e autodepreciativo, quase sem nenhum ego, apesar de seu status de platina múltipla, Billy fez de tudo para mostrar o quão agradável e pé no chão uma estrela pode ser. Quando as pessoas falavam sobre Ritchie, era com repulsa e aversão. Sobre Billy, eram apenas elogios e admiração.

Depois da festa naquela noite, repassei as experiências que tinha tido com ambos os dignitários do rock. Comecei a me perguntar como *eu* parecia para as pessoas e o que elas diziam a meu respeito depois que eu ia embora. Em meu coração, sabia a resposta: era muito mais um Ritchie Blackmore do que um Billy Joel. Jurei que mudaria, prometendo a mim mesmo que seria mais parecido com Billy. Mantive essa promessa, mas demorei alguns anos para colocá-la em pleno vigor.

DEPOIS DE CHEGARMOS A UM NOVO PATAMAR DE sucesso e estrelato, a banda decidiu que precisava contratar um "gerente de turnês". Ele lidaria com muitas das coisas que estavam começando a sobrecarregar o Jay Jay. Por melhor que ele fosse em cuidar dos negócios da banda relativos aos clubes, em primeiro lugar ele era nosso guitarrista e precisava concentrar suas atenções nisso, não lidando com donos de clubes e das minúcias dos shows do Twisted.

Um amigo de longa data da banda, Joe "Atlantis" Gerber[39], foi convocado para cuidar do trabalho. Ele não tinha nenhuma experiência, mas era inteligente, confiável, um bom amigo e estava tentando sair do negócio de áudio e entrar no mundo do rock. E como entrou.

O show no Adventureland foi o primeiro dia de trabalho do Joe. Foi um pouco diferente do típico espetáculo em um clube, mas bastante direto em se tratando de shows. A equipe faz a montagem, a banda chega para a passagem de som, se prepara para o show e se apresenta. Depois disso, a equipe faz a desmontagem, a banda vai para casa e o gerente de turnê acerta a conta (recebe o dinheiro) com os contratantes. Não é nada muito complicado.

Depois da passagem de som naquela noite, segui para o trailer fornecido como camarim atrás do palco e comecei a me preparar. Por volta de uma hora antes do início do show, Joe Gerber entrou no trailer, branco feito um fantasma. Continuando a aplicar minha maquiagem de palco, e sem dar importância à sua condição – era o primeiro dia dele –, perguntei:

— Como estão as coisas lá fora, Joe? — Visto que eu nunca saía do camarim, sempre queria saber como estava a plateia.

— Você não sabe?

— Fiquei aqui dentro desde a passagem de som. Por quê? — Minha curiosidade tinha sido atiçada.

---

39 Deste ponto em diante, o nome de Joe Gerber passará a aparecer com frequência. Com tanta frequência, na verdade, que meus editores decidiram que não havia necessidade de voltar a apresentá-lo todas as vezes que for mencionado. Melhor assim, dados os inúmeros títulos que ele teve. Joe começou como nosso gerente de turnês (em essência trabalhando como nosso empresário no dia a dia). Ele, no fim das contas, ganhou status de coempresário. Em diversos momentos ao longo do caminho, Joe também serviu de agente de turnê, agente de palco, agente de produção, engenheiro de som, projetista de iluminação/operador da mesa de iluminação, representante, gerente de segurança, contato/supervisor de vídeo, gerente executivo de turnê, agente de viagem, motorista de caminhão, motorista de ônibus, presidente/representante de campo/distribuidor de gravadora independente, vendedor de merchandising, fiscal, guarda-livros, leão de chácara, fiador de fianças, *consigliere*, confidente, padre confessor e bode expiatório designado. Deu para ter uma ideia. O que quer que precisasse ser feito, ele fazia. *Ele* é meu querido amigo e fará um excelente papel coadjuvante de algum ator na adaptação para o cinema deste livro.

— Dê uma olhada você mesmo.

Eu me levantei do assento diante do espelho e espiei pela janela na porta do trailer.

Agora entendia por que Joe estava tão pálido! Um mar de pessoas esperava o Twisted Sister subir ao palco. O estacionamento estava tão abarrotado de fãs, que eles tinham subido nos telhados dos armazéns vizinhos para poder ver melhor a banda.

O jornal de Long Island, *Newsday*, relatou no dia seguinte que o público em nosso show no Adventureland foi de mais de vinte e três mil pessoas! *Isso para uma banda local sem contrato com nenhuma gravadora!* Importante destacar que o Kiss estava tocando para dois terços da capacidade do Madison Square Garden naquela noite. Só posso imaginar quantas pessoas estariam em nosso show se o Kiss não estivesse tocando.

A enorme multidão causou todas as espécies de problemas. Não havia nem de perto a quantidade de vagas de estacionamento necessárias (principalmente porque o enorme estacionamento dos fundos estava sendo usado para o espetáculo), e as pessoas estavam abandonando seus carros a quilômetros de distância para ver o show. A segurança para o evento lamentavelmente tinha pouco pessoal e, como resultado, muitos danos foram causados pelos fãs ensandecidos, apinhados e sem supervisão, e o Twisted Sister recebeu toda a culpa. Fomos banidos de todos os shows ao ar livre no nordeste durante anos por causa dos problemas com a multidão naquela noite.

O show foi um sucesso inacreditável e apenas somou ao crescente status lendário da banda. Ninguém era capaz de competir com o Twisted Sister – ao que parecia nem mesmo o Kiss! O Twisted Sister não seria intimidado pela rejeição corporativa, e ainda que estivéssemos sendo desprezados como um "fenômeno regional", continuamos em frente. Dito isso, não éramos idiotas completos (éramos idiotas "incompletos").

Sabíamos que isso não poderia durar para sempre. Não havia como ter uma carreira de verdade em nosso microcosmo local. A banda precisava fazer alguma coisa para dar o pulo de lendas locais para ídolos do rock, mas eu não sabia o quê. Foi então que os fãs dedicados do Twisted Sister nos deram um presente inesperado em nosso caminho para o topo.

16
QUE VENHAM TODOS OS FIÉIS

COMO COMPOSITOR, EU ESTAVA COMEÇANDO A FOCAR EM meu método de produção. Logo percebi que não poderia me limitar a depender de minhas modestas habilidades como guitarrista[40]. Mesmo sem uma verdadeira compreensão de qualquer instrumento musical, minha mente era capaz de, pelo menos, imaginar partes instrumentais mais inventivas. Meu ponto forte é a melodia. Alguns compositores excelentes escrevem as letras primeiro, mas não demorei a descobrir que, para mim, isso produzia apenas melodias monótonas. Um bom exemplo é "Lady's Boy", o lado B do single Bad Boys of Rock 'n' Roll, lançado de forma independente pelo Twisted Sister.

Meus melhores trabalhos sempre vieram de canções para as quais escrevi o título primeiro. Escrevia um título de música que tivesse um significado forte ou que capturava uma atitude que estava tentando transmitir, decidia o toque que queria para a canção (rápida, lenta, estrondosa, que fizesse os fãs baterem cabeça etc.), então eu simplesmente a deixava fluir para fora de mim. Sou abençoado com uma mente que pode criar o tempo todo, por isso me treinei para abri-la (como uma torneira) apenas quando tivesse alguma maneira de capturar a ideia.

---

40 A única música que já escrevi na guitarra é "Destroyer", do primeiro disco do Twisted Sister. Ainda que continue sendo uma das favoritas dos fãs, ela com certeza enfatiza minhas limitações como guitarrista.

Várias vezes pensei em uma música ou um conceito ótimo e fui incapaz de me lembrar mais tarde. *Muito frustrante.*

Eu acrescentava ideias a uma lista de bons títulos de composições o tempo todo, e quando estivesse pronto para compor, com um gravador na mão, eu olhava para um título e via se tinha alguma inspiração para ele. Se não me ocorresse nada depois de alguns minutos, passava para o próximo título. Se tivesse uma ideia, eu gravava as partes cantadas. Uma ideia costumava começar com uma batida de bateria ou um ritmo, em seguida eu cantava a parte de guitarra, seguida pelo verso, pré-refrão e depois o refrão da música. Às vezes até criava a ponte (aquela parte de algumas músicas que acontecem apenas uma vez) na primeira tentativa. Com bastante frequência, algumas palavras-chave ou o verso de uma canção simplesmente saltavam da minha boca. Quando isso acontecia, eu as usava como ponto inicial e inspiração para o restante da letra. Repetia esse método com toda a lista de títulos, que costumava conter uns quinze ou vinte deles.

Para ter objetividade, eu demorava algum tempo para voltar a ouvir a fita. O outro motivo para fazer isso é que, com uma fita cheia de dez, quinze ou vinte ideias para músicas, eu precisava de tempo para fazer anotações enquanto ouvia, para que pudesse me lembrar das melhores concepções.

Uma pessoa comum sempre parece imaginar que músicas são escritas e criadas por meio de um processo complicado. Diferentemente das retratações romantizadas de bandas e artistas na televisão e em filmes, a realidade em grande parte é mundana e pouco dramática. As pessoas esperam que a composição de uma grande canção seja bastante parecida com o nascimento de uma criança, uma experiência intensa, dolorosa e ruidosa com um monte de pessoas gritando e encorajando a ideia, até que ela por fim chega ao mundo e recebe um nome. Não acho que um fã comum de música acharia satisfatória a cena em que eu esteja sozinho, cantando em um falsete baixo no microfone embutido de um gravador, mas essa é a realidade.

O processo se tornava ainda mais primitivo quando eu precisava transferir minhas boas ideias da fita original. Selecionava a concepção de uma música no gravador portátil, o segurava na frente do microfone embutido do meu aparelho de som estéreo, apertava o botão *Record* no aparelho de som, o botão *Play* no gravador portátil e gravava de um aparelho para o outro. Eu repetia o processo com tudo o que queria trabalhar, até que tivesse uma nova fita cassete apenas com as ideias. Hilário, na verdade.

Garanto que, se ouvisse qualquer uma dessas fitas que fiz cantando em voz baixa, você teria grande dificuldade para compreender *qualquer coisa* nelas. *Mas é assim que eu fazia*. Sou abençoado com a habilidade de criar praticamente sem esforço e infinitamente. Nunca fico sem ideias.

Não deixe que o fato de eu ter apenas uns dois hits enganar você. Discos de sucesso não refletem habilidade ou qualidade de composição. Transformar uma canção em sucesso é um processo completamente diferente, que de muitas maneiras está além do controle do criador. Algumas das melhores coisas que já escrevi sequer estiveram disponíveis para audição ou aquisição do público[41].

EM 1979, EU ESTAVA COMPONDO NO QUARTO DE hóspedes do apartamento de nosso gerente de turnês, Joe Gerber. Não me lembro do motivo exato para estar escrevendo ali, mas tenho certeza de que não conseguia ter privacidade em meu apartamento. Suzette e eu sempre moramos com colegas. Durante aquela sessão de composição, trabalhando com minha lista de títulos de músicas, escrevi apenas o refrão de uma canção que mudaria para sempre a mim e a minha banda (e o mundo, se você levar em conta o efeito borboleta).

---

41 Acredito que as melhores coisas que já fiz foram com uma banda chamada Desperado. O projeto foi engavetado em 1989 pela nossa gravadora (mais sobre isso depois) aos quarenta e cinco minutos do segundo tempo e só viu a luz do dia recentemente, por uma pequena gravadora independente. Procure "The Heart Is a Lonely Hunter" e você vai entender o que estou falando.

We're not gonna take it
No, we ain't gonna take it
We're not gonna take it anymore[42]

Só isso. Eu não conseguia pensar no restante da música. Sempre dou risada quando as pessoas citam essa música como o momento em que o Twisted Sister "se vendeu", quando nos tornamos "poderosos" e seguimos uma direção mais comercial. Em 1979, estava totalmente falido e a banda se esforçava desesperadamente. A inspiração para essa música veio de emoções genuínas: raiva e frustração. Não poderia ter sido mais verdadeira, o que, suspeito, é um dos motivos para que os fãs de rock tenham se identificado tanto com ela.

Tenho certeza de que eu soube de imediato que tinha criado algo maravilhoso (o que foi confirmado quando voltei a ouvi-la mais tarde), mas não consegui pensar no que fazer com ela. Não tive nenhuma ideia para o restante da música. É provável que tenha sido melhor assim. Agora acho que, se tivesse terminado "We're Not Gonna Take It" lá em 1979, quando escrevi o refrão pela primeira vez, é provável que ela tivesse se tornado forragem para alguma fita demo malfadada, ou sacrificada no altar de nosso primeiro disco lançado por uma gravadora independente, *Under the Blade*. É improvável que a música tivesse se transformado no colosso que é hoje. Do jeito que as coisas aconteceram, o mundo a cantará muito tempo depois de eu ter partido e sido esquecido. Espero que meus herdeiros continuem a receber os cheques de direitos autorais! Mais de uma vez, pensei em usar esses cheques para estabelecer um "fundo fiduciário para rinoplastias" para que as futuras gerações dos Snider que herdarem meu considerável nariz possam arcar com os custos de encontrar alívio para essa aflição.

---

42 Não vamos aceitar isso / Não, não vamos aceitar isso / Não vamos mais aceitar isso. [N.T.]

Eu concluiria "We're Not Gonna Take It" apenas em 1983. Enquanto isso, o Twisted Sister precisava de uma nova fita demo mais profissional para tocar para as gravadoras, e aí entrou o lendário engenheiro/produtor Eddie Kramer em nossa vida. Literalmente.

EDDIE KRAMER TINHA TRABALHADO COM OS STONES e o Led Zeppelin, foi o engenheiro exclusivo de Hendrix e produziu os discos *Woodstock, Frampton Comes Alive* e *Kiss Alive*, apenas para mencionar alguns. Sim, o cara é um deus das gravações. Agora, os fãs mais leais do Twisted sempre foram nosso ponto forte (como você descobrirá cada vez mais), e nosso encontro com Eddie Kramer é um bom exemplo disso.

Estávamos tocando em um clube chamado Detroit[43], em Port Chester, Nova York, certa noite e sem que soubéssemos, alguns dos nossos fãs tinham encontrado Eddie K. Sempre profissional (e à procura de novos talentos), ele perguntou quais bandas locais as garotas curtiam. Responderam que ele tinha de ver o Twisted Sister. Eddie entrou naquele clube enorme e lotado[44] e foi nocauteado pela porra do Twisted Sister, como tínhamos passado a ser conhecidos (e ainda somos). Depois do nosso set, ele foi aos bastidores e nos contou que queria trabalhar conosco. Ficamos boquiabertos! Afinal de contas, ele era a porra do Eddie Kramer!

Eddie era conhecido como o homem que ajudou a construir o Electric Lady Studios, com Jimi Hendrix. Ele tinha projetado todos

---

43 O clube Detroit foi com frequência confundido com a cidade homônima. Ele foi batizado em homenagem a uma ótima música do Good Rats chamada "Takin' It to Detroit" (que é sobre a grande cidade do rock, Detroit), usada como música-tema nos comerciais do clube. Confuso, eu sei. Os frequentadores dos clubes de Nova York se referiam a ele como "Detroits", como em: "Ei, você vai pro Detroit's hoje à noite pra ver o Twisted?". Adorável.

44 O Detroit era um dos crescentes "superclubes" construídos para acomodar as enormes plateias jovens que apareciam para assistir às maiores bandas da área, como o Twisted Sister. Era cavernoso e suportava quase mil e quinhentas pessoas.

os estúdios. Quando Eddie nos contou que conseguiria fazer um bom negócio para que gravássemos no Electric Lady, não precisamos de mais nada para sermos convencidos. Alguns dos nossos discos favoritos de todos os tempos tinham sido gravados lá. O Twisted Sister trabalharia nos salões sagrados da realeza do rock.

As sessões no Electric Lady, em novembro de 1979, nos renderam nossas primeiras fitas demo de verdade. Trabalhando de perto com Eddie Kramer nos ensaios, desmontamos nossas músicas originais e reconstruímos as melhores da estaca zero. As escolhidas foram "I'll Never Grow Up, Now", "Under the Blade", "Lady's Boy" e nosso cover do clássico do Shangri-Las, "Leader of the Pack".

O processo foi extenuante e Eddie Kramer era um capataz. Ele foi especialmente mais duro com a noção de tempo do baterista nº 3, o que levou o homem às lágrimas em determinado momento. Por mais que não gostasse do baterista nº 3, na verdade, me senti mal por ele. Eddie Kramer batia em um banco de bar com uma baqueta como se fosse algum tipo de metrônomo humano e berrava para o baterista nº 3 que ele estava fora do ritmo. Era brutal.

O baterista do Good Rats, autor de um livro sobre bateria e amigo do baterista nº 3 e da banda (e futuro baterista nº 7 do Twisted Sister), Joey Franco, foi chamado para ver se podia ajudar com alguma coisa. Ainda que Joey compreendesse o que Eddie Kramer estava falando, ele teve de dizer que as inconsistências eram quase imperceptíveis e que, no fim das contas, *era apenas rock and roll*. Alguns dos maiores discos de sucesso de todos os tempos têm baterias com problemas de tempo e ninguém sequer percebe ou se importa. De forma geral, tenho que dizer que aprendi muito com o Eddie.

As sessões de gravação no Electric Lady em si foram *incrivelmente* agitadas. Enquanto estávamos gravando em nosso estúdio, Mick Jagger e os Rolling Stones estavam fazendo alguns *overdubs* e mixagens em seu álbum de grande sucesso, *Some Girls*, no final do corredor. Eddie tinha trabalhado com os Stones no *Their Satanic Majesties Request* e conhecia bem os caras. Um dos momentos mais surreais da minha vida ocorreu enquanto estávamos mixando "Leader of the Pack" (não a versão do disco *Come Out and Play*). Estávamos ouvindo uma das gravações e o Eddie estava com o volume da mixagem no último. De repente, a porta do estúdio foi escancarada e *Mick Jagger* entrou dançando! Enquanto eu estava ali sentado, Mick fez sua clássica "dancinha da galinha" ao redor da sala, movendo-se ao ritmo da música, e saiu com a mesma rapidez com que entrou. Kramer não parou de mixar (como se isso fosse uma ocorrência normal) e eu fiquei ali, aturdido, me perguntando se aquilo tinha mesmo acontecido. Esquisito.

Em outra noite, havia algumas pessoas de papo na área comunal do estúdio. Bem, Ric Ocasek, do The Cars, estava lá com Ronnie Spector, quem ele estava produzindo em um dos outros estúdios. Eddie Kramer conversava com Jagger e aproveitou a oportunidade para apresentar sua estrela em ascensão (eu!) para a lenda do rock.

— Mick Jagger, quero que conheça Dee Snider. Dee Snider, este é Mick Jagger.

Quando estendi a mão para apertar a de Mick, ouvi minha própria voz dizer, com uma casualidade ridiculamente forçada:

— É, já te vi por aí. — *Quê?* O que isso queria dizer? *Que tipo de idiota diz uma coisa dessas?!*

Eddie Kramer apenas balançou a cabeça em descrença enquanto Mick sorria como quem sabia das coisas (tenho certeza de que ele viu aquela reação de veado-diante-dos-faróis-de-um-carro um milhão de vezes) e apertou minha mão.

Já mencionei que... SOU UM TREMENDO DE UM IDIOTA?!

O outro momento Rolling Stones merecedor de nota foi o dia em que o Mick estava esperando Keith Richards para gravar alguns *over-dubs* de guitarra. Mick chegou, como fazia todos os dias, exatamente às 11h da manhã. Keith estava agendado para estar lá às 12h. Mick esperou Keith, que não deu as caras, *por mais de doze horas*, então Mick por fim foi embora, dando o dia por encerrado.

Por volta da 1h30min da madrugada entraram o "Keef", seu séquito, os filhos (lembro que o jovem Marlon estava com ele), guitarras e tudo mais, pronto para sua sessão. Alguém explicou a ele que Mick estivera esperando o dia todo e que, por fim, tinha desistido e ido embora.

— Tudo bem — disse Keith com sua clássica voz enrouquecida, subiu as escadas, saiu noite adentro, e ele e toda sua equipe foram embora. Nunca voltei a vê-lo no estúdio.

AS SESSÕES DE GRAVAÇÃO NO ELECTRIC LADY FORAM

bastante reveladoras. Fiquei com Eddie Kramer e seu engenheiro, Rob Freeman, durante todos os segundos do processo e aprendi um bocado de coisas sobre construção de músicas, performance em estúdio, processo de gravação, mixagem e muito mais. Adorei trabalhar com Eddie, e minha única reclamação a seu respeito é que ele não sabia quando parar. Ficávamos lá por horas a fio, e ele literalmente pegava no sono em cima dos consoles, no meio de uma gravação. Eu gravava uma passagem vocal, ele adormecia durante a tomada, e quando chegava ao fim, ele acordava e dizia: "Mais uma para a máquina, meu camarada!". O que isso queria dizer? Eu começava outra tomada e ele voltava a pegar no sono! É legal saber que minhas performances o deixavam tão interessado.

Com as fitas do Electric Lady concluídas, tínhamos uma grande peça pronta para outro ataque contra as gravadoras norte-americanas. O Twisted Sister estava marchando mais uma vez!

17
SOU MAIS SARCÁSTICO DO QUE VOCÊ

O TWISTED SISTER ENCERROU A DÉCADA COM UM GRANDE estouro, e não estou falando de uma das nossas lendárias festas na véspera do Ano-Novo. Cansados de esperar que as gravadoras reconhecessem nossa existência e tentando levar as coisas a outro patamar, decidimos usar as demos gravadas com Eddie Kramer e as lançamos como nosso primeiro single. Em dezembro, pela Twisted Sister Records (TSR), "I'll Never Grow Up, Now!" e "Under the Blade" foram lançadas como um verdadeiro single de sete polegadas de 45 rpm! "I'll Never Grow Up, Now!" era o arquétipo do que seria nosso cartão de visitas: um hino de rebeldia e angústia adolescente. A fórmula que descobri ao escrever essa música seria repetida por mim, culminando (mas não terminando) com "We're Not Gonna Take It". Meu vício em músicas da banda inglesa de glitter rock do início dos 1970 Slade me ensinou tudo o que eu precisava saber para escrever esses tipos de canção.

Com um logo TS (terrível) desenhado por profissionais[45] na capa e uma nova foto tirada para acompanhá-lo na contracapa, o Twisted Sis-

---

45 Contratamos uma importante agência de publicidade de Manhattan, a um custo bem alto, para criar o logo definitivo do Twisted Sister. Quando me pediram para contar a eles sobre a banda e para lhes dar uma ideia do que precisávamos, eu disse algo como: "Nós somos metal, mas somos glamorosos. Pense em preto e rosa, couro e cetim". Algumas semanas depois, recebemos seu melhor esforço: o *T* e o *S* em letras de imprensa em couro preto e tachinhas, sobre um fundo de cetim rosa. *Valeu.*

ter deu aos fãs o que eles queriam, e todas as cinco mil cópias esgotaram bem depressa.

O single foi tocado em algumas rádios "domésticas", foi colocado em muitas jukebox locais e rendeu ao Twisted nosso muito merecido grau de legitimidade com os fãs. O lado B, "Under the Blade", até chegou a ser acrescentado à rotação pela estação de rádio WPDH de Poughkeepsie, no norte do estado, e se tornou um pequeno sucesso em nossa área de transmissão. A WPDH foi a primeira estação de rádio do mundo a reconhecer o Twisted Sister como uma legítima banda de rock. Obrigado, WPDH! Vocês são demais!

JAY JAY E EU AINDA ESTÁVAMOS COMPARTILHANDO AS zoeiras no palco, mas sua conversa pendia mais para a venda de produtos da banda, promoção de nossa lista de mala direta e sua costumeira comédia de humor judeu. Eu cuidava da demagogia e das invectivas fanáticas.

Depois de virar um belo de um orador (modéstia à parte), eu era bastante capaz de transmitir a doutrina do Twisted Sister para nossos fãs ensandecidos, noite após noite, tanto com hostilidade quanto com humor. Não, essas coisas não se excluem mutuamente! A cada noite o público tinha duas escolhas: juntar-se à nação Twisted Sister ou dar o fora do clube. Ou sofrer um ataque verbal personalizado pungente, do palco, por este que vos escreve. Está certo, três escolhas.

À medida que os meses e anos passavam, meu ego e minha raiva aumentavam, assim como minha habilidade de expressá-los com uma precisão de laser. Meu amigo e agora guarda-costas da banda, Roger, não era apenas uma máquina mortífera física, ele tinha uma mente incrivelmente afiada e uma língua mordaz. Eu e ele passávamos horas todos os dias enervando um ao outro e testando os limites do que era sarcasmo aceitável. Referindo-nos como Godachi e Messiarah, andávamos por aí acabando verbalmente com as pessoas, usando todo o peso e a força de

Hulk de Roger para evitar que as pessoas recorressem à violência como defesa. Essas sessões diárias de disputas verbais resultaram em ataques orais ainda mais focados e debilitantes contra a plateia a cada noite... e ela adorava! A banda... nem tanto.

Homens tiram sarro uns dos outros. É o que fazem. Quando um grupo de homens – ou até mesmo garotos – se reúne, não demora muito para que os insultos comecem a ser disparados. Essa é a natureza masculina. Os caras do Twisted Sister eram iguais. Passávamos horas e horas juntos, e uma boa parte desse tempo era gasta com brincadeiras e palhaçadas.

Tratando-se de insultos, eu tinha me tornado muito, *muito* bom. Sempre costumo dizer que meu sobrenome não é um nome próprio, é um adjetivo[46]. Não era só porque eu tinha uma perspicácia bastante ágil e era bom em retrucar, mas porque nada me feria. Ao longo dos anos, eu tinha deixado de ser um jovem dolorosamente sensível (eu chorava com músicas tristes) e me transformado em uma pedra insensível praticamente incapaz de ser ofendido ou envergonhado nessas interações[47]. Durante minha vida, as pessoas tinham dito muitas coisas cruéis e ofensivas para mim, e fui alvo de muita provocação, então me transformei em um verdadeiro casca-grossa. Noite após noite, dia após dia, começava detonando as pessoas na rua e na plateia e passava a detonar os caras da minha banda nos bastidores. Eu não podia ser derrotado.

Certo dia, tivemos uma reunião de banda. Não dei muita importância, já que tínhamos reuniões de banda com bastante regularidade. De imediato, *eu* virei o foco da reunião. Os caras estavam cansados dos meus abusos (eu achava que eram só brincadeiras de camarim!) e votaram – sem que eu soubesse – que eu não poderia mais participar da troca de insultos entre os integrantes da banda. Aparentemente minha

---

46 O adjetivo *snide* quer dizer *sarcástico*. A forma *snider* é o modo comparativo desse adjetivo, *mais sarcástico*. [N.T.]

47 Alguns anos depois, quando comecei a atuar, uma das emoções mais difíceis para representar era o constrangimento. Depois de todos os anos com essa aparência que tenho, esse sentimento se tornou completamente desconectado!

incapacidade de dar a mínima, e minha herança cultural suíça-ucrania-na-romena, deixavam poucas coisas para eles usarem quando retaliavam. Acho que eles não são muito bons nisso.

Em resumo? Eu era perverso demais para eles e, portanto, ficava sentado nos camarins, nos quartos de hotel, nas viagens de carro, no ônibus de turnê, nas viagens de avião etc. sem me juntar às "trocas de sacanagens". *Para sempre*[48]. Com isso, me senti ainda mais alienado da banda. (Para ser justo, acho que eu era o responsável por grande parte da alienação.)

Para lhe dar crédito, Joe Gerber me puxou de lado e disse: "Não se atreva a parar de trocar insultos comigo. *Eu amo isso!*". E eu também amo você, Joe. Pelo menos eu tinha ele e Roger[49] para brincar.

ENQUANTO TUDO ISSO ACONTECIA, SUZETTE ESTEVE LÁ. Ela não ia mais aos clubes todas as noites, mas ainda estava comigo.

Depois de se formar no Fashion Institute of Technology em primeiro lugar da turma, ela recusou uma oferta de emprego de Betsey Johnson e agora estava trabalhando nos trajes do Twisted Sister em tempo integral. Ela continuou tentando terminar comigo (não consigo imaginar por quê, eu era um deleite e tanto), mas eu não a largava. Algo me dizia para não estragar aquilo, e por pouco não estraguei. De alguma maneira, aguentei firme.

Não importava o quão maníaco me tornava, minha gostosura durona, pequena e italiana se recusava a permitir que me safasse de qual-

---

48 Quando a banda voltou a se reunir no início dos anos 2000, eu tinha esquecido dessa proibição (tinham se passado mais de vinte anos desde que ela tinha sido instituída) e entrei em uma troca de insultos com Eddie. A discussão terminou com Eddie à beira de sair da banda e me acusando de ser adepto da "supremacia branca" (o que com toda certeza eu não sou). Desde então voltei ao "exílio dos insultos" que eu mesmo me impus. Não posso me levar a lugar nenhum!

49 Roger Offner continua sendo meu melhor amigo. Ele é o padrinho do meu filho, Shane, e eu de seu filho, Roger Jr.

quer merda arrogante e idiota em nossa vida particular. Não deve ter sido fácil conviver comigo, mas ela continuou (e continua) sendo a rocha singular em minha vida.

A NOVA DÉCADA CHEGOU E A NUVEM QUE PAIRAVA sobre o Twisted Sister continuou a escurecer, assim como minhas propensões. A energia do lançamento de nosso primeiro single se dissipou depressa, e a atenção dos fãs começou a oscilar. Eles tinham se juntado ao nosso desfile enlouquecido ao estrelato do rock, e quando a recompensa pelas nossas intermináveis batidas no peito e socos no ar não veio, tenho certeza de que começamos a parecer que éramos cheios de conversa-fiada.

Enquanto continuávamos a correr atrás e implorar pela atenção das gravadoras, agora também tínhamos que dar mais duro ainda para manter nossa popularidade na região dos três estados. A primeira parte de 1980 exigia algum tipo de golpe de mestre, e na primavera daquele ano engendrei o plano certeiro.

Entre os muitos apelidos e expressões usadas para descrever o Twisted Sister (além de *bichas* e *arrombados*), "os Bad Boys do Rock 'n' Roll" foi o que ficou. Seguindo o modelo de "I'll Never Grow Up, Now!", escrevi nosso novo grito de guerra usando exatamente a mesma maneira de me expressar. Com a canção como propulsor, trabalhei com Suzette para criar um visual novo e renovei todo o palco, iluminação, merchandising... tudo.

A única coisa que ainda faltava à banda era um logo definitivo do Twisted Sister. Visto que a grande agência de publicidade tinha entregado uma tremenda de uma porcaria, dessa vez nós decidimos trabalhar com alguém local e jovem; alguém que me deixaria contribuir com o trabalho. Não me lembro exatamente de como encontramos Ellie Hradsky, mas a deixamos a par de tudo. Não estávamos apenas procurando pelo logo definitivo do Twisted Sister, ele precisava ter uma qualidade específica: a de poder ser entalhado. Como o *VH* do Van Halen, o logo do Twisted precisava ser legal o bastante para que os fãs quisessem gravar em suas carteiras escolares e simples o bastante para que conseguissem.

Trabalhando juntos e combinando nossas ideias, Ellie e eu enfim criamos um modelo ótimo. Um *T* inclinado e estilizado ligado a um *S* inclinado e estilizado, formando um símbolo no formato de um diamante. Era simples, forte *e totalmente possível de ser entalhado.* Esse era o logo definitivo do Twisted Sister.

Em maio, lançamos nosso segundo single pela Twisted Sister Records, "Bad Boys (of Rock 'n' Roll)", com "Lady's Boy" no lado B, brasonado com o novo logo TS "flutuante", e nos lançamos na turnê "Bad Boys of Rock 'n' Roll" na região dos três estados. Foi exatamente o que o médico tinha prescrito, e isso revigorou nossa carreira local. O interesse das gravadoras... nem tanto.

Nosso empresário fez outra rodada por todas as gravadoras grandes – e pequenas – dignas de nota, com um pacote de imprensa, fita demo e oferta novos: se alguém da divisão de Artistas & Repertório (A&R) ou algum executivo de uma gravadora estivessem dispostos a ir aos subúrbios e ver a banda, poderíamos providenciar uma limusine e um jantar. Parece justo, certo? Fizemos essa oferta para todos os funcionários de confiança da indústria... e tivemos *uma* interessada: Reen Nalli, presidente da ATCO Records. Ela foi trazida de limusine de Manhattan até a casa noturna Mad Hatter em Stony Brook, Long Island, e, naquele clube lotado, ela viu a porra do Twisted Sister fazer o que fazia todas as noites: incendiar o público que comprava os discos! No final da noite, Reen voltou para a limusine, prometendo assinar a banda com a ATCO. Ela sabia que seríamos o próximo grande sucesso... até ela chegar no trabalho na manhã de segunda-feira.

O problema com as pessoas – pessoas bem-sucedidas em especial – é que elas tendem a duvidar de si mesmas. Reen estava convencida pelo que tinha visto na noite de sexta-feira em Long Island. Quando chegou ao trabalho na cidade de Nova York na segunda-feira e começou a contar às pessoas sobre uma nova banda incrível, tenho certeza de que seus subalternos e colegas de trabalho ficaram entusiasmados.

— Sério?! Quem é?! — eles devem ter implorado para saber.

— Twisted Sister! — aposto que Reen respondeu com grande empolgação. Afinal de contas, ela tinha descoberto o próximo grande sucesso e ninguém mais conhecia essa banda.

"Aquela banda de bar?", "Eles são um fenômeno regional", "Todo mundo já rejeitou os caras", "Eles são uma piada". Estas são apenas algumas honrarias maravilhosas que tenho certeza de que Reen ouviu *das pessoas que nunca tinham visto a banda!*

Àquela altura, as dúvidas em relação a si mesma começaram a surgir. *E se eu estiver errada? E se cometi um erro terrível?* Reen chegou a receber um telefonema de seu superior da Atlantic Records, a empresa-mãe da ATCO e uma gravadora que já tinha deixado sua rejeição bastante clara algumas vezes, lhe dizendo para esquecer essa besteira de Twisted Sister. Será que ela queria mesmo correr o risco de fazer papel de boba ao assinar com uma banda com nosso visual? Ela não queria... e os telefonemas para nosso empresário sobre nossa contratação logo pararam.

Você tem de se lembrar de que estávamos em 1980. O glitter rock tinha acabado. O hair metal ainda não existia – o Twisted Sister era o único disseminador dessa amálgama glitter/metal. Não havia Mötley Crue, nem Ratt, nem Poison. Até mesmo o Kiss tinha gravado um álbum estilo discoteca (pelo qual não acredito que seus fãs algum dia os perdoaram) em uma tentativa desesperada de recuperar a preferência. Estávamos em águas inexploradas. Assinar com uma banda como o Twisted exigiria muitos colhões... ou apenas a crença em seus próprios olhos e ouvidos. Infelizmente, esses tipos de funcionário e funcionária de gravadoras são poucos e raros.

O Twister Sister estava avançando para o fim de 1980, ainda sem um contrato, com apenas uma pilha de cartas de rejeição como resultado pela nossa inciativa com o single de "Bad Boys". Havia, contudo, um

SOU MAIS SARCÁSTICO DO QUE VOCÊ

pingo de esperança. Um jovem e aventureiro fotógrafo de rock inglês chamado Ross Halfin estava em Nova York, encarregado, creio eu, de cobrir um punhado de bandas de metal inglesas e australianas que, na época, estavam em turnê pelos Estados Unidos. Ele encontrou algumas fãs de heavy metal em algum lugar que insistiram que ele fosse ver essa banda incrível tocar em Nova Jersey.

Por Deus, eu amo nossos fãs! Eles apoiavam nossa banda quando nenhuma gravadora queria saber da gente.

Ross entrou em nosso show e foi nocauteado pelo que viu. Uma nova onda do heavy metal britânico estava fermentando e, adivinhe só, uma jovem banda norte-americana também estava agitando a bandeira da nova onda do heavy metal. Ele sacou sua sempre presente máquina fotográfica e saiu tirando fotos. As fotos viajaram de volta ao escritório da sua casa e, depois de ouvir de Ross como nós éramos ótimos, o editor Geoff Barton publicou uma foto minha no jornal musical *Sounds. E os fãs ingleses de metal começaram a prestar atenção.*

18
BATA DEVAGAR NESSA BATERIA

EM SETEMBRO DE 1980, DUAS COISAS IMPORTANTES NA minha vida pessoal chegaram a um ponto crítico. Minha terrível habilidade de gerenciar meu dinheiro fez com que eu – mais uma vez – devesse uma soma ridícula. Não sei o que eu tinha (além de ser um tolo de um otimista), mas *sempre* devia dinheiro para alguém. Quando era criança, era para amigos, quando jovem, era para amigos, senhorios, empresas de telefonia, seguradoras e... já deu para entender.

O engraçado é que não bebia, não usava drogas, não apostava nem gastava muito dinheiro com minha noiva (Suzette era incrivelmente fácil de agradar e não se interessava muito por joias) – todas as coisas típicas com as quais as pessoas gastam dinheiro. Eu era apenas exageradamente irresponsável com o dinheiro que ganhava.

Bons exemplos disso: alguma empresa de crédito me deu meu primeiro cartão de crédito, com um limite de quinhentos dólares, e comprei um cachorro com todos os quinhentos dólares na primeira semana! O quê?! Em outra ocasião, o banco depositou setecentos dólares em minha conta por engano, e o que fiz? De imediato, saquei o dinheiro e o gastei com... coisas. É claro que o banco descobriu o engano e tive de devolver o dinheiro aos poucos. Eu era um idiota.

No final do meu terceiro ano na cidade de Nova York, estava afundado em dívidas (para alguém de vinte e cinco anos) e tive de abrir mão do apartamento. Ele sempre tinha sido caro demais para o que eu estava ganhando, o que era a chave para a minha crise econômica. Mas ficava do outro lado da escola de Suzette!

SUZETTE, NOSSOS DOIS CACHORROS (TOSHA, o pastor-alemão branco que eu tinha dado a ela como presente de aniversário, e Woofie, o chow-chow que comprei com o cartão de crédito), nossos três gatos e eu voltamos a nos mudar para Long Island, para um apartamento de três quartos em cima de uma loja com meu irmão Matt (com sua então noiva, Joyce, e seu labrador preto) e diversas outras pessoas no terceiro quarto. Um casal tinha um são-bernardo! Era como morar em um canil. Manter os animais separados, alimentá-los e passear com eles (às vezes no telhado do negócio vizinho) exigia planejamento e execução quase militares. Mas, dividido por três, o aluguel do "Motel Barata de Wantagh" era baixo o bastante para que pudéssemos pagá-lo e eu pudesse quitar minhas dívidas.

Outra vantagem: depois de estarmos noivos por alguns anos, Suzette e eu decidimos que nos casaríamos quando finalmente resolvesse meus problemas financeiros[50]. Bom incentivo.

A outra coisa que eu por fim estava começando a aceitar era o rumo sombrio que minha vida seguia. A violência, as prisões, minha experiência reveladora com Billy Joel e os repetidos questionamentos sobre minhas crenças cristãs pelos meus amigos convertidos, os Hauser, estavam finalmente surtindo efeito. Eu era, e ainda sou, cristão, mas é óbvio que meu comportamento nem sempre condizia com essas crenças. Eu podia ser um imbecil desagradável, cínico e irritado, e isso estava afetando toda a minha vida pessoal. Mudar para longe de Nova York e quitar minhas dívidas foram o começo de uma nova página para mim. Eu

---

50 Para constar, Suzette quer que fique registrado que ela não queria ficar noiva nem se casar. Algum de vocês acredita que essa jovem determinada não teve absolutamente nada a dizer sobre o rumo que nossa vida estava seguindo? Nossos filhos não acreditam.

agora era capaz de separar a verdadeira negatividade e os pensamentos malignos da minha intensidade e das minhas motivação naturais. Estava *começando* a me transformar mais na pessoa que queria ser. Ainda que tivesse uma longa estrada pela frente – e eu titubearia ao longo do caminho –, pelo menos sentia que, finalmente, estava no caminho.

DE VOLTA A AGOSTO DE 1980, O BATERISTA Nº 3 TENTOU levar nossa antipatia mútua a um novo patamar e introduziu violência em nosso relacionamento. Não foi nada sério; na verdade, foi quase cômico, em retrospecto. Tentei diversas vezes alertar que o baterista nº 3 não era um bom sujeito, mas ninguém enxergava isso. Ele era tão bom em parecer inocente, que os outros começaram a acreditar que *eu* era a pessoa ruim por tentar arrumar encrenca com o baterista nº 3. Ao me dar conta do efeito reverso que minhas acusações estavam tendo, interrompi minha campanha ativa.

LIÇÃO DE VIDA DO DEE

Se alguém é uma pessoa ruim, ela não será ruim apenas com você. Com o tempo, ela mostrará sua verdadeira face.

O baterista n° 3 ainda tinha de revelar seu lado maligno para a banda quando, certa noite, ele desapareceu em um show. Na hora de subirmos no palco, não foi encontrado em local nenhum. Foi chamado repetidas vezes pelo nosso sistema de som, e a equipe o procurou em todos os lugares. Depois de atrasar o show o máximo que conseguimos, Jay Jay, Eddie e Mark subiram no palco e começaram a fazer barulho, esperando que o baterista n° 3 ouvisse e voltasse antes que tivéssemos de cancelar o show.

Eu ainda estava esperando no camarim quando o baterista n° 3 se esgueirou para dentro, presunçoso como sempre. Ele achou aquilo engraçado. Ele estava no clube o tempo todo, ignorando os chamados. Comecei a lhe dar um sermão sobre seu comportamento egoísta, e ele pegou uma de suas botas plataforma e a jogou, com força, diretamente na minha cabeça. Eu me abaixei e ele errou, mas isso foi tudo que precisei. Como disse, a única coisa que não tolero é violência física entre os integrantes da banda, e sua atitude em relação a mim ultrapassou esse limite. Quando subi no palco para o set, andei direito até Jay Jay e disse: "O baterista n° 3 jogou uma bota na minha cabeça. Ou ele sai, ou eu saio".

A banda não tinha muita escolha, e eles informaram o baterista n° 3 que ele seria substituído. A princípio, ele encarou a situação com bastante distinção – agindo com inocência e protestando sua demissão, expressando sua disposição em ficar até que a banda encontrasse um substituto apropriado. *Típico do baterista n° 3.* Mais uma vez, a banda ficou me olhando como se eu fosse o errado e o irracional.

Mas, então, uma coisa interessante aconteceu. Conforme as semanas iam passando e nós começamos a testar novos bateristas, a realidade de que ele seria substituído começou a afetá-lo, e ele não gostou disso. Devagar e sempre, começou a mostrar sua verdadeira face sombria para o restante da banda. Depois de mais de três meses procurando, ainda não tínhamos encontrado o cara certo, mas agora a banda toda sabia exatamente o tipo de sujeito que o baterista n° 3 era. Ele tinha de sair.

O Twisted Sister era tão popular e bem-sucedido em nossa região, que todos os bateristas da área queriam entrar para a banda. Todos eles sabiam que estávamos destinados à grandeza, e candidatos em potencial foram testados apenas por convite. A última coisa que queríamos era uma audição aberta.

A dificuldade que tivemos para encontrar um substituto para o baterista nº 3 não se deu apenas porque alguns bateristas não eram bons o bastante. Afinal de contas, éramos o Twisted Sister, não o Rush. Às vezes, era o modelo de trabalho necessário para estar no Twisted Sister que assustava os candidatos em potencial. O Twisted Sister era uma máquina. Sendo verdadeiros profissionais, tudo girava em torno do show... e eu era um capataz terrível.

A diversão de tocar em uma banda terminou para mim em 1977, quando minha professora de canto me explicou os sacrifícios que eu teria de fazer se quisesse chegar longe. Para mim, de muitas maneiras, esse foi o dia em que a música morreu. Meus contínuos problemas na garganta nunca melhoraram. Eu tive dor de garganta praticamente todos os dias, por quase uma década. Dá para imaginar? Era sempre desconfortável falar ou rir. Ao final de cada semana de shows, eu quase não conseguia falar. Com dois dias de folga, quase não tinha tempo suficiente para recuperar minha voz antes de a semana começar de novo na terça-feira, semana após semana após semana.

E meu estilo físico de apresentação? Eu me apresentava com tanta agressividade, que me sentia como Linda Blair em *O Exorcista*, quando o demônio dentro dela empurra suas costas para a frente e para trás na cama! ("Faça ele parar! Faça ele parar!") Mas se eu não estivesse me forçando a ponto de sentir dor em todos os instantes em que estivesse em cima do palco, eu sentia como se estivesse fingindo, como se estivesse enganando o público.

Você sabe qual era minha parte favorita de cada noite? *Quando ela terminava.* Eu podia acabar com a autoflagelação e descansar, sabendo que tinha deixado a plateia de queixo caído. Ainda que, sendo meu pior

SOU O CARA QUE
DAVA TUDO DE SI
PARA SUPERAR OS
OBSTÁCULOS. DEIXAVA
TUDO O QUE TINHA
NO PALCO A CADA
NOITE. NÃO SAÍA POR
AÍ TRAINDO A MINHA
MULHER. CUIDAVA
DOS FILHOS E ESTEVE
SÓBRIO O BASTANTE
PARA LEMBRAR DE
TUDO E ESCREVER
A RESPEITO... POR
CONTA PRÓPRIA.

crítico, raramente me sentisse feliz ou satisfeito com minha performance. (Qualquer pessoa que seja boa no que faz raramente fica.) Que tal essa aversão por mim mesmo? Sei o que você está pensando. Por que você simplesmente não desistiu? Eu não podia. Era como uma droga. Tinha de ter aquela sensação de estar completamente esgotado e saber que tinha dado tudo de mim, e na realidade não conseguia esse sentimento de satisfação sem fazer shows. Isso que é um paradoxo.

A cada noite, eu deixava tudo o que tinha naquele palco. Não sobravam voz nem energia para as festas. Dou risada quando ouço falar de bandas que "saem e fazem uma *jam*" depois dos shows. Na minha opinião, se sobrou *alguma coisa* depois de sua apresentação, você enganou seus fãs. Para mim, não tinha essa história de socializar nos bastidores. Exceto pela banda e a equipe, ninguém sequer tinha permissão de entrar no camarim, a não ser Suzette, mas à medida que eu ficava mais maníaco e intenso em relação às minhas apresentações, ela não queria ficar perto de mim. Como a banda, Suzette saía para se divertir. Quem iria querer ficar sentado em silêncio me olhando? Mas eu estava em uma missão.

Lembro de testarmos um baterista que era perfeito para a banda: Walter "Woody" Woodward III, também conhecido como WW III. Woody tinha o visual certo e um ótimo estilo de tocar. O emprego era dele; ele entraria para o Twisted Sister. Então eu lhe recitei "as regras". Contei sobre nossa regra de "nada de amigos ou tietes" nos bastidores, as restrições de bebidas, drogas e festas em geral e sobre ficarmos com uma parte menor do dinheiro que ganhávamos (exceto pelo Eddie) para reinvestir em nós mesmos. Falei sobre a dedicação à excelência do Twisted Sister e sobre nos tornamos estrelas do rock internacionais... *e ele desistiu!* O quê?! Isso mesmo. Walter disse obrigado, mas não obrigado. Estar em nossa banda (e ele era um *enorme* fã do Twisted) parecia ser como estar na prisão! Ele perguntou se podia apenas tocar sua música favorita do Twisted Sister conosco mais uma vez antes de ir embora. Tocamos (Walter foi incrível) e ele se despediu. Ei, se não consegue aguentar a pressão...

Nos dois anos seguintes, passaríamos por mais dois bateristas antes de finalmente encontrar a combinação perfeita.

O baterista nº 4 foi Ritchie Teeter, antigo baterista do Dictators. Ele tinha tocado com Mark, era um baterista sólido e um bom sujeito. Ficou entendido desde o começo que ele seria apenas um baterista interino, até que encontrássemos a pessoa certa. Ritchie não era pesado o bastante para a banda e não curtia toda aquela coisa das roupas e da maquiagem. Ele, na verdade, tirava toda sua parafernália entre os sets, então voltava a vestir tudo de novo, para que não fosse visto usando aquilo no clube. Bateristas teriam matado para ficar com a vaga dele, e ele não estava nem aí. Simplesmente não era a coisa certa para ele. Eu respeito isso. Ele foi burro... mas respeito isso.

O baterista nº 5 foi Joey Markowski, também conhecido como "Fast" Joey Brighton. A princípio, pensamos que tínhamos encontrado a combinação perfeita. Joey era um prodígio com um currículo impressionante. Ele era professor de bateria na respeitada Carmine Appice[51] School of Drumming; na verdade, substituindo Carmine quando este estava em turnê. Joey também tinha sido o baterista original do Good Rats (um de seus alunos, Joe Franco, o substituiu) e tinha sido imortalizado na música popular dos Good Rats, "Tasty".

We had a drummer name of Joe
He played so fast we let him go
He ran away with all our songs
Now he's in school where he belongs.[52]

---

51 Carmine Appice é um baterista lendário que tocou com gente como Vanilla Fudge, Cactus, Rod Stewart e Beck, Bogart & Appice, para mencionar apenas alguns. Seu estilo incrível ajudou a definir a bateria do heavy metal.

52 Tínhamos um baterista chamado Joe / Ele tocava tão rápido que lhe pedimos para sair / Ele fugiu com todas as nossas músicas / Agora ele está na escola onde é seu lugar. [N.T.]

Seria de pensar que teríamos entendido a indireta. A única coisa que pegamos dessa música foi que podíamos chamá-lo de Fast Joey. *Idiotas.* Acabou que o Fast Joey também fugiu (em termos de andamento) com nossas músicas. Ao que parece, ele tinha um vício em drogas, que culminou com ele sofrendo uma convulsão no chão do nosso camarim, na (rara) noite em que uma figura importante da indústria musical tinha aparecido para nos ver. *Próximo!*

19
O MARASMO

HISTORICAMENTE, A GRÃ-BRETANHA SEMPRE FOI UMA ditadora de moda na cena musical internacional. No âmbito geográfico, sequer tem o tamanho de alguns dos maiores estados dos Estados Unidos, mas em comparação com outros países ou outras regiões é muito influente. Há inúmeras bandas que lançaram carreira no Reino Unido, e não apenas bandas inglesas, irlandesas, galesas e escocesas. Diversos artistas profissionais que não conseguiram contrato nem atenção nos Estados Unidos tiveram de ir para a Terra da Rainha para encontrar boas-vindas mais calorosas. Jimi Hendrix, Joan Jett e Stray Cats tinham sido "descobertos" pela Grã-Bretanha, então por que não o Twisted Sister?

Embora não tivéssemos desistido completamente dos Estados Unidos, com um vislumbre de uma reação positiva da imprensa britânica, decidimos enviar nosso "Esquadrão Classe A" em uma missão exploratória no estrangeiro – havia vida para o Twisted Sister na Inglaterra? Em novembro de 1980, nosso empresário, Mark Puma, e nosso pseudoempresário, Jay Jay French, entraram em um avião, armados com as fitas demo e pacotes de imprensa do Twisted Sister, determinados a plantar algumas sementes na indústria musical britânica.

Eles retornaram alguns dias depois cheios de histórias sobre uma terra onde um interesse renovado pelo heavy metal estava crescendo. Eles tinham se encontrado com Doug Smith, o empresário da maior banda de metal da Grã-Bretanha na época, o Motörhead. O baixista/vocalista da banda também esteve lá. Jay Jay me contou que o sujeito do Motörhead – Lemmy alguma coisa? – era bastante sujo e desleixado e se parecia mais com um motociclista do que com um roqueiro. Então ele me entregou uma cópia promocional do álbum de uma banda nova que estava para ser lançado. A banda, praticamente desconhecida nos Estados Unidos na época, era o Iron Maiden; o álbum, *Killers*.

Ouvi o maravilhoso disco do Maiden e tive um vislumbre de esperança. *Não estávamos sozinhos*. Ao redor de todo o mundo, um novo movimento do heavy metal estava começando. A música de discoteca estava morta, o new wave estava sumindo e o punk estava morrendo. Os fãs de punk, em especial, estavam procurando algum tipo de música intensa na qual investir sua raiva justificada, e o novo heavy metal – grande parte dele com influências do punk – se encaixava nesse perfil.

Jay Jay e Puma tinham plantado algumas de nossas sementes no Reino Unido e desenvolveram alguns novos relacionamentos, mas ainda não tínhamos desistido de conseguir um contrato nos Estados Unidos. Aquele era o nosso lar. Não queríamos abandonar nossa gigantesca base de fãs no nordeste e tudo o que conhecíamos para conseguir um contrato. Por que deveríamos? Éramos a porra do extremamente popular Twisted Sister, e era apenas uma questão de tempo até que uma gravadora grande norte-americana percebesse quem estava detonando bem debaixo de seu nariz e nos agarrasse. Tudo o que precisávamos era de outro gesto grandioso para chamar a atenção delas. Portanto, agendamos o New York Palladium pela segunda vez, para o dia 3 de janeiro de 1981. *Feliz Ano-Novo!*

SENTADO AQUI, ESCREVENDO, NÃO CONSIGO ME lembrar de nada sobre nosso segundo show no New York Palladium. Talvez porque ele represente o momento em que realmente comecei a me dar conta de que as coisas estavam desmoronando para a banda (ou talvez eu apenas esteja ficando velho). Infelizmente, essa não seria a última vez que eu teria esse sentimento terrível.

A única lembrança real que tenho do evento é a imagem de uma foto do show – só isso. Estou inclinado para a esquerda cantando, e Mark the Animal está usando botas decoradas com pelos. O único motivo de eu me lembrar dessa foto é porque eu a vejo em meu álbum de tempos em tempos. Aquele show não fez nada para mudar a trajetória do Twisted Sister, que na época estava em uma horizontal, *e ele chegou até a nos prejudicar*. Os ingressos não esgotaram e as gravadoras se importaram menos ainda do que na primeira vez em que nos apresentamos no Palladium.

Estávamos juntos havia quase cinco anos, construímos o que tinha de ser a maior base de seguidores local para uma banda sem gravadora da história, viramos verdadeiras estrelas do rock em nosso próprio quintal e conquistamos coisas consideradas impossíveis, e ainda assim ainda estávamos chafurdando em total obscuridade internacional e ganhando duzentos e quarenta dólares por semana cada um. (Menos o Eddie.)

O SHOW NO PALLADIUM RESULTOU NO TOTAL DE UMA OFERTA, de uma nova gravadora independente chamada Handshake Records. Ela era gerenciada pelo *antigo* peso-pesado da indústria chamado Ron Alexenburg, e o acordo que ele ofereceu era equivalente a pouco mais do que um contrato empregatício. A Handshake seria dona dos direitos autorais de tudo o que fizéssemos e nos pagaria um salário! Handshake Records – Gravadora Aperto de Mãos –, com certeza. Estava mais para Handjob Records – Gravadora Punheta. Recusamos.

VOCÊ SABE O QUE É MARASMO? REFERE-SE A UMA REGIÃO de ventos calmos, centralizada ligeiramente ao norte do Equador. Com praticamente nenhuma brisa, veleiros podem ficar à deriva nelas durante períodos bastante longos. Bem, imagine ficar preso em uma região assim... com um buraco no casco. Assim foi o ano de 1981 para o Twisted Sister.

Depois do fracasso do nosso segundo show no Palladium, não só estávamos lidando apenas com nenhum interesse por parte das gravadoras, mais uma vez, como também nossa base de fãs locais estava começando a se desgastar. Só é possível gritar "Nós vamos chegar lá!" por um tempo limitado antes que as pessoas comecem a pensar em você como "a banda que só faz alarde".

Durante o marasmo, continuamos trabalhando em maneiras de renovar as coisas em todos os níveis. Percebo agora que aquele período viu nossos maiores avanços criativos como banda, o que pode ser o que enfim nos levou à nossa grande chance.

Em termos de palco, fizemos algumas mudanças significativas. Tive a ideia do que se tornou nossa marca registrada: a cerca de arame farpado rosa. A intenção era criar algo como um pátio de prisão ou um pátio escolar para a banda no palco. Os fãs adoraram.

Suzette também estava fazendo seu melhor trabalho com as roupas da banda. Seu método de desenho e criação para artistas (ela trabalhou com outras pessoas além do Twisted Sister) sempre foi o de ajudá-los a ter a melhor aparência com base no visual que eles querem. Suzette o guia e dá ideias, mas entende que, se você não se sentir confiante com seu visual, isso afetará sua performance. Se às vezes isso significa mandar um artista para o palco com um visual terrível, que seja... desde que o artista *pense* que ele ou ela está ótimo. Sacou?

Dito isso, Suzette sabia havia muito tempo que todo aquele lance de "doce travesti" no fim das contas não funcionaria para o Twisted. Eu também estava finalmente começando a entender isso. Não consegui evitar notar que, quando eu escolhia fotos minhas para usar como promoção, elas eram sempre as fotos "bonitas", o que não tinha nenhuma ligação com nosso verdadeiro visual. Quando os fãs me davam um presente (o que acontecia com frequência), uma foto ampliada lindamente emoldurada de mim, era sempre alguma foto horrenda comigo rosnando ou gritando ou em geral parecendo enlouquecido. Era óbvio que eles me viam de uma maneira diferente do que eu me via. Os modelos que Suzette desenhava para a banda (sempre com nossa aprovação) estavam começando a parecer menos femininos e muito mais durões. Cintos e alças, fivelas e trapos estavam se tornando predominantes, e as roupas de palco da banda estavam se tornando unificadas. É claro que ainda eram de laicra, mas tinham uma aparência mais durona. Agora tínhamos roupas que completavam umas às outras, e até começamos a estabelecer cores que representavam cada um de nós. Eu era rosa, Jay Jay era amarelo, Eddie era vermelho, Mark era verde e pele de animais (entendeu?) e nosso baterista "do dia" era azul.

Nosso som começou a ficar mais definido conforme nos interessávamos mais por novas bandas de metal de cinco membros, com duas guitarras. Judas Priest e AC/DC se tornaram modelos para o som de guitarras gêmeas que queríamos, e minhas composições começaram a refletir isso de uma maneira melhor.

ESCREVER MÚSICAS É COMO UM OFÍCIO: QUANTO mais você trabalha, melhor fica. Visto que precisávamos de músicas originais novas o tempo todo, eu estava sempre trabalhando em canções... e estava começando a me aproximar do som da banda.

Mais recentemente, o Twisted Sister lançou mais CDs/DVDs "*post mortem*"[53] do que Tupac Shakur. Os meus menos favoritos do lote, orquestrados por Jay Jay French e Mark Mendoza, são os *Club Daze Volumes 1 & 2*. A primeira vez que ouvi esses meus primeiros materiais originais (esqueça as músicas do Jay Jay que sempre odiei), fiquei aturdido. *Elas são uma droga!* Não é nenhum espanto não termos

---

53 No momento em que escrevo isto, o Twisted Sister continua reunido, mas nossos dias de gravações de músicas novas ficaram no passado. Por isso o "*post mortem*".

conseguido um contrato. Peço desculpas aos nossos fãs que cresceram com esse material e o adoram (alguns dos nossos fãs mais antigos preferem esse material àqueles pelos quais nos tornamos famosos), mas, como o compositor, eu tenho de ser honesto e admitir que ele é fraco.

A boa notícia era que eu estava melhorando – melhorando muito. Todas as composições – e rejeições – estavam me fazendo dar mais duro em meu ofício. O mais interessante é que mais ninguém da banda estava contribuindo com ideias. Ainda que preferisse ficar sozinho quando se tratava de criar minhas próprias músicas, tinha me tornado bastante confiante em minhas habilidades e estava disposto a trabalhar com os rapazes em suas ideias. Mas comigo bombeando um fluxo interminável – e crescente – de material original, a banda parecia contente em me deixar fazer o trabalho.

Jay Jay sempre sentiu que merecia mais do que o restante da banda porque era o único membro fundador que tinha sobrado, era dono do nome e, mais importante, tinha empresariado a banda durante os primeiros anos. Ele ainda trabalhava com nosso empresário, Mark Puma. Os outros integrantes não queriam dar nada a Jay Jay, mas reconheço o valor de suas contribuições.

Direitos autorais é o dinheiro que um compositor recebe quando suas músicas são vendidas em qualquer situação. Minhas canções não tinham vendido nada e meus direitos autorais valiam zero dólar, mas eu sabia que seriam rentáveis um dia, por isso dei a Jay Jay quinze por cento do que eu viria a ganhar. Era a coisa certa a fazer... e eu sabia que isso o impediria de voltar a pensar em apresentar mais alguma de suas músicas horríveis.

Eddie "Fingers[54]" Ojeda apresentou o total de uma música entre 1976 e 1983, "Working on You Baby". Não sei bem por quê. Eddie é um

---

54 Ao contrário da crença popular, o apelido Fingers [*dedos*] não foi dado ao Eddie por causa de suas proezas na guitarra. Ele veio de uma brincadeira que fiz com o Eddie depois de ele ter cortado os dedos diversas vezes e, temporariamente, prejudicado sua habilidade de tocar guitarra.

mestre dos *riffs*, e implorei que ele me gravasse um punhado de *riffs* para que eu pudesse usar nas minhas composições, mas ele nunca fez isso. Assim que comecei a ganhar dinheiro com direitos autorais, Eddie me deu algumas coisas com as quais trabalhar, o que eu fiz, mas elas não entraram no disco *Stay Hungry*. Como disse, composição é um ofício. Quando Eddie decidiu colocar a bunda para trabalhar, meu ofício estava muito mais desenvolvido do que o dele. Ele nunca mais apresentou outra música depois daquelas duas últimas.

Mark "the Animal" Mendoza dirá que eu nunca prestava atenção nem levava em consideração suas ideias. Juro para você, pela vida dos meus filhos, que isso não é verdade. Lembro-me de uma noite em especial quando, sentado com Mark no camarim da casa noturna Detroit, em Port Chester, Nova York, enquanto aplicávamos a maquiagem de palco, ele me contou que tinha algumas ideias para umas músicas. Eu lhe disse para me dar as ideias em uma fita e que tentaria fazer alguma coisa com elas. *Eu juro*. Mark era meu melhor amigo. Não havia nenhuma razão para que eu não quisesse trabalhar com ele.

Por ser um músico que não toca nada além de um pouco de guitarra e bateria, minhas composições tendem a sofrer quando se trata de musicalidade. Claro, tive meus momentos ("Under the Blade", "You Can't Stop Rock 'n' Roll", "Burn in Hell"), mas em grande parte minhas músicas têm melodias fortes, apesar de serem musicalmente simplistas. Eu teria matado por algumas ideias mais musicais vindas dos caras da banda. Talvez estivesse sobrecarregando os rapazes com minhas criações? Ou talvez eles não tivessem nenhuma ideia concreta.

DURANTE O MARASMO, FIZEMOS ALGUNS CONTATOS COM gravadoras, mas elas eram insignificantes, empresas pequenas, com nomes estranhamente ambíguos. Um acordo malfadado com a Combat Records nunca decolou. Só me lembro de que o sujeito dessa gravadora que deixou o Twisted Sister escapar por entre os dedos foi despedido quando a banda finalmente estourou no Reino Unido. Depois teve a Camouflage Records. Que tal esse como um nome ambíguo? O presidente da Camouflage, Peter Hauke, voou para os Estados Unidos para ver a banda, nos adorou, e lá mesmo redigiu um contrato com nosso empresário. Ele então pegou um avião com a intenção de finalizar nosso acordo assim que estivesse de volta na Alemanha. No voo de volta, o presidente, um homem robusto de vinte e seis anos, sofreu um choque circulatório, e a Camouflage Records encerrou suas atividades. Fim de jogo.

Com nossas chances mais remotas no exterior secando, recorremos outra vez às gravadoras nos Estados Unidos para mais uma tentativa. Mas como você volta a recorrer a gravadoras que já tinham dito não diversas vezes? Diante da escolha entre acabar com tudo ou continuar a fazer a única coisa que sabíamos, criamos o que chamamos de abordagem Burger King para conseguir um contrato: "Faça como quiser". Desesperados, em uma derradeira tentativa de chamar a atenção da indústria musical dos Estados Unidos, reunimos uma fita demo e um pacote para a imprensa novos com duas fotos diferentes da banda. Uma com maquiagem e outra sem. Não nos importávamos com o motivo para nos contratarem, contanto que conseguíssemos a porcaria de um contrato.

A sessão de fotos "sem maquiagem e roupas de palco" foi bem engraçada porque apliquei "só um toque" de maquiagem para a sessão. Você sabe, base, blush, sombra clara, rímel, delineador, brilho labial – só o necessário. Fiquei mais parecido com uma drag queen – e mais assustador – nessas fotos do que nas fotos normais do Twisted. Rá!

Felizmente o "Faça como quiser" nunca viu a luz do dia. Fomos salvos.

EM ALGUM MOMENTO DURANTE O MARASMO, A banda realizou seu show de número dois mil. *Dois mil shows!* As pessoas sempre me perguntavam (quando viramos um dos "Grandes") como eu tinha ficado tão bom em lidar com as plateias. Elas não faziam ideia da história da minha banda e presumiam que o Twisted Sister estava junto havia poucos anos, em especial ensaiando e fazendo um show aqui e outro ali. Diga o que quiser sobre tocar em uma banda cover, mas todos aqueles anos e sets deixam você em uma puta de uma forma para as apresentações ao vivo. Lidar com quarenta e cinco mil headbangers irritados no festival Castle Donington não é nada comparado com quinhentos bêbados pós-happy hour em um clube na região costeira de Nova Jersey durante o fim de semana do Memorial Day[55]. Essa é uma plateia difícil!

LEMBRA-SE DO EFEITO BORBOLETA? LEMBRA O QUE eu disse sobre os fãs do Twisted Sister serem nossos melhores bens? Lembra-se daquele fotógrafo de rock inglês, Ross Halfin, que nossos fãs levaram para um show em Piscataway, Nova Jersey, e como ele tirou fotos que foram publicadas no maior jornal de rock do Reino Unido, *Sounds*? *Rufla, rufla, rufla* (o som das asas de uma borboleta).

Não só os fãs ingleses de metal começaram a nos notar, como também a equipe editorial da *Sounds*. O editor, Geoff Barton, enviou o redator punk/headbanger, Garry Bushell, para os Estados Unidos para descobrir do que se tratava todo aquele rebuliço em volta do Twisted Sister. Na primavera de 1981, Garry apareceu em um clube em Nova York, ficou completamente impressionado pela banda e pela reação dos fãs e voltou para a Grã-Bretanha cheio de histórias sobre o Twisted. Ele escreveu sobre sua experiência com o Twisted nos Estados Unidos, gerando um interesse ainda maior pela banda na Inglaterra. Felizmente, o ruflar da borboleta estava se transformando em uma brisa que mudaria o rumo da vida da banda para sempre. E já estava na porra da hora!

---

55 Feriado norte-americano comemorado na última segunda-feira de maio em homenagem aos militares mortos em combate. [N.T.]

20
EU TENHO VOCÊ, MEU BEM[56]

EM MEIO AO MARASMO E A TODA AQUELA INSEGURANÇA e preocupação em relação à nossa carreira, aconteceu uma das maiores coisas da minha vida. Depois de estarmos noivos por três anos e meio, vivermos juntos por quatro e namorarmos por cinco anos e meio, Suzette e eu nos casamos!

Nunca fui muito de pensar direito nas coisas ou de enxergar o quadro geral. Tendo a "usar a força" e faço o que meu coração – ou qualquer que seja a parte do corpo que estiver falando – mandar. Piso na bola de tempos em tempos, mas no esquema geral das coisas meu percentual total de acerto com certeza é merecedor do Hall da Fama. Embora eu sempre tivesse pensado que adiaria o casamento e a criação de uma família até que minha carreira musical estivesse em uma situação melhor, do jeito que as coisas estavam indo, não consegui esperar mais para começar minha vida *de verdade*.

Casar e ter uma família sempre foram partes importantes do meu plano de vida (ok, às vezes eu analisava o quadro geral), e, ainda que o mundo e meus iguais considerassem ter uma família e ser uma estrela do rock coisas que se excluíam mutuamente, nunca pensei assim. Para mim, esta era a promessa de ser uma estrela do rock: vi-

---

56 "I Got You Babe" no original. Música de Sonny & Cher. [N.T.]

ver da maneira que eu quisesse, sem as limitações ou regras de uma vida tradicional.

Embora tivesse acabado de me livrar das minhas dívidas e não tivesse nenhum dinheiro guardado nem apoio financeiro de nossas famílias para pagar pelo casamento, mergulhei de cabeça nessa história de me amarrar. Mencionei que queria um casamento grande? Suzette será a primeira a dizer que ainda que ela quisesse um casamento tradicional, eu queria um casamento *grande*. Estava consumando a maior conquista da minha vida – fazer Suzette Gargiulo se casar comigo – e queria que todos que conhecíamos (e mais algumas outras pessoas) fossem testemunhas!

Até hoje, se alguém me pergunta qual é a maior conquista da minha vida, respondo: "Fazer Suzette me amar e ser minha esposa". Essa é a verdade. Essa é a coisa mais difícil que já fiz. Você não acha? Fiz uma garota que não tinha absolutamente nenhum interesse em mim – que sentia repulsa de mim – me amar, se casar comigo, ter filhos e ficar comigo por mais de três décadas. Isso é um milagre. Tornar-me uma estrela do rock foi difícil, mas pelo menos o rock demonstrou sinais de aceitação desde o primeiro dia. Sempre acreditei, e soube, que seria capaz de alcançar o sucesso na música. Com Suzette, nem tanto.

Posso ver agora que o extenso planejamento de nosso casamento (e a procura de um lugar novo para morar e mobiliar) ajudou a me manter são durante aquele período sombrio da minha carreira. Ele me deu outra coisa importante na qual me concentrar e me fez sentir que minha vida estava indo a algum lugar, mesmo que minha carreira não estivesse.

Durante todos os altos e baixos da minha carreira, minha vida familiar sempre foi uma força única, estabilizadora e sólida. Em meus momentos mais sombrios, sempre tive Suzette (e meus filhos) lá comigo, e durante os altos em minha carreira, eles sempre impediram que eu me deixasse levar pela minha própria presunção. Obrigado por isso, Suzette.

A DATA DE NOSSO CASAMENTO FOI MARCADA PARA o outono e, enquanto lidávamos com todos os detalhes de ter um casamento para trezentas pessoas, minha vida rock and roll continuou. Parte do plano "Faça como quiser" era uma nova fita demo, o que significava novas músicas originais. Durante esse período, as músicas seminais do Twisted Sister, "Shoot 'Em Down" e a adequadamente intitulada "You Can't Stop Rock 'n' Roll" (entre outras) foram criadas. Como compositor do Twisted Sister, eu estava entrando em minha melhor forma. Durante as sessões de gravação dessa fita, a banda também gravou uma música que escrevi como presente de casamento para Suzette, "You're Not Alone (Suzette's Song)".[57]

Eu a presenteei com essa música durante nossa recepção.

NO DIA 25 DE OUTUBRO DE 1981, SUZETTE E EU tivemos um casamento tradicional em uma linda igrejinha em Huntington, Long Island. Com Mark "the Animal" Mendoza como meu padrinho e Wendy Cohen (agora Yair) – a melhor amiga de Suzette, que nos ajudou a ficar juntos – como uma das damas de honra junto com a irmã de Suzette, Roseanne, juramos amor eterno um pelo outro. Na verdade, não tenho tanta certeza sobre Suzette. Ela estava tão nervosa no dia, que, quando estava repetindo os votos, disse: "Eu aceito o Sr. Snider como meu legítimo esposo...". Acho que ela pode estar casada com meu pai!

Suzette e eu iniciamos nossa estrada pelo sagrado matrimônio no melhor estilo que podíamos pagar na época – pelo menos do pescoço para baixo. Minha noiva estava absolutamente deslumbrante, mas comigo em meu smoking branco e Mendoza em seu smoking "de dia", você poderia jurar que nossas cabeças cabeludas tinham

---

57 Essa música pode ser encontrada no álbum *You Can't Stop Rock 'n' Roll*, do Twisted Sister.

sido coladas em outros corpos usando Photoshop. Se o Photoshop existisse em 1981.

Com um pouco de ajuda financeira do pai de Suzette para a recepção (com auxílio e empréstimos temporários de Jay Jay French e Mark Puma), tivemos uma festa lendária! A recepção estava cheia de familiares, amigos, parceiros de negócios e outras pessoas que, juro por Deus, quando revejo as fotos de nosso casamento, nem sei quem são! Que bando mais variado. Os clássicos italianos de Brooklyn/Staten Island da família de Suzette com os suburbanos do Leste Europeu da minha família, nossos amigos do rock e os quase brutamontes que eram os donos de clubes convidados eram uma beleza de se ver. Mas ele ainda é comentando como sendo um dos maiores casamentos em que alguém já esteve.

Suzette queria que a música do nosso casamento fosse "I Got You Babe", de Sonny & Cher, mas eu achava que a canção zombava de nosso relacionamento – a letra era muito parecida com a realidade. Acabamos usando alguma música de Stevie Wonder que não me lembro. Suzette tinha razão, "I Got You Babe" teria sido perfeita.

Graças aos meus pais, no dia seguinte partimos para a Jamaica para uma muito necessária lua de mel/férias, e comecei a "plantar as sementes" para nossa próxima grande aventura. Entendeu? Plantar? Sementes? Será que tenho que desenhar?!

EM DEZEMBRO DE 1981, MARTIN HOOKER, O PRESIDENTE da gravadora independente britânica Secret Records, contatou nosso empresário para conversar sobre o Twisted Sister. O redator da revista *Sounds*, Garry Bushell, tinha ficado tão impressionado com a banda, que entrou em contato com Martin e lhe entregou nossa fita demo. (Obrigado, Garry!) Martin Hooker adorou e quis ver a banda de imediato.

Por coincidência, o Twisted faria um show alguns dias depois no Mid-Hudson Civic Center, em Poughkeepsie, Nova York, cerca de

120 km ao norte da cidade de Nova York. O Twisted tinha uma enorme quantidade de seguidores na região do vale do rio Hudson em Nova York e tinha vendido todos os ingressos da arena com capacidade para mais de três mil pessoas diversas vezes. Martin agarrou a oportunidade de ver a banda no ambiente de uma arena (em vez de em um clube) e alguns dias depois ele pousou no Aeroporto Internacional JFK e foi levado para o norte.

Fizemos o que sempre fazíamos, e o presidente da Secret Records ficou apropriadamente impressionado. Ele foi aos bastidores com nosso empresário, Mark Puma, e nos disse que assinaria com a banda. Nossas reações foram... *contidas*.

— Legal.

— Ótimo.

— Que bacana.

Confuso, Martin Hooker deixou o camarim com nosso empresário. Ele conhecia nossa história. Sabia quanto tempo estivéramos tentando conseguir um contrato. Ainda assim, quando ele nos disse que estava pronto para gravar conosco, não ficamos nem um pouco entusiasmados.

— Eles estão felizes, Martin — explicou Puma. — É só que eles tiveram tantas chances perdidas e acordos que vieram por água abaixo, que acham difícil criar expectativas.

Era verdade. Além do mais... Secret Records? Que tal isso como ambíguo? Nunca sequer tínhamos ouvido falar da gravadora. *Deve ser porque ela é secreta!* Handshake, Camouflage, Secret – o que não teríamos dado para ter uma gravadora com um nome que não soasse como a esquete "Quem está na primeira base?", da dupla de comediantes Abbott & Costello, quando você contasse a alguém sobre ela.

— Com qual gravadora você assinou?

— Secret.

— Vamos lá, você pode me contar.

— Secret.

— Eu prometo que não vou contar para ninguém.

EU TENHO VOCÊ, MEU BEM

— Eu já disse, Secret!

Deu para entender. Martin Hooker voltou para o Reino Unido prometendo cumprir com sua palavra e nós rezamos para que nada trágico acontecesse com aquele rapaz agradável antes disso.

Embora a Secret Records tenha no final das contas *assinado* com a gente, essas coisas tendem a demorar muito tempo e deixam você pensando se algum dia serão feitas. Com base em nosso histórico, não nos demos o trabalho de criar expectativas.

Enquanto o Twisted Sister continuava dando duro ao longo do inverno, a pior época do ano para tocar, uma notável luz estava brilhando no fim do túnel... e não era um trem se aproximando. Em março de 1982, Suzette e eu descobrimos que estávamos grávidos de nosso primeiro filho. Com uma carreira aos trancos e barrancos, um pequeno salário semanal e uma quitinete, não poderíamos ter ficado mais felizes!

Algumas pessoas dizem que bebês trazem boa sorte. Acredito nisso. A partir do momento em que descobri que Suzette estava grávida, as coisas, sem que eu soubesse, começaram a melhorar.

21
BATERIA, BATERIA, BATERIA, BATERIA!

COM O BATERISTA Nº 5 SE MOSTRANDO SER TUDO O QUE esperávamos que *ele não fosse*, começamos a procurar um substituto. Joey Brighton estava destinado a ser o Pete Best do Twisted Sister. Mais uma vez apenas por convite, uma miríade de bateristas seguiu para o estúdio de ensaios para ver se poderiam ser os escolhidos, e nós prendemos nossa respiração e rezamos.

Uma das audições para bateristas que não deram certo mais difícil para mim foi a de Neal Smith, da banda original de Alice Cooper. Conhecíamos Neal havia um bom tempo. Visto que eu era um *enorme* fã de Alice Cooper, só de ser amigo do sujeito era uma honra. A música de sua banda mudou minha vida. Já que estávamos procurando um novo baterista, pensamos que legal seria se uma lenda do rock como Neal Smith se juntasse ao Twisted Sister! Neal na época estava em uma banda, Flying Tigers, tocando em muitos dos mesmos locais que nós. Fiz uma ligação para o Neal, que disse que adoraria se juntar ao Twisted Sister. Bem, havia apenas a formalidade da audição – ou foi o que pensamos.

Neal chegou no estúdio com o próprio roadie e enormes maletas de transporte. Dentro estava sua lendária bateria espelhada! Aquela foi a primeiríssima bateria espelhada que viu o mundo na turnê do disco *Billion Dollar Babies*, de Alice Cooper, e todos nós a tínhamos visto agraciando as páginas e capas de muitas revistas de rock e música em geral. Ela era incrível, e como fã fiquei abismado de ter *o* Neal Smith tocando minhas músicas, naquela bateria, com minha banda. Era absolutamente surreal... *até ele começar a tocar.*

Neal Smith é um baterista inovador, cujo estilo ajudou a mudar a cara da bateria contemporânea. Ele cruzou o espaço entre os estilos dos anos 1960 e início dos anos 1970 com o que se tornou a bateria do heavy-rock contemporâneo (nos anos 1980). Mas esse era o problema. A bateria pesada tinha evoluído, e o estilo transicional de Neal simplesmente não era certo para a banda. Por mais que quiséssemos que aquilo desse certo, simplesmente não funcionou. A ligação que eu tive que fazer para Neal Smith, um dos heróis da minha infância e agora amigo, para lhe contar que ele não tinha passado na audição, foi um dos telefonemas mais difíceis que já tive que fazer. Cara, aquilo foi um saco.

Em algum momento ao longo de nossa busca pelo baterista nº 6, um amigo da banda me entregou uma fita de uma baterista amigo dele. "Esse cara é incrível", disse ele com seu sotaque pesado de Staten Island. "Você precisa dar uma conferida."

Peguei a fita cassete – ela não tinha caixinha e sequer estava etiquetada – e a joguei na minha mala de shows junto com minhas roupas de palco. Ela logo afundou nela.

Meses depois, prestes a sair do meu apartamento para ir a uma consulta no dentista, estava procurando alguma coisa para levar comigo para ouvir[58]. Vi a fita cassete do baterista que tinha sido jogada de um lado para o outro dentro da minha mala de shows (não consigo acreditar que não a perdi). Eu a apanhei – sem grandes expectativas – e a levei comigo. Sentado apreensivo na cadeira do dentista, a boca cheia de aparatos dentais, me esforçando para manter a boca aberta, *ouvi uma potência de um baterista!* Não conseguia acreditar. A fita daquele sujeito

---

58 Meu dentista tinha um aparelho de última geração... *um Walkman!* O que tem de melhor para se ouvir enquanto alguém está furando seus dentes do que heavy metal no último volume? A guitarra queixosa na abertura de "Under the Blade" foi inspirada pelo motorzinho do dentista. Eu disse ao Jay: "Toque algo que pareça alguém furando seus dentes", e foi isso que ele criou.

estivera na minha mala por meses[59]. Se achei que ele soava bom naquele momento, imagine o quanto teria gostado dele se não houvesse ninguém furando meus dentes.

Tony Pero, de Staten Island, Nova York, fez uma audição oficial para o Twisted Sister e nos deixou bastante impressionados. Com dois braços que mais se pareciam com duas peças de pernil, aquele cara conseguia bater na bateria com mais força do que qualquer um que eu já tivesse visto. E ele também conseguia tocar com técnica. *Ele conseguia tocar qualquer coisa!*

Tony foi uma criança prodígio, tendo aulas com os melhores, como Gene Krupa. Aos dez anos, já tinha feito uma turnê europeia tocando com uma *big band*. Aquele desgraçado sabia tocar! Ele era o perfeito complemento para o estilo de Mendoza tocar o baixo esmurrando as cordas, e no âmbito musical esses dois se conectaram de imediato. Aquela era a peça que faltava no som do Twisted Sister.

Mas havia um problema.

O nome de Tony Pero e sua aparência eram parecidos demais com os do baterista nº 3. Eu não queria que as pessoas o confundissem com o baterista nº 3, e não conseguia suportar chamá-lo pelo mesmo primeiro nome. Expliquei meu dilema ao Tony e perguntei se ele tinha um nome do meio. Ele tinha: Jude. Pensando depressa, perguntei como ele se sentiria em ser chamado de A.J. em vez de Tony. Certo, nós já tínhamos um Dee e um Jay Jay, mas será que uma banda pode ter muitos nomes que são iniciais?

Não sei se Tony de fato tinha um problema com isso ou não, mas ele queria *muito* entrar para nossa banda e concordou com a mudança. O Twisted Sister tinha, finalmente, encontrado seu par perfeito musical.

---

59 A.J. ficou chocado ao descobrir que seu pacote para imprensa profissional — completo com uma biografia, foto e currículo — que ele tinha dado ao amigo tinha sido reduzido a uma fita sem identificação quando a recebi. Acho que estava destinado a ser.

O ANO DE 1982 FOI UM DOS ANOS MAIS TUMULTUOSOS da minha vida. Ele começou como uma continuação da espiral descendente que tinha sido minha carreira em 1981 e terminou no ponto mais alto dos pontos altos com alguns picos e vales doidos pelo meio do caminho.

A.J. Pero se apresentou oficialmente pela primeira vez com o Twisted Sister no Dia da Mentira. A diferença em nosso som era tangível. Dava para sentir além de ouvir. Sempre tínhamos sido uma marreta de uma banda ao vivo – agora éramos uma marreta de 10 kg! O trabalho de preparação para A.J. assumir seu posto, e o subsequente período de amaciamento necessário com qualquer músico novo (ainda que A.J. tenha sido preparado de uma maneira incrível pelos ensaios e shows), exigiu tempo e esforço. Definitivamente acredito que isso ajudou a desviar nossa atenção da realidade que, depois de *seis anos,* ainda não tínhamos um contrato com uma gravadora. Tenha em mente que para Jay Jay fazia *nove anos* desde que ele tinha formado a banda. *Minha nossa!*

Tudo isso mudou quando Martin Hooker, da Secret Records, fez valer sua palavra e negociou um contrato para assinar com o Twisted Sister.

O catálogo da Secret Record na época consistia em um grupo, até onde eu sei, a banda neo punk The Exploited (poderia haver mais, mas eu não tinha conhecimento delas). O The Exploited causou certa comoção no Reino Unido. Tal como o Twisted Sister, eles se recusaram a permitir que seu estilo musical favorito morresse. Logo, o nome de seu primeiro álbum, *Punks Not Dead.* Na verdade, o punk – mesmo que não completamente morto – tinha sofrido um ferimento que acabou com o gênero (temporariamente), e a maioria dos punks e skinheads estavam procurando um novo lar musical. Graças a bandas crossover como o Motörhead, o heavy metal estava rapidamente se tornando um refúgio para a juventude da classe trabalhadora mundial.

Martin Hooker viu o que estava acontecendo e, em uma tentativa de criar uma "loja de departamentos" para tal juventude, assinou com uma banda de heavy metal, para que a Secret Records pudesse atender a todas as facetas do mercado do rock agressivo. Esperto. Naquela época, o Twisted Sister tinha um genuíno apelo punk[60]. Nosso primeiro show na Inglaterra foi frequentado por uma mistura de headbangers, punks e skinheads. (Ter Mark "the Animal" Mendoza, da influente banda punk Dictators, em nossa banda também ajudou.)

O único problema foi que, ao assinar com o Twisted, a Secret Records tinha mordido mais do que conseguia mastigar. Não éramos nenhuma banda punk minimalista local. O Twisted Sister era um monstro exuberante do heavy metal dos Estados Unidos, que levou com ela uma variedade de problemas, como Martin Hooker logo descobriria.

Para capitalizar com o burburinho crescente ao redor da banda no Reino Unido e preparar o terreno para o lançamento de nosso álbum mais tarde naquele ano, Martin queria nesse meio tempo lançar a fita demo que tinha chamado sua atenção para a banda, para começo de conversa, como um EP – um disco com quatro faixas – e chamá-lo de *Ruff Cutts*. Felizes em ter qualquer produto no mercado, concordamos de imediato.

No dia 15 de abril de 1982, na calçada diante do prédio de Eddie Ojeda, no Queens, Eddie, Jay Jay, Mark e eu nos encontramos e assinamos nosso contrato com a Secret Records. Não faço a menor ideia por que não fomos convidados para entrar no apartamento do Eddie. Em seguida, precisávamos encontrar um produtor para nosso disco, e Martin Hooker tinha uma ideia: Pete Way, da banda UFO.

O UFO era uma das minhas bandas favoritas, e do Mark também, e Pete Way – o baixista e um dos compositores do UFO – era uma lenda. Pete tinha feito recentemente um bom trabalho produzindo o álbum *The Wild Ones* para a banda britânica de Oi![61] Cockney Rejects. Gra-

---

60 Até hoje, "We're Not Gonna Take It" é considerada um hino punk, devendo um pouco de sua inspiração ao Sex Pistols, com certeza.

61 De acordo com a autoridade mundial, a Wikipédia: "Oi! É um subgênero do punk rock da classe operária que teve origem no Reino Unido no final dos anos 1970. A música e sua associada subcultura tinham como objetivo reunir punks, skinheads e outros jovens da classe operária".

varíamos um disco independente de baixo orçamento. O preço de Pete Way era razoável e ele também traria bastante credibilidade. Pete e o UFO eram verdadeiras lendas no Reino Unido e na Europa. Tê-lo nos produzindo era como receber a bênção do papa. Agora só tínhamos que nos encontrar com ele para fechar o negócio.

Para nossa sorte, o UFO naquela época estava em turnê pelos Estados Unidos. Pete Way ficou interessado em trabalhar com a banda e concordou em viajar para Nova York para ver um dos nossos shows naquela região.

Dizer que Pete viajava com pouca coisa seria um eufemismo. Ele desceu do avião com uma bebida em uma mão, usando apenas uma camiseta e calças jeans, tênis e nada mais. Nada de bagagem de mão, nada de bagagem despachada – não sei ao certo se sequer tinha uma carteira. (Eram os anos 1980, quando tudo o que você precisava para viajar era uma passagem válida.) Pete foi levado direto para o clube para ver a banda. Ele era (e ainda é) um sujeito extremamente agradável, que eu posso descrever apenas como uma versão rock and roll de "Arthur", de Dudley Moore, mas sem o dinheiro. Não que Pete fosse pobre, ele apenas nunca parecia ter dinheiro com ele e estava sempre tentando descontar um cheque todo amassado que a esposa dele tinha lhe dado e que ele levava para tudo quanto era lado.

Pete e a banda se deram bem de imediato e uma parceria foi formada. Pete Way seria nosso produtor e estávamos prontos para detonar.

22
LEMMY KILMISTER: FADA MADRINHA

EM JUNHO DE 1982, O TWISTED SISTER FEZ SEU show de despedida da região dos três estados no North Stage Theater, em Glen Cove, Long Island. Cheios de energia por sabermos que finalmente estávamos cumprindo nossa promessa de glória heavy metal, e com nossos fãs leais nos dando uma bela de uma despedida, fizemos uma das melhores apresentações ao vivo de nossa carreira[62]. Três dias depois, estávamos em um jato para a Inglaterra.

Com muita relutância, deixei uma Suzette bastante grávida. Em seu sexto mês, minha pequenina esposa tinha sido superalimentada pela mãe e pela avó ("Você está comendo por dois agora") e parecia prestes a explodir. Nunca houve a questão de se eu deveria ir; Suzette nunca disse uma palavra negativa ou de protesto. Apenas compreendeu. Ambos trabalhamos por aquilo por tanto tempo, e as coisas finalmente estavam começando a dar certo. Além disso, eu estaria de volta em agosto, com bastante tempo para o nascimento de nosso primeiro filho, que estava previsto para setembro.

Deixando A.J. Pero – temporariamente – para trás para que ele se casasse com sua primeira esposa, Joanne (ele se juntou a nós alguns

---

62 O DVD com o show no North Stage Theater, encontrado no *Double Live: North Stage '82 – New York Steel '01*, é um item obrigatório para qualquer verdadeiro fã da banda. Não digo isso sobre muitas coisas que fizemos, mas filmado na véspera de nossa explosão inicial, a banda está em sua melhor forma!

dias depois), após seis anos e meio de espera (mais de oito anos para Jay Jay), finalmente seguimos para a Inglaterra para dar um passo enorme em carreira musical. *O Twisted Sister ia gravar seu primeiro álbum!*

Estávamos agendados para gravar nos estúdios Kitchenham Farm, em Ashburnham, Inglaterra, onde o Def Leppard tinha acabado de passar um ano gravando *Pyromania* e Paul McCartney tinha concluído seu disco mais recente. Aquele lugar era o bicho! Nosso contrato com a Secret Records estipulava que eles providenciariam o estúdio, a moradia e as refeições. O estúdio e o hotel ficavam no interior da Inglaterra, que estava absolutamente lindo em julho. Nosso hotel era um lugar antigo maravilhoso, originalmente construído por Guilherme, o Conquistador, na Idade Média. *Estamos falando do século 11!* Nos Estados Unidos, chamamos coisas que têm setenta e cinco ou cem anos de "antiguidades". Na Europa, isso é considerado "relativamente novo". Não poderíamos ter ficado mais embasbacados. O estúdio, por outro lado, foi um tipo diferente de surpresa.

O Kitchenham Farm em si era bem legal, mas não gravaríamos lá. Não lembro se foi por causa de orçamento ou se pensaram em algo "mais metal" (essa provavelmente foi nossa justificativa para os problemas de orçamento), mas ficou decidido que gravaríamos as faixas-bases e as guitarras em um celeiro local, usando uma unidade de gravação móvel. Os amplificadores e a bateria foram montados, fardos de feno foram usados como defletores de som e a van de gravação foi estacionada bem do lado de fora do celeiro esvaziado, no meio de uma fazenda em atividade. Tudo estava indo bem até que pedimos pela primeira vez que nosso engenheiro tocasse alguma coisa na unidade móvel. O bunda-mole condescendente e arrogante (era assim que ele agia com a gente) se recusou a aumentar o volume. Ao que parece, ele sofria de tinnitus ou algo assim e não podia ouvir as gravações em um volume muito alto – e "muito alto" quero dizer qualquer coisa mais alta do que o volume de uma conversa normal. Ele estava de sacanagem? Éramos uma maldita banda de heavy metal, pelo amor de Deus! Éramos barulhentos por definição!

Desnecessário dizer que minha reação à "condição" do sujeito não fez com que a banda fosse benquista por ele nem pelo restante das pessoas que trabalhavam no estúdio. Gritar com um sujeito com tinnitus tende a ser contraproducente. Esses norte-americanos horríveis.

COMO AMBIENTE DE GRAVAÇÃO, O CELEIRO SERVIU para seu propósito. Conseguimos obter um tipo de som "do ambiente", mas os residentes locais não ficaram muito contentes conosco. E quando digo *residentes locais* me refiro aos animais da fazenda. Lembro-me de estar no lado de fora olhando para uma vaca enquanto Mark "the Animal" Mendoza estava se preparando para testar seu equipamento. No instante em que ele começou a tocar o baixo (em um volume ensurdecedor, é claro), a vaca começou a cagar incontrolavelmente. Aquele pobre bovino não sabia o que a tinha atingido. Talvez aquele ato foi um comentário sobre as habilidades de Mark?

As músicas que estávamos gravando para nosso primeiro álbum eram aquelas que tocávamos nos clubes, portanto não houve nenhum tempo desperdiçado escrevendo, criando partes nem mesmo discutindo o que precisávamos fazer. Era basicamente gravar o que fazíamos ao vivo. De qualquer modo, todo processo de gravação é longo e bastante entediante. Como a filmagem de filmes e vídeos, o mantra da indústria é "apresse-se e espere". Bem, tenho certeza de que bandas "baderneiras" se divertem muito mais, acrescentando amigos, garotas, bebidas e drogas às gravações. Isso não era para mim. Eu estava em uma missão e, finalmente, tinha recebido as chaves do reino.

Eu já tinha uma fita cheia de ideias para músicas para o álbum seguinte, nas quais tinha trabalhado nos meses anteriores à nossa partida. No voo de sete horas para a Inglaterra, repassei as ideias e selecionei mais ou menos as vinte melhores. Enquanto os caras estavam no celeiro ajustando o som, gravando as faixas ou só ficando de bobeira, eu me sentava sozinho na van da banda – ou em um cômodo vazio, ou no meu quarto de hotel, o que quer que estivesse disponível para mim – e trabalhava nessas ideias. Quando não estava de fato gravando ou fazendo a mixagem de nosso primeiro disco, eu estava escrevendo letras e/ou preparando ainda mais as músicas para nosso segundo álbum, para que elas estivessem prontas quando chegasse a hora. Foi assim que trabalhei nos primeiros três discos. Não tínhamos nem lançado o primeiro e eu estava pronto para o segundo. Estava confiante e empenhado mesmo. Lembra-se da fala de Tony Robbins "A sorte é o encontro da preparação com a oportunidade"? Eu sabia disso por instinto. Nada me impediria.

Com Mark Mendoza trabalhando ao lado de Pete Way (Mark estava interessado na arte da gravação) e os engenheiros empenhados em nosso disco (Craig Thomson, Will Gosling e Dave Boscombe), avançamos faixa a faixa, basicamente passando do ao vivo para a fita, com exceção dos vocais. Estes foram gravados em diversos estúdios disponíveis.

Pete Way, apesar de ter boas intenções rock and roll, não era um grande produtor. Seu melhor valor era a credibilidade que ele emprestou a um bando de ianques relativamente desconhecidos. Fãs e músicos adoravam Pete, e ter seu selo de aprovação abriu muitas portas para nós.

O Motörhead tinha recentemente passado por um terrível "divórcio" com Fast Eddie Clarke, o guitarrista solo, deixando os antigos colegas de banda em péssimas condições. Por pior que a separação tivesse sido, a mídia a deixava dez vezes pior, jogando os integrantes da banda uns contra os outros. Foi triste de ver. Pete era um bom amigo de todos os caras do Motörhead e fez uma ligação para Fast Eddie perguntando se ele poderia tocar um solo em uma de nossas músicas, "Tear It Loose". Fast Eddie não fazia a menor ideia de quem éramos e nem precisava. Seu camarada Pete pediu e isso era bom o bastante[63].

---

63 Pete Way e Fast Eddie Clarke (junto com Jerry Shirley, do Humble Pie) mais tarde montariam uma banda chamada Fastway, que atingiu algum sucesso, apesar da saída de Pete antes de a banda gravar seu primeiro disco.

O lendário Fast Eddie Clarke chegou ao celeiro com uma guitarra em uma das mãos e uma garrafa de Jack Daniel's Old No. 7 na outra. Era apenas o meio da tarde, mas Fast Eddie estava pronto para mandar ver. O plano era que Jay Jay e Fast Eddie trocassem solos de guitarra entre si naquela faixa. Ainda que os dias de festanças de Jay Jay tivessem ficado no passado, ele ficou pau a pau com Fast Eddie Clarke naquele celeiro, trocando *licks* de guitarra e goles da garrafa de Jack, um a um.

Não me lembro de já ter sentido tanto orgulho de Jay Jay.

No curto período que tivemos com Fast Eddie, compartilhei com ele minhas opiniões sobre como a imprensa manipulava a rixa entre ele e o vocalista/baixista do Motörhead, Lemmy Kilmister. Eu lhe falei sobre como seu relacionamento com o Motörhead era um tipo de casamento. Eles tiveram alguns anos incríveis juntos e, mesmo que não estivessem se dando bem agora, isso não podia mudar o tempo que compartilharam e o que conquistaram.

Que bundão metido a besta eu era! Quem eu era para fazer um sermão para ele sobre qualquer assunto? Eu descobriria por conta própria, em alguns poucos anos, como era difícil manter uma atitude positiva sobre seus colegas de banda depois de uma separação. Já mencionei que eu era um bundão?

A faixa ficou ótima, e Fast Eddie se tornou um amigo da banda para a vida toda. Nós o veríamos novamente muito em breve, mas não antes de conhecermos os membros remanescentes do Motörhead em um ambiente muito mais intenso.

ENQUANTO TRABALHÁVAMOS PARA TERMINAR NOSSO primeiro disco, o EP *Ruff Cutts* estava sendo preparado para o lançamento no início de agosto. Ele conteria duas faixas produzidas por Eddie Kramer, "Under the Blade" e "Leader of the Pack", e duas canções produzidas por nós retiradas da nossa última demo: nossa música de abertura de longa data, "What You Don't Know (Sure Can Hurt

You)"[64] e "Shoot 'Em Down". Mas antes que qualquer um desses discos chegasse às lojas, o Twisted Sister recebeu a oferta de uma oportunidade que se tornaria um dos momentos cruciais – *se não o momento crucial* – de nossa carreira.

O Motörhead estava voltando ao Reino Unido depois da turnê mundial do disco *Iron Fist* para ser a atração principal de um festival de heavy metal em um estádio de futebol em Wrexham, no norte do País de Gales. O empresário deles, Doug Smith, tinha ajudado nosso empresário com a logística do Twisted Sister no Reino Unido e nos ofereceu uma vaga no programa. Não qualquer vaga, mas a vaga de "convidado especial", *terceiro em um programa com oito bandas*. O Twisted Sister de pronto aceitou a primeira chance de se apresentar para um público britânico, depois de meses de burburinho na imprensa de rock local.

Nosso anjo da guarda, Pete Way, não podia ir conosco ao show, então ligou para um de seus amigos que estaria lá. Pete lhe disse que éramos um grupo de rapazes legais e que ele deveria cuidar da gente. Esse amigo? O pirata original do rock and roll – o astro Lemmy Kilmister, do Motörhead.

Quando chegamos ao estádio, a verdadeira realidade do que estávamos encarando começou a nos atingir. Em um programa cheio de bandas com discos nas lojas, o Twisted Sister não tinha nenhum. Ninguém naquele país tinha sequer ouvido uma de nossas músicas, aliás, nem nos visto. Acrescente a isso o fato de que bandas que usavam maquiagem não só eram inexistentes, como também eram completamente inaceitáveis para os fãs ingleses de metal. Qualquer banda que demonstrasse mesmo que apenas um toque de *glam* era brutalizada pelos notoriamente hostis fãs britânicos de metal. A banda canadense de metal Anvil tinha recebido o apelido de Canvil[65] depois de ser expulsa

---

64 Considerada por muitos fãs de metal uma das melhores músicas de abertura de todos os tempos.

65 Brincadeira com a palavra *cavil* que, hoje, significa reclamar de coisas frívolas, mas que costumava ser usada como verbo: *zombar, ridicularizar*. [N.T.]

do palco a garrafadas porque o vocalista/guitarrista Lips usava luvas compridas "arrastão". A banda Girl (a primeira banda de Phil Collen, do Def Leppard, e Phil Lewis, do L.A. Guns, a ter um disco lançado) foi massacrada sem misericórdia em um festival por usar um toque de maquiagem. Espere só até eles derem uma boa olhada na gente!

Enquanto espiávamos a multidão de headbangers que se aglomerava no estádio, as coisas foram de mal a pior. Os fãs do Motörhead eram alguns dos desgraçados mais maldosos e feios que eu já tinha visto, e as poucas fãs que eles tinham... bem, vamos dizer que você preferiria transar com um dos caras!

E, como se não bastasse, a segunda banda da programação, Budgie, cancelou na última hora, nos empurrando para a segunda vaga, logo antes do Motörhead. Então descobrimos que tocaríamos antes do pôr do sol.

Pela reação geralmente negativa em relação à aparência do Twisted Sister, eu tinha escrito "What You Don't Know (Sure Can Hurt You)" para abrir nossos shows. A única música que já escrevi com o intuito de que ela se encaixasse a um esquema de iluminação de palco, a ideia era que a banda fosse iluminada apenas em silhueta ao longo do primeiro terço da canção. Isso daria ao público uma chance de nos ouvir, *antes que vissem o nosso visual.* A estratégia sempre tinha sido eficaz, e recebíamos uma reação intensa quando as luzes da frente por fim eram acesas, revelando nosso visual "único". A chave para o sucesso da música era que o palco e a banda começavam em uma escuridão quase completa. O Twisted Sister nunca tinha se apresentado à luz do dia e estávamos aterrorizados com o que poderia acontecer com o público do Motörhead.

A banda se reuniu no camarim para discutir um plano de ação. Tínhamos sido alertados sobre a reação em potencial diante do nosso visual e estávamos surtando. Nossa primeira apresentação no Reino Unido poderia muito bem ser a última. Não me lembro de quem foi a ideia, mas alguém sugeriu que não usássemos a maquiagem e os trajes pela primeira vez em nossa carreira[66]. Isso foi recebido com uma resposta bastante entusiasmada pela maioria dos integrantes tensos. Não por mim. Eu disse à banda que, apesar de estar com tanto medo de subir no palco quanto eles, não tinha ido tão longe com aquele visual para recuar agora. O caminho não foi tranquilo para nós; me meti em muitas enrascadas e discussões por causa da nossa imagem. Se fosse para tirar as indumentárias e a maquiagem por medo de uma reação negativa do público, eu teria feito isso há muito tempo.

Ainda que a banda tenha usado a maquiagem e as indumentárias naquele dia, alguns dos integrantes usaram os coletes de brim do Twisted Sister por cima das roupas de palco e óculos escuros para cobrir a maquiagem dos olhos[67]. *Eu não.*

Enquanto estávamos em nosso camarim debatendo nervosos o que faríamos, Lemmy Kilmister passou diante da porta aberta. Sempre brinquei que o Lemmy parou e entrou porque conhecia o cheiro de excremento humano (porque a gente estava se cagando), e o odor estava exalando no corredor. Qualquer que tenha sido a razão, ele realmente entrou e fez uma proposta espontânea que nos deixou surpresos. *Lemmy se ofereceu para apresentar a banda.*

Tenho certeza de que a magnitude desse gesto não está sendo apreciado por completo por muitos de vocês. O Motörhead era a atração principal. Tradicionalmente, os figurões sequer anunciam suas presenças para as bandas nos bastidores, que dirá deixar que o público os vejam antes de seus próprios shows. Isso acaba com o suspense. Os fãs vorazes aguardam o dia inteiro que seus heróis por fim apareçam, naquele primeiro momento alucinante no começo do show. O frontman subir no palco, sem introdução, antes do seu show, é algo inédito. *Que*

---

66 Isso não é totalmente verdade. Todo Halloween, o Twisted Sister se apresentava usando roupas casuais. Decidimos que, enquanto o mundo estava vestindo fantasias, tiraríamos uma noite de folga por ano.

67 Tenho de destacar que Jay Jay sempre usou óculos escuros no palco. Àquela época, mais ninguém usava.

dirá para ajudar uma banda desconhecida com a qual o artista não tem nenhuma afiliação! Até hoje, ainda não sei ao certo por que Lemmy nos demonstrou tal gentileza. É provável que seja apenas sua personalidade e uma das razões de ele ser tão amado. Ele pode ser um pirata, mas é um pirata benevolente.

Quando chegou a hora do nosso show, caminhamos solenemente pelo *longo* corredor que levava ao palco do estádio, nos dirigindo para nossa ruína. Nossa fita de introdução ("It's a Long Way to the Top [If You Want Rock 'n' Roll]" do AC/DC) chegou ao fim e a banda entrou no palco. No instante em que os fãs britânicos nos viram, começaram a reagir de forma hostil. Antes que tivéssemos tocado nossa primeira nota, braços por toda a multidão se preparavam para jogar em nós garrafas, latas, entre outras coisas... *Então Lemmy Kilmister entrou no palco.* A multidão ficou chocada ao vê-lo e congelou com os braços no ar. A voz de Lemmy é notoriamente ininteligível para ouvidos inexperientes – em especial para aqueles que não são britânicos –, mas seus fãs entenderam exatamente o que ele disse.

– Estes são alguns amigos meus dos Estados Unidos. *Ouçam o que eles vão tocar.*

Isso foi tudo. Uma dúzia de palavras roucas de um deus do rock britânico e o Twisted Sister recebeu uma pequena chance abençoada para provar seu valor. Nós nos lançamos em um show destruidor com o que fazíamos de melhor, mas com uma ressalva. Ao longo dos anos, eu vinha aos poucos perdendo os elementos mais afeminados das minhas apresentações ao vivo. Quanto mais eu descobria meu eu durão – e me dava conta de que *rapaz bonito* eram duas palavras que nunca seriam usadas para me descrever –, os adornos do personagem Frank-N-Furter dos primeiros anos do Twisted Sister tinham desaparecido pouco a pouco. Naquele dia, durante nossa apresentação, diante daquele público, os últimos vestígios afeminados foram completamente para o espaço, e liberei por completo meu verdadeiro monstro interior *e nunca mais olhei para trás.* A ovação do público do Motörhead naquele estádio foi surpreendente e quando, por fim, deixamos o palco, soubemos que o Esquadrão de Demolição tinha conseguido de novo.

Dez minutos depois do término do nosso show, estávamos sentados no nosso camarim, esfriando, nos sentindo bem pelo que tínhamos acabado de fazer, rindo e fazendo bastante barulho. A princípio pensei que tivesse ouvido trovão. Ah, merda! Será que ia chover? Mas o trovão era rítmico... e havia vozes. Joe Gerber mandou todo mundo ficar quieto, e tudo ficou claro.

"Twisted! [BUM-BUM!] Sister! [BUM-BUM!] Twisted! [BUM-BUM!] Sister! [BUM-BUM!] Twisted! [BUM-BUM!] Sister! [BUM-BUM!]"

Podíamos ouvir a multidão ainda pedindo mais! *Aquela era a maior ovação de nossa carreira!* O que estou prestes a contar a seguir é uma violação de confidencialidade, mas não vou mencionar o nome da pessoa, e acho que trinta anos é o período de prescrição para algo assim. Alguém da equipe do Motörhead veio até mim e disse que entreouviu Lemmy dizendo: "Essa é a primeira vez que sinto medo de entrar depois de uma banda". Eu não conseguia acreditar. *De jeito nenhum.* Estamos falando do Motörhead. *Impossível.* A porta do nosso camarim foi aberta e o Lemmy entrou. Ele veio diretamente até mim e disse: "Eu apresentei sua banda... *agora você vai apresentar a minha*". Puta merda! Eu apresentar o Motörhead no show *deles* como atração principal?!

E fiz exatamente isso. Subi no palco e o público ficou completamente maluco. O Twisted Sister tinha ganhado seus obscuros coraçõezinhos heavy metal. Apresentei o Motörhead, depois fui para a lateral do palco e bati cabeça em todas as músicas junto com todos os outros fãs. Na metade do show, Lemmy se vira, aponta para mim e diz: "Esta é para ele. Ela se chama 'America'". Para mim?! O público aplaudiu e o Motörhead atacou a música com um rugido.

O dia que tinha começado como um pesadelo se transformou em um sonho maravilhoso. Depois de seis anos e meio, cinco sujeitos da área de Nova York – liderados por um jeca de Long Island – tinham conseguido. Sempre serei grato e sentirei um grande amor por Lemmy Kilmister e pela gentileza que ele demonstrou por mim e minha banda naquele dia. Se ele não tivesse feito o que fez, poderia ter havido um resultado muito diferente, e nossa carreira poderia ter terminado antes mesmo de começar.

23
MARCADO POR TODA A VIDA

NAS NUVENS DEPOIS DE NOSSA APRESENTAÇÃO MEMORÁVEL em Wrexham, voltamos para Londres para mixar nosso disco no Whitehouse Studios e tirar fotos para a capa do álbum.

Originalmente, o disco se chamaria *You Can't Stop Rock 'n' Roll* (por causa da música de mesmo nome), mas o presidente da Secret Records, Martin Hooker, mudou de ideia. Por alguma razão, naquela época, títulos de músicas e discos com as palavras *rock 'n' roll* estavam fora de moda no Reino Unido. Hooker temia que o primeiro disco do Twisted Sister fosse rejeitado antes mesmo de ter saído do forno. Com esse tipo de abordagem excessivamente cautelosa, fico surpreso por ele não ter pedido que mudássemos o nome. Naquela época, críticos de rock costumavam destacar que bandas cujos nomes começavam com a letra "T" (Tank, Terraplane, Tygers of Pan Tang) estavam destinadas ao fracasso. Seja como for, "You Can't Stop Rock 'n' Roll" foi retirada da lista de faixas, e *Under the Blade* foi escolhida como novo título do álbum. Por quê? Porque era uma das músicas que melhor definiam nosso som, uma das favoritas dos fãs... e metal pra caralho!

A ideia para a arte da capa veio do fotógrafo (eu acho). Quando chegamos ao estúdio, um pano de fundo, com um machado oscilante pintado, já estava pendurado para que posássemos diante dele. Os caras fizeram poses intensas e fiz o meu (novo) lance para a câmera. Recém-saído de minha apresentação reveladora no festival do Motörhead, agora sabia exatamente o que meu público queria e dei isso a eles. Eu era um completo monstro do rock and roll.

A foto da contracapa foi tirada sem maquiagem e indumentárias para estabelecer uma crença central da banda: não estávamos nos escondendo. O Twisted Sister usava indumentárias para melhorar as apresentações ao vivo, mais como um efeito especial. Ao colocarmos uma foto nossa sem maquiagem ou vestimentas na contracapa, acreditamos que ela transmitiria a mensagem de imediato. A banda não queria que esse significado passasse batido.

Outro precedente que insisti que fosse estabelecido desde o primeiro disco: minhas letras teriam que ser impressas no encarte do disco. Eu me orgulho das minhas mensagens heavy metal atípicas e queria que as pessoas soubessem exatamente sobre o que eu estava cantando (ou que pelo menos tivessem uma chance de entender). Me esforçava para usar tradicionais imagens pesadas a fim de transmitir mensagens mais positivas, fortalecedoras e inspiradoras em muitas das minhas músicas. "Bad Boys (of Rock 'n' Roll)" era sobre ser julgado de maneira injusta e de se orgulhar como indivíduo. "Sin after Sin" era um alerta sobre o caminho do mal (a primeira de muitas). Eu sabia que a maioria dos ouvintes nunca enxergaria além das imagens sombrias, mas alguns, sim. Queria que eles soubessem o que estava dizendo.

JÁ DISSE QUE PETE WAY ERA O CARA E AMIGO praticamente de todo mundo. Quer mais provas? Estávamos mixando *Under the Blade* certa noite, a porta do estúdio foi aberta e, de maneira completamente inesperada, entrou Ozzy Osbourne. Sem guarda-costas, sem uma comitiva, sem ninguém... apenas o Ozzman. Embriagado com toda certeza, ele e Pete trocaram cumprimentos de amigos de longa data, e Ozzy explicou que tinha acabado de atirar em seu cachorro (ou tinha de ir atirar no cachorro – não me lembro qual) por ele ter mordido sua esposa (Thelma, não Sharon). Pete fez a desnecessária apresentação

NÃO EXISTE
NENHUM CRÍTICO
DO TWISTED
SISTER PIOR
DO QUE OS
PRÓPRIOS
INTEGRANTES
DO TWISTED
SISTER.
ACREDITO QUE
ISSO É QUE NOS
FEZ TÃO BONS
AO VIVO.

de Ozzy para a banda chocada, depois aumentou o volume da mixagem de "Destroyer" para que Ozzy desse uma conferida. Ele pareceu gostar (deve ter gostado, essa é uma das minhas músicas com maior influência de Black Sabbath) e então passou a ser o centro das atenções.

Ozzy estava no meio de um importantíssimo renascimento na turnê do disco *Blizzard of Ozz*, e sua carreira estava a todo vapor. Sua banda tinha acabado de fazer um importante show de retorno ao Reino Unido, diante de trinta mil headbangers, com o Motörhead, no festival Heavy Metal Holocaust, em Vale Park, e o homem estava nas alturas (trocadilho intencional). Ele tinha todo o direito de se sentir vindicado. Desde quase desaparecer na obscuridade depois de deixar o Black Sabbath, Ozzy tinha lutado todo o caminho de volta ao topo, e ele nos contou – em detalhes – tudo a esse respeito. ("Eu vi meu império desmoronando à minha volta!")

Não que nos importássemos. Ele era a porra do Ozzy Osbourne, pelo amor de Deus – ele era o Sr. Heavy Metal!

Conhecer e ficar batendo-papo com Ozzy foi a cereja do bolo de uma maravilhosa primeira viagem à Grã-Bretanha e da gravação do nosso primeiro álbum. O EP *Ruff Cutts* já estava pronto para ser lançado, e o álbum *Under the Blade* seguia para a reta final da pós-produção. Antes de voltarmos para casa – *minha esposa estava com um bebê no forno* –, tínhamos de tratar de mais um negócio. Precisávamos nos apresentar no lendário Marquee Club, em Londres, para toda a imprensa do rock ver. Eles tinham ouvido falar sobre nosso sucesso no festival em Wrexham, mas queríamos que testemunhassem o poder do Twisted Sister com os próprios olhos. Se ao menos o clima tivesse cooperado.

No início dos anos 1980 (e ainda hoje até certo ponto), ar-condicionado e refrigeração na Europa não eram tão bons quanto nos Estados Unidos. Com certeza, somos um bando de esbanjadores, mas o Reino Unido estava no outro extremo. Coisas que nós, norte-americanos, vemos como necessidade eram/são consideradas luxo por lá. Você precisa pedir gelo para sua bebida em um bar, e então eles jogam *um cubo* no seu copo. Peça outro e eles o olham como se você fosse maluco. Não era incomum entrar em um açougue e ver carne crua desprotegida e sem refrigeração em cima do balcão, rodeada de moscas. Abra a porta de uma geladeira de refrigerantes querendo uma bebida gelada e estará quente lá dentro. E ar-condicionado? Não me faça rir! Até hoje, apenas os melhores hotéis na Europa têm ar-condicionado, e você ainda precisa verificar com o hotel para ter certeza de que está disponível. Para ser justo, a Europa não é tão quente como os Estados Unidos, mas, quando faz calor, as pessoas literalmente morrem de calor, por exemplo.

As primeiras apresentações de verdade do Twisted Sister na Grã-Bretanha aconteceram em duas noites em agosto, no lendário Marquee Club. O festival em Wrexham aconteceu um mês antes, mas foi como banda de abertura, com um show curto e durante o dia. Seríamos a atração principal nos shows no Marquee à noite. Finalmente poderíamos usar nossa dramática iluminação de palco e tocar nosso repertório completo.

O Marquee Club é em essência o CBGBs de Londres, mas com uma história muito mais longa e uma lista mais incrível de bandas que já tocaram lá, tais como Hendrix, Bowie, Led Zeppelin e The Who. Os Rolling Stones foram mandados embora do lugar. Deu para ter uma ideia. O fato de o Twisted Sister vender todos os ingressos para duas noites no Marquee – sem nenhum produto gravado – foi uma confirmação importante sobre uma banda de rock emergente.

As temperaturas máximas em Londres em agosto costumam ficar na casa dos 22°C. Bastante diferente de Nova York. Naquele verão, uma onda de calor atingiu Londres nos dias dos shows do Twisted Sister no Marquee, chegando aos 26°C. Isso com certeza era manejável para um bando de nova-iorquinos acostumados com qualquer coisa entre 32°C e 37°C. Até encontrarmos um adversário à altura no Marquee Club.

Como qualquer casa noturna, o Marquee Club não tinha janelas, mas, diferentemente dos clubes nos quais estávamos acostumados a tocar nos Estados Unidos, o Marquee também não tinha ar-condicionado. Não que o ar-condicionado em um clube lotado e cheio de fumaça (lembra de quando era permitido fumar em lugares públicos?) em uma noite quente de verão fizesse muita coisa para esfriar o lugar, mas, pelo menos, os clubes começavam frescos. Não o Marquee.

Enquanto estava no camarim me aprontando para o show, o lugar já estava quente e úmido, mas, ao ver nossa equipe entrar e sair pingando de suor e dizendo coisas como "essa vai ser quente", comecei a ficar preocupado. Estava acostumado a ficar encharcado ao final de um show[68], mas não antes mesmo de subir no palco.

O clube estava lotado, de ponta a ponta. Entre a promoção na *Sounds* e *Kerrang!* – as revistas de rock semanais e mensais de maior popularidade no Reino Unido, respectivamente – e o burburinho sobre nossa apresentação em Wrexham, todo headbanger que se prezasse queria ver os Bad Boys do Rock 'n' Roll.

De repente, a porta do camarim foi aberta e Lemmy Kilmister do Motörhead entrou.

Depois do show que fizemos juntos, Lemmy se tornou um ardente apoiador do Twisted Sister, indo a muitos de nossos shows, nos apresentando e às vezes também tocando com a gente. Lemmy fazia parte desse universo havia muito tempo e tinha visto de tudo. Desde dançar ao som dos Beatles no Cavern Club, em Liverpool, ser roadie de Jimi Hendrix em seus primórdios, a fazer turnês mundiais com praticamente todo mundo no Motörhead, Lemmy Kilmister é uma verdadeira entidade do rock and roll. Ele ficou de queixo caído com o Twisted Sister, e ouvir Lemmy recentemente me dizer que sou um dos três melhores frontmen que ele já viu – e o melhor em conversar com o público – é um dos maiores elogios que já recebi. Mas eu divago.

A hora de cumprir com o prometido para a multidão ensandecida chegou, e nós o fizemos no verdadeiro estilo Twisted Sister... por alguns minutos.

---

68 Certa vez, me pesei antes e depois de um show e tinha perdido 4 kg só de suar! Às vezes tirava minha camisa e a torcia – suor se derramando dela – na frente do público para mostrar a eles como eu estava dando duro e para motivá-los a agitar ainda mais. Meus roadies tinham que secar o suor do chão embaixo de mim para que eu não escorregasse e caísse.

MARCADO POR TODA A VIDA

A primeira coisa que me atingiu – como uma onda de náusea – foi o cheiro fétido do público. Apinhados ombro a ombro, em uma massa suada de brim e couro, o odor era palpável e quase insuportável. Depois descobriríamos que esse era o cheiro padrão do público metal britânico nos anos 1980, mas não posso dizer que isso foi algo com o que chegamos a nos acostumar. Dito isso, o calor foi outra história. O ar estava tão espesso, que quase não conseguíamos respirar: a temperatura e a umidade, insuportáveis; diferente de qualquer coisa que tínhamos vivenciado antes. Quando as luzes do palco foram acesas (o teto do Marquee era baixo, portanto as luzes ficavam perto da banda), elas pareciam luzes infravermelhas. Conforme o show prosseguia, foi ficando cada vez mais difícil cantar ou me mover. Por fim, implorei a Joe Gerber (trabalhando em dupla função naquela época como nosso controlador de iluminação também), pelo microfone, para deixar a maioria das luzes apagadas.

A banda não era a única a sofrer. O público, amontoado, tão perto uns dos outros, estava caindo como moscas. As pessoas estavam sendo carregadas para fora do clube e levadas a hospitais. Foi um pesadelo total. Quando finalmente chegamos ao fim do nosso show de setenta e cinco minutos, eu mal conseguia me mexer. Saí cambaleando do palco, um caco, encharcado de suor, com o restante da minha banda, despenquei em uma cadeira e fiz uma coisa que nunca tinha feito antes e não faço desde então: *chorei.*

Chorei de frustração e raiva por ter sido incapaz de dar às pessoas o tipo de performance que eu era capaz. Chorei porque, em nossa primeira apresentação de verdade para um público que tinha ouvido tantas coisas e esperado tanto, eu tinha falhado em atender às expectativas. Chorei porque, em minha mente, tudo tinha levado àquele momento e, diante da imprensa do rock e da elite do heavy metal, eu tinha falhado. Chorei por ter sido derrotado por um inimigo invisível que, por mais que eu estivesse tentando, não consegui derrotar. Lemmy e outros entraram para nos dar os parabéns, mas em vez disso acabaram nos consolando. Não existe nenhum crítico do Twisted Sister pior do que os próprios integrantes do Twisted Sister. Acredito que isso é que nos fez tão bons ao vivo. A atmosfera no camarim era mais de velório do que de comemoração depois de um show de rock com ingressos esgotados.

No dia seguinte – o segundo dos nossos shows no Marquee seria naquela noite –, as resenhas foram publicadas nos jornais diários. Elas eram ótimas: reconheciam as condições brutais no clube e não conseguiam acreditar que a banda *chegou a ser* capaz de se apresentar. O público ficou incapacitado, ainda assim, de alguma maneira, o Twisted Sister foi capaz de detonar. Ficamos tão envolvidos pelo sofrimento de tentar tocar, que fomos incapazes de ser objetivos sobre a situação. Os fãs e a imprensa nos adoraram!

Naquela noite, obtivemos enormes ventiladores (do tipo que gira, não daqueles estáticos) para o palco, que sopravam diante de bandejas de gelo (primitivo, sim, mas tecnicamente um ar-condicionado), e reduzimos a voltagem e redirecionamos todas as luzes do palco para esfriar um pouco as coisas. Funcionou. Ainda estava quente, mas suportável.

Depois daquele primeiro show – durante décadas –, não consegui me apresentar sem algum tipo de máquina soprando ar no palco. Se não tivesse e começasse a esquentar, eu tinha flashbacks daquela noite terrível e começava a entrar em pânico, sentindo-me sufocado. Aquele show me marcou para toda a vida.

Ah, sim, outra coisa. Descobrimos mais tarde que os gerentes do Marquee Club tinham ligado a porra do aquecimento – durante uma onda de calor em agosto! – para que as pessoas bebessem mais! Às vezes, só quero matar alguém...

24
NÃO ACREDITO QUE ELES JOGARAM BOSTA

NOTÍCIAS SOBRE O GOLPE CERTEIRO QUE O TWISTED
Sister desferiu no show em Wrexham no final de julho se espalhou
depressa pela cena roqueira do Reino Unido. Enquanto estávamos de
volta aos Estados Unidos, desfrutando da vida com a família e aguardando o lançamento de *Under the Blade*, recebemos uma ligação do
escritório do nosso empresário: o Reading Festival queria nos adicionar à programação!

O Reading Festival da Inglaterra costumava ser o principal festival
de rock do Reino Unido. Ainda é um dos mais relevantes, mas agora
existe um punhado de outros festivais igualmente competitivos. Diferentemente do Castle Donington's "Monsters of Rock" (com apenas
bandas de heavy metal e agora conhecido como Download Festival), o
Reading sempre misturou as coisas, com mais de trinta bandas, tocando
estilos diferentes de rock no evento de três dias. (Agora o Reading chega
a oferecer por volta de cinquenta grupos.)

Ficamos entusiasmados pelo convite para um evento tão prestigioso. A escalação daquele ano era a mais pesada do festival até então,
incluindo Y&T, the Michael Schenker Group e Iron Maiden.

Nosso EP *Ruff Cutts* tinha acabado de ser lançado, portanto essa
parecia ser a oportunidade perfeita para nos embrenharmos ainda mais
na comunidade metal do Reino Unido, promover o EP e aumentar a
expectativa para o lançamento do nosso álbum em setembro. Deixando

Suzette para trás, *de novo*, com a gravidez avançada, pegamos um jato de volta à Inglaterra para uma farra de fim de semana no Reading.

Subiríamos no palco no início da tarde para um show curto, mas nos certificamos de embaralhar as cartas em nosso favor. (O Twisted Sister nunca foi muito de jogar limpo.) Fizemos uma ligação para nosso amigo e produtor Pete Way, convidando-o para se juntar a nós na última música do set, um cover do clássico dos Rolling Stones, "It's Only Rock 'n' Roll (but I Like It)". O Twisted Sister fechava os shows com uma versão anárquica dessa música havia anos, e ela sempre agradava o público, mas por que não trazer uma genuína lenda do heavy metal inglês para nos legitimar ainda mais? Pete na época estava no estúdio ensaiando com o Fastway, então ele sugeriu levar Fast Eddie Clarke para tocar com a gente também. Melhor ainda!

Chegamos em Reading pouco depois do meio-dia, algumas horas antes do nosso show, e o lugar já estava em polvorosa. Naquele terceiro dia de evento, mais de trinta e cinco mil pessoas estavam presentes. Finalmente, um público maior do que jamais tínhamos tocado em um show nosso. A banda e eu caminhamos até o palco para ter uma visão melhor.

Com uma grande área de camping à direita, os dois palcos ficavam lado a lado, e a enorme multidão estava dividida entre eles. As pessoas que queriam ter uma visão melhor da banda que se apresentava estavam amontoadas diante daquele palco. As que estavam mais interessadas na banda que se apresentaria em seguida esperavam impacientes diante do segundo palco enquanto este era montado. Desse modo, elas ainda podiam ver a banda que se apresentava no momento enquanto garantiam um bom lugar para ver a seguinte. Esse sistema de revezamento permitia que não houvesse longos intervalos entre as atrações.

A banda Terraplane estava se apresentando naquele momento, abrindo o dia, e estava sendo alvo de muitas coisas que arremessavam. Ao que parecia, o público do Reading, que tinha acabado de acordar, não gostou de ter seu sono de beleza interrompido.

NÃO ACREDITO QUE ELES JOGARAM BOSTA

A caminho dos bastidores para dar uma olhada no camarim, encontrei nosso novo amigo, Lemmy Kilmister, que estava lá para as festividades do fim de semana. Eu lhe avisei que Fast Eddie Clarke tocaria com a gente, então compartilhei com ele o mesmo sermão que tinha dado a Fast Eddie quando estávamos gravando. Sabe, aquele sobre como a imprensa estava manipulando a rixa entre eles e que o relacionamento deles era como um casamento? Eu mencionei que era um idiota? Não acho que posso dizer isso vezes suficientes.

Minha primeira percepção oficial de que algo não estava muito bem aconteceu quando o Terraplane acabou o show. O arremesso de objetos não parou. Agora as plateias diante de cada palco arremessavam coisas uns contra os outros. Quando perguntei o motivo daquilo, falaram que isso era coisa de banda. Os fãs da banda prestes a se apresentar e os fãs da que se apresentaria em seguida atacavam uns aos outros. Parecia idiotice para mim, mas que seja.

Enquanto nos preparávamos para nosso show, a verdade completa das atitudes bizarras do público do Reading Festival ficou clara. Eles jogam coisas em todas as bandas e uns nos outros. Esse comportamento violento tinha virado uma epidemia, e tantos grupos e fãs tinham sido feridos, que os promotores tinham proibido todas as garrafas de vidro e latas de metal nos terrenos do festival. Essa merda era estúpida e grave!

Finalmente chegou a hora do nosso show[69]. Enquanto aguardávamos na lateral do palco, esperando o ponto em nossa introdução que indicava o momento de entrarmos no palco, *coisas estavam sendo jogadas no palco vazio*. Acho que eles estavam aquecendo os braços porque, quando fizemos nossa entrada, a coisa toda virou um pandemônio. O fato de estarmos nos apresentando em plena luz do dia acabou sendo

---

69 Quando vesti minhas roupas de palco naquele dia, me dei conta de que tinha deixado minhas braçadeiras, minhas luvas e meus colares de corrente nos Estados Unidos. Peguei um rolo de fita adesiva preta e a usei para fazer as braçadeiras e a enrolei nas mãos. Se você olhar as fotos daquele dia com atenção, vai conseguir ver. O crucifixo em volta do meu pescoço é um que tinha sido abençoado e que eu usava todos os dias.

uma daquelas situações em que há males que vêm para o bem. Pelo menos podíamos ver a enxurrada de projéteis que estavam sendo arremessados contra nós. Qual é aquela fala do filme *300*? "Nossas flechas vão tapar a luz do sol." "Então lutaremos na sombra." Pois bem, nós detonamos na sombra.

Fomos bombardeados por tudo quanto era coisa que aqueles desgraçados conseguiam arremessar. A proibição de garrafas de vidro e latas de metal não os inibiu nem um pouco. Eles jogavam garrafas de plástico de um litro cheias de refrigerante, água *ou urina* no palco. Alguns membros da plateia do Reading chegaram a perder tempo enchendo devagar e metodicamente garrafas com terra ou pedrinhas para então as lançar no palco. Foi uma loucura! O pior disso tudo é que muitas dessas coisas sequer alcançavam o palco e se chocavam contra as costas e cabeças dos espectadores mais próximos da banda. Alguns deles até usavam capacetes como proteção, antecipando que isso pudesse acontecer. Eu estava furioso!

Sob o título de "a coisa mais legal que já vi um executivo de uma gravadora fazer", o presidente da nossa gravadora, Martin Hooker, pegou no ar um pêssego que tinha sido arremessado, lhe deu uma rápida examinada... então o comeu! O que não mata engorda, acho.

Enquanto a banda arrebentava com "Bad Boys (of Rock 'n' Roll)", seguida de "Shoot 'Em Down", fui ficando cada vez mais irritado. Era tão incrivelmente frustrante ser incapaz de fazer alguma coisa a respeito do que estava acontecendo, de pé em um palco bem acima da plateia, com um espaço que mais parecia um fosso entre nós e a barricada.

Nossa gravação de "Shoot 'Em Down" no disco *Under the Blade* termina com um som de disparos de metralhadora. Ainda que, no novo milênio, uma música sobre atirar em pessoas que maltratam você (mesmo que em uma metáfora), terminando com um disparo de arma, seria considerada insensível e politicamente incorreta, estávamos em 1982. Nenhum imbecil tinha interpretado letras de músicas tão literalmente ainda. A meu pedido, a Secret Records tinha alugado uma Uzi de uso militar cheia de balas de festim para eu atirar de maneira dramática ao final de "Shoot 'Em Down". Como eu disse, o Twisted Sister não jogava limpo.

Quando chegamos ao final da música, saquei a Uzi. Foi bom pra cacete não ter munição de verdade porque, estou dizendo, eu as teria usado contra a porra daqueles desgraçados. Eu estava fora de mim de tão zangado. Quando a música chegou ao fim, tive minha primeira oportunidade de repreender o público. E foi o que fiz.

Eu tinha sido alertado sobre usar linguagem obscena e disseram que a banda seria banida de todos os eventos ao ar livre se eu praguejasse. Embora eu fosse (e ainda sou) um conhecido usuário de impropérios nos shows, aquilo não seria um problema. Sem estar bêbado ou drogado, tenho total controle sobre a linguagem que uso (o que já veio a calhar) e com certeza posso mudar meu discurso com facilidade, enquanto ainda consigo transmitir a minha mensagem... embora não haja nada como a palavra com F para transmitir seus sentimentos mais íntimos.

Eu disse à multidão que as pessoas que estavam jogando coisas eram um bando de covardes que não tinha colhões para dizer ou fazer alguma coisa na minha cara. Disse a eles que esses mesmos filhos da mãe estavam machucando pessoas inocentes na frente do palco. Então dei meu ultimato. Desafiei a plateia inteira – todos os trinta e cinco mil. Disse que, se eles fossem homens e mulheres de verdade, encontraria com eles na lateral do palco depois do show e brigaria com cada um deles, um de cada vez; não estava preocupado com o tempo que isso levaria. E estava falando sério!

De repente, o público parou de jogar coisas e começou a rir. Não de mim, mas da audácia daquele ianque de maquiagem e fantasia que obviamente tinha ficado maluco e não estava brincando. Eles nunca tinham ouvido ou visto nada parecido. A banda então começou a tocar "Destroyer" e a maré mudou. A plateia do Reading começou a agitar! Quando chegamos em "It's Only Rock 'n' Roll", tínhamos conquistado todo mundo por completo, mas o melhor momento ainda estava por vir.

Mais para o final de "It's Only Rock 'n' Roll", fazíamos uma parada em que eu pedia para o público gritar "I like it" depois de cantar "I know, it's only rock 'n' roll but...". Usando diversos truques para incitar a participação da plateia que eu tinha aperfeiçoado ao longo dos anos na cena de clubes da região dos três estados, eu nunca falhava em fazer a audiência berrar a plenos pulmões. E naquela noite tinha um trunfo na manga.

Depois de algumas tentativas medianas, apresentei Pete Way e Fast Eddie Clarke. O público ficou todo empolgado! Aqueles caras eram deuses do rock e o público ficou completamente surpreso em vê-los. As duas divindades plugaram suas "guitas" e se juntaram à banda para outra tentativa de fazer o público gritar – e foi isso o que fizeram. Enquanto eu falava com a plateia, preparando-os para o grande final, eles, de repente e de maneira inexplicável, começaram a berrar. Fiquei confuso. Como um "incitador de público" profissional, sou especialista em causa e efeito. Eu digo alguma coisa que incite uma reação e o público reage. É assim que funciona. Mas aquela plateia estava reagindo e eu não a tinha incitado. E agora eles estavam apontando para alguma coisa. Me virei para olhar para onde o público estava gesticulando e vi uma figura inconfundível, dramaticamente iluminada no fundo do palco. Com seu baixo Rickenbacker (será que ele o tinha trazido consigo só para garantir?) pendurado ao lado do corpo: Lemmy Kilmister entrou para se juntar ao confronto.

Pela primeira vez desde a separação, Lemmy e Fast Eddie Clarke se reuniram. O público ficou completamente enlouquecido! Alinhados na frente do palco, guitarras apontadas para a plateia, os Sete Homens e um Destino eram eu, Eddie, Animal, Jay Jay... *Pete Way, Fast Eddie e Lemmy!* Puta merda! Nós arrebentamos o final de "It's Only Rock 'n' Roll" e detonamos completamente o Reading Festival[70]. Que reviravolta completa com a audiência em apenas quarenta curtos minutos!

---

70 Você pode encontrar esse show matador no Reading no boxe de DVDs do Twisted, *From the Bars to the Stars*.

Saímos para a área dos bastidores onde câmeras disparavam flashes e todos queriam conhecer aquela banda maluca de Nova York cheia de maquiagem que não tinha apenas conquistado a feroz plateia do Reading, mas que também tinha orquestrado a reunião de Fast Eddie e Lemmy.

Talvez eu não seja um idiota tão grande assim, afinal de contas.

Depois de uma torrente de perguntas da imprensa, Mark Mendoza, A.J. e eu fomos até a lateral do palco para ver se alguém tinha aceitado a oferta de me encarar em uma briga. O lugar estava lotado... de novos fãs do Twisted Sister prontos para lutar contra qualquer intrépido que tivesse aceitado minha oferta! *Não havia ninguém.*

Mais tarde, depois de termos trocado as roupas de palco e removido a maquiagem, a banda e a equipe ficaram batendo-papo, em êxtase com o que tinha acontecido. Que dia! O baterista (Danny "Piss Flaps" Heatley) e o guitarrista (Big John) do The Exploited tinham nos feito o enorme favor de serem nossos roadies naquele dia. Eddie Ojeda brincou que deveríamos ter colocado os amplificadores *na nossa frente* como um muro de proteção.

O geralmente quieto Big John comentou, com seu pesado sotaque escocês:

— Não acredito que alguém jogou uma *boista.*

— O quê? — indaguei, completamente confuso pelo que Big John obviamente achava ser inglês.

— Alguém jogou uma *boista.*

— Uma o quê?

— Uma *boista,* cara, uma *boista!* — exclamou Big John de novo, frustrado pela minha incapacidade de entendê-lo.

— *Uma o quê?*

Danny Heatley entrou na conversa com sua tradução "do escocês para o leste de Londres":

— Uma bosta, cara, alguém jogou uma bosta!

Uau. Alguém tinha arremessado uma merda humana no palco. Fiquei abismado. Tantas perguntas a esse respeito precisavam ser respondidas. O quanto você precisa odiar uma banda para jogar merda humana? De quem era a merda? Do arremessador ou de outra pessoa? Onde eles tinham conseguido a merda? De um banheiro químico ou eles simplesmente a tinham em espera caso odiassem a banda o suficiente para jogá-la? Ou será que estavam tão irritados conosco que tinham abaixado as calças, cagado ali mesmo e então a arremessado? O que me leva direto para a minha primeira pergunta: o quanto você precisa odiar uma banda para jogar merda humana? É um enigma.

Ponderei sobre esse quebra-cabeça de maneira intermitente durante o voo de volta aos Estados Unidos, mas eu tinha outras coisas mais importantes em mente. Estava na hora de minha esposa dar à luz nosso bebê.

NO DIA 19 DE SETEMBRO DE 1982, MINHA VIDA mudou para sempre. Meu filho Jesse Blaze Snider nasceu.

Suzette, minha esposa de vinte e dois anos, teve um parto natural doloroso de tão longo, e fiquei sentado ao lado dela durante todo o processo, me sentindo um completo inútil. Chegamos a fazer aulas de Lamaze, mas deixe eu contar uma coisa! Dizer "Respira, respira" e "Vai ficar tudo bem" para uma mulher que está lidando com a dor excruciante das contrações soa pouco convincente e faz um homem se sentir impotente. Os homens são programados por instinto para proteger as mulheres que amam e querem ajudá-las, mas, enquanto as mulheres passam por esse suplício, somos incapazes de fazer qualquer coisa a não ser esperar e assistir.

Depois de uma longa noite de sofrimento (minha esposa exausta dormiu durante contrações tão dolorosas que teriam feito um homem adulto se ajoelhar), Suzette foi, por fim, levada à sala de parto. Minha sensação de impotência nunca foi maior do que quando a observei empurrar com tanta força para dar à luz nosso bebê que vasos sanguíneos se romperam em seu rosto. O que eu tinha feito à mulher que eu amava?

Então, o choro de um bebê e as palavras "é um menino", de repente, minhas emoções se inverteram por completo; do fundo do poço às alturas em um milésimo de segundo. Será que essa era a sensação de estar drogado? Talvez eu estivesse perdendo alguma coisa afinal de contas. Instantes depois, sem aviso, a enfermeira colocou meu filho recém-nascido nos meus braços. Eu tinha lido a respeito e achava que compreendia o incrível sentimento de ser pai. Parecia ser um conceito bastante simples. A realidade é que você não consegue entender o sentimento até você mesmo tê-lo vivenciado.

Naquela época, os rapazes da banda acreditavam que compreendiam as coisas pelas quais eu estava passando, ficando tão longe da minha família por períodos tão longos. Anos mais tarde, Jay Jay, que teve uma filha *depois* de nossos dias de glória, me perguntou: "Como você conseguia? Não consigo imaginar ficar longe de Samantha do jeito que você ficava longe do Jesse". Bem, fazemos o que tem de ser feito.

Daquele dia em diante, a estrada foi só sofrimento para mim. Eu não podia *não* correr atrás do trabalho de uma vida inteira, mas o único lugar que queria estar era em casa.

25

MAN-O-WIMP E OS NOVOS HIPPIES

COM O NASCIMENTO DE JESSE E O LANÇAMENTO DO primeiro álbum do Twisted Sister (ainda que disponível apenas como importado nos Estados Unidos), eu estava me sentindo nas nuvens. Então, recebemos a notícia de que faríamos uma turnê pela Inglaterra, promovendo nosso álbum, com a banda Diamond Head. Hoje, eles são mais conhecidos por serem uma grande influência para o Metallica (que gravaram covers famosos de algumas de suas músicas); em 1982, eram uma popular banda inglesa de metal, e ficamos entusiasmados por fazer uma turnê com eles.

Com o sonho de ser uma banda de rock com discos lançados e turnês internacionais finalmente começando a se realizar, atacamos o circuito de clubes da região dos três estados pela última vez, para uma grande série de shows de despedida. Tinha chegado a hora de oficialmente dizermos adeus aos nossos leais apoiadores de longa data dos bares antes de partirmos para sempre em outubro. Com um álbum nas lojas de discos (lembra delas?) e o estrelato internacional surgindo no horizonte, cada um desses shows ficou apinhado até o teto. Todos os fãs leais do Twisted queriam se despedir de seus heróis do rock. Não poderia ter sido mais glorioso.

Assim que concluímos nossa série de shows pelos clubes, começamos a nos preparar para partir para a turnê Diamond Head/Twisted Sister, quando o mundo desabou sobre nossa cabeça.

Aconteciam vários atrasos por parte da Secret Records em conseguir passagens aéreas para nós para o Reino Unido, mas eles sempre pareciam ter um bom motivo. Não tínhamos nenhuma razão para duvidar deles, então seguimos com os preparativos. Pouco antes do dia programado para nossa partida, recebemos a notícia: a Secret Records não seria capaz de arcar com os gastos da banda durante a turnê. Sem seu apoio econômico, não poderíamos bancar a turnê com o Diamond Head.

Tinha sido incrivelmente ambicioso para aquela gravadora minúscula contratar e importar uma banda de rock norte-americana. Diferentemente do The Exploited, cujos integrantes "moravam logo ali", o Twisted Sister precisava de passagens aéreas, acomodações, transporte terrestre, subsídios diários, aluguel de equipamentos e muito mais. Ter nos levado para a gravação do *Under the Blade e* depois outra vez para o Reading Festival deve ter forçado a gravadora até seus limites. A turnê estava cancelada. O Twisted Sister tinha um inverno longo e frio pela frente.

Sem uma turnê, não tínhamos nenhuma renda. Tendo acabado de fazer nossa grande "turnê de despedida" da região dos três estados, não teria cabimento voltarmos para os clubes para uma turnê "Pegadinha! Estávamos só brincando" (ainda que isso pareça ter funcionado para o Kiss). Tínhamos um pouco de dinheiro em nossos fundos de guerra, mas quem sabia quanto tempo ele duraria ou por quanto tempo precisaria durar?

Em outubro de 1982, poucas semanas depois do nascimento do meu filho, fiquei com Suzette e Jesse em nossa quitinete, basicamente me escondendo, porque todo mundo achava que o Twisted Sister estava em turnê na Inglaterra. Depois de me pavonear tanto sobre como estávamos deixando a cena de bares para trás, estava envergonhado demais para deixar que as pessoas descobrissem a verdade. Eu não tinha nenhum contrato de gravação, nenhum show nem turnê – e não fazia a menor ideia do que diabos faria no futuro. O Twisted Sister tinha praticamente ficado sem opções. E agora?

À MEDIDA QUE O TEMPO EM NOVA YORK IA ESFRIANDO
mais, o ânimo da banda entrou em queda livre. Bem quando pensamos
que finalmente iríamos dar um passo à frente, tínhamos escorregado e
caído ao nosso ponto mais baixo até então. Semanas viraram meses, e
ainda que – notavelmente – nossa habilidade em esticar nossos salários
mínimos tenha perdurado, sem um fim para os problemas à vista, não
fazíamos ideia de quanto tempo mais eles durariam.

Mas como nossos salários *estavam* durando? Será que tínhamos
mesmo economizado tanto dinheiro para sustentar a banda e o pessoal
essencial da nossa equipe por tempo indeterminado? Nem tanto. Sem
que a banda soubesse, nosso intrépido gerente de turnê, Joe Gerber,
sentindo nosso aperto e sendo uma das pessoas mais leais e dedicadas
que já tive o prazer de conhecer, começou a colocar o próprio dinheiro
nos cofres do grupo para que, à medida que as festas se aproximassem,
não nos sentíssemos tão desamparados. Não era como se Joe fosse independentemente rico nem nada do tipo. Ele tinha recebido uma pequena
herança e a estava emprestando para a banda – sem juros; sem nenhuma garantia de reembolso[71].

Nossa habilidade temporária de pagar nossas contas à parte, a frustração e a raiva, já em ebulição dentro de mim, estavam crescendo ex-
ponencialmente.

EM UM DIA DE OUTONO FRIO, CHUVOSO E DESAGRADÁVEL,
enquanto o Twisted Sister estava esperando aqueles meses sombrios
passarem, Suzette e eu estávamos cuidando de algumas coisas em nosso
antigo, mas mecanicamente funcional, Mustang 1976. Tínhamos acaba-

---

71 Descobrimos o grande gesto de Joe apenas alguns anos depois, quando uma estrutura de bo-
nificação estava sendo discutida por conta de seus anos de serviço. Quando sua generosidade foi
revelada – como um exemplo de sua dedicação com a banda –, alguns dos integrantes da banda
ficaram indiferentes diante de sua bondade, e um deles – em uma tentativa de desmerecer ainda
mais sua atitude – chegou a dizer: "Você não nos perguntou se podia fazer isso". *Inacreditável.*

do de comprar o jantar daquela noite e alugar um filme barato (noventa e nove centavos!), e enquanto seguíamos de carro, aquecidos e protegidos do clima de gelar os ossos do lado de fora – um copo delicioso de café quente na mão – fui acometido por um sentimento maravilhoso e arrebatador de contentamento. Nosso saudável filho recém-nascido estava em sua cadeirinha, eu tinha alguns poucos dólares preciosos no bolso e de alguma maneira as contas da nossa quitinete estavam milagrosamente pagas (obrigado, Joe Gerber) por mais um mês... e percebi que era *aquilo*. Aquela coisa intangível que todos nos esforçamos para encontrar e conquistar... estava bem ali. Eu percebi que não é o dinheiro ou o sucesso, a fama ou as posses materiais extravagantes. *Aquilo* está em toda a nossa volta, o tempo todo... só estamos ocupados demais procurando por algum momento, alguma coisa ou algum "sinal" grande e significativo, que sequer *o* vemos. Esse seria o sentimento que eu lutaria para recriar pelo resto da minha vida. Se eu pudesse morrer com esse sentimento, partiria como um homem feliz. Soube daquele momento em diante que todas as coisas pelas quais eu estava desesperadamente lutando eram apenas a cereja do bolo. Sem dúvida elas tornariam, tornaram e vêm tornando minha vida muito melhor, mas tudo não seria nada sem *aquilo*. Antes mesmo de eu chegar perto de deixar minha marca na indústria do entretenimento, ou de realizar meus sonhos de estrela do rock, já tinha conquistado meu objetivo de vida. Eu tinha encontrado *aquilo*. Portanto, saiba que, ao longo do restante desta história, nunca fiquei sem a alegria, o calor e o amor da minha esposa e dos filhos maravilhosos. Sou abençoado. Eles são tudo para mim; eu não sou *nada* sem eles.

EM NOVEMBRO DE 1982, DOIS ARTIGOS PREOCUPANTES foram publicados na *Sounds* e na *Kerrang!*. Um era uma entrevista com a banda finlandesa Hanoi Rocks, a outra, com nossos camaradas metalúrgicos norte-americanos do Manowar. O Hanoi Rocks – outra banda que usava maquiagem – tinha feito uma piada às custas do Twisted

Sister, nos chamando de "meias-irmãs feias do Cinderella". O Manowar nos chamou de piada e disse: "Lá nos Estados Unidos, o Twisted Sister toca em concursos de camiseta molhada e em noites de cerveja por um dólar". Ambas eram mentiras.

Embora os comentários do Hanoi Rocks tivessem sido uma afronta (em retrospecto aquela foi uma ótima piada), os do Manowar, particularmente, nos enfureceram. O guitarrista deles, "Ross the Boss", ex-integrante do Dictators, antiga banda de Mark Mendoza, com quem ele dividia os quartos durante as turnês da banda, tinha estado presente nos shows do Twisted Sister e até tinha tocado com a banda. Nós o considerávamos um amigo.

Por mais triviais que os comentários de ambas as bandas possam parecer (e para mim agora são), na escuridão do meu estado de espírito na época, eles foram provocações. O único problema era que eu estava nos Estados Unidos, eles, na Europa, e eu não podia fazer nada a respeito. Ou será que podia?

Dizem que a caneta é a espada mais poderosa, então, com uma caneta afiada como uma navalha (na verdade, uma máquina de escrever), escrevi uma carta aos editores tanto da *Sounds* quanto da *Kerrang!*. Nela, acabei com as mentiras, injúrias e difamações lançadas contra mim e minha banda pelo Hanoi Rocks e pelo Manowar e exigi uma desculpa pública. Isso ou o Twisted Sister e eu iríamos desafiá-los.

Algumas semanas depois – para meu grande alívio –, minha carta foi publicada para toda a comunidade heavy metal inglesa ler, e tanto o Hanoi Rocks quanto o Manowar foram contatados a respeito do meu desafio. O Hanoi Rocks levou minha carta na brincadeira – me enfurecendo ainda mais –, e o Manowar aceitou meu desafio para o que eles pensaram ser uma batalha de bandas.

Minha resposta – dessa vez por telefone, em uma entrevista – foi rápida. O desafio que eu tinha feito a eles não era para ser musical, era para ser físico. "Meu punho, sua cara", acredito terem sido minhas palavras exatas. Se o Twisted Sister não recebesse desculpas das duas bandas, haveria um confronto físico, não musical, na próxima vez em que estivéssemos na Inglaterra... quando quer que isso fosse acontecer. Ainda não fazíamos ideia do que diabos faríamos no futuro.

Agora eu vejo a completa estupidez disso tudo. Um psiquiatra certa vez me explicou que, quando perdemos controle sobre os assuntos maiores e mais significativos de nossa vida, tendemos a descontar a raiva nas pequenas coisas sobre as quais sentimos que devemos ter controle. O marido que tem de aguentar o chefe e clientes exigentes o dia inteiro, satisfazendo todos os seus caprichos, surta quando chega em casa e o jantar não está servido. Por quê? Porque em sua mente parece razoável que ele deveria ser capaz de controlar pelo menos *aquilo*. Com meu mundo inteiro desmoronando ao meu redor, as besteiras faladas por aquelas bandas eram algo sobre o qual eu *poderia* fazer algo a respeito. E eu estava puto!

Quando a oportunidade para voltarmos ao Reino Unido por fim se apresentou em dezembro (muito mais sobre isso em breve), cumpri com minha promessa. Notifiquei a imprensa do rock que estávamos oficialmente desafiando o Hanoi Rocks e o Manowar para uma briga em Covent Garden em Londres, no domingo, dia 19 de dezembro, ao meio-dia. Muito dramático.

Quando o dia finalmente chegou, entramos no Covent Garden – com a imprensa a reboque – para encarar nossos acusadores e ter nossa vingança. Pouco surpreendente, muitos fãs estavam aguardando aquele confronto. Rondamos o Covent Garden procurando o Hanoi Rocks e o Manowar (ambas as bandas tinham deixado bem claro, antecipadamente, que não tinham nenhuma intenção de dar as caras e brigar com a gente) em todos os lugares possíveis, de latas de lixo até mesmo em banheiros femininos. Gritando em um megafone, fiz minha melhor imitação de David Patrick Kelly no filme *Warriors: Os Selvagens da Noite* (o que viria a calhar em um futuro álbum).

"Hanoi Rocks... saia para brincaaar! Manowar... saia para brinca-aar!" Todo mundo deu risada às custas do Hanoi Rocks e do Manowar.

Depois de nossa busca meticulosa, foi declarado oficialmente (pela imprensa) que o Hanoi Rocks e o Manowar tinham "amarelado".

Ainda que ninguém do Hanoi Rocks fosse durão em se tratando de imagem, para começo de conversa, essa declaração foi bastante prejudicial para o Manowar, cujo estratagema era todo baseado em "masculinidade". Apresentando-se e sendo fotografados com tangas, corpos besuntados, eles se orgulhavam de serem guerreiros do heavy metal (estavam mais para dançarinos do grupo de strippers masculinos Chippendale), prontos para guerrear pela causa. Acho que só não estavam prontos para guerrear pela *própria* causa.

A imprensa os chamou de "Man-o-Wimp[72]" e uma foto foi tirada com os vencedores (Twisted Sister) e todos seus apoiadores. Na entrevista "pós-não confronto", deixei claro que aquilo não estava acabado. Se eles não eram homens suficiente para nos encarar, a não ser que pedissem desculpas formais, iríamos atrás deles. Meu plano era aparecer em um de seus shows, subir no palco e dar uma surra neles bem na frente de seus fãs. Posso ser bastante determinado.

Pouco depois da publicação do artigo sobre nosso confronto, o Hanoi Rocks enviou uma carta para a imprensa do rock se desculpando pelo que tinha dito sobre nós e se declarando os "novos hippies". Bastante justo.

O Man-o-Wimp – hum, quer dizer *War* – seguiu outro curso. Ross the Boss entrou diretamente em contato com seu velho amigo Mark "the Animal" Mendoza. Ainda que eu não possa revelar o que foi dito, não houve mais nenhum problema entre o Manowar e o Twisted Sister.

---

72 O nome *Manowar* é uma referência aos navios de guerra da Marinha Real Britânica, usados entre os séculos 17 e 18. *Man-o-Wimp* é uma brincadeira com o nome da banda, em que o *war* (guerra) foi substituído por *wimp* (covarde). [N.T.]

Mas, se eles disserem mais desaforos de novo, o apelo – hum, quer dizer *pedido* – de Ross será exposto em sua totalidade.

Depois disso tudo você deve estar se perguntando: "Que diabos o Twisted Sister estava fazendo na Inglaterra em dezembro de 1982?". Ah, a trama fica ainda mais misteriosa.

26
É SÓ ROCK AND ROLL... MAS ELES GOSTAM

LEMBRA O QUE EU DISSE SOBRE NOSSOS FÃS SEREM nossos bens mais importantes? Bom, o Twisted Sister tinha um fã dedicado em particular que nos apoiaria de uma maneira muito importante. Jason Flom, o antigo chefe da Lava Records, Atlantic Records, Virgin Records e Capitol Music Group, e agora de volta à Lava – responsável pela venda de mais de duzentos milhões de discos durante sua carreira –, era na época apenas um maconheiro irritante (foi mal, Jason). Ele costumava frequentar nossos shows – com seu amigo chapado, Zemsky – e usava seu envolvimento básico com a Atlantic Records para entrar nos bastidores, para que pudesse festejar como uma estrela do rock. Bandas (incluindo a nossa) estavam tão desesperadas por qualquer tipo de atenção por parte das gravadoras, que se desdobravam para atender a todos os caprichos daquele desordeiro.

Dito isso, Jason adorava o Twisted Sister e fazia tudo que lhe era possível para conseguir que fôssemos contratados pela Atlantic Records. Jason era tão incansável, que o presidente da gravadora na época – que com toda certeza não era um fã nosso e tinha pessoalmente nos rejeitado diversas vezes – ameaçou *despedi-lo* se ele sequer mencionasse nosso nome outra vez. Apesar dessa bravata, sabendo que o chefe da Atlantic Records Europe, Phil Carson, estava indo para os escritórios da gravadora em Nova York, Jason reuniu um dossiê sobre o Twisted Sister tão grosso como uma lista telefônica e o enfiou nas mãos de Phil, implorando que ele desse uma olhada nele em seu voo de volta ao Reino Unido.

Phil Carson é responsável pela venda de mais de duzentos e setenta e cinco milhões de álbuns em todo o mundo. Entre outros, ele assinou ABBA, Genesis, Yes, Mike Oldfield, AC/DC e Emerson, Lake & Palmer. Ele também trabalhou com o Led Zeppelin desde o primeiro álbum como intermediário da gravadora. Ele é o cara.

Quando Phil, por fim, se acomodou em seu assento na primeira classe para o voo de volta para casa, pegou o manuscrito que Jason lhe tinha entregado e deu uma rápida olhada. Entre nossas fotos loucas e a densidade do texto, Phil fechou a enorme apresentação, a enrolou e a enfiou em um saco de vômito. Chega disso... por enquanto.

NO COMEÇO DE DEZEMBRO, NOSSO EMPRESÁRIO, Mark Puma, recebeu uma ligação de um programa de televisão inglês popular chamado *The Tube*. Um dos produtores tinha visto o Twisted Sister no Reading Festival, e o programa estava interessado em uma apresentação nossa nele. Sabendo com que antecedência os programas de televisão gostam de se programar, era óbvio que éramos substitutos de última hora, o que deixa o que aconteceu ainda mais incrível.

Toda semana, o *The Tube* convidava três bandas. Cada grupo tocava ao vivo para uma plateia em um estúdio parecido com um clube, e o programa era transmitido em tempo real. O programa oferecido para o Twisted foi a do dia 16 de dezembro, junto com o Tygers of Pan Tang (com John Sykes pré-Thin Lizzy/Whitesnake) e o lendário Iggy Pop. Essa era a corda de salvamento da qual precisávamos desesperadamente, mas havia um pequeno detalhe: eles não nos pagariam nada nem cobririam nenhuma das despesas que teríamos para chegar lá.

Nossa equipe de empresários (Mark Puma, Jay Jay e Joe Gerber) se pôs a trabalhar de imediato, tentando pensar em como poderíamos fazer aquilo acontecer. Ao agendarmos alguns shows enquanto estivéssemos no Reino Unido, poderíamos contrabalançar nossas despesas, mas não o suficiente. Precisávamos voar cinco integrantes da banda mais um número igual de membros da equipe, além de transporte, comida e acomodação para todos durante toda a viagem. A banda estava falida, mas encaramos isso como nossa última chance de salvação. *Tínhamos* que pegar um empréstimo. Recorrendo à família, aos amigos e parceiros de negócios, juntamos os vinte e dois mil dólares necessários para fazer aquilo acontecer.

Meu irmão mais novo, Matt, e sua esposa, Joyce, nos emprestaram 5 mil. Não acho que alguma vez os agradeci apropriadamente. Obrigado a vocês dois por se arriscarem e me ajudarem a transformar meu sonho em realidade. Além de Matt e Joyce, a banda recebeu empréstimos da mãe de Joe Gerber, Sophie, e do cunhado de Charlie Barreca, Johnny Rutigliano. Nosso agente de agendamentos de clubes, Kevin Brenner, nos deu uma mão, assim como uma grande quantidade de nossos fiéis donos de clubes, que nos deram adiantamentos por futuras datas de shows em seus clubes, incluindo Tony Merlino, da casa noturna Gemini; os donos do L'amour, Mike e George Parente (que mais tarde empresariaram bandas como White Lion e Overkill); e a família Salerno, do Fountain Casino, em Nova Jersey. Muito obrigado a todos pelo que fizeram. Nada disso poderia ter acontecido sem vocês.

Com menos de duas semanas até o Natal, chegamos à Grã-Bretanha para nossa última tentativa. Era essa a impressão que tínhamos. Se não criássemos algum tipo de energia com essa aparição, estaríamos acabados. Em nossa interminável missão para embaralhar as cartas em nosso favor, pedimos ao Lemmy e ao novo guitarrista do Motörhead, o ex-integrante do Thin Lizzy e mestre da guitarra, Brian "Robbo" Robertson, para se juntarem a nós na música de encerramento do nosso show e eles aceitaram.

No dia da transmissão, enquanto passávamos o som e nos aprontávamos para o show no estúdio, minha mente estava a mil. Aquela era uma oportunidade incrível para nós, mas eu precisava de algum grande gesto para fechar o negócio e conquistar não apenas a plateia no estúdio, como também os telespectadores em casa. Eu tive uma ideia, mas não tinha certeza de que a levaria adiante. Sem que a banda soubesse, dei duas coisinhas a Joe Gerber para que ele entregasse a um dos roadies e que este estivesse pronto caso eu pedisse por elas.

A abertura do programa ficou a cargo do Tygers of Pan Tang, de quem eu não lembro nada porque estava mergulhado nas minhas preparações pré-show enquanto eles tocavam. Iggy Pop foi o próximo, e ele se mostrou à altura de sua reputação. Durante a passagem de som, Iggy tinha caído em cima da bateria, desmontando-a por completo. Durante o intervalo antes do show, ele desapareceu, e após uma busca frenética e da preocupação de que eles teriam que fazer o programa sem ele, ele por fim foi encontrado. A única coisa que todas as bandas tinham sido alertadas foi sobre tocar além do tempo permitido. Aquilo era televisão ao vivo, sem espaço de manobra na programação. Se você não terminasse na hora, nos asseguraram, eles cortariam a eletricidade. Iggy descobriu isso da maneira mais difícil. Agora estava na hora de detonarmos.

Lembra de Phil Carson, o chefe da Atlantic Records Europe? Bem, por força do destino, ele estava presente naquela transmissão do *Tube*. Mick Jones, o guitarrista solo e principal compositor do Foreigner, receberia um prêmio no programa, e Phil, amigo de longa data de Mick e chefe da gravadora do Foreigner, o tinha acompanhado para a apresentação. Assim que chegaram, Phil perguntou aos produtores quem mais estaria no programa daquela noite.

— Iggy Pop, Tygers of Pan Tang... e Twisted Sister.

Hummm?, pensou Phil. *Essa não era a banda sobre a qual aquele rapaz irritante ficava me perturbando?*

Antes mesmo que ele pudesse dar a si mesmo uma resposta, Mick Jones entrou na conversa.

— Twisted Sister? Não dá para ligar o rádio em Nova York e não os ouvir[73].

Phil ficou desconcertado. Como era possível que todo mundo, ao que parecia, conhecia esse tal de Twisted Sister enquanto ele, um dos homens mais poderosos da indústria musical, não? Ele procurou Mark Puma e foi se informar a nosso respeito. Mark contou a Phil que a banda no momento estava sem contrato e à procura de uma casa nova. Phil Carson tomou nota.

Abrimos o *The Tube* com a costumeira "What You Don't Know". O estúdio, que era montado como uma casa noturna, estava lotado de fãs de rock que tinham esperado horas para fazer parte da plateia. Enquanto umas duas dúzias de headbangers/fãs de Twisted Sister se encontravam na frente do palco, a maior parte do público estava espalhada pelo salão, descolados ou indiferentes demais para se importarem com um bando de "bichonas" de maquiagem vindo dos Estados Unidos. Enquanto a banda se apresentava, meu cérebro estava a mil. Eu tinha de conquistar aquele público.

"It's Only Rock 'n' Roll" era a nossa última música e quando chegamos no trecho na metade que contava com a participação da plateia, revelei nossas armas secretas. Parados juntos ao bar, como se estivessem ali por acaso, Lemmy Kilmister e Brian Robertson atacaram o palco diante de uma ovação enorme. Robbo, em uma tentativa bêbada de fazer uma entrada dramática, decidiu descer de uma galeria acima do palco, mas caiu. O público adorou. Partimos para uma sessão da música com solos improvisados, com uma participação ainda maior da plateia no estúdio, mas ainda não era o bastante. Um terço da plateia no estúdio estava mantendo-se às margens. Sem nenhum aviso à banda, ao programa ou à equipe, decidi fazer minha jogada surpresa.

---

73 Tínhamos mesmo uma música sendo tocada em umas duas estações de rádio de Nova York. Nossa versão demo de "Shoot 'Em Down" fazia parte de uma compilação de uma estação de rádio (junto com "Runaway" de um Jon Bon Jovi na época sem gravadora) sendo tocada na WAPP, e a WPLJ tinha acrescentado essa mesma música retirada do nosso *Ruff Cutts*, e depois do disco *Under the Blade*.

Dirigindo-me à plateia no estúdio, que, como destaquei, nem todos no salão estavam curtindo, e se *eles* não estavam curtindo, como eu poderia esperar que as pessoas em casa sentadas na sala e assistindo à TV curtissem? Usando meu conhecimento sobre o desdém da época pelas bandas que usavam maquiagem e indumentárias (lembre-se, isso pré-data o hair metal), perguntei à plateia se eles não estavam curtindo por causa da minha maquiagem? Já sem camisa (o que quer dizer que, em essência, o elemento da indumentária tinha sido removido), parti para o ataque.

Disse a eles que lhes daria um presente de Natal adiantado se eles dessem como presente ao Twisted Sister sua participação. Sinalizei para meu roadie me trazer o que Joe tinha lhe entregado antes: *removedor de maquiagem e uma toalha*. Eu disse à plateia que, se a maquiagem era o que os estava impedindo, então estava na hora de tirá-la. Pegando um grande punhado de Albolene (o mais oleoso e eficaz dos removedores) – para grande surpresa da plateia *e da banda* –, o esfreguei por todo o rosto. Então, peguei a toalha e removi por completo a maquiagem (o máximo que consegui). Olhando para a plateia, o rosto uma bagunça suada, manchada de óleo e sem maquiagem, perguntei: "Agora o que está impedindo vocês?".

Com isso, a banda, Lemmy e Robbo passaram para a parte final da música com a participação da plateia... *e o lugar todo estava de pé e agitando!* Terminamos diante de uma ovação trovejante, com Lemmy tomando o microfone de mim e gritando em sua voz clássica: "Twisted Sister, está certo?!". Estava[74].

---

74 Essa apresentação pode ser encontrada no DVD do Twisted Sister, *Video Years*.

Não só a plateia no estúdio nos adorou, como também os telespectadores em casa[75]. Recebemos três ofertas de gravadoras logo depois daquele programa, e Phil Carson disse a Mark Puma que também estava interessado na banda. Phil só queria nos ver tocando um repertório inteiro no show que tínhamos agendado no Marquee Club alguns dias depois para ter certeza.

Cumprindo com sua palavra, Phil foi ao show, que teve os ingressos esgotados, nos assistiu fazendo nosso lance e depois contou a Mark Puma que assinaria com a banda.

— Com a Atlantic Records? — perguntou Mark sem acreditar.

— Claro que é com a Atlantic Records. Eu trabalho para a Atlantic Records. Com quem mais eu estaria assinando vocês?

— Isso é ótimo! Você quer ir aos bastidores e conhecer a banda?

Depois de ter assistido à nossa performance maníaca, Phil respondeu:

— Isso não será necessário. Eu quero assinar com eles; *não preciso conhecê-los.*

Mark Puma não aceitou não como resposta.

Phil logo descobriu que deixávamos nossa loucura no palco e que éramos um bando de sujeitos profissionais incrivelmente focados, inteligentes e sóbrios (em grande parte)[76].

No dia seguinte, voltamos para os Estados Unidos para passar as festas com o maior presente de Natal de todos: um contrato com uma importante gravadora internacional e o conhecimento de que voltaríamos para Inglaterra, depois das festas, para gravar nosso próximo álbum. Phil Carson sabia que nossa banda tinha uma energia crescente

---

75 Naquele ano, nossa performance de "It's Only Rock 'n' Roll" foi escolhida como um dos cinco melhores vídeos do ano em uma votação da *Sounds*, mesmo que nunca tivesse sido lançada em vídeo. Muitos anos depois, eu voltaria aos estúdios do *Tube* para encontrar uma parede inteira do camarim com uma foto ampliada dos últimos momentos anárquicos do Twisted Sister, Lemmy e Robbo se apresentando. Eu diria que foi uma performance memorável.

76 Lembro de Phil ficar particularmente surpreso quando uma das principais preocupações da banda era se havia uma academia perto do estúdio de gravação. Ele disse que a maioria das bandas queria saber se havia bares por perto.

no Reino Unido e ele queria que voltássemos para lá para gravar assim que possível para capitalizar com isso.

Foi um Natal feliz, de fato.

A GRAVAÇÃO DO ÁLBUM *YOU CAN'T STOP ROCK 'N' ROLL* seria a melhor experiência de gravação da minha carreira. O ânimo da banda, a camaradagem e o ambiente de gravação nunca mais seriam os mesmos.

Como escrevi antes, enquanto estávamos gravando o álbum *Under the Blade*, dei duro para escrever músicas para o disco seguinte. Durante os meses sombrios depois do cancelamento da turnê com o Diamond Head – embora não fizéssemos ideia do que faríamos com elas –, continuamos ensaiando e gravando as ideias básicas para as novas músicas. Eu sempre escrevia muito mais canções do que a banda precisava, portanto não trabalhávamos nos arranjos finais até que soubéssemos quais entrariam no álbum. Mark Puma tinha entregado nossa demo para Phil Carson quando ele o conheceu no *The Tube*. Tenho certeza de que Jason Flom também tinha incluído algumas de nossas músicas em sua apresentação para Phil.

Algumas semanas após nossa aparição vitoriosa no *Tube* – com planos bem adiantados para a gravação do nosso próximo álbum com a Atlantic Records –, o telefone tocou em minha minúscula quitinete. Suzette atendeu (é óbvio que isso pré-data as onipresentes secretárias eletrônicas e os identificadores de chamadas). Cobrindo o bocal do fone enquanto me entregava o aparelho, Suzette disse:

— É um cara inglês. O telefone está com um som bem esquisito.

Nos anos 1980, a tecnologia da telefonia internacional era muito mais primitiva do que é hoje, sendo mais parecido com usar um radioamador do que um telefone. A única coisa com a qual eu posso comparar é com algumas das conexões instáveis que ainda temos quando conversamos de celular para celular. ("Não, você primeiro. Não, você.")

Peguei o telefone das mãos de Suzette e disse alô.

— Dee? Aqui é Phil Carson, da Atlantic Records. Eu acabei de ouvir sua nova demo. — Com um tom completamente descrente, ele acrescentou: — *Tem grandes hits aqui!*

— Claro, Phil, eu gosto de pensar assim. — Então a ficha caiu. — Você *acabou* de ouvir as nossas músicas?

— Sim, são ótimas!

Não consegui acreditar no que aquelas afirmações implicavam. Agora, demonstrando minha própria descrença, eu disse:

— Você assinou um contrato de gravação sem ouvir nossas músicas?

— É claro. Eu vi a banda e a reação do público, e as coisas simplesmente funcionavam. Havia uma ligação. Não tenho que gostar ou ouvir para saber que vai vender.

Inacreditável! O que Phil disse era uma verdade absoluta, mas, para um executivo de uma gravadora não só declarar essa verdade, como também agir com base nela, era sem precedentes. Rapazes e moças jovens e novatos do departamento A&R podem seguir seus instintos daquela maneira, mas nunca os executivos do alto escalão da gravadora. Eles têm muita coisa a perder. Assim que um executivo ou uma executiva de gravadora recebe aquele escritório no canto com o salário alto, a objetividade se perde e a disposição para correr riscos chega ao fim.

Phil Carson era o último de uma estirpe de executivos de gravadoras há muito extintos que sabe o que sabe e não permite que outras pessoas mudem sua opinião ou façam com que comece a duvidar de suas decisões. Phil tinha assinado o AC/DC a partir de uma filmagem de 16 mm da banda tocando "It's a Long Way to the Top (If You Wanna Rock 'n' Roll)", mostrado a ele em um projetor portátil, com uma telinha, às 2h da manhã. Depois de ver o filme, Phil disse que assinaria com a banda e fez seu representante na Austrália acordar Angus Young para que pudesse contar isso a ele. Phil Carson confiava em seus instintos e isso foi tudo o que foi necessário para que o Twisted Sister fosse por fim contratado. Alguém seguro de si e poderoso o bastante para voltar ao escritório, não ser afetado pelos refutadores e ter a influência para conseguir o que ele queria que seja feito.

Phil contou ao conselho executivo internacional sobre suas intenções de contratar o Twisted Sister, bateu de frente com a objeção enérgica do presidente da Atlantic Records. Você se lembra dele, aquele que nos rejeitou diversas vezes (incluindo quando desconsiderou a decisão da ATCO Records de nos contratar) e ameaçou despedir Jason Flom se ele algum dia voltasse a mencionar nosso nome. *Aquele sujeito.* Phil teve que colocar sua reputação em risco para conseguir que fôssemos contratados pela Atlantic Records internacionalmente. O histórico de contratações de Phil Carson dentro da empresa era lendário, e ele conseguiu o que queria. Devo minha vida a você, Phil Carson[77].

Antes de desligar o telefone, Phil me disse as seguintes palavras proféticas:

— "I Am (I'm Me)" – uma das músicas na fita – é um hit. Vamos para o topo da parada de sucessos com essa!

E fomos.

NAS SEMANAS ANTERIORES À NOSSA PARTIDA PARA AS gravações, tentei saborear minha vida familiar o máximo que pude. Eu sabia que ficaria longe por alguns meses e, durante esse período, devido às minhas finanças, não teria quase nenhum contato com minha esposa e meu filho. Levá-los comigo não era uma opção e telefonemas para casa naquela época eram proibitivamente caros. Penso com frequência como teria sido muito mais fácil para Suzette e eu com a tecnologia de hoje em dia. Ligações por vídeo via internet são ridículas de tão baratas e um meio incrivelmente satisfatório de permanecer em

---

77 Revelação integral: Phil é agora meu empresário, parceiro de negócios e amigo de longa data. Em todos meus anos na indústria musical, ele é a única pessoa de uma gravadora com quem eu tive um relacionamento contínuo. Ele é o cara.

contato. Mas estávamos no início dos anos 1980, não nos anos 2000, e ver e receber notícias um do outro enquanto eu estivesse longe era simplesmente impossível.

Em uma tarde antes da minha partida, Suzette me disse que daria uma corrida até o supermercado. Jesse, com três meses, estava dormindo comigo, que ficaria de olho nele, e ela buscaria alguma coisa para o jantar. Quando Suzette saiu, me dei conta de que tinha alguns momentos só para mim. Essa seria uma boa hora para escrever algumas músicas novas.

O que estou prestes a contar a você não é o meu ego falando, é apenas a verdade de como sou abençoado quando se trata de compor e criar. Minha mente é fértil e está *sempre* preparada para a criatividade. Para mim, é apenas uma questão de ser capaz de me concentrar e capturar as ideias para que não as esqueça. Por isso, eu me treinei para literalmente desligar minha criatividade e voltar a ligá-la quando preciso dela. Esse é um dom incrível.

Peguei minha lista com títulos de músicas (lembra, eu trabalho com base nela) e meu gravador, abri minha "torneira mental" e cantei ideias para músicas diante do microfone do gravador durante os quarenta e cinco minutos seguintes. Quando Suzette voltou das compras, eu tinha criado praticamente todas as músicas (exceto "The Price") que seriam o álbum *Stay Hungry*, do Twisted Sister. Até tinha terminado, depois de ter escrito o gancho três anos antes, "We're Not Gonna Take It". "I Wanna Rock", "Burn in Hell", "Stay Hungry" e "S.M.F.", todas as músimais conhecidas do Twisted Sister, se derramaram de dentro de mim enquanto meu filho dormia e minha esposa estava fora comprando comida. E eu também sabia que tinha algumas coisas boas ali.

Com nossos contratos de gravação formais ainda sendo negociados (não que houvesse muita negociação), a banda e eu subimos a bordo de um voo da Air India[78] com destino à Grã-Bretanha para gravar nosso próximo álbum. Comigo, eu tinha o material do disco – depois daquele que estávamos prestes a gravar – que mudaria nossa vida para sempre.

---

78 A Atlantic Records tinha um acordo comercial com a Air India e voava todos seus artistas novatos com eles. Imagine o Twisted Sister sentado na classe econômica em um 747 cheio de indianos, comendo curry e assistindo a filmes de Bollywood. *Hilário.*

27
O PREÇO

GRAVAR NO SOL STUDIO, DE PROPRIEDADE DE JIMMY PAGE, em Cookham, Berkshire, Inglaterra, foi como um conto de fadas do rock. Originalmente construído pelo produtor de Elton John, Gus Dudgeon, no final dos anos 1970, Gus foi forçado a vendê-lo devido aos gastos excessivos para a conclusão do projeto, contabilidade ruim e uma crise temporária na indústria musical no período pós-discoteca. Jimmy Page literalmente chegou de helicóptero, deu uma olhada e o comprou por uma fração do valor real.

Construído no local de um antigo moinho de água, o estúdio de gravação fica em um dos lados do rio e é conectado aos alojamentos do outro lado por uma ponte coberta. Com tetos abobadados com vigas, portas francesas e janelas panorâmicas com vista para o rio e os campos abertos, a casa da banda é algo saído de um livro de histórias.

O estúdio também não era nada menos do que maravilhoso. Marcenaria de mogno customizada, portas de painéis de madeira e latão para tudo quanto era lado. A sala do console tinha uma lareira que funcionava, e tanto ela quanto a sala de gravação tinham enormes janelas panorâmicas com vista para toda a paisagem. Uma das piores coisas sobre gravar (para mim) é que não existem janelas nos estúdios, e assim você perde contato com o mundo real. É quase impossível fazer isolamento acústico em janelas, mas Gus não poupou absolutamente nenhuma despesa (o que é parte do motivo de ele ter perdido o estúdio) para

O PREÇO

criar paredes e tetos de 60 cm de espessura com características especiais de isolamento acústico que permitiam aqueles tipos únicos de portais. Lembro-me de gravar os vocais em um dia quando a neve começou a cair, enquanto os cavalos corriam livres pelo campo. Estou contando isso para que você possa entender como foram mágicos o ambiente e a experiência de gravação enquanto criávamos o álbum *You Can't Stop Rock 'n' Roll.*

Longe de amigos, familiares e de outras distrações, focamos por completo no trabalho em mãos e criamos laços como banda como nunca antes.

Trabalhávamos o dia todo, tínhamos uma cozinheira e uma governanta, ficávamos batendo papo, assistíamos a filmes e dávamos risada. A cada manhã, Jay Jay e eu saíamos para longas corridas para manter a forma ou íamos à academia no centro de recreação local, que ficava ali perto. Durante todo esse tempo, continuei trabalhando nas músicas para nosso *próximo* álbum.

Por que não usei as ótimas (pelo menos era o que eu pensava) músicas novas para o álbum no qual estávamos trabalhando no momento? Simplesmente porque não estavam prontas para serem apresentadas à banda ou à gravadora. Visto que eu não tocava de fato nenhum instrumento, eu precisava mostrar à banda minhas ideias aos poucos na guitarra (eu não era capaz de cantar enquanto tocava), então ensaiávamos e gravávamos versões demo dessas músicas. Por fim, eu cantava as melodias junto com as gravações para que a ideia completa pudesse ser compreendida. Era um processo. Além do mais, eu simplesmente sentia que as novas ideias não eram certas para o álbum atual, sabe-se lá por quê. Se fossem, eu as teria escrito antes. Timing é tudo, e, se eu tivesse concluído "We're Not Gonna Take It" em 1979, ela nunca teria se tornado a canção que se tornou. Ela estava destinada a ser gravada em 1984.

Ainda que o processo de gravação e o tempo com a banda fossem incríveis, a tristeza de estar longe da minha esposa e do meu filho era brutal. Eu escrevia uma carta para Suzette religiosamente todos os dias e esperava pela carta ocasional que vinha de casa com fotos preciosas do meu filho. Jesse estava crescendo sem mim (o desenvolvimento pelo qual um bebê passa no primeiro ano é exponencial), e tudo o que tinha para saborear a primeira vez que ele se sentou, a primeira vez que ele assistiu à TV, a primeira vez que ele disse "Pa-pa" (para um sapo de pelúcia!) eram essas fotos.

Suzette estava passando por maus bocados sozinha. Com apenas vinte e dois anos, ela tinha de cuidar do bebê e de nosso apartamento. A família dela agora vivia na Flórida, longe demais para ajudar, e minha família não era nem um pouco solidária. Depois de mais ou menos um mês, ela entregou nossos dois cachorros para adoção, empacotou as coisas e foi para a Flórida para ficar com a mãe – uma situação muito melhor.

À medida que os meses avançavam, fui ficando cada vez mais com saudade de casa. Certo dia, o telefone do estúdio tocou, e era a cunhada de Jay Jay, Ricky. Conversamos por algum tempo e ela me perguntou como as coisas estavam indo. Disse a ela que a experiência de gravação era maravilhosa, mas que estava com saudade da minha esposa e do meu filho. A isso, Ricky respondeu: "Bom, Dee, acho que esse é o preço que você tem de pagar". As palavras me atingiram com força. Passei o telefone para Jay Jay, apanhei meu gravador portátil, fui para o banheiro (um lugar para o qual eu sempre ia para ter privacidade) e escrevi "The Price". Ela se transformaria em uma de nossas maiores canções.

INFELIZMENTE, NUNCA VIMOS JIMMY PAGE. ELE ERA um recluso bastante lendário que vivia ali perto, em uma protegida mansão de segurança máxima que já tinha pertencido a Michael Caine. Jimmy não dirigia e só saía à noite. Em diversos dias, chegávamos ao estúdio e descobríamos que as coisas tinham sido mexidas e encontrávamos outras evidências de que Jimmy tinha estado ali durante a noite. Era um pouco assustador.

A afinidade muito conhecida de Jimmy Page com o oculto nos fez analisar demais tudo no prédio, tentando encontrar evidências de sua mão mística. Embora nunca tenhamos encontrado nada fora do comum, chegamos a descobrir algo incrível. Certo dia, enquanto estávamos no estúdio, Mark Mendoza entrou correndo – uma expressão de espanto no rosto – e me disse:

— Você tem de ver isso!

Sem perguntar o que era, eu o segui até os escritórios no andar acima do estúdio. Mark me levou até um armário destrancado, abriu a porta e acendeu a luz. No interior, havia prateleiras repletas de grandes caixas de fitas másteres. Isso não era nada incomum em estúdios de gravação; todos eles têm armários como aquele.

— Dê uma olhada nas etiquetas — disse Mark.

Enquanto lia as etiquetas em cada um dos rolos, fiquei espantado ao descobrir que todas eram de uma *música diferente e lendária do Led Zeppelin*. Naquele armário destrancado, em um prédio aberto, na cidadezinha pacata de Cookham, estavam as gravações originais de algumas das músicas mais famosas, mais importantes e mais vendidas da história do rock! Pense em qualquer uma, ela estava ali. Desde "Whole Lotta Love", "Immigrant Song", "Kashmir" a "Stairway to Heaven", *cada uma das músicas do Led Zeppelin já gravadas estava ali naquelas prateleiras*. Para nós, fãs do Led Zeppelin (e quem não é?), era como encontrar o Santo Graal... *em um banheiro.*

Só para constar, não pegamos nenhuma delas. Com certeza tocamos em muitas caixas, mas as deixamos no armário.

COMO O TWISTED SISTER, PHIL CARSON ERA UM HOMEM em uma missão. Seu plano grandioso para nós, enquanto estávamos no Reino Unido, envolvia muito mais do que a gravação de um álbum. Phil queria preparar o terreno para o lançamento do LP *You Can't Stop Rock 'n' Roll* lançando primeiro um single: a faixa "tem sucessos nessa fita!",

"I Am (I'm Me)". Para garantir que ela chegasse a uma posição alta nas paradas de sucesso, a Atlantic planejou um lançamento em três formatos diferentes: um single de sete polegadas com duas músicas, um single de doze polegadas com quatro músicas e um *picture disc*, com diferentes faixas adicionais em cada um. A ideia era que os fãs fossem querer todas as canções e seus diversos formatos, triplicando a venda do single e o lançando para o alto das paradas. Belo plano, agora só precisávamos de alguma coisa para os lados Bs dos diversos formatos. Não podíamos usar as faixas que sairiam no álbum.

Phil Carson tinha pensado nisso também. Faríamos dois shows no Inferno Club, hum, quer dizer, *Marquee* Club e gravaríamos as apresentações. As faixas ao vivo gravadas nesses shows proporcionariam o conteúdo único para os lados Bs. *Brilhante!*

"I Am (I'm Me)" foi lançado no meu aniversário de vinte e oito anos, e o plano de Phil funcionou como mágica. Londres toda e suas cercanias foram cobertas com pôsteres gigantes em preto e rosa com minha cabeça gritante anunciando o lançamento do single, e em pouco tempo "I Am (I'm Me)" saiu voando das lojas. A faixa extra mais popular foi a gravação não censurada de "It's Only Rock 'n' Roll (but I Like It)". Muitos fãs de heavy metal se interessaram pela banda depois de ouvirem essa faixa pela primeira vez. (Certo, Sebastian Bach?)

Enquanto ainda estávamos concluindo nosso álbum no Sol Studio, recebemos notícias de que o lendário DJ de heavy metal Tommy Vance estrearia nosso single em seu programa semanal na rádio BBC. Ficamos empolgados! Tommy Vance era *a* voz nacional do metal na época, e sabíamos que todo o cerne da audiência metal estaria ouvindo.

Na noite do programa dele, nos reunimos ao redor do rádio, esperando Tommy apresentar nossa música para a Grã-Bretanha pela primeira vez. Quando finalmente chegou a hora, Tommy fez o suspense apropriado para um lançamento tão esperado e começou a tocar o disco... *em uma velocidade baixa demais!* Por ter recebido a versão do single de doze polegadas, ele supôs que era um LP que devia ser tocado em 33 ⅓ rpm. Era na verdade para ser tocado na mesma velocidade de um single de sete polegadas, 45 rpm. Como a maioria dos DJs, Tommy não estava realmente *ouvindo* a música que estava tocando. Assim que uma música começa, os DJs (como agora sei por experiência própria) abaixam o volume no estúdio e se ocupam em preparar a música seguinte, ajeitar os comerciais, conversar com as pessoas no estúdio etc.

A banda e eu ficamos sentados, ouvindo em agonia, enquanto nossa música era tocada em quase a metade da velocidade. Era quase indistinguível enquanto canção! Isso durou pelo que pareceu uma eternidade até que, de repente, Tommy Vance parou o disco, abriu o microfone e disse: "Opa. Isso não está certo. Sinto muito por isso, rapazes". Ele sabia que estávamos ouvindo. "Vamos tentar isso de novo." Assim, Tommy recomeçou nossa música e a tocou na velocidade certa, na íntegra.

Anos mais tarde, encontrei uma pessoa que estava ouvindo naquela noite. Ela disse que, quando "I Am (I'm Me)" foi tocada pela primeira vez, ela pensou: *Essa é a porra da música mais pesada que já ouvi!* E ficou decepcionada quando Tommy Vance corrigiu seu erro.

Como esperávamos, "I Am (I'm Me)" pulou direto para o Top 20, nos colocando diretamente na mira do megaprograma de música semanal *Top of the Pops*. Àquela altura, há quase vinte anos, era *o* programa televisivo para fazer sua banda ser notada, mas – principalmente porque seus discos não chegavam ao topo das paradas – era raro que apresentassem bandas de rock pesado. Era uma oportunidade incrível para divulgar nosso nome e nossa música, e para enfiar o heavy metal goela abaixo do grande público.

Participar do programa era algo único. Devido às regras do sindicato, você (qualquer artista participante) tinha de procurar um estúdio, de sua escolha, e regravar uma faixa inteira em uma tarde, sob o olhar atento de algum representante do sindicato. Essa nova gravação da sua música seria aquela usada para você dublar quando estivesse no programa. Entenda, demora dias para encontrar o som certo para seu disco, imagine para gravar todas as partes e mixar a porcaria da coisa.

O Twisted Sister é apenas uma banda de metal/rock bastante direta. Dá para imaginar quanto tempo deve levar para gravar um single do Pink Floyd? Dito isso, essa coisa toda de "regravar" era um truque. Mais para o fim de sua sessão, o cão de guarda do sindicato saía *convenientemente* da sala, permitindo que o artista que estivesse gravando inserisse de fininho a gravação da fita máster original. O sindicato ganhava seu dinheiro e o artista podia dublar sua faixa original. Ridículo pra caramba!

A primeira das nossas três visitas ao *Top of the Pops* deixou a Grã-Bretanha aturdida, e não por causa da minha primeira tentativa horrenda de dublar uma música[79]. Apesar do fato de estarmos no programa com Boy George e seu Culture Club, os telespectadores do TOTP ficaram mortificados pela nossa aparência e pelo nosso comportamento. Nós?! É claro que os fãs de metal adoraram ver um dos seus no programa para variar. Tenha em mente que o Reino Unido tinha um total de quatro canais de televisão naquela época, portanto não havia muitas escolhas. Gostando ou não, nas noites de terça-feira, o *Top of the Pops* era o programa a que o país inteiro assistia.

Conhecer Boy George foi interessante. Ele era o garoto-propaganda de tudo o que os headbangers detestavam a respeito da insípida música pop. Eu o tinha usado e a sua banda como alvos da minha mordacidade em meus discursos inflamados no Reino Unido, jurando socá-lo no rosto se algum dia viesse a conhecê-lo. Imagine minha surpresa quando descobri que o Twisted Sister e o Culture Club estariam no *Top of the Pops* na mesma semana.

Enquanto eu andava pelos corredores dos estúdios do TOTP, quem de repente saiu de um dos camarins? O Boy em pessoa, em toda sua glória. Antes que pudesse proferir uma palavra sequer, Boy George disse:

---

79 Mais tarde eu li uma entrevista com Mick Jagger em que ele disse que o segredo para uma boa dublagem é cantar junto com a faixa. Venho fazendo isso desde então. Problema resolvido.

— Então cadê aquele tapa[80]?

Fui pego de surpresa. *Ele sabia que eu disse que bateria nele.*

— O quê?

— Aquele tapa na cara. *A maquiagem.* Cadê sua maquiagem?

Acontece que o Boy George *era um fã do Twisted Sister* e nos acompanhou desde nosso primeiro álbum. Vai entender. E nisso se encontrava o problema.

REGRA DO DEE SNIDER Nº 1

Você gosta de mim, eu gosto de você.

REGRA DO DEE SNIDER Nº 2

Você não gosta de mim... nós temos um problema.

Obviamente, o Boy George se enquadrava muito bem na proteção da regra número um. Já era a ideia de bater nele.

---

80 *Slap* significa *tapa* ou *dar um tapa, esbofetear*, mas, em inglês britânico, *slap* é uma gíria para maquiagem. [N.T.]

O TWISTED SISTER SE APRESENTARIA MAIS DUAS VEZES
no *Top of the Pops*. Mais uma vez para "I Am (I'm Me)" e de novo para
nosso segundo single, "The Kids Are Back". Nós nos apresentaríamos
no programa com outras estrelas internacionais em ascensão, como
Eurythmics, Dexys Midnight Runners, Kajagoogoo e Thompson Twins.
Por que estou me dando o trabalho de mencioná-los será esclarecido
mais para a frente.

AS COISAS ESTAVAM SAINDO MELHORES DO QUE O
esperado no Reino Unido. Tínhamos dois hits no Top 40, nosso álbum
ocupava uma posição alta nas paradas e o Twisted Sister estava nas capas de todas as revistas de rock e até estava se espalhando pela imprensa pop e do mainstream. Melhor ainda, estava quase na hora de voltar
para casa, e eu voltaria vitorioso. Mal podia esperar para me reunir à
minha esposa e ao meu bebê.

Infelizmente, isso teria de esperar mais um pouco. O Twisted Sister
estava tão popular, que Phil Carson queria que ficássemos no Reino
Unido por mais um mês, fizéssemos uma turnê como atração principal
pela Grã-Bretanha e filmássemos um vídeo para nosso próximo single,
a faixa-título do álbum. A MTV, que, na época, tinha apenas um ano
e meio de existência, seria uma força a ser levada em consideração, e
Phil viu os presságios. Antes que voltássemos para os Estados Unidos
(onde eu tenho certeza de que ele sabia que receberíamos pouca ajuda
da Atlantic Records US), ele queria que estivéssemos armados com essa
ferramenta mais recente para fazer a banda explodir.

Depois de permanecer longe de casa por quase três meses, a última
coisa que eu queria fazer era passar outro mês no exterior. Tinha perdido o Dia dos Namorados, meu aniversário com minha família, nosso
aniversário de casamento e tinha feito no total dois telefonemas para
casa o tempo todo em que estive longe. Estava com saudade de casa!
Mas aqueles eram a oportunidade e o apoio de uma gravadora que a

banda sempre procurou; não poderíamos deixar isso escapar de jeito nenhum. Dei a notícia para uma Suzette compreensiva e solidária *demais*, e o Twisted Sister caiu na estrada no Reino Unido.

AO LONGO DA HISTÓRIA DO ROCK, MUITAS BANDAS tiveram "jaquetas personalizadas" com o nome da banda e qualquer outra informação que elas quisessem partilhar (o nome da pessoa, a turnê etc.). Essas vestes – geralmente com estilo das jaquetas de beisebol, de cetim ou algo nessa linha – transmitiam um sentimento de alegria e de camaradagem de um grupo e da organização ao seu redor. O Twisted Sister era qualquer coisa menos um clube alegre. Estávamos mais para insensíveis "irmãos de armas", éramos nós contra o mundo. Nós nos víamos como roqueiros fora da lei, avançando contra uma comunidade inocente e deixando devastação em nosso rastro. Por isso, decidimos ter coletes, como um clube de motociclistas, em vez de jaquetas.

As cores da banda eram preto e rosa, então é claro que essas teriam de ser as cores predominantes nos patches que iriam nas costas. A faixa de cima dizia TWISTED e a faixa abaixo dizia SISTER. O logo TS sobre anéis preto e rosa constituíam a parte central do patch.

O Twisted Sister sempre teve senso de humor e apreço pelo absurdo do nosso visual. Colocar o símbolo de "marca registrada" em nosso logo e ter um patch que dizia RB (*rock band*) em vez do tradicional MC (*motorcycle club*) era a nossa maneira de fazer uma piadinha e ainda deixar claro que não éramos um clube de motociclismo. A maioria das pessoas entendeu isso.

Apenas alguns (talvez duas dúzias no total) chegaram a ganhar de nós um conjunto de patches, e essas pessoas os conquistaram graças à lealdade e dedicação à banda.

Enquanto estávamos na turnê britânica do disco *You Can't Stop Rock 'n' Roll*, fizemos um show em Nottingham, lar da lendária floresta de Sherwood. Foi estranho chegar a uma cidade que fazia tanto parte da História. Você apenas supõe que esses lugares não existem, mas como Sleepy Hollow e Nova York, Nottingham é um lugar bastante real. Quem imaginaria que arrumaríamos problemas com uma gangue de motociclistas ali? Por outro lado, era lá que os homens alegres de Robin Hood viviam. Após nosso show naquela noite, enquanto nos preparávamos para ir embora, Joe Gerber entrou no camarim para compartilhar uma preocupação. Um clube de motociclismo de Nottingham tinha visto os coletes do Twisted Sister e estava exigindo que os tirássemos enquanto estivéssemos em seu *território*. Algumas gangues podem ser bastante territorialistas e consideram o uso de coletes por parte de outro clube um ato de agressividade[81]. Compreendíamos as preocupações deles, mas havia um problema: éramos a porra de uma banda de rock! Nada de motocicletas, apenas guitarras.

Eu não ia tirar o colete da minha banda por causa de alguns imbecis estúpidos que não conseguiam ver isso. A gangue de motociclistas estava esperando no lado de fora, e alguns integrantes da banda demonstravam preocupação de que eles pudessem partir para a agressão física, caso não tirássemos os coletes. Eu não estava nem aí. Fui inflexível. Não ia tirar meu colete de brim do Twisted Sister por causa daqueles idiotas de jeito nenhum! Não sei ao certo o que o restante da banda e equipe fizeram no fim das contas, mas eu saí para o corredor todo orgulhoso, passei pelos membros da gangue, entrei na van de turnê e então fomos embora. Eles que se fodam.

Algumas semanas depois, estávamos nos bastidores de um show do Motörhead em Londres. O Motörhead sempre teve um relacionamento com os Hells Angels, e como sempre um bando deles estava por lá. Jay Jay conversava com alguns deles no bar (não é incrível como todos parecem ser muito mais simpáticos com um sotaque inglês?) e aproveitou a oportunidade para perguntar o que eles achavam dos patches do Twisted Sister.

---

81 Como exemplificado no filme *Warriors: Os Selvagens da Noite* pela rivalidade entre os Orphans e os Warriors.

Jay Jay se virou e mostrou o seu para um dos membros do Hells Angels, para o qual o mencionado Angel respondeu: "Que belo rosa". É óbvio que gangues de motociclistas *de verdade* não se sentem ameaçadas. Anos depois daquele encontro, os testículos de Jay Jay por fim desceram.

O ÚLTIMO SHOW DA NOSSA TURNÊ PELO REINO UNIDO para promover *You Can't Stop Rock 'n' Roll* foi um retorno triunfante a Londres. A última vez em que tínhamos tocado lá foi no Marquee Club, antes do lançamento dos nossos singles e álbum de sucessos. Dessa vez, seríamos a atração principal no muito maior London Lyceum, com capacidade para duas mil pessoas, e os ingressos esgotaram.

Ao longo da turnê, tínhamos feito aparições "em lojas", promovendo nosso álbum. Com um disco entre os mais vendidos, dois singles de sucesso, três participações no *Top of the Pops*, uma enorme cobertura da imprensa e um show com ingressos esgotados naquela noite, poderia haver um lugar melhor para nossa última aparição em uma loja do que no coração de Londres? Infelizmente, não nos perguntamos isso com antecedência.

O heavy metal nunca foi um estilo de música urbana. Prosperando em áreas suburbanas e rurais, ele se relaciona com adolescentes angustiados desprovidos de privilégios que anseiam por algo mais da vida do que seus ambientes limitados lhes reservam. Adolescentes em áreas urbanas têm um acesso muito maior a uma variedade bem mais ampla de entretenimento e cultura. Eles ainda sentem angústia, mas ela não exige o mesmo tipo de expressão.

Por esse exato motivo, Los Angeles se tornou o centro da explosão do heavy metal nos anos 1980. Los Angeles sempre foi conhecida como uma cidade suburbana. Ela é bastante residencial e as construções são espalhadas, nem um pouco parecida com uma cidade tradicional. Mesmo assim, ainda é uma cidade, um centro cultural, e tem a indústria musical arraigada dentro de si. Bem, dirigir um carro é a primeira verdadeira expressão de todo jovem adulto suburbano ou rural. Não existe nenhum sentimento de independência maior para um rapaz ou uma moça do que dirigir por aí e ouvir sua música. Essa é uma ótima experiência que adolescentes urbanos raramente têm... a não ser que você seja de Los Angeles. Você precisa de um carro para sobreviver em L.A., e o heavy metal prospera em carros.

Shows de heavy metal em áreas urbanas são bem-sucedidos porque são os epicentros das áreas suburbanas dos arredores. Os fãs de metal em um raio de 80 km viajam para uma casa de show urbana para ver suas bandas favoritas. Se ao menos isso fosse verdade para aparições em lojas.

O Twisted Sister chegou à Virgin Records em Londres e com discrição entrou pela porta dos fundos, para evitar ser cercado pelos fãs que sabíamos que estariam esperando no lado de fora. Tínhamos feito isso muitas vezes antes. Enquanto entrávamos, ouvimos o peso do nosso novo álbum tocando no interior. Isso era parte do acordo. Enquanto você estivesse ali, suas novas músicas seriam tocadas sem parar, para expor as pessoas ao disco e encorajá-las a comprá-lo. Alguns artistas autografam apenas seus novos produtos, mas o Twisted Sister fazia questão de autografar praticamente qualquer coisa que um fã trouxesse[82].

Antes mesmo de entrarmos no andar principal para nossa aparição, Artie Fufkin, da Polymer Records, nos interceptou. Na verdade, era um representante da Atlantic, mas ele estava fazendo sua melhor imitação de Artie Fufkin de *Spinal Tap*, desculpando-se sem parar pelo fiasco que estávamos prestes a enfrentar.

Apenas um fã estava esperando para nos conhecer! Algumas outras pessoas vagavam pela loja olhando os discos, mas estava claro que

---

82 As coisas mais estranhas que já autografei foram fetos de plástico. Em um festival, um grupo "pró-vida" os estava distribuindo para mostrar às pessoas os horrores do aborto. Eu estava fazendo uma sessão de autógrafos lá, e os fãs estavam esperando em fila para que eu os autografasse. Esquisito. Claro que os autografei. Não eram fetos *de verdade*.

elas não faziam ideia de quem éramos ou o que diabos estávamos fazendo ali. Para piorar as coisas, aquele único fã tinha uma quantidade *insana* de materiais do Twisted Sister para que autografássemos. Nigel tinha levado (é claro que me lembro do nome dele, eu o escrevi umas cem vezes!) todos os discos – lançados de forma independente, e também por gravadoras pequenas e pelas grandes – além de incontáveis fotos de revistas e fotos promocionais. Aquele sujeito era um fã leal!

Enquanto autografávamos – pelo que pareceu uma eternidade – todos os itens que aquele fã tinha levado, senti uma clara energia negativa vinda dos funcionários da loja. Aquele estabelecimento não era nenhum amigo do heavy metal ou do Twisted Sister. Muito pelo contrário, eles não escondiam seu desdém pela nossa música. A loja não tinha colocado nenhum anúncio sobre nossa aparição e, quando investigamos mais a fundo, descobrimos que ela não tinha feito quase nenhuma propaganda. Por que diabos eles tinham agendado a aparição na loja deles para começo de conversa?

Quando por fim concluímos aquela aparição humilhante, saímos do prédio do mesmo jeito que tínhamos entrado. Antes que o último de nós tivesse saído do lugar, ouvi o som de nosso disco sendo literalmente arrancado do toca-discos, no meio de uma música, a agulha sendo arrastada pelos sulcos do disco. Aqueles desgraçados arrogantes!

Naquela noite, o Twisted Sister tocou para mais de dois mil fãs enlouquecidos em um retorno triunfante a Londres, consolidando nossa posição como competidores na cena metal do Reino Unido. Nossa apresentação vitoriosa apagou quase todas as lembranças de nossa aparição vergonhosa na loja naquela tarde. Quase...

Alguns dias depois, com o cabelo preso para trás e usando um boné, entrei na loja, sozinho e despercebido, e soltei uma bomba de fedor! VEUV!

28
BEM-VINDO AO MUNDO REAL

CONTRATOS DE GRAVAÇÃO NÃO SÃO AQUELES DOCUMENTOS "tudo de bom para a banda", que fazem todos os seus sonhos que se realizarem. Embora a gravadora *esteja* fazendo um investimento arriscado, o reembolso do dinheiro aplicado em nome da banda quase pode ser comparado com a devolução de um empréstimo a um agiota. A não ser que você realmente, *realmente* alcance o sucesso, você poderá ficar pagando a taxa de juros daquele investimento para sempre. O que basicamente foi o que aconteceu com o Twisted Sister.

Já contei sobre meu amor, respeito e apreço por Phil Carson, o homem que fez as coisas acontecerem para a banda, mas isso não quer dizer que ele não tenha redigido um contrato draconiano para que assinássemos. Nosso contrato se classifica entre alguns dos piores, mas não fomos enganados ou ludibriados por Phil. Sabíamos muito bem no que estávamos nos metendo. Com nossas escolhas sendo nada ou alguma coisa, assinamos e ficamos felizes pra caramba ao fazê-lo. Essa é apenas a realidade do negócio.

Então como era o nosso contrato? Bem, na década de 1980, um ótimo contrato com uma gravadora poderia render a uma nova banda quinze "pontos". Um *ponto* é uma maneira enganosa de dizer "por cento". Então, um ótimo contrato renderia à banda de doze a quinze por cento do lucro líquido das vendas. Claro, dessa porcentagem saíam o reembolso de *todos* os custos de gravação, o apoio durante a turnê e a produção de vídeo. As responsabilidades econômicas da gravadora (além de desembolsar o dinheiro) incluem propaganda, prensagem e distribuição dos discos. Resumindo: a gravadora ficava com oitenta e cinco a oitenta e oito por cento do lucro líquido e os custos de gravação, turnê e vídeo saíam da porcentagem da banda. Que belo acordo, hein?

Já mencionei que dez por cento de todas as vendas eram subtraídos pela gravadora para "bens livres". Isso sugeria que, de um disco de platina, eles *davam* cem mil discos. Sério? A gravadora também tirava outros dez por cento para "danos". Essa dedução foi instituída quando os LPs eram feitos com uma substância parecida com ardósia e poderiam estilhaçar como pratos se não fossem manuseados de maneira apropriada. Nos anos 1960 (talvez até mesmo nos anos 1950), esse problema tinha sido completamente mitigado ao produzirem discos com vinil flexível, praticamente inquebrável. Ainda assim a dedução de dez por cento por danos permaneceu. Acrescente a isso as deduções de quinze por cento e de vinte e cinco por cento pelas embalagens de fitas cassete e CDs, respectivamente. Você está fazendo as contas?

Eu disse que o Twisted Sister assinou uma porcaria de um contrato, certo? Bem, recebíamos apenas oito pontos, e todas as despesas já listadas saíam da nossa parte. *Isso é oito por cento dos custos de varejo do álbum.* Com alguns de nossos produtores ficando com dois de nossos pontos (a gravadora dava ao produtor alguns pontos adicionais) do primeiro disco – ou seja, *antes* de termos quitado nossas dívidas – todas as outras deduções eram retiradas do total para que pudéssemos pagar o dinheiro que devíamos. No fim das contas, estávamos ganhando em média *quarenta e seis centavos* por unidade vendida. E não vamos nem falar sobre como exploravam meus direitos autorais[83].

---

83 Todas as gravadoras só concordavam em pagar os compositores da banda três quartos da taxa estatutária (direitos autorais definidos pelo sindicato). Eles davam ao compositor a escolha de assinar uma renúncia de seu direito aos direitos autorais integrais ou eles não contratavam a banda.

Quero reiterar que isso não é incomum. A maioria das bandas começa com esses contratos medíocres. Portanto, ficamos felizes em assinar. A única maneira de superar essa situação é ser bem-sucedido por tempo suficiente para exigir uma renegociação de contrato. É por isso que você ouve histórias sobre artistas como Michael Jackson, AC/DC e Metallica recebendo dois ou três dólares *por álbum vendido*. Uma vez que você é contratado, todas as bandas supõem que sua carreira seguirá esse mesmo ciclo, ainda assim isso acontece com muito poucas.

Como disse anteriormente, a MTV estava se transformando em uma força a ser considerada, e Phil Carson sabia disso. Em um contínuo apoio ao seu "filho emergente", Phil conseguiu que a Atlantic desembolsasse alguns milhares de dólares para que fizéssemos um vídeo para nosso próximo single, "You Can't Stop Rock 'n' Roll". Totalmente recuperáveis com nossos direitos autorais, é claro. Eu me perguntava com frequência por que não gravamos um vídeo para nossos sucessos no Reino Unido, "I Am (I'm Me)" ou "The Kids Are Back". Nossos companheiros nos topos das paradas na Grã-Bretanha estavam começando a fazer grandes progressos no mercado norte-americano com *seus* sucessos. O ramo norte-americano de cada uma de suas gravadoras estava usando a energia e a resposta positiva da imprensa diante do sucesso das bandas na Inglaterra para lançar os mesmos discos nos Estados Unidos. Será que a Atlantic Records US não faria a mesma coisa pelo Twisted Sister?

Phil Carson sabia que receberíamos pouco apoio em nossa terra natal. Ele tinha colocado sua reputação em risco para conseguir que fôssemos contratados internacionalmente desde o princípio. Não acho que ele tinha muita esperança de que seus detratores fossem ajudá-lo a ser bem-sucedido. Portanto, Phil nos armou com um vídeo para nossa canção menos comercial e muito mais pesada, sabendo que ela se conectaria melhor com nosso público principal.

Bem, com frequência, grande parte das tomadas de decisões em relação a esse álbum foi completamente tirada de nossas mãos. O produtor, a arte da capa do disco (adorei o "TS metal", odiei as cores e a fonte tipográfica da capa), e agora o diretor do vídeo, foram escolhidos por Phil Carson. Ah, ele nos mostrou as escolhas para uma aprovação tácita, mas não havia nada que pudéssemos alterar. "Este é o produtor que quero que usem. O que acham?" ou "Esta é a arte da capa do disco. O que acham?". Não havia muito espaço de manobra para essas perguntas. Elas eram retóricas, na melhor das hipóteses. Dito isso, ficamos felizes só de termos um álbum a ser produzido e uma arte para a capa dele; não estávamos nem pensando em fazer escolhas.

O diretor do nosso vídeo foi Arthur Ellis, da Limelight Films. Ele tinha acabado de fazer o vídeo de "The Last in Line" para Ronnie James Dio e era bem legal. Nós nos sentamos com Arthur e ele apresentou sua ideia. Nosso vídeo tinha um enredo sobre o Esquadrão do Bom Gosto, uma organização cujo único propósito era monitorar e rastrear as atividades do Twisted Sister. No fim, a nêmese da banda seria "convertida" para o heavy metal e a conduta da banda.

Sem termos ideia do que constituía um "vídeo de rock", seguimos a ideia de Arthur. Ele, no geral, parecia entender nossa atitude. O vídeo nos mostrava tanto com maquiagem quanto sem, algo de que gostamos, e tinha senso de humor. Embora o Twisted Sister levasse o de que estávamos fazendo bastante a sério, com certeza víamos humor naquilo. Quero dizer, éramos um bando de durões usando maquiagem de mulher! *Autodepreciação* é meu nome do meio.

A filmagem foi uma lição sobre um mundo do qual eu não sabia nada, mas as possibilidades não me passaram despercebidas. Aquele novo meio de comunicação permitia que a música fosse transmitida com um componente visual, algo que a banda e eu sempre tínhamos acolhido. A maior diferença era que nós, como banda, podíamos nos apresentar em uma cidade ou um município, e para um público limitado, de cada vez. Com um vídeo de rock, sua apresentação musical poderia potencialmente alcançar milhões de uma vez só (a palavra-chave é *potencialmente*). Isso era empolgante. Arthur Ellis me ensinou que o elemento visual para uma canção não precisava ser exclusivamente a performance tradicional. Era possível fazer muitas coisas com esse meio de comunicação.

HOUVE UM MOMENTO DURANTE AS FILMAGENS EM QUE a vida de todos os integrantes da banda poderia ter mudado de modo dramático para pior, caso as coisas tivessem corrido de maneira diferente. No começo do vídeo para "You Can't Stop Rock 'n' Roll", a banda sai correndo de um estacionamento vazio em uma van, seguida pelo Esquadrão do Bom Gosto. Nada louco em questão de velocidade, mas enquanto eu dirigia a van durante uma das tomadas, com toda a banda a bordo, a suspensão arriou, a van bateu no meio-fio e o tanque de gasolina rasgou! Só percebemos o que tinha acontecido quando a van morreu alguns quarteirões à frente, sem gasolina, mas apenas uma pequena faísca poderia ter explodido o tanque rompido. Achamos que ganharíamos um pouco de atenção da imprensa com nossa quase catástrofe, mas nenhum meio de comunicação ficou interessado, visto que ninguém chegou a se ferir. Ei, "se alguém se dá mal, vai parar no jornal".

Com o álbum pronto e lançado, dois singles de sucesso, uma turnê com ingressos esgotados e agora um vídeo gravado, estava na hora de a banda e eu voltarmos para casa. Estivéramos longe por quase cinco meses... e eu tinha perdido *mais da metade* da vida do meu filho Jesse.

O QUE LEMBRO MAIS SOBRE O RETORNO TRIUNFANTE DO Twisted Sister aos Estados Unidos foi a expressão confusa no rosto do meu filho de oito meses quando me viu. Ele não fazia ideia de quem eu era. Eu tinha partido quando ele tinha três meses e meio de idade e tinha voltado quase cinco meses depois, sem ter tido nenhum contato que fosse com ele.

Não esperava muito dele enquanto ele ficava ali em pé (ele já ficava em pé?!) em suas adoráveis roupinhas cáqui, todo bronzeado com seu cabelo (ele tinha cabelo?!) loiro por passar muito tempo na Flórida, com a mãe dele. Não me permiti me sentir magoado pela falta de reação do meu filho. Aquela era a vida que eu tinha escolhido; o que eu achava que aconteceria? Apenas o peguei no colo e o abracei e beijei até ele se acostumar comigo. O garoto adorava (e ainda adora) os Muppets. Eu devia parecer com o Sweetums em tamanho real (um dos maiores e mais cabeludos dos Muppets).

Meu trabalho não é o único do mundo que exige que um pai fique longe de casa por longos períodos. A única coisa que você pode fazer é ser o melhor pai possível enquanto está em casa. Tenho certeza de que meus filhos sempre souberam de duas coisas: que eu só ficava longe pelo tempo absolutamente necessário e que eu sempre voltava. Adoro ser pai.

TODOS PARTIRMOS DO PENSAMENTO QUE VIVEMOS EM um mundo de sim ou não, em que tudo é preto e branco, bom ou ruim, certo ou errado. Baunilha ou chocolate? Ah, a inocência. À medida que ficamos mais velhos, a realidade da vida começa a nos atingir. Somos raramente confrontados com escolhas fáceis.

LIÇÃO DE VIDA DO DEE

A vida é toda cheia de tons de cinza. Nosso objetivo é escolher o tom mais claro possível e torcer pelo melhor.

Triste, na verdade. Começamos com tanta convicção e crenças marcantes, e a vida aos poucos vai nos derrotando e nos forçando a aceitar e a fazer concessões pelo chamado bem maior.

No verão de 1983, fui forçado a tomar uma dessas decisões de adulto. *Ainda me sinto mal por isso até hoje.*

EMBORA A BANDA TIVESSE FINALMENTE ENTRADO para a liga principal e conquistado muitas coisas incríveis no Reino Unido, não demorou para que se tornasse aparente que não conseguiríamos ajuda da nossa gravadora em casa. Embora o escritório de Nova York tivesse algumas pessoas "favoráveis", tais como Jason Flom, o presidente da nossa gravadora não ficou nem um pouco feliz (eufemismo) ao ter nossa banda no catálogo da Atlantic Records. Para comparar os dois, Phil Carson e a subsidiária do Reino Unido não paravam de fazer coisas por nós. *A Atlantic Records US nos fez um pôster.* É sério. Fizeram um pôster, anunciando a disponibilidade do álbum, para ser pendurado nas lojas. Tirando isso, a única evidência que tivemos de que a gravadora deu alguma atenção ao nosso disco ou à banda foi que a foto da contracapa do álbum foi alterada. O presidente da Atlantic US exigiu isso, dizendo: "O que diabos estamos fazendo, anunciando odontologia?!". Ele não é um grande fã da minha pose "de boca escancarada, mostrando todos os meus dentes" – sabe, aquela pela qual me tornei famoso? Portanto, a foto da contracapa foi alterada, assim como a cor da capa (para preto) da versão do álbum lançada nos EUA e a fonte também (ambos para melhor).

O que a gravadora não estava fazendo por nós? Qualquer tipo de promoção e nenhum apoio para turnês (adiantamento pago para contrabalançar os custos de turnê de uma banda nova). Nosso vídeo foi enviado para a MTV, mas naquela época a maioria das gravadoras ainda não levava a rede "music television" a sério.

Sem um apoio maciço da gravadora, uma banda nova é totalmente forçada a recorrer aos próprios recursos para financiar quaisquer apresentações para promover um disco e a si mesma. Isso quer dizer que as condições de uma turnê seriam difíceis na melhor das hipóteses. Sem querer ficar reclamando e lamentando – o Twisted Sister sempre esteve preparado para fazer o que fosse necessário –, mas com outras bandas novas por aí recebendo um apoio total por parte de suas gravadoras, era uma droga ter um lembrete quase diário de como sua gravadora se importava muito pouco com você.

Estávamos em casa havia várias semanas quando nosso empresário nos chamou para ir ao seu escritório para uma "reunião de carreira". Fazíamos uma reunião assim de tempos em tempos, mas apenas quando uma reunião rapidinha do tipo "jantar com a banda" ou "todo mundo, preste atenção" no camarim de uma casa de show não era suficiente. Todos nos sentamos e ouvimos enquanto Mark Puma nos contava que, embora tivéssemos feito um trabalho incrível na Grã-Bretanha, tínhamos dado de cara com um muro nos Estados Unidos. Claro, os fãs da região dos três estados estavam devorando o álbum, mas, sem o apoio da gravadora, as chances de fazer alguma coisa com nosso disco nos Estados Unidos eram quase nulas. O ânimo da banda murchou completamente.

Mark Puma prosseguiu, nos informando que havia *um* raio de esperança. Tínhamos recebido uma oferta para uma turnê pelos Estados Unidos – a banda se sentiu revigorada na mesma hora –, mas havia um problema. Uh-oh. A turnê era com o Blackfoot (uma banda de rock sulista, que estava tentando ser mais comercial, mais hard rock)... *e o Krapus*[84]. Com essa declaração, a banda toda se virou devagar e me olhou.

DURANTE A TURNÊ NO REINO UNIDO, RECEBI UMA mensagem pedindo que eu telefonasse para casa. Garantiram que Jesse e Suzette estavam bem, mas eu precisava ligar de imediato.

---

84 Esse não é o nome verdadeiro da banda, mas não vou lhes dar o prazer de ter seu nome de verdade em meu livro. Alguns de vocês saberão exatamente a quem estou me referindo.

Suzette não fazia roupas apenas para o Twisted Sister. Outra banda que a tinha contratado foi a dos roqueiros suíços do *Krapus*. Sendo meio suíço, eu na verdade gostava do Krapus e sentia orgulho de uma banda de metal da terra natal da minha mãe. Esse orgulho estava prestes a desaparecer.

Ao contratar Suzette, o Krapus tinha pagado à vista a metade costumeira do custo total (para os materiais), a outra metade seria paga na entrega. Enquanto eu estive fora, Suzette concordou em se encontrar com o Krapus e entregar algumas das roupas que tinha terminado. Ela lhes mostrou os itens que tinha feito e eles adoraram o trabalho. Naturalmente, Suzette cobrou o restante do dinheiro, mil e quinhentos dólares. O gigante empresário de turnê do Krapus, com seus 1,95 m de altura e 125 kg, disse para minha esposa que não iriam lhe pagar. De imediato, Suzette disse a ele que queria as roupas de volta. Com o Krapus apenas assistindo, ele andou até minha esposa, com seus 1,60 m de altura e 50 kg, segurando meu menino de cinco meses de idade, e lhe disse que não iam devolver as roupas, não iam lhe dar mais nenhum dinheiro e que se ela não enviasse os itens de roupas remanescentes nos quais ela estava trabalhando, eles seriam obrigados a mandar que "cuidassem dela". *Mas que porra?!*

Eu estava em um telefone público, na Inglaterra, ouvindo essa história e perdendo a cabeça. Aqueles caras ameaçaram minha esposa – com meu filho nos braços –, a passaram para trás, e eu não podia fazer absolutamente nada. No entanto, outras pessoas *poderiam* fazer alguma coisa.

O padrinho e tio da minha esposa, Hugh MacIntosh (que ele descanse em paz), na época era um capanga da família criminosa Persico. "Hughie Apples" era um verdadeiro assassino de aluguel da máfia que não levava desaforos para casa e não fazia ameaças vazias. Faça uma busca por ele no Google. "O Picador de Gelo" descia o cacete nas pessoas. Quando a família de Suzette tomou conhecimento do que tinha acontecido, *o telefonema* foi feito para que cuidassem do Krapus e de seu empresário... *para valer.* Mas Suzette não queria nada disso.

— Você não mata pessoas por causa de mil e quinhentos dólares — disse ela para a família. (Matava, sim, no mundo do tio Mac!) Minha

O TWISTED SISTER FOI CAPAZ DE CONQUISTAR PRATICAMENTE QUALQUER PLATEIA – NÃO IMPORTAVA O IDIOMA FALADO POR ELA.

esposa é uma mulher gentil demais e benevolente. Aí, Krapus, vocês não fazem ideia de como chegaram perto de bater as botas... ou devo dizer, de calçar as botas de concreto. Tomem cuidado com quem vocês passam para trás.

PORTANTO, AGORA A ESCOLHA ERA MINHA. SERÁ QUE eu bateria o pé pela honra da minha esposa e dizer: "Vai se foder! Não vou sair em turnê com os filhos da puta que ameaçaram minha esposa com meu filho nos braços!"? Isso com certeza acabaria com as chances de a minha banda promover nosso disco e colocaria um ponto-final no que tínhamos trabalhado ao longo de sete anos. Ou será que eu engoliria meu orgulho, optaria pelo bem maior e concordaria em agarrar o último cipó que tinha sobrado para a banda se balançar para fora daquela floresta sufocante de derrota? (Que tal essa metáfora?)

Por um lado, foi gentil dos rapazes deixarem a decisão a meu critério – eles apoiariam o que quer que eu decidisse. Por outro lado, *eles deixaram a porra da decisão nas minhas mãos!* Ninguém disse: "Não faça isso". "Não aceitaríamos se a mesma coisa tivesse acontecido com a gente." "Não se preocupe, Dee, alguma outra coisa vai aparecer; a banda vai sobreviver." Não. Eles só ficaram me olhando com olhos de cachorro abandonado (eles odeiam quando digo isso) e disseram: "A decisão é sua, Dee". E eu cedi.

Enquanto concordava em fazer a turnê, em minha mente eu estava tramando. *Ok. Quando eu vir o Krapus e o bosta do empresário deles, posso me vingar daqueles putos pela maneira como trataram Suzette. VEUV!* Foi então que meu empresário acrescentou uma ressalva.

Os empresários dos Krapi[85] (esse é o plural de *Krapus*) tinham se antecipado ao meu plano e estipularam que, se eu fizesse *qualquer coisa* à ban-

---

85 Trocadilho com a palava *crap*, que significa *bosta* ou *merda*. [N.T.]

da em retaliação, o Twisted Sister seria chutado da turnê na mesma hora. A isso nossa agência de agendamentos tinha acrescentado que o Twisted Sister seria excluído de quaisquer futuras turnês, que eles parariam de nos representar e que nenhuma agência aceitaria uma banda que espanca as outras com quem está em turnê. Maldição... frustrado de novo!

Fui para casa e contei a notícia para Suzette, que não poderia ter ficado mais decepcionada comigo. Ela não conseguia entender ou aceitar o porquê de eu ter topado fazer a turnê. Me senti péssimo e ainda me sinto. Mesmo que anos mais tarde, quando nossa fama e notoriedade ultrapassaram as dos Krapi, eu ainda fazia com que eles fossem banidos e retirados das programações de festivais e me recusava a tocá-los no meu programa de rádio internacional, *The House of Hair* (acabando, com eficácia, com uma grande fonte de radiodifusão para a música deles), e isso ainda não é o suficiente para me fazer sentir como se tivesse me vingado deles pelo que fizeram. Decepcionei minha melhor amiga. Isso não pode ser mudado. *Sinto muito, Suzette.*

A TURNÊ COM O BLACKFOOT FOI UMA "TREMENDA de uma pechincha". Sem nenhum apoio financeiro por parte da gravadora, o Twisted Sister viajou em um trailer (ao contrário dos ônibus de turnê nos quais o Blackfoot e o Krapus viajavam), que, sem demora, se transformou em dois Patinhos Feios de aluguel[86] quando o motor do trailer fundiu no meio do nada no sudoeste. Ficávamos três em cada quarto, nos pulgueiros mais baratos que conseguíamos reservar, e sobrevivíamos com uma mesada de *sete dólares por dia*.

Eu me transformei em um especialista em encontrar bufês para a banda. Mendoza, nosso motorista residente, dirigia e eu andava no assen-

---

86 Patinhos Feios de aluguel são os carros de locadoras mais baratos que se pode conseguir porque elas apenas alugam carros usados. Não existe nada luxuoso nas sucatas que você aluga. Eles realmente estão à altura do nome.

to do passageiro com todos meus sentidos em alerta máximo, berrando direções aparentemente sem sentido, que no final nos levavam à terra prometida... um restaurante EAT, SIT 'N' GULP! BUFÊ COMA À VONTADE! (ou alguma coisa parecida). Fiquei tão bom em gerenciar minha ninharia diária que, no final da semana, tinha um pouco de dinheiro sobrando para comprar artigos de higiene e presentes para levar para casa.

A partir do momento em que tocamos em Salt Lake City, nossa primeira parada fora da Costa Leste dos Estados Unidos, soube que o seguinte axioma sempre se mostraria verdadeiro:

LIÇÃO DE VIDA DO DEE

Grandes fãs de heavy metal são fãs de grande heavy metal, não importa de onde sejam.

Isso sempre se mostrou verdadeiro. Ao longo do caminho, algumas pessoas me avisaram de que o Twisted Sister não seria tão bem-sucedido em países que não fossem de língua inglesa, acreditando que todo o nosso sucesso ao vivo era derivado de nossa habilidade em interagir verbalmente e de incitar o público. Além de isso ser um monte de baboseira motivada pela inveja, o Twisted Sister foi capaz de conquistar praticamente qualquer plateia – não importava o idioma falado por ela. Desde que quisessem agitar, conseguíamos agitá-los!

Cidade após cidade, o Twisted Sister – o grupo de abertura em um programa de três bandas – estava vencendo o show. O Blackfoot era uma ótima banda de rock sulista com alguns sucessos, mas estavam em fim de carreira. O Krapus era uma típica banda de metal de segunda com um toque de AC/DC, que, como esperado, nunca conseguiu muita coisa nos Estados Unidos. O Twisted Sister era pura agressividade, com tudo a perder. Éramos a banda a ser superada.

Ser obrigado a ver o Krapus e seu agente de turnê nos bastidores e não poder dizer nem fazer nada foi dureza. Por estar no estágio cabeça quente da minha carreira, e por sair de apresentações incendiárias todas as noites, eu estava zangado quase o tempo todo. Com grande esforço, eu passava pelo Grande Covarde ou pelos integrantes do Krapus sem sequer lhes lançar um olhar hostil. Mas aquelas eram as regras para estar em turnê, e eu estava me concentrando no objetivo final.

Isso não foi bom o bastante para o arrombado do agente da turnê norte-americana dos Krapi. Ele decidiu tentar pisar no meu calo e me fazer perder a cabeça. Essa era uma maneira de impedir que o Twisted Sister fizesse sua banda de liliputianos parecer um lixo todas as noites! Certa noite, quando saí do palco, o gerente de turnê deles estava esperando por mim com um grande sorriso me oferecendo uma toalha e disse: "Ótimo show, Dee!". Mas que porra! Ele estava de sacanagem?! Sem dizer nada, passei por ele e fui para o camarim. *Cretino filho da puta!* Na noite seguinte, ele fez a mesma coisa... e na noite depois dessa... e na depois dessa. A cada vez, eu fazia a mesma coisa: segurava minha língua, me recusava a cair na armadilha e passava por aquele monte de bosta. Eu sabia o que ele estava tramando.

Depois de mais ou menos uma semana disso, recebi um telefonema do meu empresário. Puma tinha recebido uma ligação de nosso agente dizendo que estava recebendo relatos de que eu estava sendo rude com o Krapus. *O quê?!* Sem ter conseguido fazer com que eu caísse na dele, o gerente de turnê deles estava usando nossa *falta de interação* a cada noite para tentar fazer com que a banda e eu fôssemos retirados da programação! Essa foi a gota d'água! Eu não estava nem aí se perderíamos a turnê! Já era ruim o bastante que eu tivesse que suportar ficar perto deles todas as noites sem confrontá-los; agora eles queriam que eu sorrisse e fosse gentil! Foda-se!

Tratando logo de me acalmar, Joe Gerber (que eu tinha certeza de que teria me apoiado em um piscar de olhos se tivesse saído na porrada com o Krapus) decidiu se sacrificar pela banda e ser amigável com o gerente de turnê e com o Krapus, interceptando-o a cada noite antes que ele viesse até mim. Conseguimos avançar pelo restante da turnê sem mais nenhum problema.

O TWISTED SISTER SE TRANSFORMOU EM UMA SENSAÇÃO internacional; o Krapus, numa banda de perdedores. Minha carreira segue prosperando; o Krapus é uma sombra medíocre de seu passado limitado. A vida é repleta de decisões em tons de cinza que fazem você avançar em seu caminho para o sucesso derradeiro, e a lembrança de grande parte dessas escolhas desvanece com o passar dos anos. Mas não essa. Aceitar aquela turnê com o Krapus, e sem nunca me vingar de verdade pelo jeito que eles trataram minha esposa, ainda me assombra e me assombrará até o dia da minha morte. *Eu não deveria ter aceitado fazer essa turnê.*

29
BEM-VINDO À TERRA PROMETIDA

QUANDO O VERÃO DE 1983 CHEGOU, O TWISTED SISTER estava lutando em defesa do heavy metal com infusões de glitter rock havia quase sete anos e meio. Lutando pelo nosso direito de tocar rock do jeito que quiséssemos, às vezes tínhamos a impressão de que estávamos enfrentando obstáculos insuperáveis. Descobrir a florescente nova onda do heavy metal britânico com certeza nos deu esperança, um estímulo muito necessário e um motivo para que continuássemos acreditando, mas ainda assim foi uma luta.

Em agosto, a banda e eu viajamos no calor da noite até Los Angeles pela primeira vez. Com o sol nascendo atrás de nós, saindo do deserto de Mojave e das montanhas San Gabriel, finalmente estávamos ao alcance da estação de rádio KMET de Los Angeles e descobrimos que estavam tocando "Flight of Icarus", do Iron Maiden. Não conseguimos acreditar! Tínhamos ouvido falar que o heavy metal era popular em Los Angeles e que a KMET tinha recebido o apelido de K-METAL, mas nunca imaginamos que seria daquele jeito. Metal na rádio pela manhã? Tínhamos chegado à terra prometida!

Entramos em West Hollywood e encontramos uma grande metrópole que tinha acolhido completamente o heavy metal. Ele de fato estava na moda! A música pesada e os headbangers *nunca* tinham vivenciado isso antes; nossa música estava sendo aceita em um nível cultural. Para onde quer que eu olhasse, via evidências dessa aceitação. A garotada que caminhava pela rua estava imitando o estilo das roupas de seus heróis do rock, com mais frequência o de David Lee Roth, do Van Halen. E as mulheres? O metal nunca tinha sido muito popular entre o público roqueiro feminino, mas elas também tinham descoberto o estilo e a atitude dele, especialmente de Pat Benatar. Pat não era metal, mas ela com certeza detonava e tinha atitude. As garotas estavam entrando de cabeça nessa onda. Mas algo não parecia muito certo.

À medida que eu lia os jornais locais, via os outdoors e as marquises, e simplesmente conhecia os fãs de metal de Los Angeles, ficou claro que eles curtiam mais o visual e a atitude do heavy metal do que a música. Estava claro que eles estavam mais interessados nas bandas estilizadas de heavy metal e menos no tradicional "jeans e couro". Os proeminentes clubes na Sunset Strip, como o Gazzarri's, anunciavam abertamente as bandas com "apenas os homens mais atraentes" para atrair as garotas roqueiras locais. Para onde as garotas vão, os garotos vão seguir. A maior parte da cena metal de Los Angeles era superficial – como as fachadas dos cenários de Hollywood – e focada no estilo, não na substância.

Isso não quer dizer que não havia verdadeiros headbangers ou bandas de metal em Los Angeles. O Slayer – um dos Big Four do heavy metal – era de Huntington Park, a uma curta distância de Los Angeles, mas eu conseguia ver o que estava alimentando a cena na Sunset Strip... e não era o peso das músicas.

Los Angeles estava determinada a estabelecer sua própria forma específica de heavy metal, e o Twisted Sister era uma combinação perfeita para a cena metal de Los Angeles da época. Éramos acima de tudo uma banda de metal, mas estilizada com nossa maquiagem e nossas roupas exageradas. Eddie e Jay Jay com certeza tinham um apelo feminino, e eu era apenas... Dee. Embora com toda certeza ficasse de fora do departamento "rapaz bonitinho", eu era um homem selvagem exagerado, e a cena metal de Los Angeles adorava isso. Mas por quanto tempo?

Geralmente, quando subíamos no palco como banda de abertura em uma programação com três bandas, a casa costumava estar com talvez dois terços de sua capacidade. Não em Los Angeles. Quando subimos no palco do Hollywood Palladium naquela noite, o lugar estava apinhado de ponta a ponta. Ainda que houvesse algum interesse pelo Krapus, os rumores sobre o Twisted Sister eram enormes. Os fãs de metal por lá tinham ouvido falar de nós muito antes de *You Can't Stop Rock 'n' Roll* ou até mesmo de *Under the Blade* serem lançados. Boatos sobre a banda fenômeno de heavy metal da Costa Leste que usava maquiagem tinham chegado à Costa Oeste quando ainda estávamos tocando em bares.

Fizemos o que sempre fazíamos (incluindo um ataque verbal contra uma elitista de Los Angeles no camarote VIP, que tinha esvaziado de propósito seu cinzeiro no público embaixo) e, depois do show, fomos expostos pela primeira vez ao *lance de Hollywood*. Todos os notáveis locais queriam conhecer o grupo, e até mesmo um camarada emergente de uma banda da qual tínhamos ouvido falar, chamada Mötley Crüe, veio aos bastidores, empolgado por nos conhecer. Lembro de Vince Neil me perguntando se sua namorada "do momento" podia ir até lá e tirar uma foto comigo ("Ela é uma grande fã!").

A grande surpresa veio quando o vice-presidente sênior da Atlantic Records na Costa Oeste, Paul Cooper, foi aos bastidores nos conhecer. Resplandecente em um terno caro, de unhas bem cuidadas, bronzeado, penteado e caminhando com uma bengala elegante, ele nos contou como tinha gostado do show. Surpreso que um executivo da Atlantic Records US tivesse se dado o trabalho de nos ver (ele não tinha recebido o memorando?), expressei meu apreço, em especial levando em conta que aquela com certeza não era a praia dele.

Isso o deixou aborrecido. "Não é a minha praia? Minha praia é ganhar dinheiro. Sua banda renderá muito dinheiro a essa gravadora. *Vocês são a minha praia.*"

Gostei desse sujeito! Ouvir um executivo da Atlantic Records – que não fosse Phil Carson – dizer aquilo foi muito importante para nós. E ver em primeira mão a explosão do heavy metal que estava acontecendo em Los Angeles nos deu uma esperança incrível. Depois de perder uma oportunidade em 1979 (quando Eddie sofreu uma convulsão e a *new wave* tomou conta), parecia que, quatro anos depois, a cena musical estava finalmente dando a volta. O Twisted Sister teria uma chance de verdade.

EM SETEMBRO DE 1983, MEUS SONHOS DE INFÂNCIA de ser uma estrela do rock rica e famosa se transformaram em realidade. Eu já tinha certo grau de fama e era *tecnicamente* uma estrela do rock (pelo menos para algumas pessoas), mas a parte do "rico" sem dúvida ainda era ilusão. Com o contrato do Twisted Sister com a Atlantic Records, vieram outras duas fatias econômicas da torta de qualquer banda de rock: um contrato de merchandising e um de edição musical. Embora o Twisted Sister compartilhasse o adiantamento da contratação e os lucros das vendas de produtos, esse não era o caso com o adiantamento de composição/direitos autorais.

Visto que muitas canções de sucesso não são escritas pela banda ou pelo artista que as tocam, os compositores recebem direitos autorais independentes (livre de todas as reivindicações da gravadora) por canção, por disco vendido. Como único compositor da banda, *todo* o dinheiro de direitos autorais e o adiantamento na casa dos cinco dígitos que os acompanhava no contrato de edição musical eram meus. Enquanto algumas bandas seguem a abordagem um por todos, todos por um, em se tratando de direitos autorais, e os divide igualmente (Black Sabbath, Van Halen etc.), não pensei nem por um segundo em compartilhar a fortuna com meus colegas de banda (exceto pelos quinze por cento dos meus direitos autorais que eu tinha dado ao Jay Jay). Enfim, estava recebendo uma compensação por todo o meu trabalho duro e sacrifício.

Devo destacar que um adiantamento é exatamente isto: dinheiro dado que será subtraído de seus ganhos futuros. Ainda que seja algo ótimo de se receber, ele é *apenas seu próprio dinheiro* sendo dado a você com antecedência. Claro, a gravadora corre o risco de que você talvez não venda o bastante para devolver a grana, mas eles recebem uma porcentagem maior de todos os recebidos ao lhe prestar essa cortesia. Poucos artistas jovens conseguem resistir à oferta de um adiantamento. Essa costuma ser a primeira vez que você vê uma quantia considerável de dinheiro em sua carreira.

Assim que voltamos para casa depois da turnê com o Blackfoot, tive minha primeira chance de fazer alguma coisa com o adiantamento dos direitos autorais do álbum *You Can't Stop Rock 'n' Roll*. Eu já havia tido o imenso prazer de depositar tal cheque em minha conta bancária. Com o aniversário de um ano do meu filho chegando, o fato de que agora eu havia estado longe de casa por mais de sete meses da vida dele não me passou despercebido. Sem mencionar que minha jovem esposa tinha sido obrigada a criá-lo sozinho. Eu finalmente estava em posição de começar a cumprir as promessas de ser uma estrela do rock. Naquele outono, compramos nossa primeira casa e um carro novinho.

Depois de passar grande parte da minha vida adulta no vermelho, foi uma sensação incrível entrar em um lugar e dizer a eles o que eu queria e como o queria, mas esse foi o começo de um declive escorregadio.

EM AGOSTO DE 1983, O TWISTED SISTER FOI AGENDADO para tocar no lendário festival Monsters of Rock, em Castle Donington, no Reino Unido. Além de ser o evento de heavy metal mais importante para uma banda como a nossa, depois da resposta maravilhosa que havíamos tido com nosso álbum e nossos singles mais cedo naquele ano, a apresentação do Twisted Sister em Donington seria um retorno triunfante à Grã-Bretanha.

A programação era um grande indicativo de como tínhamos chegado longe. Era o Whistenake original (com Jon Lord, Ian Paice e Cozy

Powell[87]), Meat Loaf (a carreira dele estava acabada nos Estados Unidos naquela época, mas na Europa ele ainda era uma atração *heavy metal* viável – vai entender), ZZ Top, Twisted Sister, Dio e Diamond Head. Apenas nove meses antes, abriríamos para o Diamond Head, e estar em uma posição mais alta na programação do que uma lenda e um herói como Ronnie James Dio foi simplesmente maravilhoso.

O público do Castle Donington era da mesma laia da multidão do Reading, expressando sua insatisfação – ou o que quer que fosse – jogando coisas nas bandas, nas equipes, no DJ-metal/anfitrião Tommy Vance (que usava um capacete de lacrosse como proteção quando subia ao palco) – praticamente em tudo o que se movia. Tínhamos certeza de que nosso grande sucesso no Reino Unido manteria o lançamento de "boista" ao mínimo, mas, quando subimos no palco, a coisa foi pior do que no Reading. Estava chovendo lixo!

Não conseguíamos acreditar! A banda e eu tínhamos todos os motivos para crer que os headbangers do Reino Unido gostavam de nós. Mas vamos fazer as contas. Digamos que fôssemos adorados; que porcentagem do público do festival você diria que gostava de nós? Noventa por cento? Com certeza nem mesmo os Beatles poderiam esperar um número muito maior do que esse. O que significa que em um público de mais de quarenta mil pessoas... quatro mil não gostavam da banda. Você faz ideia da quantidade de coisas que quatro mil pessoas conseguem arremessar? Eu faço. As coisas estavam fora de controle! Uma quantidade tão grande de lixo e comida e tantas garrafas de um litro – cheias de tudo, desde terra à urina – estava chovendo sobre o palco enquanto o Twisted Sister tocava, que alguns caras da banda queriam sair andando.

Em um derradeiro ato de futilidade, o intrépido Joe Gerber pulou do palco para a parte da frente do público e começou a correr por entre

---

87 Aqui o autor deve ter se confundido. Ele cita tanto Ian Paice quanto Cozy Powell, ambos bateristas, na formação do Whitesnake que tocou no festival, quando na verdade Ian Paice já tinha saído da banda, dando lugar a Cozy Powell. [N.T.]

a multidão, socando na cara as pessoas que estavam jogando coisas! Depois lhe perguntei o que ele esperava conseguir contra tantos agressores, ao que Joe respondeu: "Ei, aqueles ali pararam de jogar coisas!". Adoro esse cara.

De jeito nenhum sairíamos daquele palco. Teria sido como admitir derrota, e o Twisted Sister nunca conseguiria superar essa vergonha. Em vez disso, recorri ao discurso eficaz que usei no Reading Festival e desafiei a multidão inteira a brigar. Àquela altura, todos tinham ouvido falar sobre minha tática lendária no Reading e não estavam me apoiando como tinham feito lá. Eles passaram a jogar mais coisas ainda. Pensando depressa, tirei da manga um velho truque que costumava usar de vez em quando nos clubes da região dos três estados, ainda que em uma escala muito menor.

— *Quantos amigos do Twisted Sister temos aqui?!* — berrei.

Noventa por cento do público foi à loucura.

— *Bom, estamos presos neste palco e uns idiotas por aí estão jogando coisas na gente, e não podemos fazer nada!*

Nossos fãs vaiaram os "lançadores" com entusiasmo.

— *Só sei do seguinte: se a gente estivesse aí e alguém estivesse jogando merda em vocês, a gente ia dar uma surra deles!*

A multidão rugiu.

— *Mas a gente não está aí... vocês estão! Então se vocês virem alguém jogando coisas na gente... acabem com eles! E se eles forem grandes demais para vocês baterem sozinhos, juntem um bando de amigos, puxem eles para o chão e desçam a porra do cacete neles!*

A plateia ficou absolutamente ensandecida.

Começamos a música seguinte com sangue nos olhos. Enquanto o Twisted Sister tocava, brigas irromperam por toda aquela enorme multidão. Em determinado momento, uma enorme fogueira começou a arder por alguma razão. Tudo estava fora de controle! Mas nada mais foi arremessado.

O restante do nosso set correu incrivelmente bem, com os headbangers de Donington agitando no estilo do Twisted Sister. Quando chegamos à parte com a participação da plateia em "It's Only Rock 'n' Roll", depois de conseguir que o público levantasse os punhos para cima e gritasse, "I like it!"..., decidi elevar a coisa a outro nível.

— *Dessa vez, quando eu disser "It's only rock 'n' roll", quero que vocês gritem "I like it!"... e pulem!*

O público riu.

— *Não estou brincando!* — eu disse, como se tivesse lido a mente deles. — *Sei que nem todos vão ter coragem de fazer isso. Alguns estão preocupados que alguém possa rir de você! Coitadinhos!*

A plateia riu, aplaudiu e debochou.

— *Os verdadeiros amigos filhos da puta doentes do Twisted Sister vão pular! Vocês estão prontos para pular, seus filhos da puta doentes?!*

As pessoas estavam fora de si de tão empolgadas.

— *Então vamos fazer isso! "I know it's only rock 'n' roll, but...".*

Vou contar o que aconteceu em seguida, citando as palavras da repórter da *NME* (*New Musical Express*), que escreveu uma resenha do nosso show no festival. A *NME* não é amiga do heavy metal – eles quase odeiam tudo a respeito do estilo. Depois de detonar de maneira brutal o show do Twisted Sister em sua resenha, a repórter disse o seguinte, a respeito dos últimos momentos de "It's Only Rock 'n' Roll": "Tenho de admitir, ver quarenta mil pessoas pulando no ar em uníssono é uma visão que leva*rei para o túmulo*".

Foi incrível. Uma pena todos na plateia estarem tão bêbados, que caíram como dominós!

COM O OUTONO E O INVERNO SE APROXIMANDO, A banda tinha muito mais trabalho a fazer. Pelo lado positivo, o Twisted Sister estava vendendo contínuos três mil discos por semana – nada mal para uma banda que não contava com nenhum apoio da gravadora. Às segundas-feiras, durante a conferência semanal via telefone com todos os representantes nacionais da Atlantic Records, o escritório de Nova York era forçado a ouvir relatos sobre como o Twisted Sister tinha entrado em alguma região e a dominado por completo – nossos discos estavam vendendo como água. Ainda que fosse legal saber o quanto isso deixava o alto escalão irritado, não mudava nada para nós em se tratando do apoio por parte da Atlantic. Ainda estávamos na estrada, completamente sozinhos.

Enquanto isso, o Twisted Sister estava começando a ser notado pela MTV. Não que estivessem tocando muito nosso vídeo, mas usaram um trecho dele em um clipe promocional da emissora que era bastante tocado durante a programação, e as pessoas estavam reparando. Fora da região dos três estados, eu ouvia o tempo todo: "Ei, você é aquele cara do comercial da MTV!".

A MTV encontrou ouro com o heavy metal. A própria ideia de uma emissora de música era adicionar um componente visual ao já existente elemento musical. Muitos dos artistas incrivelmente bem-sucedidos não tinham nada a oferecer nesse quesito. A primeira música tocada na MTV, "Video Killed the Radio Star", do Buggles, foi profética, para dizer o mínimo. Quando as pessoas deram uma boa olhada em artistas como Joe Jackson e o Supertramp, suas carreiras terminaram. Havia um motivo para o maior disco de Joe Jackson ter seus sapatos na capa... e não era apenas o título do álbum. A MTV precisava de bandas e artistas com um elemento visual, e eles de imediato o encontraram no heavy metal. Para as bandas de metal, apresentar uma performance ao vivo com um visual cativante sempre tinha sido uma prioridade, e a imagem de grande parte da música era apropriada para os vídeos de rock. A adoção do heavy metal como base da lista de vídeos da MTV foi responsável pelas grandes descobertas que uma vindoura onda de bandas vivenciaria, e do que mais tarde ficou conhecido como "hair metal".

NOSSA SÉRIE DE DATAS DURANTE O OUTONO NOS
juntou ao Queensrÿche, recém-saídos de seu local de ensaio, como nossa banda de abertura. Não conhecíamos muita coisa sobre eles, a não ser que tinham um EP com quatro músicas muito legais lançado por uma gravadora grande e que estavam sendo bastante tocadas na rádio e na rotação da MTV. Quando o Twisted Sister, em nossa van caindo aos pedaços, chegou à casa de show em Kansas City para nosso primeiro show juntos, estacionamos ao lado de um ônibus de turnê brilhando de tão novo. De quem diabos era aquilo? Descobrimos assim que entramos.

O Queensrÿche era uma daquelas bandas cujo apoio da gravadora era o exato oposto do nosso. A gravadora deles, EMI, estava lhes dando tudo de que precisavam para garantir que fossem bem-sucedidos. Para citar o empresário deles na época: "Dissemos à gravadora que se quer que eles sejam estrelas do rock, é preciso tratá-los como estrelas do rock". Amém. Se ao menos alguém tivesse dito a mesma coisa para nossa gravadora. Essa banda, recém-saída de seu porão em Seattle e que estava fazendo seu *terceiro* show naquela noite, não só tinha um ônibus de turnê, como também tinha equipamentos novos, ficava em hotéis bacanas e cada um tinha um cartão de crédito, caso precisasse de alguma coisa! Por mais que quiséssemos odiá-los, não conseguimos. Eram todos sujeitos legais e despretensiosos que tinham tirado o palitinho maior quando o assunto era gravadora. Não era culpa deles que nossa gravadora fosse uma porcaria.

Naquela noite, demos uma lição ao Queensrÿche. Não de propósito; é só o que o Twisted Sister faz. Você não faz ideia de quantas bandas e vocalistas ficam na lateral do palco, ou perto da mesa de som, estudando a banda e a mim (certo, Jon Bon Jovi?), tentando decifrar o segredo de como fazíamos o que fazíamos (e ainda fazemos).

O Queensrÿche abriu o show em Kansas City naquela noite, com um visual e som ótimos. Estavam todos ensaiados, vestidos, equipados e encenados e tocaram seu set com uma precisão mecânica. Então foi a vez do Twisted Sister. Durante nosso costumeiro show caótico de sessenta minutos, o pandemônio tomou conta. Duas mulheres escalaram o palco e fizeram um "striptease" espontâneo durante uma de nossas músicas, e um sujeito da plateia ao qual ataquei verbalmente decidiu que queria tirar satisfação comigo. Ele escalou o palco para me agredir e eu lhe dei um único soco que o mandou de volta para a pista. Durante tudo isso, o Queensrÿche ficou na lateral do palco, assistindo à coisa toda, boquiabertos.

Quando o Twisted deixou o palco ao final do show, o guitarrista Chris DeGarmo me segurou.

— É assim todas as noites?!

— Só as boas — respondi e saí correndo.

De maneira geral, a turnê Twisted Sister/Queensrÿche correu bem. Alguns shows foram mais molhados do que outros (o sistema de *sprinklers* foi acionado durante nosso show em um clube lotado em Chicago), e dizem os boatos que os rapazes do Queensrÿche ficaram um pouco desapontados com as casas de show mais parecidas com clubes nos quais estávamos tocando (coitadinhos), mas o Twisted Sister estava mandando ver e vendendo discos.

Em novembro, durante as últimas semanas da nossa turnê com o Queensrÿche, nosso empresário recebeu *a ligação*. O presidente da Atlantic Records nos EUA queria se encontrar com a banda.

30
AÍ A HISTÓRIA É OUTRA

NÃO FOI NENHUMA SURPRESA PARA NÓS QUANDO NOS disseram que nosso disco continuava a vender em um ritmo estável. Agora se aproximando das cento e cinquenta mil cópias apenas nos Estados Unidos – *sem nenhum apoio por parte da gravadora* –, o valor comercial do Twisted Sister não podia mais ser negado. Estávamos nos transformando em uma força a ser levada em conta.

Enquanto seguíamos para a cidade de Nova York para nossa grande reunião com o todo-poderoso Oz – quer dizer, o presidente da Atlantic Records –, tínhamos certeza de que ele nos diria que a gravadora estava pronta para dar total apoio ao nosso disco *You Can't Stop Rock 'n' Roll*. Todas as bandas com quem tínhamos compartilhado o topo das paradas e o *Top of the Pops* na Grã-Bretanha tinham grandes sucessos nos Estados Unidos com seus lançamentos britânicos. Tinha chegado nossa hora de brilhar.

Chegamos à Atlantic Records e encontramos uma gravadora bastante diferente daquela que não tinha nos recebido bem antes. Quando entramos no saguão, um cartaz dizia BEM-VINDOS, TWISTED SISTER, CONTRATADOS DA ATLANTIC RECORDS! com a foto da banda nele. De pronto, fomos conduzidos para dentro, fizemos um passeio pelo complexo de escritórios decorados com pôsteres do Twisted Sister e fomos bem recebidos por todas as pessoas do lugar. Todos pareciam fãs do Twisted Sister e tinham uma história para contar sobre como sempre tinham apoiado a banda. Foi completamente confuso. Quando fomos levados para nos encontrar com o presidente da gravadora, não conseguimos acreditar. Aquele era o mesmo sujeito que tinha pessoalmente rejeitado nossa banda inúmeras vezes, ameaçado despedir Jason Flom, caso ele mencionasse nosso nome, e enfrentado Phil Carson para que ele não nos contratasse? Ele foi tão acolhedor e simpático!

Assim que a troca de amenidades chegou ao fim, o Sr. presidente foi direto ao assunto. Ele nos disse que o Twisted Sister seria gigante. Provamos nosso valor no Reino Unido e continuamos a vender – por conta própria – nos Estados Unidos. Agora estava na hora de apertar o botão e fazer as coisas acontecerem.

Até que enfim! O Twisted Sister e nosso álbum *You Can't Stop Rock 'n' Roll* por fim receberiam o apoio e a atenção que mereciam!

As próximas palavras do presidente mudaram nossa carreira em tantos níveis, tanto para o bem quanto para o mal: "Mas não vamos pôr mais dinheiro num barco furado. Está na hora de focar em um disco novo".

O quê?! Um disco *novo*? Sequer tínhamos riscado a superfície do potencial daquele disco. Tínhamos dois singles de sucesso na Grã-Bretanha com *You Can't Stop Rock 'n' Roll*; eles poderiam ser sucessos nos Estados Unidos! Embora fosse maravilhoso ouvi-lo dizer que a Atlantic Records iria "apertar o botão" e nos transformar em verdadeiras estrelas, por que não maximizar o potencial financeiro do disco pelo qual eles já tinham pagado?

Vou explicar por quê.

Imagine que *você* fosse o presidente da Atlantic Records. Você lutou com unhas e dentes, durante anos, para manter o Twisted Sister longe da sua gravadora. Rejeitou a banda pessoalmente, ameaçou o emprego de alguns funcionários se ao menos mencionassem seu nome e tinha sido derrotado e ignorado por um colega executivo, diante de seus iguais, por causa dessa banda e desse mesmo álbum. Agora, a banda e o álbum que você não fez *nada* para apoiar e *tudo* para impedir tinham sobrevivido e estavam ameaçando fazer grandes avanços, deixando você como o único detrator. Não é uma posição invejável para se estar, não é?

Ao abrir mão do trunfo "não vamos pôr mais dinheiro num barco furado", o Sr. presidente tinha demonstrado uma mudança de opinião e um apoio verdadeiro à banda, enquanto ignorava o disco que o incomodava. Isso lhe permitiu se distanciar do disco e dar a impressão de ser o deus generoso, iluminando com sua graça o novo disco do Twisted Sister, do qual ele se certificará de que todos saibam que ele fez parte. Bela jogada, otário.

Se o presidente da nossa gravadora tivesse feito a coisa certa (em vez da jogada de proteger a si mesmo), *You Can't Stop Rock 'n' Roll* poderia ter sido um álbum de platina ou de platina múltipla (em vez de ganhar disco de ouro alguns anos depois), colocando o Twisted Sister na vanguarda do novo movimento metal nos Estados Unidos e preparando a fundação para uma carreira ilustre muito mais longa e repleta de grandes sucessos. Em vez disso, estávamos destinados a fazer *parte* da onda inicial do heavy metal e das bandas de hair metal, com uma expectativa de vida muito mais curta.

Deixamos os escritórios da Atlantic naquele dia empolgados pelo novo apoio que estávamos recebendo da gravadora, mas desapontados porque o nosso disco atual não receberia a chance de brilhar e conquistar o que todos sabíamos que poderia. Ainda assim, as festas estavam chegando, e 1984 prometia coisas incríveis para a banda. O Grande Irmão agitaria junto com o Twisted Sister.

QUANDO SUZETTE ESTAVA GRÁVIDA DO JESSE, ELA ÀS vezes aparecia para ver a banda se apresentar. Ela me dizia que, quando o Twisted subia no palco, o bebê ficava louco em sua barriga, chutando e agitando. Quanto mais pesada a música fosse, mais enlouquecido ele ficava. Nosso filho ainda não nascido queria agitar igual ao pai. Agora, com quinze meses de idade, eu havia estado longe por quase dois terços

AÍ A HISTÓRIA É OUTRA

da vida do Jesse. Queria que ele visse o que seu papai fazia quando estava longe de casa.

Ao voltarmos de nossas turnês, a banda fez uma corrida da vitória pelo nordeste para comemorar o álbum lançado por uma grande gravadora e a destruição da cena metal britânica. A profecia autorrealizável tinha se tornado realidade, e os "bad boys do rock and roll", nos quais os SMFs[88] tinham acreditado tanto, alcançaram o próximo patamar.

Um desses shows de vitória aconteceu no dia 29 de dezembro de 1983, no rinque de patinação 2002 – transformado em casa de show para a noite – em Sayville, Long Island. Um show sem restrição de idade, o lugar estava apinhado de ponta a ponta com milhares de adolescentes clamando para ver uma banda sobre a qual as irmãs e os irmãos mais velhos tinham falado tanto e que estava colocando a cena roqueira de Long Island no mapa. Enquanto o Twisted Sister agitava a casa diante de quase duas mil pessoas, a coisa virou um pandemônio. Mas eu me concentrei mais em meu filho Jesse Blaze, parado na lateral do palco pela primeira vez... e agitando junto com o pai!

Durante o show, nossos olhos se encontraram, e Jesse, com uma expressão determinada, começou a andar para o palco para se juntar ao seu velho. Empalideci, percebendo que a banda estava concentrada na apresentação e indiferente ao movimento potencialmente perigoso de Jesse. Por sorte, ele deu apenas alguns passos antes de Suzette agarrá-lo pelo ombro e puxá-lo para trás. Eu fiquei maravilhado. Meu filho de pouco mais de um ano de idade entendia o que o pai estava fazendo e queria fazê-lo comigo. Isso não é muito legal?

POUCO SURPREENDENTE, A ATLANTIC RECORDS ACHAVA que o tempo era essencial. Eles queriam capitalizar a energia e a boa

---

88 *Sick motherfuckers friends (of Twisted Sister)*, amigos doentes filhos da puta (do Twisted Sister), em tradução livre, título de uma música e nome do fã-clube da banda. [N.T.]

vontade que o Twisted Sister já tinha conquistado antes que as coisas esfriassem. Nada que o lançamento de uns dois singles e vídeos tirados do álbum *You Can't Stop Rock 'n' Roll* não desse conta. *Ah, está bem, vou deixar isso para lá.*

A primeira coisa que precisávamos fazer era escolher um produtor. Nossa escolha e sua disponibilidade determinariam o cronograma de gravação e todo o resto avançaria a partir daí.

A banda foi requisitada a enviar uma lista com os produtores com quem gostaria de trabalhar, e foi o que fizemos. Martin Birch (Iron Maiden), Max Norman (Ozzy Osbourne), Dieter Dierks (Scorpions), Mack (Billy Squier), entre outros, foram enviados para aprovação. A resposta da Atlantic Records não aparecia em nenhum lugar em nossa lista, nem mesmo tinha sido levada em consideração ou cogitada *em nenhum momento.* "Que tal Tom Werman?" *Quem?*

Tom Werman era um antigo executivo de A&R da gravadora que tinha virado produtor por pura necessidade. Por ter assinado Ted Nugent, Cheap Trick e Molly Hatchet, ele em seguida "produziu" seus discos e tinha levado o crédito por pegar bandas um tanto rústicas e as deixar comercialmente viáveis.

Bem, o termo *produtor* é muito geral, abrangendo qualquer pessoa responsável por supervisionar e entregar um disco. Alguns produtores são do tipo que colocam a mão na massa, que de fato apertam os botões no console e ajudam com os detalhes técnicos para obter o som desejado, enquanto outros são músicos que contribuem com a composição e construção das músicas. Ainda outros são realmente da velha guarda (lembre-se, o processo de gravação começou com alguns microfones em uma sala com a banda tocando ao vivo direto para a fita) e apenas ouvem. Tom Werman fazia parte deste último grupo. Citando o próprio homem: "Eu não escrevo, não crio, não encosto no console. Só vou lhes dizer se gosto ou não". Foi ele quem disse isso, não eu.

Werman tinha acabado de gravar o disco *Shout at the Devil* com o Mötley Crüe, e parecia que seria um disco de grande sucesso. Ao repararem no trabalho de Tom Werman com o Crüe e com as outras bandas que ele tinha "lapidado" no passado, a Atlantic achou que Tom seria a escolha perfeita.

Ouvimos o disco *Shout at the Devil* e não ficamos muito impressionados. A guitarras e a bateria soavam muito bem, mas no geral não era o som que procurávamos. Não era pesado o bastante. Mesmo assim, a gravadora queria que Tom nos ouvisse e que a banda o conhecesse, portanto Werman foi levado de Los Angeles para um dos "shows da volta da vitória no Nordeste", em Washington, D.C.

Por ter chegado atrasado, Werman pegou metade do espetáculo e viu o Twisted fazer o que sempre fazia: destruir uma casa lotada. Depois do show, nos encontramos e tivemos uma chance de conversar. Tom parecia ser bastante simpático. Depois de me contar sobre sua experiência com A&R e como tinha virado produtor, decidi fazer a Tom uma simples pergunta. Se ele ainda fosse o cara do A&R, ele teria assinado o Twisted Sister?

Werman me deu uma resposta simples e direta: "Não".

Embora tivéssemos valorizado sua honestidade, tinha ficado claro que aquele não era o produtor para a banda. Não tínhamos gostado muito do trabalho dele e ele não tinha gostado muito da banda. Fim de papo.

Alguns dias depois, Mark Puma e eu tivemos outra reunião com o presidente da gravadora para discutir o assunto de Tom Werman e a escolha do produtor em geral. Durante a conversa, expliquei o tipo de produtor que a banda procurava e por que Tom Werman simplesmente não era a pessoa certa para nós. *El Presidente* fez pressão para que escolhêssemos Werman e eu contestei, explicando como precisávamos fazer um disco realmente pesado para nossos fãs. Ficamos indo e vindo nesse assunto durante alguns minutos, até que, exasperado, o chefe da gravadora exclamou:

— Exatamente quantos fãs você acha que vocês têm?

Pego de surpresa pela pergunta e pela sua intensidade, respondi:

— Não sei, duzentos mil.

— O que você quer, esses duzentos mil fãs ou os outros oitocentos mil que transformarão seu próximo álbum em disco de platina?

Simples assim, eu tinha sido derrotado. Não tinha uma resposta. Eu queria um disco de platina. Claro, agora sei que a resposta correta seria "ambos". Não existe nenhum motivo para que uma banda não possa ter seu público principal e os fãs de rock *mainstream*. (É só perguntar ao Metallica.) Mas fiquei intimidado pela intensidade do presidente da nossa gravadora e pela pressão da situação toda. Aquela era a nossa chance.

Então ficou decidido que Tom Werman produziria o próximo álbum do Twisted Sister. *Aquele foi o começo do fim.* Sei que parece loucura dizer isso quando nosso álbum mais importante e nosso maior sucesso ainda nem tinham acontecido, mas eu acredito de todo o coração que a decisão de contratar Tom Werman foi o começo de um efeito borboleta que, no fim das contas, destruiria a banda.

31
O AIATOLÁ DO ROCK AND ROLLA

ÀQUELA ALTURA DA CARREIRA DO TWISTED SISTER, Suzette e eu éramos uma máquina criativa, sempre trabalhando com a cabeça no futuro, em antecipação ao passo seguinte da banda. Enquanto eu terminava de escrever o material do próximo disco do Twisted Sister, Suzette já estava aparecendo com ideias para o nosso visual seguinte.

O "visual maltrapilho" da turnê *You Can't Stop Rock 'n' Roll* tinha dado bastante certo (e inspirado muitas outras bandas) e dado um grande passo na direção do visual perfeito para o Twisted. Sempre tive muitas regras sobre o que era ou não aceitável para as roupas do Twisted Sister. Suzette com frequência aparecia com novas ideias que eu rejeitava de imediato, mas aos poucos era convencido por sua sabedoria (um processo muito parecido com aquele que me convenceu a usar mais maquiagem).

O conceito de Suzette para as próximas roupas do Twisted Sister era levar o visual maltrapilho a um novo patamar. Como grandes fãs dos filmes *Mad Max* e *O Guerreiro da Estrada* (também conhecido como *Mad Max 2*), Suzette viu uma oportunidade de introduzir elementos do estilo pós-apocalíptico às nossas roupas. Esperem só até eles darem uma boa olhada em mim!

O PROCESSO DE GRAVAÇÃO DAS DEMOS PARA O PRÓXIMO álbum foi idêntico a todos os anteriores. As músicas nas quais trabalhei durante as gravações de *You Can't Stop Rock 'n' Roll*, com duas músicas que Eddie e eu escrevemos (sim, Eddie tinha finalmente escrito alguns *riffs* de guitarra para eu usar) e duas das favoritas dos fãs da época em que tocávamos em clubes ("Rock 'n' Roll Saviors" e "You Know I Cry") foram ensaiadas em suas formas mais básicas (introdução/verso/refrão/verso/refrão) e em seguida gravadas como demo. As versões das músicas eram truncadas porque sempre tínhamos muito mais do que precisávamos – apenas entre dez e doze seriam escolhidas para o álbum. Não queríamos perder tempo criando arranjos completos para todas.

Uma vez que uma demo estivesse concluída, entregávamos a fita às partes interessadas (banda, equipe, empresários, gravadora e nosso produtor), então votávamos nas nossas faixas favoritas. Aquelas com mais votos seriam as canções para o disco.

Como compositor, eu estava em plena forma. Sabia que havia algumas músicas *muito* fortes na nova demo. Em especial "We're Not Gonna Take It" e "I Wanna Rock".

"I Wanna Rock" foi inspirada pelo ritmo galopante de muitas músicas do Iron Maiden. Eu achava que, se pudesse combinar a levada metálica de uma música do Iron Maiden com a atmosfera de hino de muitas das minhas canções, teria sucesso.

Uma nota: quando escrevi a música original, visualizei os "vocais de grupo (coro)" sendo cantados *na* palavra *rock*, como em "I wanna *rock*!". Enquanto trabalhávamos nas canções para a demo, eu explicava isso para Eddie Ojeda.

— Ah, você quer dizer tipo 'I wanna rock! *Rock!*'? — perguntou Eddie.

Era uma ideia muito melhor!

— Exato — respondi, levando todo o crédito. — Tipo isso — *valeu, Eddie*.

Eu estava com o refrão de "We're Not Gonna Take It" no bolso desde 1979. Sabia que o gancho era matador, mas, por mais que tentasse, não conseguia pensar em um verso e um verso-B (a segunda parte, diferente, de uma estrofe) que fossem apropriados. Eu sou um *grande* fã da banda inglesa Slade (assim como muitas bandas de metal e hard rock proeminentes) e de seus incríveis hinos do rock. A maioria de vocês os conhecem melhor por causa do grande hit do Quiet Riot, "Cum On Feel the Noize", e o seguinte, "Mama Weer All Crazee Now". Não, o Quiet Riot não escreveu essas músicas, *quem as escreveu foi o Slade.*

Com frequência, as músicas do Slade são compostas de um gancho (melodia e letra repetidas e cativantes) para o verso, um gancho para o verso-B, e um gancho para... *o gancho.* Jim Lea e Noddy Holder são compositores incríveis! "We're Not Gonna Take It" é uma barbada repleta de inspirações diretas do Slade. *Todos os meus hinos são assim.* Obrigado, Noddy e Jim, pela inspiração e pelas aulas de composição. Eu não teria conseguido sem vocês.

O crédito pelo toque genial na música tem de ir para meu baterista, A.J. Pero. Tive a ideia de começar a música com uma cadência de bateria, como uma banda marcial. Quando pedi ao A.J. para pensar em alguma coisa, ele criou uma puta de uma batida identificável! No instante em que as pessoas ouvem essa bateria, elas sabem que música é. *Mais campana!*

Muitos anos depois de ter escrito o refrão de "We're Not Gonna Take It", estava andando na van de turnê com minha banda Widowmaker (mais sobre isso depois). Meu guitarrista, Al Pitrelli, estava dirigindo, e discutíamos sobre plágio na música. Ao longo dos anos, muitas canções foram copiadas tanto involuntariamente... quanto voluntariamente. Estávamos repassando as diferentes canções que tinham sido "apropriadas" (por exemplo, "My Sweet Lord", de George Harrinson, tirada da "He's So Fine", das Chiffons, e "Who Says You Can't Go Home", do Bon Jovi, que foi pega emprestada da "Cupid [Draw Back Your Bow]", de Sam Cooke), quando Al disse:

— E, claro, "We're Not Gonna Take It" é "O Come, All Ye Faithful".

— *O quê?*

— Você não sabia que "We're Not Gonna Take It" é "O Come, All Ye Faithful"? — perguntou Al.

Enquanto fiquei ali parado todo embasbacado, Al cantou:

— *O come, all ye faithful. We're not gonna take it.*

Puta merda! Cantei no coral da igreja até meus dezenove anos. Devo ter cantado "O Come, All Ye Faithfull" centenas de vezes. De alguma maneira, as primeiras seis notas dessa canção tinham infiltrado minha psique e sido transformadas em "We're Not Gonna Take It!". *Obrigado, Deus!*

Elton John disse uma vez que seus maiores sucessos foram baseados em padrões de acordes de hinos de igreja. Ele diz que o conforto e a familiaridade contidos nelas criam uma ligação com o ouvinte. Acho que ele está certo.

EM UMA MANHÃ DURANTE O PROCESSO DE GRAVAÇÃO

da demo, eu estava tomando café na sala de jantar da nossa casa e ouvindo as faixas-base de nossas músicas, sem vocais. Os vocais sempre eram a última coisa a ser acrescentada, e eu estava estudando as faixas para me preparar para as gravações.

No instante em que apertei o botão PLAY no toca-fitas portátil, o bebê Jesse Blaze entrou correndo, usando apenas uma fralda, se plantou na frente do aparelho de som e começou a bater cabeça sem parar ao longo de toda a fita! Eu nunca tinha visto nada como aquilo. O garoto ficou grudado à música e não parou até que a fita chegasse ao fim. *Ele adorou!* Considerei isso um bom presságio.

A PARTIR DO MINUTO EM QUE TOM WERMAN ENTROU

em cena, as coisas começaram a deteriorar com a banda. A maioria de nós tinha aceitado a realidade de um mundo cheio de tons de cinza, mas Mark Mendoza ainda estava vivendo em um mundo irreal de preto e branco. Ele se recusou a aceitar que algumas concessões precisavam ser feitas, sob nenhuma circunstância, e o fato de que tinha perdido a votação no assunto da produção – algo no qual ele sempre havia estado ativamente envolvido – o colocou em uma trajetória de constante resistência passivo-agressiva. Ah, mas tudo bem eu fazer a turnê com o Krapus pelo bem maior, certo?

Enviamos a fita demo com quase vinte músicas novas para Tom Werman. Essas eram as canções que se tornariam nosso álbum de platina múltipla *Stay Hungry*. "We're Not Gonna Take It", "I Wanna Rock", "The Price", "Burn in Hell" e todas as outras faixas daquele álbum estavam na fita demo que enviamos para Tom Werman, em um formato completamente reconhecível[89]. Estávamos empolgados para que ele ouvisse nosso material novo.

No primeiro dia de pré-produção, Tom Werman me entregou uma fita, dizendo:

— Aí tem algumas músicas que acho que vocês deveriam pensar em gravar como covers.

Pego um tanto de surpresa, perguntei se ele tinha ouvido a demo com nossas músicas novas.

— É, elas são boas — disse ele, desdenhoso —, mas acho que vocês deveriam ouvir essas músicas.

Sem querer ser acusado de ter a mente fechada em relação às ideias de Werman – em especial logo no primeiro dia de pré-produção –, dei uma olhada na fita. Listadas nela havia três músicas da banda de heavy metal Saxon. Fiquei completamente confuso.

— Estas são músicas do Saxon.

— Eu sei — respondeu Werman. — Elas são músicas ótimas.

— Elas *são* músicas ótimas. Fizemos uma turnê com o Saxon. Eles são uma banda ótima.

---

89 Algumas dessas faixas demo originais podem ser encontradas no disco do Twisted Sister *Stay Hungry 25th Anniversary Edition*. Elas são quase idênticas àquelas que você ouve em nosso álbum.

— Então qual é o problema?

— *Nós fazemos turnês com eles!* Não podemos tocar músicas do Saxon quando o Saxon estiver tocando essas músicas no mesmo show!

— Isso só na Europa — rebateu Tom. — Ninguém os conhece por aqui.

— Nós fazemos turnês na Europa e nossos fãs os conhecem! Nossa banda viraria uma piada. *Não podemos gravar músicas do Saxon!* — fiquei pasmo com a incapacidade do sujeito de compreender a situação.

Werman deu de ombros em uma atitude de desdém (ele era bastante desdenhoso) e disse:

— Tudo bem, vou dar essas músicas para outra banda que queira ter grandes sucessos.

Registro de diário: *Primeiro dia de pré-produção com Tom Werman. As coisas não estão indo tão bem quanto tínhamos esperado.*

O obstáculo seguinte foi convencer Werman a colocar as músicas certas no disco. Ele foi inflexível sobre incluir "Don't Let Me Down" ("'Don't Let Me Down' é *um hit*", insistia Tom) e as duas músicas na fita que eu tinha decidido que não seriam usadas para aquele disco, "Captain Howdy" e "Street Justice" (essas duas deveriam ser parte de um "ópera-rock" que eu estava desenvolvendo. Essas três músicas são as únicas canções do disco *Stay Hungry* que *nunca tocamos ao vivo* (até recentemente). Elas são as *menos populares* desse álbum.

Na lista de músicas que Tom Werman *não* queria no disco? "We're Not Gonna Take It", "I Wanna Rock" e "The Price" – *nossas três melhores músicas!*

Usando nosso tradicional processo de votação para escolher as músicas de nossa demo, essas três canções foram as mais escolhidas por todos que votaram. Mesmo assim, Tom não as queria. Werman insistia que "The Price" era uma típica balada; "I Wanna Rock" era só uma "coisa estilo Molly Hatchet"; "Eu já fiz esse tipo de coisa. *Dump-dada-dump-dada-dah*"; e "We're Not Gonna Take It" era só uma musiquinha para cantar junto – "*Nah-nah-nana-nah-nah*", cantou ele em tom debochado. Esse sujeito de A&R transformado em produtor, que disse que *não* teria assinado nossa banda e *não* queria no disco as músicas que se transformariam em nossos maiores sucessos, estava no comando do leme do navio que guiava o Twisted Sister e estava ganhando algo na casa dos cinco dígitos e quatro pontos do disco para fazer isso?! *Mas que porra!*

Em determinado momento, literalmente me ajoelhei ao lado da cadeira de Werman e implorei a ele para incluir essas três músicas no disco. Prometi que elas seriam mais impressionantes quando estivessem terminadas. Ele cedeu.

— Ah, tudo bem — disse Tom com indiferença. — Se você precisa *mesmo* ficar com elas.

— Obrigado, Tom — respondi, lutando contra a vontade de chutar aquele monte de merda condescendente e arrogante para longe de sua cadeira. Enquanto eu lutava contra esse sentimento, a primeira das que seriam dores estomacais contínuas me atingiu em cheio. Eu soube então que gravar nosso álbum com aquele sujeito ia ser uma batalha constante e cabia a mim lutar.

Mark Mendoza, o integrante da banda que costumava cuidar das coisas no estúdio e era o responsável pelo som do Twisted Sister, tinha lavado as mãos da situação. Ele não concordava com a escolha de Tom Werman (quem concordava?) e passava pouquíssimo tempo no estúdio com o sujeito. Então, em vez de eu trabalhar no material para nosso disco seguinte durante as gravações (como sempre fazia), fui forçado a ficar no estúdio durante grande parte do tempo e garantir que Tom Werman não estragasse tudo por completo.

Se Mark tivesse continuado a cuidar da produção, eu teria escrito um disco muito diferente daquele que sucedeu *Stay Hungry*. Ele teria sido escrito quando a banda ainda estava enfrentando dificuldades, um lugar muito melhor para escrever ótimas músicas de heavy metal do que de um platô de conforto e sucesso. Acredito de coração que a curva de toda a carreira da banda teria sido diferente, e muito mais de acordo com o que deveria ter sido. Deveria ter sido, teria sido, poderia ter sido.

Os ensaios em si estavam indo exatamente de acordo com a principal diretriz de Tom Werman: "Não crio nada, só digo a vocês se gostei ou não". Música após música, tocávamos alguma coisa, perguntávamos o que Tom achava e nove entre dez vezes ele dizia: "Está bom". De vez em quando ele dizia: "Não gostei disso". A banda apresentava uma maneira alternativa de tocá-la e Werman dizia: "Está bom". É preciso adorar esse processo criativo!

NO PRIMEIRO DIA DAS GRAVAÇÕES DAS FAIXAS-BASE,

no Record Plant em Nova York, conhecemos a arma secreta de Werman. Geoff Workman, o engenheiro de Tom, era o cara que *apertava* os botões e encontrava os sons certos. Devemos agradecer a Geoff Workman por qualquer coisa boa a respeito do som do disco *Stay Hungry*.

Geoff foi engenheiro do lendário produtor Roy Thomas Baker em todos os cinco primeiros discos do Queen, os quatro primeiros discos do Cars e dois álbuns do Journey. Geoff passou então a coproduzir, com o Journey, o disco de platina múltipla deles, *Departure*. O cara tinha experiência e habilidades incríveis.

Para mim, Geoff Workman foi o único ponto de luz em todo o processo de gravação. Ele era paciente, incansável e um filho da mãe engraçado. Lembro que, durante os primeiros dias de gravação, Geoff etiquetou tudo no estúdio que pertencia a ele. CANETA DO GEOFF, FITA DO GEOFF, CINZEIRO DO GEOFF, XÍCARA DE CAFÉ DO GEOFF. Em determinado momento, Geoff pendurou uma placa no teto, suspensa acima de sua cadeira (também etiquetada), que dizia AR DO GEOFF. Engraçado pra caramba.

Geoff fumava cigarros Gitanes um depois do outro, bebia uma garrafa de Johnnie Walker Black com gelo por dia e quase o tempo todo –

com bastante discrição – cheirava cocaína, mas eu não ligava. O sujeito era sempre tranquilo e não um "transmorfo" (alguém cuja personalidade se transforma quando ele ou ela fica chapado). Se ao menos a mesma coisa pudesse ser dita sobre Tom Werman.

ASSIM QUE AS PARTES DE BATERIA E BAIXO TINHAM sido gravadas em Nova York, a banda seguiu para a Costa Oeste para terminar de gravar o disco (guitarras e vocais), incluir *overdubs* e mixar. A escolha de Tom Werman foi o Cherokee Studios, portanto foi lá onde montamos acampamento.

Pela primeira vez, Suzette e Jesse conseguiram me acompanhar e nos mudamos para o condomínio Oakwood em Burbank. O condomínio Oakwood é formado por lendárias unidades mobiliadas para alugar (incluindo roupas de cama, eletrodomésticos na cozinha e utensílios), que já acomodaram diversos músicos e atores do "baixo escalão". Lembro-me de ter ficado de queixo caído com a qualidade do lugar. Àquela altura da minha carreira, era como viver no luxo! ("Olha só, esse interruptor acende a lareira a gás!")[90]

Foi ótimo ter minha esposa e meu filho comigo. Quase me senti como se fosse um "pai de verdade", trabalhando o dia todo, depois voltando para casa para ficar com a esposa e o filho. Nos meus dias de folga, íamos a lugares do tipo família, como Knott's Berry Farm, Universal Studios e Disneylândia. Em nossa visita à Disneylândia, as coisas começaram a mudar para sempre.

Suzette, Jesse com quinze meses de idade e eu estávamos nos divertindo bastante no parque... quando alguém me reconheceu. Tenha em mente que o Twisted Sister não era muito famoso ainda, a não ser

---

90 Alguns anos atrás, Suzette e eu reservamos o condomínio Oakwood por algumas semanas quando meu filho Jesse Blaze estava participando do programa da MTV *Rock the Cradle* — não aguentamos nem uma noite. ("Eu sou o quê, um animal?! Me arrumem um hotel *de verdade*!") Engraçado como as pessoas ajustam seus padrões.

dentro da cena heavy metal mais dedicada. Mas algum headbanger me avistou e pediu um autógrafo e uma foto. *Claro.*

Enquanto eu assinava e fazia pose, outras pessoas começaram a reparar. "Ei, é aquele cara do comercial da MTV!" Agora *elas* queriam autógrafos. *Ok.* Sem demora, mais e mais pessoas começaram a se juntar ao nosso redor querendo autógrafos e fotos. Depois de assinar por vários minutos sem sequer levantar o olhar, uma voz masculina profunda me disse:

— Faça uma dedicatória para *Lashonda.*

Levantei a cabeça e vi um negro grande parado na minha frente.

— Seu nome é Lashonda?

— Não! É minha filha de dois anos — ele deu risada. Então se inclinou para perto de mim e perguntou: — Quem é você?

O quê?! Eu estava passando o tempo que tinha com minha família dando autógrafos para pessoas que nem sabiam quem eu era? E falando em família, onde diabos estavam Suzette e Jesse?

Olhei ao redor e descobri que a multidão tinha literalmente empurrado minha esposa e meu filho para longe, que agora estavam a uma boa distância de mim. Pedi desculpas para a multidão decepcionada ("Aonde ele está indo? Quem *era* ele?") e corri até Suzette e Jesse. A multidão me seguiu. Fomos depressa até um brinquedo. Quando saímos do outro lado, as pessoas estavam ali esperando por nós. A maioria delas nem sabia quem eu era! Essa é a parte louca de ser uma celebridade. As pessoas ficam obcecadas por qualquer pessoa que é alguma coisa, mesmo que nunca tenham ouvido falar dela nem a visto antes. Imagine como as coisas são quando elas de fato sabem quem você é? (Eu descobriria em breve.)

Agarrei Suzette e Jesse e saímos depressa do parque, jurando nunca mais voltar, a não ser que fosse para um desfile em minha homenagem. (Isso nunca aconteceu, e voltei à Disneylândia e ao Disney World muitas vezes, usando disfarce.)

Infelizmente, aquele dia estabeleceu um novo padrão para as ativi-dades extracurriculares da nossa família: em essência, elas se transfor-maram em nada. Minha notoriedade continuou a crescer, me forçando a ser cada vez mais recluso. Durante quase toda a minha vida, tinha sonhado em ser famoso e agora estava começando a descobrir as des-vantagens. O ditado "Cuidado com o que desejas, pois poderás ser aten-dido" ressoou em meus ouvidos. Eu por fim o compreendi.

32
A GARANTIA

GRAVAR COM TOM WERMAN CONTINUOU SENDO UMA tortura. Eu lutava uma batalha constante para manter a integridade da nossa banda intacta contra uma pessoa que eu sabia não ser um fã nosso nem mesmo de heavy metal.

Tom Werman dirigia um Porsche caro, com uma placa customizada que dizia 33 RPM, que representava a velocidade de rotação de um LP. Que fofo. Todos os dias ele avançava até uma vaga reservada na frente do estúdio, estacionava seu carro e meticulosamente acionava o alarme do carro, colocava uma capa em cima de seu "bebê" para protegê-lo do sol e passava um cabo de segurança por baixo do veículo para prender a capa no lugar. Ele devia demorar uns dez minutos todos os dias para completar essa tarefa.

Bem, às vezes Werman me deixava tão enfurecido, que eu precisava sair do estúdio para ficar longe dele e tomar um pouco de ar no lado de fora. Certa vez, enquanto estava lá fora, uma ideia diabólica me ocorreu. Andei até o adorado Porsche de Tom e balancei o carro, disparando o alarme. Então me esquivei até um beco ao lado do Cherokee Studios e esperei.

Em um piscar de olhos, Werman irrompeu pela porta da frente do prédio, olhando freneticamente em volta. Sem ver nenhuma atividade suspeita, ele deve ter suposto que um caminhão de passagem ou algo do tipo tinha disparado o alarme. Depois, Tom se dedicou ao longo processo de desfazer o cabo de segurança, remover a capa, abrir o carro (com o alarme berrando o tempo todo), reiniciar o alarme, retrancar o carro, voltar a colocar a capa no lugar, passar o cabo de segurança por baixo do carro e prender a capa no lugar outra vez.

Assim que ele teve certeza de que seu bebê estava bem, voltou para dentro do estúdio. Esperei mais ou menos um minuto até me certificar de que ele estava acomodado no estúdio, sentado confortavelmente em sua cadeira, então corri para fora do beco e balancei seu Porsche, disparando o alarme de novo. Voltei a me esgueirar até o beco e alguns instantes depois Werman passou a toda pela porta, xingando e praguejando, e começou todo o processo mais uma vez. Foi incrível!

DURANTE A FRUSTRAÇÃO QUE FOI GRAVAR COM WERMAN, Geoff Workman foi meu único consolo. O sujeito me fazia rir, afastava Werman de mim e pensava em maneiras de conseguir o que minha banda precisava para o disco. Workman acreditava que os grupos não precisavam de produtores, mas de um "integrante da banda" adicional e objetivo para ajudá-las a obter o que elas por instinto sabiam ser o certo. Geoff era um homem esperto.

Certo dia estava me sentindo particularmente para baixo e derrotado por Werman. A batalha diária com o sujeito estava me afetando bastante. Tom não estava no estúdio naquele momento e Geoff me perguntou qual era o problema.

— Tom está destruindo o disco da minha banda.

— Não se preocupe — respondeu Workman sem nenhuma sombra de um sorriso —, vai ficar tudo bem. Esse disco vai ganhar no mínimo platina ou eu desisto desse negócio.

Essa foi uma afirmação e tanto. Geoff tinha trabalhado em discos de enorme sucesso.

— Ah, é? Você vai deixar isso por escrito? — brinquei.

— Me dá uma folha de papel — pediu Workman a seu engenheiro assistente, Gary McGachan. Nele, Geoff escreveu: *O disco no qual estou trabalhando no momento com o Twisted Sister está garantido a ganhar pelo menos platina ou eu peço demissão...* Ele então assinou seu nome e Gary assinou como testemunha. Isso me animou bastante.

Ainda tenho essa folha de papel. Mandei plastificar e está na moldura do meu agora disco de platina tripla do álbum *Stay Hungry*. Obrigado por isso, Geoff. Você não faz ideia do quanto eu precisava daquele estímulo emocional naquele momento. Você me salvou.

DURANTE A GRAVAÇÃO, DECIDIMOS QUE NOSSO

novo disco se chamaria *Stay Hungry*. A banda sempre usava um dos títulos das músicas do álbum. Isso nos permitia focar toda a atenção em uma faixa de nossa escolha que não fosse um single (as rádios sempre tocavam as faixas-título), o que inevitavelmente era uma das nossas músicas mais pesadas.

A música "Stay Hungry" e as demais desse álbum foram inspiradas por um livro que tinha lido no início dos anos 1980, escrito por Arnold Schwarzenegger. Publicado em 1977, durante seu auge no fisiculturismo, *Arnold: the Education of a Bodybuilder* era parte autobiográfico, parte motivacional. Um dos decretos motivacionais de Arnold era para "continuar faminto" – *stay hungry*, em inglês –, sempre manter aquele sentimento de desespero e motivação que você tem quando está apenas começando. Ele acreditava que, se você ficar satisfeito demais, perderá sua gana e fracassará. (Rapaz, como aprendi isso da maneira mais difícil!)

Antes mesmo de *qualquer* um dos sucessos em sua carreira, no livro Arnold dispôs o plano de jogo para sua vida. Parafraseando, ele disse: "Primeiro vou me tornar o fisiculturista mais bem-sucedido da história do esporte, depois vou investir meus ganhos e me tornar um magnata do mercado imobiliário, depois vou me tornar a maior estrela de cinema *do mundo* e então vou entrar para a política". Isso em 1977!

Naquela época, fiquei inspirado pela atitude "almeje as estrelas com esperança de chegar à Lua" de Arnold. À medida que os anos foram passando, e passo a passo ele fez *exatamente* o que tinha dito que faria, fiquei impressionado. Fui um dos poucos que não ficou chocado quando Arnold decidiu concorrer para governador. Estava tudo em seu livro!

Ler *Arnold: the Education of a Bodybuilder* me ensinou a nunca desistir e inspirou o maior álbum da minha carreira. *Stay Hungry* foi dedicado a Arnold Schwarzenegger.

Muitos anos depois, meus editores musicais receberam uma ligação da sede da campanha de Arnold nos primeiros dias de sua corrida eleitoral para governador da Califórnia, pedindo o uso de "We're Not Gonna Take It" como música para sua campanha. Fiquei perplexo. Eu tinha escrito aquela música (e as outras do álbum *Stay Hungry*) entusiasmado com a "conversa do Arnold". Agora ele estava sendo inspirado por uma música que ele tinha me inspirado a escrever?! Que belo exemplo de "completar o ciclo".

Concedi direito de uso gratuito para o Arnold e lhe desejei o melhor. Arnold Schwarzenegger é um homem que faz o que se dedica a fazer, e mesmo não sendo um residente da Califórnia, dei a ele meu apoio total. Você pode não gostar do jeito que ele faz as coisas, mas ele *sempre* atinge seus objetivos. Respeito isso.

Quando recebi o convite para tocar minha música no último comício de Arnold, mergulhei de cabeça na oportunidade, principalmente porque isso me deu a chance de conhecer o homem que tinha mudado minha vida para melhor.

De pé naquele palco, diante do capitólio estadual da Califórnia, no epicentro de um turbilhão da imprensa, do tipo que eu não via desde as audiências da PMRC décadas antes (muito mais sobre isso depois), cantando "We're Not Gonna Take It" de novo, e de novo, e de novo para uma multidão estrondosa, foi surreal. Quem teria imaginado?

De repente, Arnold apareceu ao longe, na ponta de um tapete vermelho ridículo de tão comprido e começou a se aproximar do palco.

Fiquei entusiasmado quando meu herói[91] veio direto até mim, apertou minha mão de forma calorosa e agitou com a música que ele me inspirou a escrever! Quando Arnold me apresentou e me agradeceu para a plateia – com seu lendário sotaque austríaco –, foi a cereja do bolo. Continue faminto, de fato!

SOU UM IMBECIL. EU ADMITO. SOU A PESSOA QUE a banda culpa por todos os infortúnios, por todos os fracassos e por nosso consequente término. Por que não me culpar? Escrevi todas as músicas e fui responsável por quase todas as pitadas de criatividade (com a ajuda de Suzette) dentro da banda. Além do mais, é muito mais fácil do que assumir a responsabilidade por suas próprias falhas ou aceitar suas próprias incapacidades.

Enquanto meus colegas de banda falavam nisso, eles deveriam me culpar pelo sucesso do grupo também. Assumo a responsabilidade por todas as doses de inovação, originalidade e motivação que transformaram a banda em um sucesso. *Isso tudo também é minha culpa.* Embora seja provável que minha banda diga que nada está mais distante da verdade, deixarei meu sucesso posterior ao Twisted Sister servir de indicativo. Não reparei no restante deles fazendo muita coisa. Só estou falando...

Durante as gravações de *Stay Hungry,* lutei uma batalha diária com Tom Werman para manter a integridade de nossa banda intacta. Você teria tido muita dificuldade para encontrar outro integrante do grupo ali comigo com as mangas arregaçadas, a não ser quando eram requisitados para gravar alguma coisa. Pode acreditar, ninguém estava impedindo ninguém de passar horas a fio servindo de babá para nosso produtor.

---

91 Os autógrafos de Arnold Schwarzenegger e de Robert Englund são os únicos que já pedi.

Para piorar, o crescente ressentimento que Mark Mendoza sentia por mim, somado ao seu secreto comportamento passivo-agressivo em relação a tudo que eu tentava fazer, dificultava cada vez mais que eu fizesse as coisas acontecerem. O maior problema era que eu não tinha ideia de que Mark estava chateado comigo. Ele nunca disse nada a respeito para mim. Talvez eu devesse ter sido mais atento.

Ainda assim, eu estava pressentindo um problema, e quando, de tempos em tempos, a banda fazia reuniões para discutir diversos assuntos – mesmo quando questionado diretamente se ele gostaria de discutir alguma coisa –, Mark *nunca* dizia uma palavra sequer. Eu ficava sabendo como ele reclamava e se queixava para os outros sobre algumas coisas – sem nunca oferecer um plano de ação –, mas, quando chegava a hora de discutir os problemas abertamente comigo, ele se fechava todo ou, pior ainda, negava que houvesse uma questão.

Lembro-me de uma reunião na qual Jay Jay tentou esclarecer alguns problemas que ele sabia – mas eu não – existirem entre mim e Mark. Quando Jay Jay formulou com cuidado as preocupações de Mark, em uma tentativa de ajudá-lo a expressar seus sentimentos, ele deixou Jay Jay na mão, dizendo:

— Eu nunca disse isso.

Jay ficou louco!

— Você me disse que vai empacar qualquer coisa que o Dee tentar fazer até você conseguir o que quer!

Eu não conseguia acreditar! Tinha sentido que algo assim estava acontecendo, mas descobrir que Mark tinha de fato verbalizado isso para Jay Jay (e Jay não é nenhum mentiroso) me deixou absolutamente chocado! Estávamos na mesma porra de time! Eu estava me matando para tentar transformar a banda em um sucesso, e Mark tentava me impedir?!

Mark só ficou ali sentado em silêncio.

Em determinado momento durante a produção e preparação para o álbum *Stay Hungry*, Mark propôs que a banda *parasse* de usar maquiagem e indumentárias.

O quê?! Depois de oito anos lutando por uma causa perdida (usando maquiagem e indumentárias) – lutando pelo direito de termos o visual que tínhamos –, quando a maré estava finalmente virando e usar maquiagem e indumentárias estava começando a ser aceitável, ele queria tirar tudo? Se fôssemos fazer isso, poderíamos ter feito isso anos antes e ter tido muito mais facilidade em sermos aceitos.

Visto que Mark era um integrante da banda, sua ideia tinha de ser levada à votação. Nosso acordo de parceria ditava que a maioria decidia em qualquer votação da banda, portanto eu tive de ficar ali de pé e argumentar a favor de continuarmos seguindo o mesmo rumo, enquanto Mark argumentava contra. *Ainda não consigo acreditar!*

Nosso baterista, A.J. Pero – por ser o mais jovem e o "novo integrante" –, era na época um verdadeiro seguidor e imitava quase tudo o que Mendoza fazia. Quando os votos foram contados, maquiagem e roupas venceram, três votos contra dois. Em outras palavras, se mais uma pessoa tivesse votado contra a maquiagem e as roupas, pelas regras de parceria da banda, teríamos sido obrigados a abandonar a imagem na qual o nosso próprio nome tinha sido baseado! *Imagina como isso teria sido ridículo?!* Não tenho certeza de que teria aceitado se a votação tivesse seguido outra direção. É provável que eu tivesse saído do grupo.

Apesar de todas as reclamações da minha banda sobre eu não os deixar tomar parte no processo criativo, tenho dificuldades em me lembrar de alguma vez em que eles apareceram com alguma sugestão. Na verdade, uma ideia importante vem à minha mente...

33
CINCO PALHAÇOS NUM FUSCA

QUANDO TERMINAMOS DE GRAVAR E MIXAR NOSSO NOVO álbum, voltamos para casa para lidar com alguns dos outros elementos do lançamento de um disco.

Stay Hungry teve a primeira capa controlada por nós. Finalmente ficou a nosso cargo apresentar uma ideia. Não lembro se eu tinha algumas ideias específicas para a capa – tenho certeza de que tive –, mas Mark Mendoza fez uma ótima sugestão.

Seu conceito era ter a banda – sem maquiagem – em um prédio de apartamentos dilapidado, reunida ao redor de uma mesa feita com um "carretel de cabo de energia", com um osso enorme sem nenhum resquício de carne, em um prato no meio. Em volta da banda "faminta", haveria, sobrepostas, fotos de nós em nossas roupas de palco, segurando garrafas de champanhe e vivendo uma vida de luxo, representando nossos sonhos de estrelas do rock. Era uma ideia brilhante e eu disse isso a Mark.

Visto que essa era a visão de Mendoza – e eu estava sendo acusado de controlar tudo –, sugeri que ele mandasse ver. Tínhamos um orçamento para a arte da capa e um fotógrafo entusiasmado – um prodígio de Nova Jersey chamado Mark Weiss –, portanto a capa era o bebê de Mendoza. Mendoza aceitou a tarefa de bom grado, e fiquei encantado por finalmente poder compartilhar a responsabilidade criativa com alguém que teve uma boa ideia. Até que enfim algo que eu não precisava fazer.

Quando o dia da sessão de fotos para a capa chegou, Suzette – nossa intrépida responsável por cabelo, maquiagem e guarda-roupa – e eu seguimos para Nova York para um longo dia fazendo poses marcado para começar às 11h. Além das fotos para a capa, combinamos de tirar uma ampla variedade de retratos, com maquiagem e sem, para que tivéssemos material para usar em diversos projetos ao longo dos meses seguintes. Tanto a gravadora quanto o nosso empresário conheciam os planos para a banda a longo prazo, e nos convinha ter uma pilha de fotografias. Não seria fácil agendar sessões de fotos uma vez que a banda estivesse na estrada.

Quando chegamos ao estúdio fotográfico, ficamos de queixo caído ao ver a visão de Mark ganhar vida. Eles tinham de fato construído a sala de um apartamento dilapidado no estúdio, assim como Mendoza tinha descrito. Estava excelente.

Naquele dia, pela primeira vez, todos vestimos juntos as novas roupas criadas por Suzette. Elas também estavam maravilhosas. Ela tinha levado nosso estilo maltrapilho a um novo patamar, dando a todos na banda seu próprio visual. Para mim, os resquícios de "doce travesti" ficaram no passado. Eu agora era – citando um resenhista – "uma boneca de trapos sob o efeito de ácido", abraçando por completo meu grosseiro monstro interior. O uso das ombreiras de futebol americano acrescentava volume a mim e ao meu já volumoso cabelo (que agora descia até meu peito, com o acréscimo de duas longas mechas pretas – uma novidade). Eu adorei!

Agora parece ser uma hora tão boa quanto qualquer outra para falar sobre a lendária juba – ela basicamente colocou o *hair* [cabelo] em *hair band*.

Em primeiro lugar, aquele era *mesmo* meu cabelo. De todas as concepções errôneas sobre mim e a banda, as pessoas acharem que eu usava peruca (até mesmo uma peruca de cabelo espetado!), usava extensões no cabelo e/ou latas de laquê para deixá-lo grande como era estão no topo da lista... e me deixam louco! *Outras pessoas* usavam extensões e laquê para deixarem seus cabelos parecidos com o *meu*, mas o meu era todo verdadeiro.

Por ser de descendência do Leste Europeu, meu cabelo tinha cachos e balanço naturais, o que proporcionava o dito volume. Era de um castanho-claro por natureza. Mas quando Suzette começou a descolori-lo para mim, por volta de 1980, esse foi o toque final que faltava para meu visual "teatral" único (embora alguns digam que eu era o verdadeiro "Quay Lude" da música "White Punks on Dope", do The Tubes).

DE VOLTA À SESSÃO DE FOTOS. MINHAS BOTAS NOVAS

ainda não tinham chegado, portanto fui obrigado a usar as velhas cor--de-rosa (como pode ser visto na capa) da turnê *You Can't Stop Rock 'n' Roll.* Que droga. As botas assimétricas, uma que subia até a coxa, outra baixa, foram o toque final para meu novo conjunto quando finalmente chegaram.

Quando todos entraram no cenário, vestidos e prontos para tirar as fotos, percebemos uma coisa terrível... a sala era pequena demais! Não conseguíamos ver como "os Marks" encaixariam as fotos da banda reunida em volta da mesa – como agora pode ser visto na *contracapa* do álbum *Stay Hungry* – com o grupo "levando uma vida de luxo" sobreposta atrás de nós! Tenha em mente que estávamos em 1984; incríveis ferramentas computadorizadas como o Photoshop não existiam. Dando nosso melhor para fazer aquilo dar certo, a banda se apertou – em uma pose pouco natural, em especial para uma banda "levando uma vida de luxo" – contra as paredes "do apartamento". Isso nos fez parecer rígidos demais.

As fotos da banda "faminta", apertada em volta da mesa, foram tiradas em seguida. Tudo o que podíamos fazer era torcer pelo melhor.

Antes de ir embora da sessão de fotos – às 9h da manhã seguinte! –, tínhamos feito bom uso da sala que Mendoza e Weiss tinham construído, tirando diversas fotos diferentes – tanto em grupo quanto individuais – com e sem maquiagem e indumentárias. Também posamos em diversos fundos diferentes, tudo para alcançar o objetivo de ter um estoque de fotos para as semanas e os meses vindouros.

Não sei exatamente qual foi a lógica de Mark Mendoza para sua atitude – sabotar a sessão de fotos ou apenas um evidente ódio por ter de tirar fotos (agora que penso nisso, não consigo lembrar de ele causar problemas durante as sessões de fotos anteriores a essa) –, mas ele estragou foto depois de foto depois de foto. Ou porque não seguia as instruções de Mark Weiss de maneira deliberada – geralmente dizendo "Vai se foder", "Cala a porra da boca", "Vou te dar uma surra", entre outras coisas – ou porque mostrava o dedo do meio, fingia estar cutucando o nariz, entre outros comportamentos desse tipo, Mark fez com que fosse impossível usar uma ampla variedade de fotos de grupo. O "papagaio" de Mendoza, A.J., se juntou à "diversão" de Mark, contribuindo ainda mais para a crescente quantidade de fotos inúteis.

Eu me senti mal, em especial por Eddie e Jay Jay, que – como eu – se dedicaram por completo e fizeram pose para todas as fotos, tentando tirar as melhores fotografias que podiam. O que acabou acontecendo com as fotos de grupo não foi culpa deles, ainda assim eles sofreram as consequências.

Depois de um dia e uma noite insanos de tão longos, finalmente estávamos prontos para dar as coisas como encerradas. Mark Weiss era um verdadeiro mestre, sempre exigindo "só mais um rolo" (trinta e seis fotos – lembre-se, não havia fotografias digitais naquela época) para todas as poses que fazíamos depois de já ter tirado inúmeros rolos de filme. Enquanto arrastávamos nossa bunda exausta até os camarins para, por fim, tirarmos a maquiagem e as roupas, Weiss me disse: "Dee, ainda tenho mais um rolo de filme. O que você acha de tirar *um último rolo* de fotos só de você 'na sala'?".

Eu tinha chegado até ali... por que diabos não?

Bem, o osso enorme que você vê na capa do álbum *Stay Hungry* não é um acessório de cena. É um fêmur de vaca de verdade que Mark Weiss

DE TODAS AS
CONCEPÇÕES
ERRÔNEAS SOBRE
MIM E A BANDA,
AS PESSOAS
ACHAREM QUE EU
USAVA PERUCA,
EXTENSÕES NO
CABELO E/OU LATAS
DE LAQUÊ PARA
DEIXÁ-LO GRANDE
COMO ERA ESTÃO NO
TOPO DA LISTA... E
ME DEIXAM LOUCO!

tinha comprado de um açougueiro, *dias* antes da sessão... e que não tinha deixado sob refrigeração. A coisa tinha cheiro de morte. O fedor era tão ruim, que ninguém conseguia ficar nem a meio metro daquilo!

Enquanto me preparava para posar para o último rolo de fotos, olhei para a coisa fétida e desagradável em cima da mesa e disse: "Mas que porra? Acho que posso pôr fogo na luva depois". Peguei o osso e comecei a fazer poses frenéticas com ele. Estava mesmo sentindo o terror de estar desesperado, faminto e preso em um terrível mundo de desesperança. Trinta e seis rápidos cliques depois, dei o dia como encerrado.

NA SEMANA SEGUINTE, DEPOIS QUE TODOS OS ROLOS de filme tinham sido revelados, a verdadeira tragédia de nossa sessão de fotos de vinte e duas horas se tornou clara. O conceito de Mark Mendoza para a capa não seria executável. Além de a sala ser pequena demais para acomodar tanto "o artista esfomeado" sem maquiagem quanto a foto "de vida de luxo" com maquiagem e indumentárias, Mendoza e Weiss tinham pendurado uma lâmpada acima do "osso sobre a mesa" para dar um efeito e ela bloqueava o rosto do integrante da banda que estivesse posicionado atrás dela. *A ideia para a capa era impossível de ser realizada.*

Agora, aos quarenta e cinco minutos do segundo tempo, precisávamos escolher uma foto adequada que funcionasse para a capa. As fotos sem maquiagem estavam fora, assim como todas as com maquiagem da banda pressionada contra as paredes do apartamento dilapidado; elas pareciam artificiais demais.

Em seguida, examinamos todas as outras fotos de grupo e – surpresa, surpresa – elas eram inúteis devido a uma variedade de motivos, e as palhaçadas de Mark e A.J. em tantas delas acabaram com muitas fotos em potencial. E agora?

A única fotografia individual de integrante que pode representar uma banda é a do frontman. É assim que as coisas são. Quando as pessoas veem uma foto do vocalista, elas a conectam com a banda. O que não acontece com uma foto individual de outro integrante da banda. *Existem* exceções com algumas bandas que já se estabeleceram (Led Zeppelin, Van Halen, Rolling Stones e afins), mas com certeza não é assim para uma banda que está só começando. E quando você tem um frontman escandaloso e enigmático que incorpora o nome e a imagem da banda – assim como *moi* –, você não precisa de mais ninguém. Será que mencionei *egomaníaco?*

Enquanto a gravadora, nosso empresário e eu examinávamos todas as fotos para uma possível substituta para a capa malsucedida, ficávamos voltando para a última foto tirada, daquele último rolo de filme, ao final daquele longo dia de fotos. Uma fotografia minha, agachado no canto da sala, como um animal encurralado, segurando o osso ensanguentado na minha frente e gritando. Ela era a definição de *Stay Hungry* e ela se transformou na capa do álbum... dentes expostos e tudo mais.

A foto da banda em roupas casuais (belos sapatos Capezio, Eddie) em volta da mesa com o osso em cima se tornou a contracapa, mas a imagem duradoura que representaria a banda em todo o mundo foi a deste que vos escreve. A banda não poderia ter ficado mais contente. *Ah, claro.*

É provável que a capa desse álbum tenha sido o maior desaforo de todos para a banda, e a coisa que realmente mandou tudo ladeira abaixo entre nós em um nível pessoal. Ainda que eu sempre soubesse que, quando finalmente alcançássemos o sucesso, eu seria aquele em que todos prestariam atenção, acredito que o grupo foi enganado pela atenção que cada um de nós recebeu durante os anos na cena de clubes. Tocando noite após noite, fazendo dois, três ou até mesmo quatro shows, o público teve tempo de conhecer e amar *cada* integrante do Twisted Sister. Antes de ter álbuns lançados e fazer turnês, havia com certeza uma atmosfera de "John, Paul, George e Ringo" com nossos fãs. Uma vez que um grupo deixa os clubes e entra em turnê, quando o público tem apenas de trinta a noventa minutos para conhecer uma banda, na única ocasião do ano em que ela passa por determinada cidade, toda a atenção é focada no frontman ou no integrante mais espalhafatoso do grupo, ou na força criativa. Tudo isso se referia a mim. O Twisted Sister era muito mais um Alice Cooper do que um Kiss.

Os pôsteres, as camisetas, os anúncios em revistas e muitas outras coisas que resultaram da capa do álbum apenas comigo, e a atenção adicional que tudo isso me rendeu, só pioraram o estrago e eram um lembrete constante que os rapazes tinham sobre a mudança terrível (para eles) pela qual a banda tinha passado. Enquanto isso, eu não poderia estar mais feliz.

QUANDO CHEGAMOS AO NOSSO TERCEIRO DISCO, A ideia do logo TS ser interpretado de uma maneira diferente em cada álbum e turnê estava começando a se estabelecer. Visualizei o logo feito de ossos para o álbum *Stay Hungry* e sua subsequente turnê, mas precisava de um modelo para mostrar ao departamento de arte da Atlantic Records. Recorri à minha estagiária *faz-tudo*, Suzette, para criar um rápido esboço.

Ela tinha acabado de acordar e estava de pijama e roupão, tomando sua xícara de chá matinal. Pedi a ela que desenhasse uma rápida representação da minha ideia.

Ainda sonolenta, Suzette apanhou uma caneta e uma folha de papel e em literalmente cinco minutos rabiscou um esboço do logo TS feito de ossos. Sem apagar nada (foi à caneta) e de uma tacada só, o esboço era com certeza próximo o bastante para que o departamento de arte entendesse o que eu estava pensando. Suzette é talentosa pra caramba.

Algumas semanas depois, fiz uma visita à gravadora. Parei para dizer oi a Jason Flom e na parede atrás da mesa dele havia um adesivo do logo TS... do esboço feito de ossos desenhado por Suzette!

Perguntei ao Jason onde ele o tinha conseguido e ele me contou que o departamento de arte tinha lhe dado. Segui depressa até o escritório de Bob Defrin, o diretor de arte da gravadora, e descobri que o esboço do logo de osso feito por Suzette – não a interpretação do esboço dela lapidada por alguém, mas seu próprio esboço – tinha sido usado em *tudo! Estava na capa do nosso álbum, pelo amor de Deus!* Em algum momento durante o processo, o meu "aqui está a ideia para o logo que estou procurando" tinha sido traduzido para "aqui está o logo de ossos, mandem ver".

Ninguém na gravadora ou no escritório do meu empresário entendeu por que fiquei tão chateado. Todos eles achavam que o logo estava ótimo, assim como a banda.

Quando dei a notícia para Suzette, ela ficou morrendo de vergonha. Perfeccionista do jeito que é, nunca teria permitido que algo tão importante fosse usado em uma versão tão grosseira e inacabada.

— Se eu soubesse que ele seria realmente usado como logo — exclamou Suzette —, teria passado dez minutos trabalhando nele!

O logo de ossos de Suzette – do jeito que está – vem sendo usado em discos, produtos da banda, anúncios impressos e muito mais, em todo o mundo, há mais de vinte e cinco anos. Suzette diz que o Twisted Sister está lhe devendo dinheiro!

34
O DIVISOR DE ÁGUAS

AINDA FALTAVA UMA PEÇA ANTES QUE PUDÉSSEMOS puxar o gatilho, lançar o álbum *Stay Hungry* e iniciar a turnê. Um vídeo. Embora tivéssemos feito algumas experiências em nosso primeiro vídeo, nada poderia nos ter preparado para o que estava prestes a acontecer.

Desde o vídeo para "You Can't Stop Rock 'n' Roll", minha mente estava a mil com ideias sobre o verdadeiro potencial desse meio de comunicação. A MTV estava crescendo em uma taxa exponencial; gravar um vídeo para acompanhar o álbum e o single era agora esperado. Acreditando que "We're Not Gonna Take It" *sem sombra de dúvida* seria nosso primeiro single, concebi um vídeo elaborado com um roteiro, com uma abertura "atuada" de verdade, algo que eu não tinha percebido que não tinha sido feito nesse formato antes.

Minha ideia era que um pai – como o meu próprio – gritasse com o filho para abaixar o volume da sua música, e o garoto se transformasse em mim e empurrasse seu pai pela janela. A música começaria e as travessuras no estilo Looney Tunes viriam em seguida.

Sem que a banda soubesse, Marty Callner, o consagrado diretor de shows e programas de comédia e ganhador de diversos prêmios, estava atrás de uma oportunidade para entrar no mundo dos vídeos de rock. Ele e seu sócio, o advogado Mickey Shapiro, abordaram a Atlantic Records com a ideia de produzir tanto um vídeo quanto um show ao vivo especial para "uma promissora banda emergente". A Atlantic aceitou a proposta da Creamcheese Productions e lhes ofereceu três novas bandas para que eles analisassem: INXS, Zebra... ou Twisted Sister.

Por um golpe de sorte – ou por maquinação por parte do ardiloso diretor –, Marty Callner levou seu filho adolescente, Dax, consigo para averiguar a música das três bandas. Reza a lenda que Dax ficou todo empolgado quando ouviu o Twisted Sister e seu pai confiou nos instintos do filho.

Voei para Los Angeles com Mark Puma e nos reunimos ao vice-presidente sênior da Atlantic Records, Paul Cooper, no Palm Restaurant, em Beverly Hills, para uma reunião com a Creamcheese Productions, a fim de discutir o vídeo e as filmagens do show. Gostei de Marty Callner de imediato, e ele de mim (eu acho). Embora ele vivesse e acolhesse o estilo de vida de Beverly Hills (Johnny Carson certa vez citou Marty, dizendo: "Beverly Hills é como estar no ensino médio com dinheiro"), Marty era tudo menos uma típica pessoa oriunda da Costa Oeste. Um garoto das ruas durão de Cincinnati, Ohio, ele incorporou o sonho americano, no entanto manteve a atitude de "Cinci".

Antes de a reunião começar oficialmente, Marty notou meus olhos ficarem arregalados diante da visão de um camarão jumbo enorme servido como aperitivo. Por ter apenas comido aqueles camarões pequenos, de bufês de salada, não estava preparado para aquelas belezuras do tamanho do braço de um bebê, já descascados – e limpos. Que jeca eu era! Marty pediu ao garçom que trouxesse uma tigela grande cheia deles para mim. Bem-vindo ao ensino médio com dinheiro!

Assim que deixamos as apresentações e cordialidades (e os camarões monstruosos) para trás, fomos direto aos negócios. Marty de cara perguntou se eu tinha alguma ideia para o vídeo, e compartilhei com ele meu conceito. *Ele adorou!* Isso é uma das coisas que fazem de Marty Callner o grande (e incrivelmente bem-sucedido – dê uma olhada em seu histórico no site *IMDB*) diretor que é. Ele não se sente ameaçado pelas boas ideias de outras pessoas. Mesmo que minha experiência com vídeos fosse praticamente nula – e que eu fosse tão inexperiente a ponto de ficar embasbacado com camarões grandes –, Marty reconheceu, acolheu e encorajou minha criatividade.

Marty me contou que ele e eu trabalharíamos lado a lado no projeto, pedindo apenas que eu não minasse sua autoridade diante da equipe ao corrigi-lo ou ao lhe dizer como fazer coisas na frente de todos. Foi só isso. Daquele momento em diante, e ao longo de todo o projeto, Mary Callner e eu viramos unha e carne, nos tornando melhores amigos à medida que trabalhávamos juntos. Somos grandes amigos até hoje.

INFELIZMENTE, ANTES MESMO DE DARMOS A LARGADA para a produção do vídeo, eu estava arrancando meus cabelos exageradamente longos por causa de uma importante questão sobre a escolha do primeiro single. As preferências das pessoas eram muito variadas! Todos os "países" estavam sendo ouvidos, incluindo diversos executivos sem noção da gravadora, e eles estavam gravitando para longe da óbvia faixa principal.

Quando fiquei sabendo que parecia que a gravadora optaria por "Burn in Hell" como primeiro single, basicamente perdi a cabeça. Por mais que essa música seja ótima, isso teria sido o suicídio do álbum.

Ao ver como eu tinha ficado chateado, Marty Callner me fez entrar em seu carro (o lindo Jaguar XJ6 sobre o qual Tawny Kitaen abriria espacate em um vídeo do Whitesnake dirigido por Marty); ele disse que queria me mostrar uma coisa. Com as janelas abertas e o ar-condicionado a toda (outra coisa que aprendi em Beverly Hills), em um lindo dia de primavera, Marty me levou a um cemitério enorme e estacionou o carro.

— Está vendo aquilo? — perguntou enfático, apontando para um mar de lápides. — Aquilo é um problema de verdade. Desde que você esteja acima do chão, está tudo bem. No fim das contas, nada disso importa, de qualquer maneira. Não deixe as besteiras afetarem você.

O que ele disse me atingiu com força.

— Então, qual é o problema? — perguntou Marty.

Contei sobre a estupidez da gravadora em relação à escolha do single.

— Vou cuidar disso — prometeu Marty.

Mais tarde naquele mesmo dia, recebi um telefonema dizendo que o presidente da Atlantic Records tinha anunciado que "We're Not Gonna Take It" seria o primeiro single. Mal consegui acreditar que ele tinha mudado de ideia!

Ele não tinha.

Veja bem, quando Marty e eu voltamos para casa, Marty enviou um telegrama para *El Presidente* que dizia: DANDO DURO NO VÍDEO PARA "WE'RE NOT GONNA TAKE IT" DO TWISTED SISTER PONTO VEJO VOCÊ NO TOPO DAS PARADAS! PONTO MARTY.

No instante em que o Sr. Presidente achou que dinheiro já estava sendo gasto em um vídeo para "We're Not Gonna Take It", ele mudou sua posição sobre a escolha do single e tomou sua nova "decisão". Até hoje, esse homem alega que foi ele quem escolheu "We're Not Gonna Take It" como faixa principal. É, com certeza foi você, cara. *Obrigado, Marty!*

DESSA VEZ A GRAVAÇÃO DO VÍDEO FOI MAIS INTRICADA

por alguns motivos. Primeiro, o orçamento não era apenas *maior* do que o do nosso primeiro vídeo, ele era muito maior do que a *maioria* dos orçamentos para vídeos da época. Aquela era a incursão de Marty Callner no mundo da MTV e ele queria causar certa impressão. O orçamento na casa dos seis dígitos que tínhamos para a gravação era uma quantia enorme, e um orçamento grande com um conceito ambicioso exigiam uma produção e uma equipe enormes. Ao mesmo tempo, também estávamos organizando a filmagem do show *Stay Hungry*, então você pode ver como isso foi um empreendimento extraordinário.

Marty Callner cumpriu sua promessa e me transformou em seu parceiro durante todas as etapas do processo. A primeira foi organizar a história inteira em fichas, para que soubéssemos exatamente o que diabos queríamos fazer. Juntos, desenvolvemos o enredo, bastante fiel à minha visão, mas por alguma razão ele queria que eu nocauteasse um elefante. *Você me ouviu*. Nós dois achávamos que a cena em *Banzé no Oeste*, na qual Mongo nocauteia um cavalo, era hilária e seria cômico se eu fizesse isso com um elefante usando toda minha indumentária do Twisted Sister. Não tinha nada a ver com a história de um filho se rebelando contra o pai, mas Marty ficou bastante obcecado em provar que poderia fazer isso acontecer.

À medida que os dias passavam e a história se tornava mais refinada, a cena do elefante persistia. Poucos dias antes da filmagem, um dos produtores me puxou de lado e implorou que eu convencesse Marty a desistir da ideia. Ela custaria um valor exorbitante e não fazia nenhum sentido. Eu não podia discordar, portanto conversei com Marty, e ele, a contragosto, a cortou. Conhecendo Marty como conheço, aposto que ele ainda se arrepende de não ter gravado essa cena.

A BUSCA POR UMA LOCAÇÃO, A ESCOLHA DO ELENCO, a coordenação das cenas de ação, o guarda-roupa, até mesmo o que a família na história estaria comendo no jantar, tudo foi levado até mim para minha contribuição e aprovação. Aprendi tanta coisa ao lado de Marty durante essa experiência incrível. Quando chegou a hora de escolher o ator para o papel do pai, Marty me perguntou quem eu tinha visualizado.

Bem, *Clube dos Cafajestes* sempre foi um dos filmes favoritos da família Snider. Meus quatro irmãos mais novos e eu adorávamos citar as falas do filme uns para os outros. Se pudéssemos incorporar o diálogo em nossas conversas diárias, melhor ainda. Fiz exatamente isso no final de "We're Not Gonna Take It". Enquanto repetia o refrão no final da música, incorporei de maneira espontânea a "bronca no Corpo de Treinamento de Oficiais da Reserva", de Doug Neidermeyer, em *Clube dos Cafajestes*:

You're all worthless and weak!
Now drop and give twenty[92]!

Todos acharam isso hilário, portanto deixamos essa parte na mixagem final. Naquela época, eu não fazia ideia de que teria alguma ligação com o homem que tinha deixado aquelas falas famosas.

Neidermeyer é um dos meus personagens favoritos em *Clube dos Cafajestes*. Embora o pai, o filho e toda a família retratada no vídeo de "We're Not Gonna Take It" supostamente representem a *minha* família, eu disse a Marty que alguém como o sujeito que fazia o papel de Neidermeyer seria perfeito para capturar o tirano aos gritos que meu pai costumava ser.

Marty olhou para mim, confuso. "Alguém *como* Mark Metcalf [o nome do ator]? Por que não chamamos ele? O que ele está fazendo, procurando a cura do câncer?"

Estranhamente, enquanto em meu mundo Mark Metcalf fosse uma "superestrela", na realidade ele tinha parado de atuar e passado a produzir. Alguns telefonemas rápidos foram feitos e, por mil dólares e o preço de uma passagem a Nova York de ida e volta na classe econômica, conseguimos o *verdadeiro* Douglas C. Neidermeyer para nosso vídeo!

Lembro do dia que estava marcado para Mark Metcalf chegar ao aeroporto LAX, e Marty enviaria um assistente de produção (o cargo mais baixo em um set de filmagem) para buscá-lo.

— *Ah, não mesmo!* — exclamei. — Eu vou buscá-lo!

Mais tarde naquele mesmo dia, eu estava de pé na área de retirada de bagagens do aeroporto procurando a estrela do nosso vídeo quando ouvi bem atrás de mim, naquela voz típica do Neidermeyer: "Você está me procurando, senhor?" (uma fala clássica do *Clube dos Cafajestes*). Eu me virei e ali estava ele: *Neidermeyer.* Durante toda a viagem de

---

92 Vocês são um bando de imprestáveis e fracotes! / Agora no chão e façam vinte flexões! [N.T.]

volta à casa de Marty, fiz Mark me entreter com histórias sobre o *Clube dos Cafajestes*.

O diálogo de Mark Metcalf para o vídeo foi desenvolvido por Mark, Marty e eu. Minha ideia era que, ao contrário do que acontece no filme *Clube dos Cafajestes*, Douglas C. Neidermeyer tinha *sobrevivido* ao tiro que levou de sua própria tropa no Vietnã e agora era casado, pai de seis filhos e nem um pouco feliz com isso. Os improvisos de Metcalf foram planejados para incorporar coisas que meu pai sempre me dizia quando eu estava crescendo (a mais famosa: "O que você vai fazer da sua vida?!"), enquanto ele parafraseava o diálogo de seu personagem no filme. Sempre brinquei que o único motivo de ter tido a ideia para o vídeo foi para dar a mim e a meus irmãos mais novos diálogos no estilo do *Clube dos Cafajestes* com os quais brincar.

A filmagem do vídeo foi uma experiência incrível. Vídeos são como curtas-metragens (principalmente da maneira como Marty Callner e o Twisted Sister os estavam fazendo). Para um garoto rejeitado de Long Island ter suas ideias malucas transformadas em realidade daquele jeito foi quase arrebatador.

A APRESENTAÇÃO AO VIVO DE STAY HUNGRY FOI UMA história completamente diferente. Marty Callner era um especialista em filmagens de shows, tendo feito alguns especiais lendários para a HBO no final dos anos 1970 e começo dos anos 1980. Os shows especiais de enorme sucesso da Cher, Diana Ross, Pat Benatar, Fleetwod Mac, entre outros, são todos dele[93]. Eu apenas dei um passo atrás e o deixei fazer o que ele sabia fazer de melhor.

Marty tinha uma reputação a zelar e queria mandar um recado poderoso ao mundo dos vídeos de rock. Seu plano era transformar o

---

93 Marty Callner *ainda* é o principal diretor de filmagens de shows, incluindo apresentações de Justin Timberlake, Rolling Stones, Britney Spears, Garth Brooks e muitos outros.

O DIVISOR DE ÁGUAS

Twisted Sister em algo mais exuberante do que já éramos. Para conseguir isso, tudo foi feito em uma escala maior. O palco que Marty escolheu para o show era mais largo e mais fundo do que muitos outros, e as "cercas de arame farpado cor-de-rosa", que eram nossa marca registrada, dobraram de tamanho e comprimento para dar ao palco um visual gigantesco. Para destacar a "grandeza" de todo o evento, Marty queria usar uma grua Louma. A grua Louma de braço articulado permite que sejam feitos movimentos abrangentes laterais e verticais simultâneos, com uma rotação da câmera de 360 graus. Ela transformou a indústria cinematográfica e a invenção chegou a receber um Prêmio da Academia em 2005. Embora elas agora sejam um padrão na indústria cinematográfica, apenas duas dessas gruas existiam naquela época e eram gerenciadas por Jean-Marie Lava*lou* e Alain *Ma*sseron, os criadores e responsáveis pelo nome. Danem-se os gastos, Marty tinha de arrumar uma.

Filmado em San Bernardino, Califórnia, no Orange Pavillion, o show teve seus ingressos esgotados quase instantaneamente. O interesse pelo Twisted Sister na Costa Oeste era enorme, e visto que o evento seria filmado para um *home video* e para ser transmitido pela MTV, os fãs estavam fazendo quase qualquer coisa para conseguir ingressos.

A noite da gravação não poderia ter sido mais tensa. Embora não fosse ser transmitido ao vivo, tínhamos apenas uma chance de fazer as coisas direito. Fazer ou morrer. Aquela era uma oportunidade enorme para a banda e não podíamos nos dar o luxo de estragar tudo.

Uma grande preocupação era a barricada que a equipe de filmagem tinha montado para manter o público afastado do palco e proporcionar espaço para a equipe de filmagem e a grua Louma se movimentarem. Em primeiro lugar, isso deixava um abismo enorme entre o grupo e o público, algo que, com certeza, afetaria nossa ligação com os fãs. Em segundo, ela ficava solta, o que quer dizer que não havia nada ancorando a barricada ao chão para que ela pudesse suportar qualquer pressão feita pela plateia. Tudo praticamente dependia do público voluntaria-

343

mente não fazer força contra ela. Que tipo de barricada inútil e toda zoada era aquela?!

A banda e a nossa equipe tentaram reforçar nossas preocupações para Marty e a equipe de produção, mas, por nunca terem trabalhado com o público estrondoso do heavy metal, eles simplesmente não compreendiam o problema em potencial. Eles apenas pediram que não esquentássemos nossas cabecinhas lindas com tais coisas e que nos concentrássemos no show. *Se eles estão dizendo...*

Quando a plateia recebeu permissão para entrar, não houve nenhum problema de início, ainda que eu pudesse ver pelas expressões nos rostos dos fãs, nos monitores de vídeo, que até mesmo eles estavam confusos sobre como a barricada deveria funcionar. Pouco antes da hora marcada para a banda subir no palco, a pressão da casa lotada ficou forte demais, a proteção desmoronou e milhares de fãs dispararam para a frente. Foi terrível!

A barricada se desfez em farpas, com os fãs se esparramando por sobre os estilhaços quebrados, caindo uns por cima dos outros e se chocando contra a equipe de filmagem e seus equipamentos caros. Todo o esquema de filmagem foi arruinado em questão de segundos, e os fãs feridos estavam sendo carregados para fora do lugar pelos socorristas. O inspetor de incêndios chegou e estava pronto para pôr fim ao evento!

Um anúncio foi feito: "Dee Snider diz que a banda não se apresentará a não ser que todos vocês recuem!". *Uh-oh.* Joe Gerber salvou o show ao agarrar o microfone e atuar como mestre de cerimônias diante do que estava para virar um tumulto. Ele deu instruções passo a passo para a casa lotada recuar, para que as pessoas feridas pudessem receber ajuda e a equipe de filmagem reagrupar.

Quando chegou a hora do início do show, outra realidade se tornou dolorosamente evidente. Embora os shows sejam tradicionalmente eventos escuros, com o palco iluminado de maneira dramática, eles não fornecem luzes suficientes para "traduzir" bem em filme. Para acomodar as necessidades de iluminação da câmera, luzes adicionais são montadas no palco, e as luzes da casa ficam focadas na plateia. Quando você assiste a um show filmado, você não repara na iluminação extra porque o filme a "engole", fazendo com que o produto final pareça bastante normal. Infelizmente, ter seus efeitos de iluminação dramáticos anulados pelas luzes que ficam acesas durante a filmagem do show confunde a cabeça da banda, e nada acaba com o clima da plateia como deixar as luzes da casa acesas.

Além de tudo isso, a pior coisa de todas aconteceu comigo. Tive uma falha de guarda-roupa.

Aquela era a primeira vez que eu usaria minhas novas roupas de palco em "condições de batalha". Ao longo dos anos, Suzette e eu tínhamos praticamente acertado o que funcionava e o que não funcionava para mim no palco... *praticamente*. Para evitar que minhas calças ficassem caindo na parte de trás, Suzette tinha desenhado suspensórios estilizados que acabavam em V na frente e atrás e passavam por baixo das minhas ombreiras. Ótima ideia... em teoria. Na primeira vez em que joguei meu corpo para a frente com violência naquela noite, a costura na parte de trás do suspensório cedeu e rasgou. Além de ficar com um suspensório pendurado como uma cauda vestigial, minhas calças ficavam caindo na parte de trás toda as vezes que eu me inclinava... o que acontecia bastante. *Ficar com o rego de fora não é metal!*

Além dos meus infortúnios, a banda estava tendo todos os tipos de problemas técnicos. Eddie teve um problema com o equipamento que fez o solo de abertura da "The Price" soar como se ele estivesse tocando um banjo!

No geral, foi uma apresentação inibida para uma audiência inibida. E, como se não bastasse, quando terminamos o show, Marty disse que precisávamos voltar para o palco e refazer a música de abertura e mais algumas outras. Que coisa mais anticlimática!

Quando o show finalmente *acabou mesmo*, a banda voltou para o trailer usado como camarim e ficou parada em um silêncio aturdido. *Nós estragamos tudo! Fomos uma porcaria!* Não poderia ter sido pior. Por saber que sempre fomos nossos críticos mais duros – o que acredito ser o motivo de sermos tão bons ao vivo; nunca estamos satisfeitos –, eu disse para ninguém dizer nenhuma palavra sobre como sabíamos que tínhamos sido terríveis. Talvez as pessoas não achassem que tivesse sido tão ruim.

Alguns minutos depois, a porta do camarim foi aberta de supetão e Marty Callner e sua equipe de produção entraram. *Eles estavam de queixo caído!* Todo mundo estava de queixo caído! Ninguém tinha reparado em *nenhum* dos problemas que tivemos, e quando o show foi todo editado e complementado com *overdubs* (Eddie até chegou a arrumar seu solo em "The Price"), ele ficou com visual e som maravilhosos.

O show *Stay Hungry Live* do Twisted Sister foi lançado em fita VHS e laser disc e foi transmitido por volta de dezoito vezes na MTV naquele ano. Os telespectadores o adoraram! Diferentemente de muitas bandas com visual cativante antes de nós (Alice Cooper, Kiss etc.), o Twisted Sister teve a oportunidade de mostrar nosso material em uma escala internacional. O que é uma bênção e uma maldição.

35
O QUE DIABOS ELE ACABOU DE DIZER?

DEPOIS DE PASSAR MUITAS SEMANAS LINDAS DE primavera em Los Angeles produzindo e filmando nosso vídeo, o show especial e, antes disso, gravando nosso disco novo, o Twisted Sister embarcou em um avião e voou (e dirigiu) até Newcastle, Grã-Bretanha, para iniciar a primeira parte da turnê *Stay Hungry*.

Ainda que demorasse muitas semanas para um novo lançamento pegar (chegar às lojas e rádios) nos Estados Unidos, o Reino Unido era muito mais reativo. A imprensa metal tinha uma ligação mais forte com os fãs, e os headbangers respondiam com mais rapidez às últimas notícias sobre suas bandas favoritas. Mas eles não poderiam responder a algo sobre o qual nada sabiam.

No dia 27 de maio de 1984, quando o Twisted Sister desceu do ônibus de turnê (vindo do aeroporto Heathrow) em Newcastle, Inglaterra – quase vinte e quatro horas depois –, o tempo era o oposto polar daquele que tínhamos deixado em Los Angeles. Enquanto em Los Angeles estava ensolarado e quente, no Reino Unido estava melancólico e frio. Tivemos um dia de folga para nos reajustar antes de começar a turnê, mas a banda e eu ficamos imediatamente deprimidos só de estar ali. Deitado no meu quarto de hotel, me recuperando da diferença de fuso horário, o telefone tocou e ouvi de imediato a voz inconfundível de uma pessoa que eu nunca tinha conhecido.

— Dee Snider? AquiéoBrianJohnsondoeicidici.

Eici Dici? *Será que ele estava falando inglês?* Eu quase não conseguia entendê-lo[94].

— Não podemusdeixaocês sentadusnum quartuotel numanoitedisegundem Newcastle — continuou Brian.

O que diabos é um *quartuotel?*

— Tratemdilevantameusjoves. Toindobuscaocês, meu rapaz — com isso, Brian desligou.

Ele com certeza disse alguma coisa sobre buscar o rapaz de alguém. Só para garantir, reuni a banda e a equipe e, meia hora depois, Brian Johnson e dois de seus amigos apareceram em três Mercedes-Benz sedãs para nos levar para uma noitada na cidade. *E nós o agradecemos por isso.* Saímos para jantar, depois fomos para um clube de blues (Brian subiu no palco e cantou "Route 66" com sua voz característica) e por fim fomos a um pub local... na casa de Brian. Enquanto batíamos papo, bebíamos (aqueles de nós que bebiam), jogávamos dardos e sinuca, Brian nos contou a história de como ele foi salvo do esquecimento.

Depois de dar o seu melhor para chegar ao estrelato do rock com uma banda chamada Geordie, nos anos 1970, Brian tinha perdido as esperanças de alcançar algum sucesso e deixou seus sonhos de rock and roll para trás. Ele abriu um negócio em sua cidade natal, instalando capotas de vinil em carros. Brian é um "Geordie" (apelido para alguém de Newcastle) da cabeça aos pés. Quando Bon Scott, do AC/DC, morreu em 1980, a banda pediu que apenas algumas poucas pessoas fizessem testes para ser seu substituto. Brian Johnson foi um deles. Ele era amigo dos rapazes do AC/DC desde seus dias na banda Geordie e considerou a audição como um "teste de misericórdia", realizado mais como obrigação a um amigo do que qualquer outra coisa.

---

94 Anos depois, eu tive um programa de entrevistas com astros do rock na rádio WMMR na Filadélfia e, depois de uma entrevista com Brian, joguei "Adivinhe o que Brian Johnson acabou de dizer?" com os ouvintes. Eu tocava trechos do áudio da entrevista, minha audiência ligava e tentava decifrá-los para uma chance de ganhar uma camiseta 'MMMR ROCKS!. Eles raramente conseguiam acertar.

Algumas semanas depois, Brian recebeu um telefonema do guitarrista do AC/DC, Malcom Young, lhe pedindo para dar uma passada no estúdio. Ainda sem dar muita importância a isso, Brian foi visitar seus amigos. Quando entrou na sala, Angus Young andou diretamente até ele e disse: "Você nunca mais vai ter de instalar capotas de vinil em um carro outra vez". Brian era o novo vocalista e integrante do AC/DC.

A residência na qual estávamos passando tempo com Brian, ouvindo sua história, era a maior da cidade. Quando era criança, Brian costumava fazer entregas, passando diante dela e dizendo a si mesmo que um dia, quando ele fosse uma estrela do rock, moraria naquela casa grande. Agora isso é um sonho rock and roll que virou realidade!

Mais uma coisa: Phil Carson, que fechou o contrato do AC/DC com a Atlantic Records, me contou sobre como estava relaxando com a banda em um clube na noite anterior à morte de Bon Scott. Enquanto Phil estava sentado a uma mesa com o restante da banda, um embriagado Bon Scott se aproximou, com o braço em volta de Brian Johnson e disse: "Se alguma coisa acontecer comigo, esse é o meu substituto". Agora isso é bastante macabro.

"A Falta de um Prego"

Pela falta de um prego um sapato foi perdido.
Pela falta de um sapato um cavalo foi perdido.
Pela falta de um cavalo um cavaleiro foi perdido.
Pela falta de um cavaleiro uma batalha foi perdida.
Pela falta de uma batalha um reino foi perdido.
E tudo pela falta de um prego de ferradura.

Esse é um poema lendário sobre o colapso de um império pela perda de uma coisa simples – ainda assim importante. O Twisted Sister teve uma experiência parecida com o álbum *Stay Hungry* na Grã-Bretanha, só que nossa "falta" foi a de um selo postal.

Pela falta de um selo postal um cartão-postal foi perdido.
Pela falta de um cartão-postal um anúncio foi perdido.
Pela falta de um anúncio um single foi perdido.
Pela falta de um single um álbum foi perdido.
Pela falta de um álbum um país foi perdido.
E tudo pela falta de um selo postal.

A chave para o lançamento bem-sucedido de qualquer disco, filme, programa de televisão, produção teatral, livro etc. é a preparação. Você precisa que sua primeira semana de lançamento seja bem frequentada, comprada e/ou vista, para que ele seja considerado um projeto atraente e de sucesso. Você quer que ele atinja o topo das paradas relevantes e, para fazer isso, divulga, promove e faz campanha do seu projeto de todas as maneiras possíveis. No caso de um novo disco no Reino Unido, lá nos anos 1980, uma das maneiras mais importantes de promover um novo lançamento era usar a mala direta do artista. Você queria que aqueles fãs mais leais soubessem a respeito dele com antecedência, para que eles se dirigissem às lojas na primeira semana e comprassem o disco e acossassem as rádios para que começassem a tocar seu single. Isso é a aula Básica da Promoção de Discos.

Com o sucesso do disco *You Can't Stop Rock 'n' Roll* e dos singles do Twisted Sister na Grã-Bretanha, tínhamos conquistado uma boa quantidade de seguidores e de mala direta. Nossos fãs estavam no ponto e prontos para comprar quase qualquer coisa que lançássemos ou fizéssemos. Tudo o que nossa distribuidora, a WEA, tinha de fazer era avisá-los de que o nosso disco novo estava chegando. *E é aí que está o xis da questão.*

O novo chefe da WEA, a quem me referirei como Zé Ruela – um jogo de palavras bastante parecido com seu nome verdadeiro[95] –, não

---

95 *Rubber Dick*, no original. [N.T.]

era o que você poderia chamar de fã de heavy metal, ou do Twisted Sister, aliás. Quando lhe foi pedido que aprovasse as despesas para os selos postais *domésticos* para o envio antecipado da mala direta à nossa base de fãs, *ele as recusou por motivos orçamentários!* Selos?!

Como nossa distribuidora, o único propósito da WEA era promover e distribuir o produto gravado. Zé Ruela vetou a promoção mais barata, mais eficaz, em se tratando de benefício, e mais *importante* que eles poderiam ter feito pelo nosso disco! *Aquele Zé Ruela!*

Graças a isso, nosso álbum foi lançado no Reino Unido e não vendeu bem o bastante no início para nos levar a posições altas da parada. Por isso não fomos parar no *Top of the Pops* nem encontramos nosso single nas rádios. Por isso, o sucessor do nosso disco de grande sucesso na Grã-Bretanha foi definitivamente um fracasso[96]. Felizmente, nossos shows no Reino Unido venderam bem e foram ótimos. Não graças àquele Zé Ruela.

NO DIA 6 DE JUNHO, JUNTAMOS FORÇAS COM O

Metallica para cinco shows na Holanda (3), Alemanha (1) e Bélgica (1), com eles abrindo. Assim como nós, o Metallica era uma banda emergente e estava promovendo seu LP novo, *Ride the Lightning*. Não tínhamos conhecido os rapazes antes (embora eles não tenham perdido tempo em nos informar que tinham aberto para o Twisted Sister em uma casa noturna em Nova Jersey), e todos eles tinham os pés no chão e eram legais (sim, inclusive o Lars). Nosso primeiro show com o Metallica na Holanda foi revelador. Sem que soubéssemos, os holandeses curtiam bastante *speed metal*. Eles gostavam de seu rock pesado. Enquanto o estilo do Metallica atendia bem a esse gosto, o Twisted Sister, com sua maquiagem, suas indumentárias e suas tendências a tocar "metal para

---

96 Apesar da falha na promoção de "We're Not Gonna Take It", quando tocamos essa música em qualquer show na Grã-Bretanha, a casa vem abaixo todas as vezes.

cantar junto", não era lá muito atraente. Sem problema. Tratamos de adaptar nosso repertório para ficar mais metal, menos "cantar junto", e aceleramos as músicas que já eram rápidas para uma velocidade mais holandesa. Problema resolvido.

Na noite anterior ao primeiro show, recebi uma proposta de uma oportunidade para promover o novo disco do Twisted em um programa de rádio ao vivo bastante popular na Holanda. Eu e Joe Gerber fomos levados – em uma ambulância Vandenberg convertida em van – ao clube de onde o programa era transmitido.

Esperando um verdadeiro clube metal, fiquei surpreso ao entrar em uma discoteca, com música disco tocando, cheia de Johnny Bravos e Janie Bravettes.

A estação de rádio que estava transmitindo o programa me assegurou que a audiência adorava heavy metal e eles me contaram o que queriam que eu fizesse. Eles tinham ouvido falar sobre meus "discursos inflamados" e queriam que eu "fizesse um" no ar. Expliquei a eles que meus deboches eram mais inspirados do que planejados e que nunca tinha "feito um" a pedidos. Eles ficaram insistindo, então eu disse que tentaria. Pedi ao apresentador que me levasse até o palco (vestindo minhas roupas casuais), em seguida me envolvesse em uma conversa sobre heavy metal; eu tentaria criar um discurso bastante inflamado. "Sem problema", disse o apresentador em seu sotaque holandês engraçado, e saiu para fazer minha apresentação.

A música parou de tocar e o apresentador me introduziu. Entrei com um microfone na mão, diante de uma reação morna. No instante em que entrei, o apresentador saiu do palco sem dizer mais nada. A plateia me encarou inexpressiva e devolvi os olhares em silêncio. A estação de rádio nacional estava transmitindo "espaço morto". Existem estações de rádio que, na verdade, têm alarmes que disparam quando existe espaço morto. Aquilo não era nada bom.

Com a mente a mil, comecei meu discurso. Sobre o quê, não tenho certeza, mas fiquei falando sobre alguma coisa durante alguns minutos –

sem nenhuma reação do público – até que um sujeito na plateia gritou: "Você parece um peixinho dourado grávido!", e a plateia caiu na risada. Eu não fazia ideia do que aquilo significava, mas as pessoas no clube entenderam, e ficou claro que não era uma coisa boa. Pulei do palco – com o microfone ainda na mão – e ataquei o imbecil que tinha dito aquilo.

Bem, eu estava furioso, empurrando o sujeito e o xingando – no microfone, claro, sempre sou profissional – com todas as minhas forças, até que os seguranças nos afastaram e me arrastaram para longe. Joe Gerber, que, é claro, tinha ido me ajudar, me disse: "Ah, bom, acho que esse é o fim da divulgação nas rádios da Holanda".

Mas quando fui até a sala dos fundos onde estavam o pessoal da estação de rádio e os representantes da gravadora, para arcar com as consequências... *eu fui aplaudido de pé!* Eles adoraram! Na opinião dos holandeses, uma ótima transmissão de rádio era assim. Vai entender.

EM NOSSO TERCEIRO SHOW NA HOLANDA COM O Metallica, chegamos na cidade e descobrimos que todos os pôsteres e anúncios de promoção do show tinham um minúsculo TWISTED SIS-TER no topo com um enorme COM METALLICA, e seu logo do "troll", ocupando noventa por cento da página. Ficou claro que eles eram a grande atração.

O Twisted Sister nunca foi aquele tipo de banda que fazia questão de ser a atração principal de um show apenas por ser, portanto enviamos Joe Gerber para dizer a James Hetfield e aos rapazes que eles poderiam fechar aquela noite.

Alguns minutos depois, Joe voltou ao camarim com uma expressão confusa no rosto. "Disseram não. Eles não conseguiram entender por que vocês iriam querer abrir mão da vaga de atração principal. Eles acham que vocês estão tramando alguma coisa." Isso mostra a você a mentalidade da maioria das bandas. *Ninguém* abre mão da vaga de atração principal, mesmo se o público não está lá para vê-lo. Egos.

Fui até o camarim do Metallica e expliquei que não havia truque nenhum – não estávamos tramando nada. Eles eram a grande atração; eles deveriam fechar o show. Assim que se sentiram tranquilizados, os rapazes do Metallica concordaram com a troca na programação.

A vantagem de fazer isso foi que eu finalmente pude ver o Metallica se apresentar. Devido às minhas duas horas de preparação antes dos shows, eu sempre estava nos bastidores me aprontando enquanto muitas bandas excelentes se apresentavam antes de nós. Depois do nosso show naquela noite, me troquei depressa e fui para a lateral do palco com Mark Mendoza para assistir àquela banda jovem que estava recebendo tantos elogios da imprensa e dos fãs de metal. Mais para o fim de seu espetáculo poderoso, me virei para o Animal e disse: "Esses caras têm bastante gana, mas nunca vão chegar a lugar nenhum".

E do que é que eu sei!

ENQUANTO ISSO, NOS ESTADOS UNIDOS, RELATÓRIOS chegavam mostrando que nosso primeiro single estava sendo muito bem recebido. Antes que o vídeo de "We're Not Gonna Take It" (WNGTI) sequer começasse a passar na MTV, cento e quarenta e cinco estações de rádio nacionais estavam tocando a música. Enfatizo isso por causa da crença de que nosso vídeo *transformou* a música em um sucesso. Ainda que, sem sombra de dúvida, o vídeo tenha *acentuado* o sucesso do single – e por *acentuado* eu quero dizer "mandou a coisa para a estratosfera" – "We're Not Gonna Take It" esteve detonando nas rádios de rock desde o dia de seu lançamento. Com ou sem vídeo, o Twisted Sister estava destinado a explodir em 1984.

O vídeo de "WNGTI" costuma ser considerado revolucionário e divisor de águas; ele mudou a cara desse meio de comunicação. Em praticamente todas as listas de melhores vídeos de rock de todos os tempos, "WNGTI" *sempre* aparece. Para o bem ou para o mal, ele é uma das principais coisas pela qual o Twisted Sister é lembrado. Ninguém ficou mais surpreso do que nós. Dito isso, a resposta que o vídeo de "WNGTI" recebeu na MTV é uma outra história.

O vídeo, como foi entregue para a MTV em seu formato original, tinha um prólogo de dois minutos e cinquenta e um segundos – uma introdução atuada, sem música. Isso era algo inédito em 1984... *e a MTV odiou!* Fui informado que o cofundador/criador e vice-presidente executivo sênior da Music Television, Les Garland, ficou horrorizado com o nosso material e disse: "Isso não é um vídeo de rock! Isso é um *método de interpretação para o ator!*". Desnecessário dizer, o vídeo de "WNGTI" não foi um "clipe de alta rotatividade". Apesar de seu enorme sucesso, e da óbvia obsessão dos telespectadores por ele, o vídeo de "WNGTI" nunca passou de uma rotatividade *mediana.*

Alguns meses depois, quando o então extremamente popular Twisted Sister entregou a *sequência* do vídeo de "WNGTI", "I Wanna Rock" (que também tinha um prólogo", Les Garland foi citado dizendo: "Agora *isto* é um vídeo de rock!". Ele foi posto de imediato em alta rotatividade. Egos.

Mas estou me adiantando.

Depois de concluirmos nossa série de datas na Europa e no Reino Unido, por fim voltamos para casa. Eu mal podia esperar para rever minha esposa e meu filho, e *Stay Hungry* estava explodindo nos Estados Unidos.

Eu não estava preparado para o que veio a seguir.

36
POR QUE A CHUVA TEM CHEIRO DE URINA?

POR TER SIDO EXTREMAMENTE POPULAR NA REGIÃO DOS três estados, achei que sabia o que era ser famoso. Tínhamos milhares de fãs implorando para entrar em nossos shows e nos conhecer, precisávamos de guarda-costas, nossos números de telefone não constavam nas listas telefônicas, e eu tinha de prender meu cabelo para trás e usar um boné para ser menos reconhecido na rua. Isso é ser uma estrela do rock, certo? Claro... mas uma estrela do rock mediana. O que eu estava me tornando – totalmente sem que eu soubesse, veja bem – era algo muito diferente.

Foi ótimo voltar para *minha casa*, com minha esposa e meu filho esperando por mim. Suzette adorava nossa primeira casinha (só tinha dois quartos) e se dedicou de corpo e alma para deixá-la linda. Jesse tinha agora dois anos e dava um trabalhão. Viajar o tempo todo me proporcionou uma visão única do desenvolvimento do meu filho. As pessoas passam por um terço do crescimento de sua vida nos primeiros três anos, portanto os saltos mentais e físicos de Jesse – ainda que para Suzette parecessem graduais – para mim eram enormes avanços e um pouco avassaladores. Eu estava perdendo tanta coisa.

Em minha primeira noite em casa, entrei no meu carro para sair para comprar leite ou algo assim e sintonizei na estação de rock de Long Island, WRCN. Estava tocando "We're Not Gonna Take it". Bastante razoável. Era uma estação de rádio de Long Island e éramos uma banda de Long Island, eles *tinham* de estar tocando nossa música. Por impulso, mudei para outra estação de rádio de Long Island, WBAB. Estava tocando "We're Not Gonna Take It". Eu nunca fui um apostador, mas decidi tentar uma trinca. Girei o botão mais uma vez, avançando até chegar em uma estação de rock de Nova York e... *"We're Not Gonna Take It" estava tocando ali também!* Todas as três estações de rádio na minha área de alcance estavam tocando a todo volume a música da minha banda! *Tínhamos chegado lá!* Por mais legal que esse sentimento fosse, as coisas logo ficaram assustadoras e esquisitas.

Suzette, Jesse e eu estávamos fazendo compras em um mercado, pela primeira vez desde que eu tinha voltado da Europa, quando ouvimos chamados sussurrados frenéticos saindo pelo sistema de som para as pessoas "verificarem o corredor três".

— Esse é o corredor em que estamos, Suzette. Não tem nada aqui.

Um pouco depois ouvimos:

— Verifiquem o corredor cinco.

— Esse é o corredor em que estamos, Dee. Não está acontecendo nada.

Então alguns minutos depois:

— Corredor sete!

Ei, esse é o corredor em que estamos, comecei a dizer, mas então a ficha caiu.

Enquanto passávamos nossas compras no caixa, garotos chegavam aos montes em suas bicicletas e apertavam os rostos contra o vidro para me verem ali dentro. Aquilo era o que eu sempre quis, mas a realidade foi um pouco surreal e até mesmo desconcertante. Uma coisa é ter todos os seus movimentos vigiados quando você está se apresentando, mas é desconfortável quando você só está cuidando das tarefas do dia a dia. Entramos depressa em nosso carro e fomos embora. Foi legal de um jeito meio esquisito.

Na noite seguinte, Suzette e eu decidimos levar Jesse para um daqueles restaurantes para crianças com brinquedos e tal. Eu não ficava muito em casa, então queria ter uma agradável noite em família com minha esposa e meu filho. Entramos no lugar e Jesse de imediato saiu correndo (como qualquer criança faz) na direção de algum brinquedo colorido. Não tínhamos dado nem cinco passos para dentro do lugar quando percebi que todos no restaurante tinham parado o que estavam fazendo, se virado e ficado congelados, me encarando, chocados. De repente, tudo virou um pandemônio, e as pessoas com olhares desvairados começaram a avançar na minha direção como se fossem uma coisa só. Ao perceber que aquilo se transformaria em uma aparição pública – não uma noite com minha família –, mandei Suzette pegar Jesse e corremos para o carro.

Essa foi a última vez que fizemos algo normal como uma família durante muito tempo.

Eu estava me transformando em uma estrela maior do que eu tinha sonhado. Eu queria ser uma estrela do rock, mas não tinha esperado aquela coisa tipo Beatlemania. Com certeza havia certo interesse fanático pelo Twisted Sister... *e estava sendo todo dirigido a mim.* Quando voltei para a estrada com o Twisted pouco tempo depois, mandei Suzette e Jesse para a Flórida para ficarem com a família dela. Nossa calma rua de bairro, com nossa pitoresca casa suburbana, tinha virado uma movimentada via pública à medida que a notícia de onde eu morava se espalhava. Carros passavam em alta velocidade pelo quarteirão, as pessoas buzinavam, gritavam e tocavam minha música a todo volume. Algumas pessoas chegavam a estacionar no lado de fora à noite e tocavam todas as músicas do catálogo do Twisted Sister. É, era isso que eu queria ouvir quando não estava gravando ou em turnê tocando minhas músicas.

E aquelas eram as pessoas que gostavam de mim. Lembro de receber uma ligação da minha cunhada, Roseanne, que estava cuidando da minha casa. Ela me contou que tinha acordado na noite anterior porque pensou ter ouvido alguma coisa na porta dos fundos. À medida que ela se aproximava da porta, ouviu o barulho de chuva. *Engraçado*, ela disse para si mesma, *a previsão não dizia nada sobre chuva.* Quando ela espiou por uma janela, um sujeito estava mijando na minha porta dos fundos! Com certeza ele não era um fã.

Não fazia nem nove meses que morávamos em nossa incrível casinha de esquina quando *tivemos* de ir embora. Não era seguro para minha esposa e em especial para nosso bebê; não foi divertido. Todo mundo queria festejar com o frontman maluco do Twisted Sister, mas ser maluco era o que eu fazia para ganhar a vida. Era a última coisa que eu queria fazer quando chegava em casa.

OUTRO EFEITO COLATERAL TRISTE DE SE TORNAR "UMA estrela" é a maneira como alguns amigos e familiares tratam você.

Vendo-se em um mundo de sucesso vertiginoso, você precisa de pessoas próximas para serem uma força estabilizadora. Suzette sempre foi. Não importava quão popular, bem-sucedido ou famoso eu ficava, ela permanecia indiferente. Eu chegava da estrada quase "flutuando" para dentro de casa, de tão embriagado por ser um "deus do rock", e ela sempre me trazia de volta à realidade. Depois de uma recepção inicial calorosa (e com frequência apaixonada), Suzette reagia com algo como: "Que ótimo. Agora vai esvaziar a lixeira das fraldas, está cheirando a merda". Deflação instantânea de ego; mensagem recebida. Ela não poderia ter ficado mais feliz por eu ter me tornado bem-sucedido, mas eu estava em casa agora, o marido dela e pai de seu filho. Não havia espaço para besteiras egomaníacas. Essa é a consistência estabilizadora que vem mantendo meus pés (mais ou menos) no chão. Suzette é a única constante em minha vida. Outras pessoas... nem tanto.

Quando você é um músico batalhador, encontra-se no mesmo nível – até mesmo em um nível abaixo – de todas as pessoas que conhece. Você sempre é aquele com "um sonho", mas as chances de alcançar o sucesso são quase nulas, portanto todos supõem que este será o seu lugar no mundo deles: artista batalhador. Quando de repente você explode, e todo o dinheiro e o status de celebridade pelos quais trabalhou com tanto afinco chegam, isso cria um grande desequilíbrio entre você e eles, e eles não conseguem evitar de serem afetados.

Para ser justo com aqueles ao meu redor, ainda que eu quisesse que eles me tratassem do mesmo modo que sempre me trataram, com o sucesso, eu tinha provado ao mundo que eu estava certo sobre minhas qualidades... e queria que eles esquecessem os meus defeitos. Em especial aquelas velhas histórias que me faziam parecer tão careta (e humano). Acho que fui cúmplice da mudança de atitude deles em relação a mim. Dito isso, será que *alguém* quer ser lembrando das *vergonhas* de sua juventude? Caso encerrado. A verdade é que a maioria daqueles mais próximos a mim *foi* afetada pelo meu sucesso, e isso mudou nossos relacionamentos. Eu já não era mais considerado do mesmo padrão.

Uma das experiências mais tristes que tive em relação a isso foi com um amigo íntimo de infância, Eddie G. Não tive muitos amigos enquanto crescia, e durante todo o ensino médio Eddie foi um dos mais próximos. Tínhamos perdido contato depois de ele se formar em podologia, se casar e se mudar para o Sul, para Nashville, para abrir um "centro de podologia drive-thru". Isso era uma piada, é claro. Eddie era engraçado. Quando o Twisted Sister se tornou grande e nós por fim fomos tocar no Sul, entrei em contato com Eddie para nos reconectarmos. Eu mal podia esperar para ver meu querido amigo e compartilhar um pouco de normalidade.

No dia do show em Nashville, corri para atender a uma batida na porta do meu quarto. Estava esperando Eddie, e, embora estivesse seminu e parecesse um caco, quem se importava? Ele tinha me visto em meus piores momentos quando jovem; eu não estava fazendo uma aparição pública. Quando abri a porta veio um flash de máquina fotográfica. Quando meus olhos clarearam, ali estava Eddie com sua esposa – segurando uma máquina fotográfica – com sorrisos desconfortáveis nos rostos. O que estava acontecendo?

Sem deixar que isso me desanimasse, eu os convidei calorosamente para entrar no quarto, ansioso para colocar a conversa em dia e rir com meu velho amigo. Não tive essa sorte. Eddie e a esposa permaneceram congelados e desconfortáveis durante toda a visita, tirando fotos espontâneas de mim nos momentos mais inoportunos. Não importava o que eu fazia para tentar fazer com que se sentissem em casa, eles não conseguiam relaxar e agir normalmente. Àquela altura de nossa carreira ascendente, a banda ainda ficava em motéis, não em hotéis, então levei meus hóspedes até a lavanderia comigo. O que poderia ser mais normal e menos estrela do rock do que lavar sua própria roupa? *Flash!* Eles tiraram uma foto minha segurando minha maldita cueca.

Foi assim que nosso dia juntos começou e terminou. Nunca mais voltei a ver o Eddie. Uma triste baixa causada pela fama e fortuna.

O TWISTED SISTER CAIU COM TUDO NA ESTRADA E DESSA vez não havia mais volta. Com nosso disco e nossa carreira decolando, passamos os incansáveis dez meses seguintes em turnê. Essa é a parte de todas as autobiografias de rock em que as estrelas do rock dos anos 1980 descrevem suas histórias de devassidão regadas a sexo, drogas e álcool. Afinal de contas, essa foi a "década da decadência". Não tenho nenhuma história assim para contar.

Por diversas razões, minha vida no rock foi muito diferente da dos meus colegas. Em primeiro lugar, eu era casado e tinha um filho e uma vida familiar tradicional. Isso era importante para mim e eu não queria estragar tudo. *Não estraguei.* Mais de trinta e cinco anos depois, olho para a vida dos meus colegas e fico extremamente feliz com as escolhas que fiz e agradecido por ter uma esposa, uma família e uma vida maravilhosas. Então havia minha atitude em relação às minhas apresentações. Eu disse isso antes, mas vale a pena repetir: se sobrar alguma energia depois de uma exibição, você enganou sua plateia. Ponto-final.

Quando saía do palco, eu desmoronava no camarim, entornando garrafas de Gatorade para me reidratar. Em seguida, depois de esfriar minha voz, eu me trocava e seguia direto para a salinha de estar nos fundos do nosso ônibus de turnê – nada dessa história de socializar para mim. Minha voz ficava tão arruinada todas as noites de tanto gritar a plenos pulmões, que eu não podia me dar o luxo de forçar minha garganta conversando com pessoas em salas cheias de fumaça tocando música alta. Eu tinha de descansar.

Certificando-me de que eu tivesse oito horas de sono a cada noite para me recuperar (eu não iria de jeito nenhum usar drogas para manter a energia que eu precisava para me apresentar), acordava cheio de dores a cada manhã, o corpo doendo por causa da minha performance agressiva no palco na noite anterior. Entornava duas xícaras de café quente para amaciar minha garganta cansada e fechada, em seguida entrava em uma banheira fumegante. Eu tinha de deixar meus músculos e minhas juntas de molho para relaxá-los, e o vapor da banheira ajudava a afrouxar ainda mais minhas pregas vocais. Eu realizava esse ritual todas as noites e todos os dias... e eu estava apenas na casa dos vinte anos! Assim que conseguia me mexer e falar de novo, começava meu dia. Um dia cheio de entrevistas, viagens, passagens de som e preparação mental e física para o show seguinte. Belas festas, hein?

Minha mentalidade era *terrível*. As pessoas sempre perguntam a Suzette se naquela época ela viajava comigo durante as turnês. "Com certeza, não!", ela responde. "Ele era o desgraçado mais infeliz para se ter como companhia. Eu odiava visitá-lo quando ele estava em turnê." Eu *ficava* infeliz. Era quase como se estivesse me punindo por alguma coisa. Não sei pelo quê.

Mentalmente, eu me via como um "assassino de aluguel" e conduzia minha vida como tal. Preferia chegar a uma cidade no meio da noite e me enfiar sorrateiro em um hotel remoto, despercebido. Não queria ser encurralado por fãs perambulando e festejando do lado de fora do hotel, se esgueirando pelo saguão e pelos corredores, batendo na minha porta e ligando para meu quarto (e eles faziam isso). Eu precisava permanecer em paz para que pudesse me preparar para o "assassinato".

POR QUE A CHUVA TEM CHEIRO DE URINA?

Ficava sentado no meu quarto o dia todo... esperando. Esperando a hora de *matar* minha próxima vítima – qualquer que fosse o público de rock para o qual o Twisted Sister fosse tocar naquela noite. À medida que a hora da matança se aproximava, como o assassino de aluguel que monta sua arma devagar e metodicamente, eu aplicava minha maquiagem e vestia minhas roupas, aquecia minha voz, alongava os músculos... e então a banda e eu realizávamos o "assassinato". Todas as noites. Então eu voltava para o ônibus e viajava durante a noite toda até a cidade seguinte, repetindo todo o processo monótono, contando os dias até a próxima pausa na turnê, quando eu poderia voltar para casa, ver minha família e descansar. Eu vivia para isso.

As pessoas dizem que, quando me veem ao vivo, eu pareço estar me divertindo bastante. Eu estou... e não estou. Fico completamente dividido. Eu quero e tenho de fazer isso... mas odeio fazê-lo. Como disse antes, vivo para a sensação de júbilo que obtenho quando eu *paro* ou termino minha apresentação, mas não consigo alcançar essa sensação sem me apresentar. A música deveria ter sido chamada "I Have to Rock!" – eu *tenho* que agitar – em vez de "I Wanna Rock!" – eu *quero* agitar. Era uma doença.

37
COMAM UM POUCO DE QUEIJO, RATT!

NO DIA 13 DE JULHO, JUNTAMOS FORÇAS COM O RATT para uma turnê de um mês. O Ratt também estava na Atlantic Records e tinha saído na frente na "corrida pelo disco de platina", com um lançamento anterior ao nosso. Fazendo shows com diversas bandas de abertura, como Lita Ford e Mama's Boys, tocamos em muitas regiões. De shows em New Hampshire (em um festival com o Cheap Trick como atração principal) a McAllen, Texas, na fronteira com o México (onde depois de ver muitos fãs "visitantes" encharcados no show, descobri que *wetback* – costas molhadas –, o termo pejorativo para imigrantes ilegais, é literal), trocamos a vaga de atração principal, com o Twisted fechando no nordeste e o Ratt, no Texas.

Além do calor opressivo do verão do sudoeste, algumas lembranças se destacam. A primeira é do nosso show no The Pier – um local para shows ao ar livre às margens do rio Hudson –, em Nova York. Por ser nossa base de operações, o Twisted Sister foi a atração principal com o Ratt como convidado especial e Lita Ford abrindo. Lita já estivera em muitos shows conosco àquela altura, e tínhamos criado um vínculo (ainda somos ótimos amigos hoje em dia). Aquela noite era seu último show naquela turnê.

Visto que eu estava sempre me aprontando quando ela estava tocando, nunca conseguia *ver* a Lita se apresentando, mas podia ouvi-la detonar todas as noites, e ela estava me deixando de queixo caído.

Eu era seu fã desde a época das The Runaways, mas agora Lita estava levando suas habilidades na guitarra a outro patamar. Além de April Lawton, de uma banda dos anos 1970 chamada Ramatam, Lita foi a primeira guitarrista mulher que eu já tinha ouvido que conseguia ficar em pé de igualdade com os caras. Visto que April Lawton era transexual, tendo originalmente tocado com Johnny Maestro and the Brooklyn Bridge como homem, acho que isso fazia com que Lita fosse a única.

Quando Lita entrou no camarim do Twisted depois de seu último show da turnê para se despedir, eu a puxei de lado e lhe disse como a achava ótima.

— Você tem uma grande oportunidade — disse eu. — Suas habilidades matadoras na guitarra podem mostrar às pessoas que mulheres podem mesmo mandar ver no rock.

Lita ficou lisonjeada com minhas palavras.

— As pessoas vão forçar você a usar o sexo para vender sua música; não deixe que façam isso — continuei. — Para parafrasear Joe Perry, deixe que suas habilidades digam tudo!

Lita me agradeceu profusamente por minhas palavras inspiradoras. Ela parecia bastante empolgada para enfrentar o mundo da guitarra dominado pelos homens.

A próxima vez que vi Lita Ford foi alguns anos depois, em um vídeo de rock na MTV. Ela estava vestindo poucas roupas, rastejando de quatro e basicamente trepando com um bloco de gelo. Sua guitarra repousava descartada no chão, a alguns metros de distância. Meu discurso apaixonado não tinha servido de nada.

Naquele mesmo show no Pier, fui inspirado a incorporar o porta-aviões gigantesco USS *Intrepid*, sempre atracado adjacente ao local do show, ao meu discurso no palco.

Eu disse ao público que acreditava que eles tinham a energia suficiente para religar o navio aposentado e os encorajei a se juntarem a mim na tentativa de fazê-lo funcionar ao gritar "Foda-se!" de novo e de novo e de novo. (Foda-se?) Desnecessário dizer que isso não deu certo.

Algumas semanas depois, os empresários do Twisted receberam uma carta do escritório do prefeito nos informando que nosso grupo tinha sido oficialmente banido de todos os eventos ao ar livre na cidade de Nova York. Por quê? Bem, sem que soubéssemos, sons viajam muito, muito, *muito* bem por cima da água. Ao que parece, do outro lado do rio, onde os residentes de Nova Jersey se encontravam sentados em seus quintais com a família em uma noite quente de verão, as pessoas foram forçadas a ouvir o coro de "Foda-se!" do Twisted Sister.

De qualquer maneira, acredito que o fato de nossos fãs agitados e desordeiros terem feito uma pilha enorme com todas as cadeiras dobráveis e tombado carrinhos de comida enquanto deixavam o local do show também não tenha ajudado.

O SHOW COM O RATT NO TEXAS DE QUE EU MAIS ME lembro – além do calor escaldante em McAllen (não acreditei quando o Ratt abandonou suas roupas de palco e usaram camisetas!) – é o de Corpus Christi.

Ainda que meus discursos no palco sejam basicamente espontâneos, se acerto algo que funciona em todos os lugares, não hesito em voltar a usar ou modificá-lo para que se encaixe na situação atual. Dito isso, não consigo entender como algumas bandas conseguem usar o mesmo padrão e texto no palco, todas as noites. Como isso pode ser sempre apropriado ou nunca perder a graça? Aqui estão algumas gafes clássicas envolvendo discursos no palco sobre as quais ouvi falar.

David Lee Roth tinha uma fala ótima que ele mandava para algum sujeito impertinente na plateia (você pode já ter ouvido): "Depois do show, vou comer sua namorada!". Legal. Não tão legal quando ele recitava a mesma fala, no mesmo momento do show, em uma casa de shows a apenas 40 km de distância, para muitas das mesmas pessoas que o tinham visto na noite anterior. Tosco.

O Triumph costumava usar seu gigantesco show de luzes para iluminar o camarote superior – todas as noites, no mesmo momento do show – e dizer: "Como vocês estão aí em cima?!". Isso sempre incitava uma reação enorme. Exceto por uma noite em que o show não tinha vendido muitos ingressos e o camarote estava fechado e vazio. O zelador que estava lá em cima sozinho, varrendo o camarote, estava muito bem.

Paul Stanley, do Kiss, é famoso por replicar seus discursos no palco de modo idêntico em todos os shows, em todas as turnês... mesmo depois de eles terem sido capturados nos discos ao vivo. Em uma turnê com a banda de Mark "the Animal" Mendoza, o Dictators, abrindo para eles, Paul repetiu suas falas de maneira tão idêntica e com a mesma frequência que até mesmo o vocalista do Dictators, Handsome Dick Manitoba, já bastante zureta por causa da heroína, conseguiu decorá-las. A noite em que Handsome Dick subiu no palco com o Dictators e repetiu o discurso de parar o trânsito de Paul, palavra por palavra, foi a última noite em que o Dictators tocou com o Kiss. Eu me pergunto o que Paul disse naquela noite no show do Kiss.

É preciso renovar as coisas, crianças, e reagir de acordo com os arredores – nem todas as casas de show e audiências são iguais. Dito isso, em cada cidade em que tocávamos, em algum momento do show, eu costumava rebatizar a cidade (você deve se lembrar de uma variação disso no show da MTV):

— *Sabe, Louisville é um nome bastante sem graça para esta cidade.*

A plateia não sabe muito como reagir. Será que o Dee acabou de chamar a gente de sem graça?

— *Vocês são legais demais para serem chamados de Louisville.*

A plateia ainda está confusa. Dee disse que somos legais.

— *Daqui em diante eu vou chamar esta cidade de Louis-fuckin'-ville!*

A plateia vai à loucura!

— *Me deixe ouvir vocês dizerem Louis-fuckin'-ville!*

— LOUIS-FUCKIN'-VILLE!

— *O quê?!*

— LOUIS-FUCKIN'-VILLE!

— *O quê?!*

— LOUIS-FUCKIN'-VILLE!

Eu fazia a mesma coisa com o nome de todas as cidades na turnê. Funcionava todas as vezes.

Pouco antes de eu seguir para o palco em Corpus Christi, Texas, Joe Gerber correu até mim.

— O que quer que você faça, não diga 'Corpus-fuckin'-Christi' hoje!

— Por que não? — reagi, irritado por ele presumir que podia me dizer o que eu poderia ou não falar no palco.

— Porque *corpus Christi* significa "o corpo de Cristo". Você não vai querer ficar gritando "o corpo da porra de Cristo" no extremo sul!

Mensagem recebida.

AO FINAL DA TURNÊ TWISTED SISTER/RATT, TIVERAM início os Jogos Olímpicos de Verão de 1984. Os norte-americanos sempre são acometidos pela febre da Olimpíada ("EUA! EUA! EUA!"), mas aquele foi um ano particularmente especial tanto para os Estados Unidos quanto para o Twisted Sister. Os jogos estavam acontecendo em Los Angeles, e, assim como nossos atletas olímpicos, também estávamos atrás do ouro. O Twisted Sister estava se aproximando do nosso primeiro disco de ouro (quinhentas mil cópias) em vendas enquanto os atletas olímpicos competiam intensamente pelo sonho que eles também tinham trabalhado com tanto afinco.

Enquanto viajámos de cidade em cidade, mandando ver e vendendo discos, noite após noite, dia após dia, sintonizávamos nos Jogos Olímpicos e torcíamos pelos nossos compatriotas. Não poderia ter sido mais irônico nem mais bem cronometrado. É claro que a mais inspiradora de todas era a queridinha dos Estados Unidos, a ginasta Mary Lou Retton. Para uma banda que tinha lutado por tanto tempo, contra tantas adversidades, sentíamos um vínculo bastante forte com a jovem dínamo, que não permitiu que nada a impedisse de alcançar seus objetivos... incluindo um tornozelo torcido. Mary Lou, você é uma verdadeira irmã desvairada! Quase no mesmo dia em que o álbum *Stay Hungry,* do Twisted Sister, ganhou disco de ouro, Mary Lou Retton *aguentou firme* pela última vez para conquistar seu ouro. Incrível!

Nós nos juntamos à turnê Last in Line, do Dio, no último dia da Olimpíada de 1984, e um dos nossos primeiros shows foi no Nassau Coliseum, em Uniondale, Long Island, a arena onde eu costumava ver shows quando adolescente. A poucos quilômetros de onde cresci, no coração do "bastião dos SMFs" do Twisted Sister, eu não podia imaginar um lugar melhor para receber nossos primeiros discos de ouro.

Para deixar a noite ainda mais especial, levamos Mark Metcalf, a estrela do vídeo "WNGTI", para nos entregar o "ouro" no palco. Vestido com as roupas de seu personagem no vídeo, Neidermeyer "surpreendeu" a banda quando entrou no palco. O público foi à loucura ao vê-lo, enquanto ele lhes dava uma bronca no "estilo Neidermeyer".

No espírito da Olimpíada, "medalhas" especiais de disco de ouro tinham sido feitas com fitas vermelhas, e Mark "Neidermeyer" Metcalf pendurou uma delas em volta do pescoço de cada integrante da banda. Com nossos fãs, nossas famílias e nossos amigos nos assistindo, essa foi uma ocasião bastante significativa. Após oito anos e meio de luta, mais de dois mil shows ao vivo, enfrentando insuperáveis adversidades e simplesmente nos recusando a desistir quando a grande maioria teria desistido, o Twisted Sister tinha finalmente conseguido. Aquele disco de ouro nunca poderia ser tirado de nós e, independentemente do que acontecesse em nossa vida daquele ponto em diante, tínhamos conseguido o que planejamos fazer há todos aqueles anos. *Tínhamos alcançado o sucesso!*

EM AGOSTO, COM NOSSO DISCO DE OURO JÁ BEM encaminhado para ganhar disco de platina, o público estava vindo nos assistir e também ao Dio. Não éramos mais "qualquer banda" abrindo para a atração principal. Dito isso, como de praxe, as atrações principais *são* os grandes astros, e seus fãs sempre abocanham os melhores assentos da casa. Noite após noite, tínhamos que lidar com fileiras de fãs leais do Dio sentados na frente, muitos dos quais não davam a mínima para aquela banda nova, o Twisted Sister. Lembra da Regra do Dee nº 2: "Se você não gosta de mim, nós temos um problema!"? Como você pode imaginar, eu não reagia bem diante desse tipo de negatividade. Se você estivesse sendo um otário, eu acreditava ser minha obrigação avisar você disso... bem alto. Não é nenhuma surpresa que algumas pessoas tinham problema com isso.

Certa noite, em Worcester, Massachusetts, havia um sujeito sentado mais ou menos na sétima fileira, que estava bastante insatisfeito comigo e com o Twisted Sister. Já que o cenário do palco do Dio forçava minha banda a ficar apertada mais para a frente do palco – diante das luzes –, eu conseguia ver todos os detalhes sutis, e nem tão sutis, da hostilidade dirigida a nós. Ao que parece, ele abominava a zombaria interminável que eu estava dirigindo a ele e a seu grupo de mesma mentalidade. Mais para o fim do nosso show, a raiva dele chegou ao ápice. Enquanto eu ficava ali parado, olhando diretamente para ele sem acreditar, ele mirou uma garrafa com cuidado e arremessou a arma mortífera. Me desviei do projétil com facilidade, mas fiquei chocado! Depois de todos aqueles anos sendo um alvo cego no palco, não só vi meu agressor, como também o observei enquanto ele tentava descaradamente me causar danos físicos.

Às vezes, acho que as pessoas acreditam que estar em um show ao vivo é como estar em um cinema: os personagens no palco são bidimensionais, e não reais de verdade. Bem, não sou a porra de um filme! Vestido com todas as indumentárias do Twisted Sister (a maquiagem, as calças de lycra, as ombreiras, os saltos altos, *tudo*), desci do palco, passei por cima da barreira, depois por cima de sete fileiras de cadeiras e pessoas da plateia e mergulhei em cima daquela porra daquele bosta. Em uma questão de segundos, membros da equipe – incluindo o intrépido Joe Gerber e nosso dedicado e fiel gerente de palco, Frank Rubino – vieram em meu auxílio, pulando do palco para o meio da briga. Minha banda seguia tocando.

Enquanto meu agressor era arrastado para fora da arena, voltei a passar por cima de fileiras de cadeiras e pessoas, e da barricada, subi no palco e terminei o show diante de uma ovação formidável da plateia. *Não se metam com a porra do Dee e do Twisted Sister, maldição!*

Na manhã seguinte, fui despertado pelo telefone no meu quarto. Na linha estavam meu empresário, meu advogado e meu contador.

— *Você perdeu a porra da cabeça?!* — gritou o normalmente sereno Mark Puma.

— Do que diabos você está falando? — retruquei, confuso. Eu ainda estava meio adormecido.

— Ontem à noite! O que diabos você acha que fez ontem à noite?! — berrou Mark.

Tentei me lembrar do que tinha acontecido na noite anterior. Depois de um algum tempo, todas as datas viram um borrão – como você descobrirá em um minuto.

— *A briga?* — arrisquei. Eu vinha arrumando briga com as pessoas da plateia havia anos; não conseguia imaginar por que eles estariam me telefonando por causa disso.

— Sim, a briga! Você não pode mais atacar as pessoas da plateia — continuou Mark. — *Você é famoso agora!*

— Você tem dinheiro — disse meu contador entrando na conversa.

— Você vai ser processado por tudo que deu tão duro para conseguir — acrescentou meu advogado.

O significado do que eles estavam me dizendo começou a penetrar minha mente nebulosa sem cafeína.

— Aquele merda jogou uma garrafa em mim! O que eu deveria ter feito —me defendi, minha cabeça começando a clarear —, ficar lá sentado e ser atacado?

— Vamos arrumar um guarda-costas para você — informou Mark Puma.

— Um guarda-costas? — rebati. — Para quê? *Para protegê-los de mim?!*

Mas foi exatamente isso que fizeram. Arrumaram um guarda-costas para que eu não tivesse que fazer o trabalho sujo – potencialmente litigioso – de defender a minha honra e a da banda. Em essência, *para proteger os canalhas de mim!*

Muitos meses depois, eu estava em uma turnê promocional na Austrália com meu guarda-costas, Vic. Ele era um ex-militar negro fisiculturista de 1,83 m de altura e 102 kg que tinha trabalhado para Mick Jagger, David Bowie e Freddie Mercury[97]. Estávamos em uma limusine, indo embora de uma aparição em uma casa noturna, quando meu carro parou em um semáforo e um carro cheio de jovens desordeiros encostou do nosso lado. Um imbecil pendurado para fora da janela gritava: "Twisted Sister é um lixo! *Você é a porra de um lixo!*". Vic pulou para fora da limusine e vamos apenas dizer que ele cuidou da situação. Ele voltou para a limusine, e seguimos caminho. Cheio de orgulho, Vic se virou para mim e perguntou:

— O que achou daquilo, chefe?

Respondi:

— Bem parecido com assistir a outra pessoa transando com sua esposa. Pode parecer bom... mas *a sensação não é a mesma.*

---

97 Vic costumava dizer que nunca tinha vivenciado o tipo de atenção e comportamento fanático que eu atraía com nenhum de seus outros clientes. Expliquei a ele que isso era o fator "Homem Elefante". Com a aparência que eu tinha e por ser tão grande quanto sou – principalmente usando saltos de 12 cm (todos seus outros "chefes" tinham por volta de 1,55 m de altura – completamente abaixo do radar) –, *você* não precisava ser um fã da minha banda nem mesmo saber quem eu era para se sentir curioso e atraído por mim. *Todos* querem dar uma boa olhada no Homem Elefante.

38
COMO DIABOS CONSEGUI ENFIAR OS DOIS SAPATOS PLATAFORMA NA BOCA?

DEPOIS DE ALGUM TEMPO EM TURNÊ, AS CIDADES se transformam em um borrão. Não é que você não goste dos shows e da plateia, mas a cidade e a casa de shows são bastante irrelevantes. Você está ali só para detonar.

No centro-oeste, uma das casas de shows mais onipresentes é do tipo galpão. Essas casas cobertas/ao ar livre são projetadas para comportar de cinco mil a vinte e cinco mil pessoas, com parte da plateia sentada em uma área aberta com cobertura e o restante do público no lado de fora em pé ou sentado no gramado atrás.

Eram meados de agosto, e o Dio e o Twisted Sister tinham tocado em Chicago na noite anterior, e agora estávamos em Detroit, nos apresentando em um galpão de shows quase idêntico. Acho que você deve estar vendo aonde eu quero chegar. Abrimos o show em Detroit do mesmo modo que fazíamos em todas as vezes: três músicas em sequência, sem parar, a não ser pelo costumeiro "Se estiverem prontos para agitar, nós somos o Twisted funckin' Sister!", depois da primeira música. Os rapazes e eu os atacamos com "You Can't Stop Rock 'n' Roll" e os headbangers de Detroit estavam salivando.

Então abri minha grande boca. *"Como vocês estão, Chicago?!"*

373

A plateia ficou quieta. *Que estranho.* Olhei para Jay Jay, que estava balançando a cabeça e murmurando *Detroit!* Ah, merda! Chamar uma cidade por um nome diferente é como chamar sua namorada pelo nome de outra garota. Trocar o nome de cidades rivais como Detroit e Chicago é como chamar sua esposa pelo nome de outra mulher... *na cama!* Independentemente do que eu fizesse, não consegui me recuperar daquela imensa gafe. Até tentei sair do palco e recomeçar o show. Nunca nos recuperamos.

Desde aquele dia fatídico, me sinto paranoico ao dizer em voz alta no palco o nome de qualquer lugar em que eu esteja me apresentando. Morro de medo de dizer o nome errado de novo. Quando digo o nome da cidade pela primeira vez, balbucio alguma coisa longe do microfone caso erre o nome.

— Como vocês estão [alguma coisa indecifrável]!

Será que ele disse "Algumacoisanópolis?"

Agora sempre tenho o nome da cidade preso com fita no monitor ou na plataforma da bateria só para garantir.

Desculpe por isso, Chicago... quero dizer, *Detroit*.

MAIS PARA O FINAL DE AGOSTO, TINHA CHEGADO A HORA de o Twisted Sister filmar o sucessor do incrivelmente bem-sucedido vídeo de *We're Not Gonna Take It*. O clipe de "WNGTI" tinha mudado a cara do formato, portanto os padrões estabelecidos estavam bem altos. Estou exagerando? Pense nos vídeos que vieram antes de "WNGTI" e os que vieram depois. O Van Halen estava se gabando de ter gastado alguns poucos dólares no vídeo de "Panama", depois, de repente, eles vieram com seu vídeo "todo enredo e grande orçamento" para "Hot for Teacher". O Mötley Crüe, no vídeo de "Looks that Kill" em 1983, enfrentava amazonas despropositadas, então de repente, no vídeo de "Smokin' in the Boys Room" em 1985, passaram para um cenário do ensino médio, contando com um ator cult no elenco. O que aconteceu? *We're Not Gonna Take It* aconteceu, só isso. Divisor de águas.

O segundo single óbvio do álbum *Stay Hungry* era "I Wanna Rock". Além do amor dos fãs pela música e seu atrativo natural, ela tinha aparecido no primeiro vídeo. O filho estava ouvindo a música em seu quarto quando o pai irrompeu porta adentro, e ele disse ao pai antes de lançá-lo para fora da janela, *"I wanna rock!"*.[98]

O Twisted mais uma vez uniu forças com o inovador diretor Marty Callner. Nos quatro meses desde o lançamento do vídeo de "WNGTI", meu camarada Marty tinha se tornado o diretor de vídeos de rock mais requisitado do mercado. E merecidamente. Para a pré-produção, produção e pós-produção do novo vídeo do Twisted, me mudei para a casa de Marty em Beverly Hills. Desse jeito, podíamos passar tempo juntos e trabalhar no projeto praticamente sem parar. Essas disposições de moradia especiais criaram uma distância física entre mim e a banda e, com certeza, impuseram uma barreira ainda maior entre nós.

Ver minhas ideias criativas e minha personalidade serem aceitas em uma escala tão grande me deixou cada vez mais confortável para flexionar meus músculos de "controlador". Eu não tinha mais dúvidas (se é que algum dia as tive) sobre minhas habilidades e minha importância. Tinha deixado quase completamente de lado a artimanha de fingir que me importava com o que qualquer outra pessoa pensava. Eu sabia (e sempre soube) o que era melhor para o Twisted Sister e estava ativa e abertamente conduzindo o navio. Eu estava me transformando em um megalomaníaco.

MEU AMIGO MAIS ÍNTIMO DENTRO DA BANDA TINHA sido Mark Mendoza; ele *era* meu melhor amigo. Mas desde que Tom Werman foi trazido a bordo para produzir a banda, fomos nos distan-

---

98 Uma curiosidade: embora o filho tenha sido interpretado pelo filho do diretor Marty Callner, Dax, a voz do filho "possuído" foi a do próprio Marty. Eu tinha visualizado algo um pouco mais *O Exorcista*, mas acho que isso deu certo. Marty também pode ser ouvido "dando risadinhas" quando a mãe joga água em Neidermeyer, pouco antes de a música começar.

ciando cada vez mais. Não passávamos mais tempo juntos nem dividíamos os quartos de hotel (como sempre fizemos no passado), e os óbvios esforços por parte de Mark para sabotar o que eu estava tentando fazer pela banda me afastaram ainda mais.

Para ser justo com Mark, com certeza também mantive minha distância da banda. As pequenas rupturas entre mim, Jay Jay e Eddie nos primórdios da banda tinham infeccionado e aumentado. O sucesso que estávamos tendo como grupo – e eu estava desenvolvendo uma personalidade criativa e de "estrelinha" – foram fertilizantes para aquelas sementes de descontentamento. Sentimentos negativos estavam florescendo.

Nosso empresário, Mark Puma, agravava ainda mais a situação. Mark era um sujeito tranquilo, do tipo que acalmava os ânimos, que não perdia tempo em colocar um curativo em cima do problema, em vez de encontrar uma cura. Em vez de conversar diretamente uns com os outros sobre nossas diferenças (a abordagem saudável), os integrantes da banda iam reclamar com Puma, esperando que ele desse um jeito no outro cara. Puma evitava a qualquer custo perguntar ou abordar questões difíceis e encontrava uma maneira de aliviar o problema de maneira temporária. Infelizmente, o problema verdadeiro nunca era abordado e continuava crescendo como um câncer que não recebe tratamento.

MEU CONCEITO PARA O VÍDEO DE "I WANNA ROCK" era simples: fazer uma continuação para o vídeo de "WNGTI" e responder à pergunta: "O que o pai/Neidermeyer faz para ganhar a vida?". Ele seria um desgraçado ainda maior no trabalho. Marty e eu mais uma vez escrevemos o vídeo juntos e trouxemos de volta a maioria das pessoas que trabalharam no primeiro vídeo, em especial a agora lendária figura paterna, Mark Metcalf.

A carreira cinematográfica de Mark Metcalf tinha sido revitalizada pelo vídeo de "WNGTI". Seu pai exagerado, autoritário e imbecil ressoava com quase todos os jovens do mundo e mostrava como Mark era um belo de um ator de personagens excêntricos. Por isso, Metcalf não veio tão barato para esse vídeo quanto tinha vindo para o primeiro e estava agindo mais como uma prima-dona.

A história do vídeo se desenrolava – como todos vocês provavelmente sabem – em uma escola de ensino médio, onde o Sr. Neidermeyer era um professor mesquinho, retornando para o primeiro dia de aula. Visto que esse vídeo seria lançado em uma data que coincidia com o início real do ano letivo, o espírito da coisa realmente tinha uma conexão com nosso público (embora professores dessa época ainda encham meu saco por todas as vezes que eles tiveram que ouvir "I wanna rock!" de um aluno espertalhão).

Pelo fato de a gravação ser no verão, conseguir uma escola para as filmagens não foi um problema, tampouco encher o lugar com estudantes do ensino médio. As escolas estavam de férias, e o Twisted Sister era uma das bandas mais populares do mundo.

O dia das filmagens estava escaldante, e o ar-condicionado da nossa escola estava desligado para as férias. Marty e eu chegamos ao raiar do dia e encontramos o lugar apinhado de adolescentes que tinham atendido ao anúncio feito pela KMET que pedia figurantes para o vídeo. Tínhamos que escalar os jovens para a sala de aula, mas visto que eu precisava me aprontar para a gravação (maquiagem e roupas), não pude participar. Insisti em ver e conversar com o "headbanger gordo" que estaria em destaque antes que ele fosse escolhido.

Quando Marty o levou para a sala para conhecer a banda, fiquei de queixo caído; ele não poderia ser mais perfeito, mas eu sabia o que ser o destaque naquele vídeo causaria a ele. Dax Callner, que interpretou o filho no primeiro vídeo, me contou que o reconhecimento que ele recebeu por aparecer no vídeo foi uma loucura. E nem tudo foi positivo. Algumas pessoas não ficavam satisfeitas apenas em dizer oi ou pedir uma foto ou autógrafo. Alguns jovens na escola eram cruéis, e outros insistiam que ele recriasse o vídeo, palavra por palavra. Não foi bem o que o jovem Dax esperava quando aceitou o papel.

CALA A BOCA E ME DÁ ESSE MICROFONE

Ainda que Neidermeyer tivesse apenas gritado com o filho no vídeo de "WNGTI", eu sabia que o roteiro para "I Wanna Rock" exigia que ele fosse um pouco mais insultante. Por ter pegado uma fala do *Clube dos Cafajestes* emprestada, "Estou com muita vontade de dar um tabefe nessa sua cara gorda!", eu queria ter certeza de que o garoto sabia no que estava se metendo. Não foi nenhuma surpresa ele ter topado sem pestanejar. Imagine que você é um garoto que apareceu com milhares de outros para uma chance de ser figurante em um vídeo de rock de uma das bandas mais populares do mundo e é escolhido para estrelar nele. Então você é levado para os bastidores para conhecer o Twisted Sister, em toda sua indumentária, e eles lhe perguntam se você concorda com o que eles querem que você faça. O que *você* teria dito?

Mark Metcalf apareceu no set em péssimo estado, depois de passar a noite anterior com os amigos de Los Angeles. Mark não era mais o sujeito tranquilo e simpático das filmagens do primeiro vídeo. Depois de minha experiência com ele na gravação do vídeo de "I Wanna Rock", eu costumava dizer às pessoas que o personagem Neidermeyer era o *verdadeiro* Mark Metcalf, e ser um sujeito legal era apenas um personagem que Mark interpretava[99].

Lá pelo meio da manhã, Metcalf estava para lá de irritado. Talvez fosse o calor, sua falta de sono ou qualquer outro fator desconhecido. Ou ainda a combinação de todos os três. Mark estava de péssimo humor e sua performance deixou bastante a desejar durante a cena em que ele grita com o garoto gordo. Depois de algumas tomadas sem sucesso, Marty Callner começou a ser um pouco mais firme com Metcalf no âmbito diretorial, pressionando-o para dar mais de si. Mark não ficou muito satisfeito. Não sou capaz de recontar as palavras exatas nem as nuances das frases dessa conversa, mas com a sala de aula cheia de figurantes, banda, elenco e equipe como testemunhas, foi algo mais ou

---

99 Mark e eu mantemos contato de tempos em tempos desde aqueles dias loucos de gravação do vídeo. Assim como os meus, posso garantir que os "dias de otário" de Mark ficaram no passado.

378

menos assim. Depois de Marty dar uma bela bronca em Mark para que ele trabalhasse com mais afinco...

Metcalf (para Marty): "Ou o quê? Você não parece ser muito durão".

Um enorme silêncio recaiu sobre a sala.

Marty: "Você quer dar um pulo lá fora e descobrir?".

Marty Callner é um pouco mais baixo, mas tem o biotipo de um lutador. Mark Metcalf é alto e muito esguio. Meio que Gimli, o anão, contra Legolas, o elfo, de Tolkien. Todos os olhos estavam fixos naqueles dois combatentes em potencial enquanto eles se encaravam. Marty aguardou com calma enquanto o rosto de Metcalf ficava cada vez mais vermelho, à medida que ele explorava as opções em sua cabeça, então ele deu as costas ao Marty sem dizer nada. Ele (sabiamente) recuou. Gimli teria partido Legolas ao meio como um graveto.

Sem esperar um segundo sequer, Marty Callner gritou "Ação!", e Mark Metcalf se lançou em sua agora lendária diatribe que fez cuspe voar pelos ares, "Estou com muita vontade de dar um tabefe nessa sua cara gorda!", que todos vocês conhecem e amam. *Foi incrível!* Enquanto o restante do longo dia bastante movimentando se desenrolava (o dublê de Metcalf foi arremessado para dentro do teto e, por lá, ficou inconsciente; a enorme multidão de adolescentes que tinha aguardado naquele dia quente estava com tanto calor e fome, que o maior pedido de McDonald's do mundo foi feito; minha maquiagem derreteu várias vezes etc.), a banda e eu ficamos de papo com o ator Stephen Furst, também conhecido como Flounder, de *Clube dos Cafajestes.*

Eu tinha usado minha influência para contratar Stephen para aparecer no vídeo em um final surpresa ("Ah, rapaz, isso não é incrível!"). O propósito de sua presença ali era apenas para que nos conectássemos ainda mais com a minha comédia favorita, mas a banda se divertiu bastante pedindo que ele repetisse todas as suas falas clássicas do filme ("Irmão D.D.! Irmão Bluto!", "Os Crioulos roubaram nossas namoradas" etc.). Stephen pareceu bastante feliz em nos atender, mas em retrospecto fico me perguntando se ele não estava com medo demais de dizer não a criaturas de 1,85 m de altura (2,10 m com o cabelo) de maquiagem e indumentárias. De qualquer modo, foi demais.

A resposta da MTV e de sua audiência ao vídeo foi gigantesca. Colocado de imediato em alta rotatividade (onde permaneceu por bastante tempo), "I Wanna Rock" foi um vídeo de grande sucesso mundial, e sua popularidade também se espalhou para as rádios. Como o vídeo de "WNGTI", ele acertou as pessoas em cheio e falou alto e claro com toda uma geração de roqueiros.

SE VOCÊ ME PERMITE SER AINDA MAIS AUTOINDULGENTE

do que já sou, estou morrendo de vontade de mencionar uma coisa desde o dia em que o vídeo de "I Wanna Rock" foi lançado.

No enredo, assim que o garoto gordo se transforma no Twisted Sister, Neidermeyer passa o restante do vídeo, à la Coiote do Papa-Léguas, tentando matar a banda. Em uma das tentativas malfadadas, ele quer explodir a banda durante uma apresentação no auditório. Com esse fim, Neidermeyer conecta um pavio a um detonador de dinamite, então rasteja em estilo militar na direção da banda – com a dinamite entre os dentes – para plantar os explosivos. Saindo diretamente de um desenho do Papa-Léguas, uma borboleta aterrissa sobre o puxador do detonador, fazendo com que ele desça e exploda Neidermeyer.

O efeito foi alcançado (hoje seria com uso de imagens geradas por computador) ao expor uma borboleta viva a nitrogênio líquido, congelando-a instantaneamente. Em seguida, ela foi colocada sobre o puxador do detonador, com a ideia de que o calor do dia a descongelaria depressa e ela sairia voando. Rodar o filme de trás para a frente daria a ilusão de que ela tinha pousado sobre o puxador fazendo com que ele descesse. Em teoria.

Infelizmente, a exposição ao nitrogênio *matava* instantaneamente as pobres criaturas. Para conseguir o que precisávamos para a tomada, decidimos pegar uma das borboletas mortas, prendê-la a um pedaço de

SENDO A FORÇA
CRIATIVA E
PROPULSORA POR
TRÁS DA BANDA - E
O FRONTMAN -, EU
ERA O INTEGRANTE
COM QUEM OS
ENTREVISTADORES
QUERIAM
CONVERSAR, E
NÃO QUERIA QUE
NINGUÉM ME
REPRESENTASSE DE
MANEIRA ERRADA.

filamento transparente (uma vara fina parecida com um fio), que mal apareceria na filmagem, e colocamos um tiquinho de cola adesiva no puxador do detonador para manter a ex-borboleta no lugar, em seguida a levantamos do puxador quando a câmera estava gravando. Quando a gravação fosse rodada de trás para a frente, conseguiríamos o efeito procurado. Ótima ideia. *Em teoria.*

Na primeira tomada, muita cola adesiva foi usada, e quando o filamento que faria a borboleta "decolar" foi puxado com delicadeza, ele arrancou as asas e o abdômen, deixando a cabeça e a parte superior do corpo ainda grudadas no puxador. Tomadas subsequentes funcionaram melhor, mas as imagens da coitada da borboleta morta sendo rasgada em duas partes deixaram Mary Callner e eu chorando de tanto rir durante a edição. Eu sei, somos bobos. Decidimos colocar uma tomada rápida da "atrocidade da borboleta" – incluindo um som de rasgar – enquanto o corpo era dividido em dois. Marty e eu tínhamos certeza de que aquilo faria os fãs de rock morrerem de rir.

Até hoje, ninguém jamais mencionou esse momento em do clipe de "I Wanna Rock"! Ninguém. Nem mesmo um "Isso foi errado, cara!". Juro por Deus, não consigo entender por quê. Está claro como o dia!

UMA DAS OUTRAS COISAS QUE FIZ PELA BANDA FOI promoção. Eu dava todas as entrevistas, em todos os lugares do mundo. Não que a banda não quisesse dar entrevistas – *eu não queria que eles fizessem isso.* Eu sei, isso parece errado. Continue lendo.

Sendo a força criativa e propulsora por trás da banda – e o frontman –, eu era o integrante da banda com quem os entrevistadores queriam conversar, e não queria que ninguém me representasse de maneira errada. Visto que eu criava e coescrevia os vídeos e compunha todas as músicas, quem melhor para responder às perguntas? Para completar, não achava que nenhum dos outros caras davam entrevistas muito boas, e um deles estava tentando me sabotar e a banda. O que você teria feito?

COMO DIABOS CONSEGUI ENFIAR OS *DOIS* SAPATOS PLATAFORMA NA BOCA?

Ainda que a grande maioria das entrevistas fosse feita por telefone ou na cidade onde o grupo estava, de tempos em tempos eu viajava para outros países para fazer turnês promocionais e conversar com a imprensa. A primeira dessas ocasiões aconteceu na Europa. Voei para visitar uma série de países da Europa Ocidental, em setembro de 1984, e em cada país descobri que o Twisted Sister tinha uma história de sucesso ainda maior. Em todos os lugares que visitei, a banda tinha transposto aquele muro de indiferença que tínhamos enfrentado por tanto tempo. O disco *Stay Hungry* e seus vídeos subsequentes estavam fazendo grandes avanços, não apenas no universo metal, mas no pop também. Em nenhum outro lugar mais do que na Suécia.

Cheguei à Suécia e descobri que nosso disco tinha explodido. As vendas estavam batendo recordes e o interesse pela banda tinha disparado. Estranhamente, "We're Not Gonna Take It" não tinha recebido a resposta inicial que teve no resto do mundo, mas, quando "I Wanna Rock" foi lançada, o país inteiro ficou empolgado. Por mais que detestasse ouvir isso, ela era um sucesso até mesmo nas discotecas!

Depois de ter sido apanhado no aeroporto por uma limusine, me levaram ao principal hotel cinco estrelas de Estocolmo, onde fiquei hospedado na suíte presidencial. Minha estadia promocional de dois dias foi repleta de tudo quanto era coisa de primeira classe e de elogios e honrarias impressionantes sobre mim, minha banda e nosso disco maravilhoso. *Foi incrível!* Eu estava autografando discos para os filhos do rei e da rainha!

Depois de dois dias surreais, na sexta-feira daquela semana parti para alguns dias de entrevistas no Reino Unido. Deixei uma linda, ensolarada e imaculada Suécia (é realmente como uma IKEA por lá) e cheguei a uma Londres fria, sombria, úmida e de segunda mão. Comecei a dar entrevistas no instante em que cheguei de táxi no meu hotel duas estrelas dilapidado e deprimente.

Por mais positivas e empolgantes que as entrevistas nos outros países tivessem sido, as na Grã-Bretanha foram exatamente o oposto. Uma série de entrevistas foi sobre o fracasso do novo disco do Twisted Sister em superar as expectativas e: "Como você se sente agora que o sucesso da banda chegou ao fim?". A Inglaterra era o único país do mundo onde isso acontecia, e só porque aquele arrombado do Zé Ruela foi mesquinho demais para pagar pelos selos postais!

Quando o primeiro dia de entrevistas no Reino Unido finalmente acabou, fui informado de que teria o fim de semana para mim, até que a tortura recomeçasse na segunda-feira. Todos queriam conversar com o fiasco musical de 1984. Fiquei sentado no meu quartinho terrível, na minha cadeirinha terrível, me sentindo terrivelmente deprimido e temendo a perspectiva de passar dois dias terríveis sozinho, quando uma ideia me ocorreu. Pedi que meu empresário entrasse em contato com a gravadora do Twisted na Suécia e perguntasse se eles poderiam me usar para mais dois dias de promoção por lá. Eles agarraram a oportunidade de ter o frontman da maior banda revelação de volta ao seu país!

Antes mesmo de ter desfeito as malas em Londres, eu estava em um avião – na primeira classe, claro – voando de volta a Estocolmo, onde, de novo, uma limusine me buscou e fui reinstalado na minha suíte presidencial. Passei o fim de semana recebendo vinhos, jantares e sendo celebrado como a maior coisa desde o *smorgasbord*[100]. *Uau!*

LIÇÃO DE VIDA DO DEE

Você não precisa ser rei do mundo, apenas rei do seu mundo.

A coroa sueca pode comprar coisas também, sabe.

---

100 Refeição que reúne diversos pratos típicos suecos. [N.T.]

Jovem e inocente. Quem teria imaginado no que eu me transformaria?

Demonstrando atitude em 1972. Roupas nas cores bordô e caramelo? Ao que parece, eu era um "outono".

Apresentando-me com minha banda do ensino médio, Dusk, em 1973. Calças cintilantes de veludo com uma camisa rosa e branca. Meu lado extravagante estava começando a vir à tona!

Com minha irmã, Sue, e meu irmão caçula, Doug, na minha formatura do ensino médio, em 1973. Se liga no bigode!

Detonando com o Harlequin, no estacionamento de um McDonald's. É isso aí!

Uma foto dos primórdios em 1976 a.S. (antes da Suzette) com apenas um toque de maquiagem.

A noite em que conheci Suzette usando a agora lendária camiseta. Eu não era um partidão?!

A linda Suzette, aos 17 anos. Minha nossa!

Detonando com meu presente de Natal favorito da Suzette, com Jay Jay French, por volta de 1976.

A gafe de moda que foi um divisor de águas, já que Suzette e eu compramos a mesma blusa. Para ficar registrado, a blusa ficava muito melhor nela.

Mais um presente de Natal "original da Suzette" em ação, dessa vez com um Eddie "Fingers" Ojeda, com um visual bem discoteca.

Foto promocional do Twisted Sister, 1978.

Era "Sweet Transvestite", do Twisted Sister, por volta de 1979. Se liga nas pernas!

A visão do palco no show que teve os ingressos esgotados no Palladium na cidade de Nova York, por volta de 1979.

De palhaçada em nosso casamento. Esta é a dama de honra, irmã da Suzette, Roseanne, à esquerda.

Eu e meu padrinho, "The Animal". Se a foto não tivesse sido tirada em 1981, daria para pensar que as cabeças tinham sido colocadas em nosso corpo, usando Photoshop!

Falido, sem contrato, desempregado e feliz, outono de 1982. Eu tinha descoberto "aquilo".

Uma foto doméstica, inverno de 1983. Vi meu filho ficar sentado pela primeira vez, inspirando "The Price".

Twisted Sister em 1981/1982. O visual estava por fim tomando forma. Eu soltei meu monstro interior.

Pós-show, camarim do Marquee Club, 1982. Tenho certeza de que estava contando para alguém como estava quente na primeira vez que tocamos lá!

Em ação no Castle Donington, Reino Unido, 1983.

Literalmente um filho da mãe "cheio de si", nos bastidores do Donington.

Em toda minha glória de antigamente!

Quando homens eram mulheres... que eram homens!

© Mark Weiss

A garantia escrita à mão pelo engenheiro Geoff Werkman (descanse em paz) que o *Stay Hungry* seria disco de platina.

Mark Metcalf, Marty Callner e eu durante as filmagens de "We're Not Gonna Take It".

O logo de osso original do Twisted Sister que Suzette desenhou em cinco minutos.

Sim. Este é meu cabelo de verdade! Mas é óbvio que a cor da cabeleira não combina com a da sovaqueira!

Preso em Amarillo, Texas!

Reencontro com minha família na Flórida durante uma turnê, em outubro de 1984. Eu também fiquei feliz em vê-los.

De bobeira na MTV, 1984.

Eu com A.J. Pero e Brian Johnson em 1985. Sério! Esse é o Brian Johnson!

Apenas um típico pai lavando o carro da família!

Brincando com meu garotinho, Jesse, nos bastidores depois de um show no The Pier, em Nova York.

Shane e eu, 1989.

A família Snider feliz na Flórida, 1990. Não dá para perceber que minha carreira estava indo ladeira abaixo, certo? É porque eu tinha "aquilo".

Bernie Tormé e eu nos bastidores do único show que fizemos com o Desperado. Se liga na barba! Tive que deixar crescer depois de um acidente de barco. Será que esqueci de contar essa história?

O grande Howard Stern e eu (ambos sem os óculos escuros) nos bastidores de um show do Widowmaker, em Long Island, em 1990.

Sarado e malvado liderando o Widowmaker, em 1990.

Primeiro show do Twisted Sister na América Latina, que ocorreu em São Paulo, em novembro de 2009, e um dos últimos que a banda fez com maquiagem.

Da esquerda para a direita: Mark "The Animal" Mendonza, Jay Jay French, Paulo Baron, Dee Snider, Eddie Ojeda e A.J. Pero.

Eu, passando por dificuldades, mas feliz, e comemorando meu aniversário de 40 anos com Cody Blue, em 1995.

O amor da minha vida e eu, Páscoa de 1992.

A família Snider, também conhecida como "aquilo" (da esquerda para a direita): Cody, Shane, Suzette, Dee, Jesse, Cheyenne.

39
OS TEMPOS ESTÃO MUDANDO[101]

VOLTEI PARA CASA EM SETEMBRO E ME DEPAREI COM um novo patamar de fama. *Stay Hungry* tinha ganhado disco de platina, "I Wanna Rock" era um hit, eu estava ganhando muito dinheiro e agora tinha um guarda-costas em tempo integral. Ainda que eu sempre tivesse torcido para que o Twisted Sister alcançasse o sucesso, achava que seríamos uma daquelas bandas que viajava de cidade em cidade, deixando o público de queixo caído, fazendo com que saíssem correndo para comprar nossos discos. Nunca pensei que teríamos tradicionais discos de sucesso nas paradas da *Billboard*. Dito isso, a coisa toda fazia sentido. Minhas maiores influências eram bandas que tinham vendido milhões de álbuns e *tiveram* álbuns de sucesso. Por que o produto dessas influências não poderia fazer o mesmo?

Antes que o Twisted Sister voltasse a cair na estrada, havia a pequena questão dos aniversários da minha esposa e do meu filho.

---

101 "These Times They Are A-Changin", no original, faixa-título de um disco de Bob Dylan. [N.T.]

LIÇÃO DE VIDA DO DEE

Você pode ficar longe de casa o ano inteiro, mas, se conseguir voltar para as datas especiais (aniversários, aniversários de casamento, Dia dos Namorados, Dia de Ação de Graças, Natal etc.), sua família encarará melhor sua ausência.

LIÇÃO DE VIDA DO DEE

Você pode estar em casa o ano inteiro, mas se perder aquelas mesmas cinco ou seis datas especiais... você está lascado.

Não estou dizendo que nunca perdi uma ocasião especial, mas eu sempre me esforcei bastante para voltar para casa e comemorar com a família se pudesse. Jesse estava para completar dois anos, portanto fizemos uma festa de aniversário para ele com seus amigos e familiares em nossa casinha em Babylon, Long Island (aquela onde o sujeito mijou). Embora não passássemos mais muito tempo ali, ela ainda era nosso lar. Durante os últimos dois anos, estive longe por catorze meses. *Ainda mais da metade da vida do Jesse!* Todas as vezes em que voltava das turnês, eu ficava aturdido com suas mudanças. Eu tinha perdido tantos marcos da vida dele. A primeira vez que o vi subir correndo um lance de escadas, quase tive um ataque do coração. Ele fazia isso sem esforço havia semanas, mas não sabia disso – não estava por perto.

A maior ligação de Jesse comigo como pai era me ver na televisão. Suzette deixava a televisão sintonizada na MTV o dia inteiro (na época em que ela era a *music television* de verdade), ouvindo a música ao fundo, e quando uma das minhas músicas começava a tocar, ela e Jesse corriam para "ver o papai". Suzette me contava como ele ficava todo empolgado ao me ver enquanto ela gritava: "É o papai! É o papai!". Ouvir isso me fazia sorrir, mas também partia um pouco meu coração. Acho que esse é "o preço que você tem de pagar". Aí está aquela maldita música de novo.

Durante esse período errático, Suzette ficava em casa e cuidava do Jesse ou eles viajavam para a Flórida e ficavam com a família dela. Finalmente tínhamos dinheiro para que minha esposa e meu filho me visitassem na estrada, mas esse era o último lugar em que Suzette queria estar. Tudo o que eu fazia era me esconder no quarto de hotel, no ônibus ou no camarim. Nunca saía, nem mesmo para comer fora. Eu viajava o mundo e nunca via nada. Parte disso era porque queria vivenciar a viagem pelo mundo pela "primeira vez" com Suzette. Não me sentia bem em sair e me divertir sem minha esposa e meu filho.

A outra parte do meu comportamento recluso? Eu ficava bastante preocupado em ser reconhecido e acossado pelos fãs. Engraçado, não era isso que sempre quis?

Não que eu fosse lá muito divertido e aventureiro quando estava em casa. Eu nunca queria sair. Durante três ou quatro anos, quase nunca saímos (a não ser para fazer compras em lojas locais). Nada de cinema, nada de parques de diversões, nada de férias... nada. Lembro da *única vez*, durante os meus dias de glória, que Suzette me convenceu a ir ao cinema.

Fomos ao único cinema com uma sala só (não um multiplex) que ainda existia em Long Island naquela época, acreditando que haveria menos pessoas que poderiam me reconhecer. Enquanto Suzette comprava as entradas, fiquei escondido no carro, esperando que a fila diminuísse e as luzes do cinema fossem apagadas para que eu pudesse entrar de fininho. A um sinal de Suzette, corri para dentro do cinema parecendo o Unabomber, usando óculos escuros, um capuz puxado por cima do cabelo e da cabeça, ocultando meu rosto (nada muito suspeito). Suzette e eu nos esgueiramos para dentro da sala escura e nos sentamos... bem a tempo de ver o vídeo de "We're Not Gonna Take It" começar a passar na telona. *Você está de sacanagem comigo?!* Um vídeo de rock sendo mostrado antes do filme? Isso é um bom exemplo da popularidade da banda e do vídeo, mas essa foi a última vez que fomos a um cinema em muito tempo.

Conviver com *esta* celebridade não era fácil.

Tenho certeza de que isso não parece muito importante para você. É até provável que pareça bem legal. Um bom amigo meu, Cooch, uma vez disse que, se ele fosse eu, anunciaria que era o Dee Snider em todos os lugares a que fosse. É, foi isso o que também pensei antes de virar uma celebridade. Cooch simplesmente não conseguia entender minha relutância em ser reconhecido. Eu também não consigo. Acho que era uma combinação de querer ser capaz de me dedicar totalmente à minha família quando estava com eles somado à minha necessidade de sempre ser "a estrela do rock" para os meus fãs. Não queria decepcioná-los. *Será que isso faz algum sentido?* Acho que outra parte era que eu simplesmente gostava de ser tão famoso que eu *tinha* de me esconder. Só para ficar registrado, lido com a fama de uma maneira muito melhor hoje em dia.

DEPOIS DA TURNÊ COM O DIO, CAÍMOS NA ESTRADA

com o Y&T. Duas coisas memoráveis aconteceram comigo durante essa série de shows. Ambas na Costa Oeste, uma boa e uma ruim. Vamos começar pela ruim.

O Y&T abriu para o Twisted Sister em todos os shows, exceto no norte da Califórnia, onde foram a atração principal. Assim como o Twisted, o Y&T estava na ativa havia algum tempo, com uma enorme legião de seguidores em casa. Fazia muito sentido que abríssemos para eles nesses shows. Em um deles, na região da baía de San Francisco, a bosta de um fã do Y&T (isso não tem nenhuma relação com a banda – eles são ótimos rapazes) começou a jogar uns *parafusos* de metal enormes em nós, com força. Estou falando de pedaços de aço de 8 cm de comprimento e 2 cm de diâmetro arremessados como se fossem bolas de beisebol. Aquelas coisas eram definitivamente *letais* e danificavam tudo que atingiam. Como sempre, por causa das luzes em nossos olhos, só conseguíamos ver essas coisas chegando no último segundo.

Tentei de tudo para localizar e tirar satisfação com o covarde do nosso agressor. Mais ou menos na metade do show, fui atingido com *força* nas costelas por um dos parafusos, e essa foi a gota d'água. Não poderia arriscar que alguém da banda ou da equipe fosse atingido no rosto ou na cabeça. Pela primeira vez na história da banda não terminamos o show e saímos do palco. Eu estava furioso.

Mais tarde, me dei conta do que deveria ter feito: tocado com as luzes da casa acesas. Já tínhamos feito isso antes por motivos menos ameaçadores. Eu teria sido capaz de ver quem estava arremessando os parafusos contra a banda – se ele tivesse colhões de jogá-los com as luzes acesas – e dado uma surra nele. Bem, meu guarda-costas teria dado uma surra nele – visto que eu não tinha mais permissão para fazer isso.

Até hoje, fico incomodado demais por ter permitido que eu e a banda fôssemos expulsos do palco por um arrombado de merda!

Agora passemos à lembrança muito melhor.

Alice Cooper é uma *enorme* influência minha. Passar a realmente apreciar a banda original de Alice Cooper e a "atitude" vocal dele foram uma das últimas peças que definiram o vocalista e artista do rock que me tornei (a última peça foi Bon Scott, do AC/DC). Ao observar o modo como Alice e eu nos apresentamos, é possível ver que não somos nem um pouco parecidos. Isso porque eu tinha apenas fotos da banda para usar como inspiração. Nos anos 1960 e 1970, não havia vídeos ou DVDs de shows para assistir, e nunca consegui ver o grupo ao vivo. Desenvolvi minha performance de palco do jeito que eu *imaginava* que Alice Cooper se apresentava. Imagine minha surpresa quando enfim o vi no palco na turnê que fizemos juntos em 2005! No âmbito vocal, sou meio que uma oitava acima de Alice (como exemplificado em nosso dueto, em "Be Chrool to Your Scuel").

No início dos anos 1980, a carreira de Alice Cooper não poderia estar mais morta. Ele tinha lutado contra o vício em álcool e drogas e teve uma série de discos mal recebidos. Dizer que você era fã de Alice Cooper não era legal... mas eu não ligava. Aquele cara e sua banda original tinham me inspirado e definido quem eu era como compositor e artista, e eu devia a eles o mais puro respeito e admiração. Eu continuava dizendo ao mundo como me sentia a respeito de Alice Cooper e sua banda original... e eles reconheceram isso[102].

Em um dos shows do Twisted Sister com o Y&T na Costa Oeste, um arranjo de flores bastante incomum foi entregue no meu camarim. Feito de rosas pretas mortas, pequenos galhos de árvore retorcidos e uma história em quadrinhos de Alice Cooper. Junto, havia um recado dele

---

102 Eu entenderia exatamente o que significava ter alguém defendendo sua banda quando você está por baixo. Quando o Skid Row explodiu, Sebastian Bach não parava de me encher de elogios, apesar de as carreiras de Dee Snider e do Twisted Sister estarem mortas e enterradas. *Obrigado por isso, Sebastian.*

próprio, me agradecendo pelo apoio incansável e me contando que iria a um dos shows para ver a banda e me conhecer. Fiquei de queixo caído!

Sempre achei que, de todas as estrelas de rock que eu adorava, Alice e eu nos daríamos bem. Alguma coisa em suas letras e sua atitude em geral – e seu amor por canções de musicais – me diziam que um dia nos tornaríamos amigos. E ali estava meu herói entrando em contato comigo!

Não lembro a data exata em que Alice foi ver a banda, mas foi como encontrar uma alma gêmea. Ele é um sujeito incrivelmente afável, que foi amigo de algumas das pessoas mais lendárias do mundo da arte, do cinema e da música. Todos sentem que têm uma ligação com ele. Acho que isso faz parte de seu charme. Ainda assim me pergunto quem é realmente amigo de Alice Cooper? Para citar o inspetor Clouseau, em *Um Tiro no Escuro*: "Suspeito que todos e suspeito que ninguém".

Fisicamente, ele era bem mais baixo e frágil do que eu tinha imaginado. Não que ele seja minúsculo. Acho que todos visualizam seus heróis como gigantes. Além disso, ele passa a impressão de ser uma criatura e tanto nas fotos. Monstros supostamente são grandes e assustadores, não são? Dito isso, o comentário mais constante que ouço quando os fãs me conhecem é que eles não achavam que eu era tão grande. O que meio que contradiz meu pensamento. Mesmo assim, ter encontrado e conhecido o homem foi um sonho de infância que virou realidade. Não existem muitas coisas que me afetaram desse jeito.

A DÉCADA DA DECADÊNCIA NÃO ACONTECEU DA NOITE PARA o dia. Como todas as coisas, ela foi o efeito de uma causa significativa: a Era Reagan. Quando Ronald Reagan foi eleito presidente, o país sofreu uma virada conservadora súbita e violenta. Agora sei que o elemento ultraconservador nunca desaparece, apenas fica à espera de uma oportunidade para atacar, mas naquela época parece que ele surgiu de lugar nenhum. Acrescente a isso o fato de que, graças ao conceito malfadado de Reagan de uma economia do gotejamento (George Bush "pai" tinha tomado na cabeça por essa ideia de jerico), a economia tinha tomado uma injeção de esteroides no braço e o dinheiro passou a fluir (até que a economia parou de tomar esteroides). Foram tempos empolgantes.

Mas para toda a ação existe uma reação igual (ou às vezes mais forte), e quanto mais conservador o mainstream dos Estados Unidos ficava, mais descaradamente a juventude queria descartá-lo. Foi a tempestade perfeita. Nunca antes houve uma forma de música mais embebida em excessos deploráveis, comportamento exagerado e hedonismo do que aquela que ficou conhecida como hair metal. Era exatamente o que o médico do rock tinha prescrito. Mais uma vez parafraseando o filme *Clube dos Cafajestes*, o conservadorismo da Era Reagan exigia um gesto realmente estúpido por parte de alguém, e os roqueiros dos anos 1980 eram os garotos e as garotas ideais para isso!

As pessoas costumam me perguntar o que acho das tendências atuais na música e, ao longo dos últimos vinte e cinco anos mais ou menos, respondo a mesma coisa: "Não há dedos do meio suficientes". Desde meus dias de glória, gostava de muitas bandas pesadas contemporâneas. Até do grunge – o assassino do hair metal –, mas nos anos 1990 e 2000 (e até mesmo hoje em dia) existe muita lamentação e reclamação sobre como a vida é uma droga, e não há dedos do meio suficientes. Naquela época, não reclamávamos das coisas, mas protestávamos contra elas, e, se não conseguíssemos fazer nada a respeito, sacudíamos nossas "partes" na cara delas. Essa era a atitude da juventude da época, e as bandas de metal dos anos 1980 exemplificavam esse estado de espírito "vai se foder". *Nós não aguentaríamos!* (Viu como isso funciona?)

Embora lamentavelmente incompreendido, o Twisted Sister era a encarnação visual e musical do que a garotada queria e tudo o que os conservadores Estados Unidos temiam: um comportamento escandaloso e rebelde bem na sua cara. Éramos uma ameaça para todos os valores que eles representavam... ou era o que eles pensavam.

No outono de 1984, os seguidores do Twisted Sister tinham passado por uma mudança sobre a qual ainda não estávamos completamente cientes. Tínhamos deixado de ser o flagelo da sociedade – um verdadeiro fenômeno underground – para ser "estrelas pop do rock" aparentemente da noite para o dia. Graças ao sucesso estrondoso de nossos vídeos e ao apelo de nossos singles, nosso público tinha se expandido e atraído os fãs de rock mainstream e a garotada mais jovem. A faixa etária de uma plateia típica do Twisted Sister deixou de ser de alunos do ensino médio e de universidades, que eram leais fãs de metal, e passou a ser de seus irmãos e suas irmãs mais novos, alguns dos quais sequer gostavam de heavy metal... *Houston, temos um problema.*

Falando em Houston, o Twisted Sister estava de novo na estrada nas regiões sul e sudoeste, e o público era enorme. Éramos uma sensação genuína. Ainda que nossa plateia pudesse estar se expandindo, como banda, não tínhamos mudado absolutamente nada. Com a cabeça abaixada e os ombros prontos para o ataque, estávamos dando aos fãs o mesmo show ao vivo alimentado pela raiva e recheado de profanidades dos nossos dias de bares de motociclistas em Long Island. Éramos tudo, menos mainstream.

O show do Twisted Sister no dia 6 de outubro, no Civic Center Arena, em Amarillo, Texas, foi como qualquer outro. Um frenesi agressivo, repleto de obscenidades e bateção de cabeça para uma casa apinhada de SMFs raivosos... e de mães e pais que estavam acompanhando os filhos adolescentes e pré-adolescentes. *Uh-oh.* Mais para o fim do show, entrei em um confronto com um detrator na plateia e descarreguei um ataque verbal em cima dele no típico estilo Dee Snider. Nada fora do comum para um show do Twisted Sister. Com exceção da tropa de policiais de Amarillo que estava me esperando quando desci do palco... Isso foi diferente.

Ao que parece, uma das mães na plateia, que acompanhava sua filha de catorze anos (louvável), tinha prestado queixas contra mim por linguagem obscena, e eu estava sendo preso. Quando meu gerente de turnê indagou o que exatamente eu tinha dito para deixá-la transtornada, ele foi informado que a frase "chupe a porra do meu pau" tinha sido a gota d'água para ela. Eu tinha dito isso para o sujeito que estava me atormentando.

Para colocar as coisas em perspectiva, abro todos os shows com "Se vocês estão prontos para agitar nesta porra, nós somos a porra do Twisted Sister!". Essa mulher aguentou mais de uma hora de profanidades que poderia fazer frente a Richard Pryor em seu auge, *então* ela decidiu prestar queixas? Bela educação, mãe.

A polícia de Amarillo foi bastante gentil – e muito sábia – ao permitir que eu tirasse as roupas de palco e a maquiagem antes de me levarem para a delegacia. Eles não queriam fazer uma cena. Fui assediado verbalmente por eles enquanto eu me trocava, mas pararam assim que contei a eles que meu pai era policial. Assim que vesti minhas "roupas casuais", me tiraram do prédio de fininho, torcendo para que nenhum dos nossos fãs percebesse. A maioria deles não percebeu. Na delegacia, me ficharam sob acusações de "linguagem profana e abusiva", pegaram minhas impressões digitais, me fotografaram (será que posso ficar com algumas dessas em um tamanho que caiba na carteira?) e, então, me liberaram mediante fiança de setenta e cinco dólares. *Setenta e cinco dólares!* Que tipo de fiança foi essa?! Eu sou homem *mau*![103]

Minha prisão ganhou os noticiários de todo o mundo. Mas foi apenas quando chegamos ao local do show seguinte que a seriedade do que tinha acontecido na noite anterior nos atingiu.

As notícias tinham se espalhado pelo Texas como um incêndio descontrolado, e os conservadores sulistas estavam em polvorosa. Não ajudou em nada o fato de que, quando chegamos em *Bundão* do leste – ou onde quer que estivéssemos – a história que estava sendo relatada pelo

---

103 Curiosidade: o flagelo de Amarillo, Texas, tem sido uma atração regular na rádio de lá há anos. Meu programa de rádio internacional, *The House of Hair*, é transmitido semanalmente pela KARX 95.7. O que já foi perigoso e ameaçador é agora comparativamente relaxante e um estilo musical de uma geração.

noticiário local tinha sido alterada. Agora estavam dizendo que eu tinha convidado garotas menores de idade da plateia para subirem no palco e fazerem sexo oral em mim! Muito pior.

Ao que parece, o coloquialismo de rua de Nova York *chupe a porra do meu pau* não traduzia muito bem no sul. Quando chegamos ao local do show, a polícia estava lá em massa com formulários de reclamações já preenchidos para me prenderem no minuto em que eu expelisse uma única profanidade.

Joe Gerber estava pendurado ao telefone tentando contratar um advogado local para representar os interesses da banda naquela situação. Só tivemos azar. Embora todos os advogados em um raio de 160 km tivessem recusado a oferta de nos representar, um advogado, assim que ouviu quem estava tentando contratá-lo, desligou depois de um brusco "Por que você não chupa a porra do meu pau", dito em um sotaque texano bastante carregado. Cadê a tal da hospitalidade sulista?

Controlar minha vulgaridade nunca foi um problema para mim, mas deixar de xingar naquela noite só para tirar o meu da reta não parecia certo. Foi então que eu lembrei de ter visto o escritor Gore Vidal no programa *Johnny Carson* alguns anos antes. Em 1974, ele estava promovendo seu novo livro, *Myron*, a sequência do controverso *Myra Breckinridge*. Em *Myron*, para protestar contra um decreto recente da Suprema Corte dos Estados Unidos contra obscenidade, Vidal usou os nomes dos juízes da Suprema Corte que tinham votado a favor da censura para substituir palavras ofensivas no livro. (Juiz) *Burger* = *bugger* [porra], (Juiz) *Rehnquist* = *dick* [pinto] e assim por diante. Achei que era uma ideia brilhante – e a solução perfeita para o meu problema.

Quando subimos no palco naquela noite, os policiais e diversos representantes do governo estavam por toda a parte. Depois de nossa primeira música, dediquei alguns minutos para apontar as autoridades na casa e para explicar à plateia por que elas estavam ali. Uma obscenidade e eu seria preso. Então informei a plateia o que eu ia fazer *em vez de* xingar.

— Qual é o nome do prefeito desta cidade?! — gritei.

— Miller[104]! — berrou a plateia.

— Bom, sempre que eu disser Miller, vou estar me referindo à palavra com P! — anunciei. — Quando eu disser Miller, eu quero dizer... — apontei o microfone para a plateia.

— Puta! — gritaram eles.

— Quando eu disser Miller, quero dizer...

— PUTA!

— E quando eu disser filho da Miller, eu quero dizer...

— FILHO DA PUTA!

Em seguida, escolhi nomes de mais dois oficiais locais para *merda* e *porra.*

A polícia e os representantes do governo estavam arrancando os cabelos. Eles não podiam fazer nada a não ser esperar que aquele headbanger imbecil de Nova York desse uma escorregada. Mas não fiz isso. Por estar limpo e sóbrio, sempre estou em pleno controle das minhas faculdades e saltitei, dancei, provoquei e zombei, mas não proferi um xingamento sequer naquela noite. A plateia estava xingando sem parar, mas eu não.

Ah, mandei um "Sou um doente filho da pu-pu-pu-pu-*Miller*!", umas duas vezes, mas foram premeditadas. O Twisted Sister fez um show matador e sobreviveu para detonar outro dia. Até chegarmos à cidade seguinte e nosso show ter sido cancelado por causa da minha prisão. Não havia muita coisa que pudéssemos fazer a esse respeito.

STAY HUNGRY FOI UM DISCO GIGANTESCO EM TODO o mundo. Alguns outros países (e nossa gravadora internacional) estavam clamando por uma turnê do Twisted Sister. Tínhamos feito alguns shows

---

104 Não consigo lembrar da cidade em que estávamos nem do nome do prefeito na época, mas *Miller* servirá como exemplo.

na Europa, no comecinho da turnê do *Stay Hungry*, mas tocar de fato nos países onde o disco era agora um sucesso teria levado as coisas a outro patamar. Sem contar que isso nos levaria para fora dos Estados Unidos, onde estávamos – sem que soubéssemos – à beira de nos tornar superexpostos. Em vez disso, optamos por ser o convidado especial da turnê norte-americana do Iron Maiden e voltar, pela segunda ou até mesmo terceira vez, a lugares e regiões que já tínhamos visitado. Esse foi o primeiro grande erro *consciente* do Twisted Sister. Não lembro de quem foi a decisão, mas tenho certeza de que *eu* tive um grande envolvimento nela.

Estávamos promovendo o álbum fazia oito meses, eu estava cansado da estrada. Quando você faz turnês fora dos Estados Unidos, fica preso em qualquer que seja o país em que esteja, o que para mim era um pesadelo. Pelo menos quando estávamos em turnê pelos Estados Unidos, quando tínhamos alguns dias de folga, eu podia voar para casa ou até mesmo trazer Suzette e Jesse para onde eu estivesse para que pudesse vê-los.

Por exemplo, em outubro de 1984, o Twisted Sister foi a atração principal em um show no Sunrise Musical Theatre, perto de Fort Lauderdale, Flórida. O teatro ficava perto de onde minha esposa e meu filho estavam ficando com a mãe dela. Não só Suzette, Jesse e toda a família dela teriam a oportunidade de me ver ao vivo, como também teríamos alguns dias de folga em seguida e eu passaria algum tempo com minha esposa e meu bebê.

O show em si foi memorável por diversas razões. Lembro-me do choque ao subir no palco e ver a mãe, as tias e a *avó* de Suzette na primeira fileira! Eu tinha pedido aos promotores "para cuidarem da família da minha esposa" e, em um esforço para demonstrar respeito, eles deram assentos bem na primeira fila àquelas mulheres de meia-idade e uma idosa, no epicentro da insanidade (o último lugar onde você quer ver sua família por inúmeros motivos!).

Enquanto cantava "Stay Hungry" para a multidão ensandecida, eu corria para fora do palco e berrava ordens para minha equipe tirar a família da minha esposa de lá. Elas foram transferidas depressa para assentos mais seguros no camarote.

Durante o show, o público frenético começou a arrancar os ladrilhos do teto e das paredes, e interrompi o show e dei uma bronca neles. O Sunrise Musical Theatre é uma casa de show lendária, onde os maiores artistas, incluindo Frank Sinatra, tocaram. O lindo lugar era um belo contraste se comparado com as espeluncas onde costumávamos tocar. Bem, eu sou o primeiro a detonar uma pocilga; minha atitude sempre foi:

REGRA DO DEE SNIDER Nº 3

Me trate como um animal, e vou me comportar como um.
Me trate com respeito, e vou agir com respeito.

Meio que uma variação das Regras do Dee Snider nº 1 e nº 2.

Expliquei à plateia que eu não gostava de frequentar shows nem de tocar em espeluncas e que, se destruíssemos o teatro, além de não podermos mais frequentar shows em lugares bacanas, o Sunrise também se transformaria em uma espelunca. Desnecessário dizer que o vandalismo parou[105].

---

105 Descobri alguns anos mais tarde que um desses vândalos no Sunrise Theatre era ninguém menos do que um jovem e inspirado Marilyn Manson. O show teve um grande impacto nele.

A banda teve o dia seguinte de folga, e consegui passar algum tempo precioso com Suzette e Jesse. O primeiro item na minha agenda era sair para tomar café da manhã com eles (adoro café da manhã!). Jesse, agora com dois anos, não queria ficar sentado no banco traseiro. Ele tentou todos os truques que conhecia (ficar rígido, ficar todo mole, chutar, gritar etc.) para me impedir de prendê-lo no lugar.

Sem ser páreo para seu velho, Jesse foi por fim colocado em segurança e me sentei no assento do motorista e dei partida no carro. De trás de mim, ouvi:

— Não vou aguentar mais isso, papai!

Suzette e eu trocamos olhares, atordoados pela proclamação rebelde do nosso bebê. Eu me recuperei depressa, virei para trás e disse:

— Escreva sua própria música, garoto!

Está vendo o tipo de coisa bacana que eu teria perdido se estivesse em turnê na Europa quando deveria estar[106]?

40
NASCE UMA ESTRELA DO ROCK

STAY HUNGRY ERA AGORA DISCO DE PLATINA DUPLA NOS Estados Unidos (dois milhões de discos vendidos) e vários estágios de ouro, platina e platina múltipla no Canadá, no México, na Suécia, na Austrália e na Nova Zelândia, sem dar sinal de parar. Para passar o tempo na estrada, eu calculava os direitos autorais que estava ganhando com as enormes vendas de discos a cada semana que passava. Todos os anos de foco, dedicação e esforço tinham enfim valido a pena. Eu era uma estrela do rock rica e famosa.

Com o aumento da popularidade da banda, veio a crescente atenção por parte da imprensa. O Twisted Sister era uma esquisitice com nossos vídeos inovadores, nosso cabelo, nossa maquiagem, nossas indumentárias e músicas sobre rebeldia, mas ninguém na banda mais do que eu. Acrescente a isso o fato de eu ser casado, ter um filho e afirmar ser limpo e sóbrio, e os pedidos de entrevistas chegavam aos montes.

O jornal de Long Island – o qual eu odiava entregar quando criança – enviou um repórter para a estrada com o Twisted Sister para fazer uma matéria de primeira página sobre mim para a edição de domingo (mais sobre isso depois). A *Rolling Stone* pediu que a lendária fotógrafa Annie Leibovitz fizesse uma sessão de fotos conosco para sua entrevista. O *Entertainment Tonight* enviou um repórter de avião para fazer um especial sobre mim, e eu estive no programa *Late Night with David Letterman*. A cereja do bolo foi a revista *People*.

Para a matéria na *People,* eles me enviaram de volta à minha antiga escola, a Baldwin Senior High School, com um repórter e um fotógrafo, para uma visita. Você pode imaginar o pandemônio quando uma das maiores estrelas do rock da época – um ex-aluno – chegou de limusine, em um dia letivo com um guarda-costas, repórteres e fotógrafos.

Quando entrei no prédio e caminhei pelas áreas comuns – as quais eu tinha cruzado todos os dias completamente despercebido como aluno –, foi como o Flautista de Hamelin guiando os ratos: um enxame de jovens me seguia para todos os lugares aonde eu ia. O repórter queria tirar fotos minhas no meu lugar de consolo no ensino médio, a sala do coral. Enquanto a multidão me seguia pelo corredor, avistei varrendo o chão um dos sujeitos da plataforma de carregamento que costumava me chamar de Rock Star. A loja de departamentos Korvette's – onde meus colegas de trabalho esperavam trabalhar até se aposentarem – tinha falido, portanto *aquele* era seu lugar atual de trabalho. Parei bem na frente do meu velho "amigo", que estava apoiado em uma vassoura parecida com a que eu costumava usar na Korvette's. Toda a procissão se aglomerou como um engarrafamento atrás de mim.

— Ei, cara, sou eu, *Rock Star* — disse eu, como se nós estivéssemos sozinhos. — *Eu sou uma estrela do rock!*

— Eu sei — retrucou ele, uma expressão de choque no rosto.

— Então, como as coisas estão indo com você? — perguntei sem nem um pingo de sarcasmo.

Meu antigo colega de trabalho resmungou alguma coisa evasiva, visto que era bastante óbvio como as coisas estavam indo.

A multidão no corredor atrás de mim estava aumentando e começando a ficar impaciente.

— Tenho de fazer um lance de sessão de fotos para a revista *People* — disse eu de maneira direta. — Diga ao antigo pessoal que o Rock Star mandou um oi.

Com isso, toda a comitiva passou aos montes pelo meu antigo antagonista e me seguiu corredor abaixo.

As pessoas dizem que a vingança não compensa. *O caramba que não! Ela é tão doce!*

MINHA PRIMEIRA PRIORIDADE COMO ESTRELA DO ROCK foi encontrar uma casa segura para mim e a minha família, protegida e apropriada para um homem com minhas recém-conquistadas posses. Suzette e eu começamos uma busca para encontrar uma casa nova com diversos critérios, mas o mais importante era: *eu não queria ouvir nem um ruído de trânsito!* Isso e escolas.

Quanto ao meu carro dos sonhos, sou fanático por carros, há alguns anos estava arrastando um *muscle car* caindo aos pedaços – um Mustang Boss 302 1969 – de casa em casa, para onde quer que Suzette e eu nos mudássemos. Eu tinha grandes planos para restaurar aquele raro Mustang um dia, portanto sempre me certificava de que meu monte de ferrugem tivesse uma garagem para proteger o que tinha sobrado dele. Um fato que não passava despercebido pela minha, na época, futura esposa.

— Então, o *meu* carro — disse Suzette —, *o carro do qual* nós dependemos, fica parado no lado de fora no frio, na chuva e na neve, enquanto o *seu* carro, *que não funciona*, tem a própria garagem? — Ela não ficava muito feliz com isso.

Compreendendo sua frustração, eu tentava aplacar suas preocupações.

— Seu carro é ótimo, mas este é um dos dez Mustangs *mais raros*. Eu tenho que proteger ele! — Essa lógica funcionou apenas por pouco tempo.

À medida que o tempo passava, Suzette – agora a mãe do meu filho – foi ficando cada vez mais irritada com essa afronta.

— Moramos em uma quitinete, não podemos nem arcar com um quarto para nosso bebê, e você está gastando dinheiro para que aquele monte de merda do seu carro possa ter uma garagem?

Quando Suzette colocou as coisas dessa maneira, realmente parecia bastante errado, mas eu estava decidido.

— Ele é um item de colecionador. Pense nele como um investimento. Um dia valerá muito dinheiro.

Isso também não impressionou muito minha jovem e inteligente esposa.

Quando a banda finalmente "encontrou petróleo", como gosto de dizer, todos os planos que eu tinha de restaurar o Mustang pessoalmente foram por água abaixo (eu sou um zero à esquerda com uma chave-inglesa, de qualquer maneira) e o plano B entrou em ação. Agora que eu era uma estrela do rock e tinha dinheiro, gastaria o que quer que fosse para deixar meu carro em perfeitas condições. E foi o que fiz. Na verdade, gastei mais dinheiro com a principal oficina de restauração de Mustangs do mundo (Randy DeLision, da Superstang, em Clyde, Nova York) e com o melhor construtor de motores de Mustangs Boss (Denny Aldridge, da Aldridge Motorsports, em Portland, Oregon) para restaurarem meu carro do que teria pago para comprar um Mustang Boss 302 1969 já restaurado. Mas não seria a mesma coisa. Eu queria que o *meu* carro – aquele com o qual estivera sonhando por anos – fosse restaurado, e dinheiro não era um empecilho. Na verdade, mandei trazer o motor de *avião* de Oregon para Nova York para que eu não tivesse de esperar que ele fosse enviado de caminhão. Agora isso é rock and roll!

A COMPRA MAIS ARROGANTE E EGOÍSTA DE ESTRELA

do rock que já fiz provavelmente foi uma academia.

No início dos anos 1980, quando Suzette e eu dividíamos aquele apartamento nojento com meu irmão, Matt, e minha irmã, Sue, eu era um magrelo desleixado – em especial se comparado ao ginasta/fisiculturista do meu irmão mais novo, Matt.

Jay Jay tinha a teoria de que as garotas queriam ficar com roqueiros porque todos parecíamos estar prestes a morrer e elas queriam ser as últimas a ficar conosco. Mas, quando vi o físico incrível do meu irmão, eu soube que tinha de fazer alguma coisa a respeito do meu. Matt su-

CALA A BOCA E ME DÁ ESSE MICROFONE

geriu que eu fosse à academia que ele frequentava, a Iron Masters, em Massapequa, Long Island.

Pouco tempo depois de eu começar a frequentar o lugar, o gerente da academia passou a me deixar malhar ali de graça. O dono, Jim Penney, quase nunca aparecia por lá, então ninguém ficaria sabendo. Isso funcionava para mim porque eu não tinha dinheiro para pagar a mensalidade da academia e entrar de graça me encorajava a continuar treinando.

Certo dia, eu estava na Iron Masters me exercitando com as faixas elásticas quando o Jim Penney entrou, em toda sua enorme glória fisiculturista. Jim era um funcionário de siderurgia (daí o nome da academia) e um verdadeiro filho da mãe durão. Ele deu uma olhada nos registros de entrada e na lista de sócios pagantes e logo descobriu que eu não era um sócio. Fazendo de mim um exemplo na frente de todo mundo, Jim em voz bastante alta me acusou de ser um vagabundo devedor e, depois de me humilhar por completo, me expulsou. Completamente envergonhado, pouco antes de ir embora – a uma distância segura e com um balcão entre eu e o monstro siderúrgico –, disse com uma voz trêmula: "Um dia vou ser dono desse lugar, seu filho da puta!". Em seguida, corri o mais rápido que consegui, com o som da risada grave de Penney ressoando em meus ouvidos.

Nunca me esqueci daquele dia nem da minha promessa, e, assim que fiquei rico, por pura sorte, descobri que a Iron Masters estava à venda. Liguei para o meu pessoal e comprei o lugar.

Em uma jogada passivo-agressiva de desdém em relação a Jim Penney, me recusei a ir à reunião para a assinatura dos títulos de propriedade. Eu não deixaria que aquele canalha tivesse o prazer de dizer que tinha se sentado com o Dee Snider. (Eu sei, eu sei, eu era um imbecil egomaníaco.) Enviei Suzette com meu advogado para cuidarem dos detalhes finais. Minha esposa me contou depois que, durante toda a reunião, Penny ficou dizendo, incrédulo: "Ele disse: 'Um dia eu vou ser dono desse lugar, seu filho da puta!' – e agora ele é". *Isso é rock and roll!*

O METAL SEMPRE FOI A BARATA DO ROCK AND ROLL, PROSPERANDO E SOBREVIVENDO NA PERIFERIA DO MAINSTREAM. O HEAVY METAL NÃO FOI FEITO PARA O GRANDE PÚBLICO. ELE É MÚSICA FEITA POR HEADBANGERS PARA HEADBANGERS E DEVE PERMANECER SEMPRE ASSIM.

CALA A BOCA E ME DÁ ESSE MICROFONE

Não demoraria muito para que Jim Penney risse por último. Ele tinha me expulsado de sua academia, em essência, por eu o ter roubado. O canalha era eu, não ele. Como um dono ausente, eu teria de lidar com um bando de pessoas que malhava sem pagar. Depois de perder algo na casa dos seis dígitos com a academia e agravar de maneira significativa os problemas que quase acabaram com meu casamento, fui forçado a fechar o lugar alguns anos depois. Isso aconteceu no final dos anos 1980, e ainda estou descontando o prejuízo nos meus impostos trinta anos depois! A única coisa que ganhei por ter sido dono de uma academia foi uma boa história para incluir neste livro. *Vencedor!*

O PRIMEIRO TRIMESTRE DE 1985 CONSISTIU EM MAIS turnês com o Iron Maiden, gravação de outro vídeo e mais shows com o Twisted Sister como atração principal, incluindo uma série de datas na Austrália, na Nova Zelândia e no Japão.

Nosso terceiro vídeo com Marty Callner foi para "The Price", a balada no disco *Stay Hungry*. Isso foi antes da *power ballad* no heavy metal virar um clichê e a faixa principal de todas as bandas novas de metal (até que por fim elas deram um passo mais além e passaram ao "acústico").

As baladas sempre tinham sido uma ótima maneira de conectar a audiência mainstream do rock com o metal. Assuntos do coração, ou qualquer forma de tormento emocional, produzem sentimentos poderosos e dramáticos. O poder do acorde de guitarra, o baixo trovejante, a bateria potente e os vocais lamentosos do heavy metal se comunicam com essas emoções como nenhuma outra forma de música, exceto por uma orquestra sinfônica completa. De "Stairway to Heaven", do Led Zeppelin; "Only Women Bleed", do Alice Cooper; a "Love Hurts", do Nazareth, o heavy metal sempre fez grande sucesso nas rádios com suas baladas. "The Price" tinha a mesma cadência desses outros registros, e tínhamos todos os motivos para esperar que ela fosse mais um sucesso.

406

NASCE UMA ESTRELA DO ROCK

Marty e eu decidimos que devíamos não só seguir a ideia de um vídeo performático, mas também com uma versão sem toda a indumentária do Twisted Sister. "The Price" era uma canção sincera (lembra de sua inspiração?) e a maquiagem e as roupas meio que trivializavam seu significado verdadeiro. A ideia era filmar a música com o Twisted em roupas casuais durante uma passagem de som, depois mostrar a banda se apresentando ao vivo, com toda a indumentária, mais adiante na música. O vídeo foi filmado no War Memorial Coliseum, em Rochester, Nova York, durante dois dias de folga de nossa turnê com o Iron Maiden.

O produtor de *Stay Hungry*, Tom Werman, acreditava piamente na "mixagem para o rádio" como a chave do sucesso de um single. A ideia por trás disso era que a maioria das pessoas tem um primeiro contato com uma música nova *no rádio*. Diferentemente de uma audição mais deliberada, tocada a todo volume no aparelho de som de seu carro ou da sua casa, a audição no rádio costuma ser feita a um volume mais baixo e ao fundo. Quando os ouvintes ouvem alguma coisa que chama a atenção, eles esticam a mão para o botão do volume e o aumentam para poder ouvir melhor. Era assim mesmo que muitas pessoas descobriam novas músicas.

Embora as canções costumassem ser mixadas em estúdio a volumes mais altos por meio de monstruosos – ou pelo menos de tamanho caseiro – alto-falantes estéreo (isso, é claro, pré-data o iPod), esse tipo de mixagem pode ser enganoso em relação a como a música de fato vai soar no rádio. Alguns produtores de discos mixam *apenas* para o rádio. Por exemplo, Todd Rundgren. Ele produziu todo o disco *Bat Out Of Hell*, do Meat Loaf, para que ele soasse bom no rádio. Tenho certeza de que ele acha que *tudo* soa bem quando você aumenta o volume.

Para seu crédito (será que eu disse isso mesmo?), Tom Werman gostava de fazer uma "mixagem para o rádio" separada para os singles lançados, trabalhando com alto-falantes pequenos a um volume baixo para criar uma mixagem que se "destacasse" quando ouvida ao fundo. Tom queria que a música chamasse a atenção mesmo de quem não estivesse concentrado nela. Ele até tinha um alto-falante de carro que conectava e testava a mixagem, depois ele levava uma fita para um carro com um aparelho de som normal e a ouvia de novo ali.

Em um esforço para lançar "The Price" depressa, a Atlantic Records não chegou a notificar Werman de seu lançamento iminente, e Tom não conseguiu fazer sua mixagem especial, como tinha feito para "We're Not Gonna Take It" e "I Wanna Rock".

A música testou bem no rádio (a opinião da audiência quando lhe *pediram* que ouvisse a música) e o vídeo foi até que uma bem-vinda mudança em relação ao que costumávamos oferecer na MTV, mas "The Price" não alcançou o sucesso que todos esperávamos. Não sei se a falta da mixagem para o rádio teve alguma relação com seu fracasso como single, mas tenho certeza de que não ajudou. Esperávamos que ele fosse impulsionar o álbum para o próximo patamar de vendas (platina tripla) com mais outro single de sucesso retirado do disco. Em vez disso, ele foi o "horizonte de eventos" que sinalizou que estava na hora de empacotar as coisas e seguir para o próximo disco.

ENQUANTO EU TRABALHAVA NO VÍDEO DE "THE PRICE" com Marty Callner, ele compartilhou comigo uma má notícia. Menos de quatro anos depois do nascimento da MTV, eles tinham decidido reduzir a quantidade de vídeos de heavy metal que estavam transmitindo. Depois de usar o gênero para ajudar a lançar seu canal de televisão, eles estavam largando o metal da mesma maneira que um ônibus espacial solta seus foguetes auxiliares depois do lançamento. Vocês nos levaram aonde precisávamos ir... *até mais!*

Fiquei chocado com a visão limitada dessa decisão corporativa; eu esperava mais da Music Television. O público do heavy metal é incrivelmente leal. Por que se separar dele por completo quando a MTV poderia ficar com a faca e o queijo na mão? Pedi a Marty que propusesse às pessoas no comando que os headbangers tivessem seu próprio programa para assistir. Os fãs headbangers sintonizavam religiosamente seus rádios uma vez por semana, em um horário absurdo, para ouvirem um programa semanal dedicado à sua música; por que não fazer a mesma coisa na televisão?

A MTV logo retornou com uma resposta: se o Dee for o apresentador, nós teremos um programa de metal. Mais uma ressalva. Uma jovem produtora da MTV, chamada Liz Nealon, tinha feito essa mesma proposta. Eles queriam que eu trabalhasse com ela no programa. Eu não precisava que me pedissem duas vezes. Ali estava uma oportunidade de manter o metal vivo na MTV, promover o gênero musical que eu amava (e ainda amo) e embarcar em um novo meio como apresentador de programas de televisão. Liz Nealon e eu nos encontramos, nos conectamos em um nível criativo e o *Heavy Metal Mania* nasceu. Depois de um tempo, o programa, que era mensal, tornou-se semanal, mas fui embora após trabalhar de graça durante dezoito meses porque a MTV não estava disposta a me pagar nenhum centavo pelos meus esforços. Eles disseram que aquilo era uma ótima promoção para mim. Àquela altura, eu estava sendo totalmente superexposto e era o rosto mais reconhecível do heavy metal. Que a ótima promoção se fodesse! *Me mostre o dinheiro!*

O programa que Liz Nealon e eu criamos, no qual dei duro para estabelecer durante um ano e meio sem receber nenhum pagamento, por fim se transformou no agora lendário *Headbangers Ball*. De nada.

A TURNÊ *STAY HUNGRY* TERMINARIA DE UMA MANEIRA AO mesmo tempo auspiciosa e suspeita. Vou explicar.

Enquanto o Maiden fazia uma série de shows como atração principal no Radio City Music Hall e viajava para participar do primeiro Rock in Rio, o Twisted Sister usou esse tempo para fazer alguns shows em outros países, além dos Estados Unidos e do Canadá. Ainda que não tenhamos ido à Europa para promover aquele disco (a não ser pelas datas de pré-lançamento do álbum na Inglaterra, na Holanda e na Alemanha), chegamos a ir à Austrália, à Nova Zelândia e ao Japão para um punhado de shows. Cinco, para ser exato.

A caminho do primeiro show do Twisted no Japão, fiz uma parada em Los Angeles com meu guarda-costas, Vic, para ser um dos apresentadores na cerimônia de entrega do Grammy Awards. Vi isso como uma oportunidade de levar ainda mais a música que eu amava para o grande público. Eu não tinha sido indicado nem me apresentaria no evento, mas naquela época não havia uma categoria para o heavy metal. O gênero era completamente ignorado pela Naras (National Academy of Recording Arts & Sciences)[107]. Ninguém da comunidade metal jamais tinha sido *convidado* a comparecer. Considerei minha aparição como um progresso e um importante avanço para o metal.

Sou um headbanger original e sempre fui apaixonado por heavy metal. Desde os primórdios, acreditava que ele merecia uma audiência muito maior e mais tempo nas rádios, mais tempo na televisão, mais cobertura da imprensa e, em geral, de um respeito e uma apreciação maiores por parte do grande público. Eu queria que o metal fosse a música do mundo. Queria ouvi-lo nas trilhas sonoras de filmes, em comerciais e como música ambiente em elevadores e bancos. Eu acreditava que ele deveria ser ouvido e tocado em todos os lugares, e essa era parte da minha missão de vida. Claro que eu queria ser uma estrela do rock, mas queria usar minha influência para levar o heavy metal ao grande público. Por que a banda marcial não poderia tocar heavy metal nos intervalos?

Com essa finalidade, eu aceitava todas as ofertas que recebia da mídia mainstream. Para usar uma analogia, eu enxergava essas aparições como o garoto impopular do ensino médio que se dá bem com a rainha do baile. Eu estava com ela e gritava para todos os meus camaradas excluídos: "Olhem com quem eu estou! Rá-rá!". Os excluídos estavam

---

107 Academia Nacional da Arte e Ciência da Gravação. [N.T.]

rindo por último. Infelizmente, a comunidade metal não enxergava isso do mesmo modo que eu. Os fãs de metal mais fiéis acreditavam que eu estava me vendendo com meus esforços. Eles não queriam compartilhar seus heróis, em especial com o grande público. Se ao menos eu tivesse me dado conta disso mais cedo.

Ainda que não possa ser dito que meu sonho não era sincero, quando finalmente o heavy metal realmente chegou ao grande público no início dos anos 1990, a exposição quase o matou. O metal sempre foi a barata do rock and roll, prosperando e sobrevivendo na periferia do mainstream, enquanto os outros gêneros iam e vinham. Essa qualidade de passar despercebido o manteve vivo. O heavy metal não foi feito para o grande público. Ele é música feita por headbangers para headbangers e deve permanecer sempre assim.

APRESENTAR A VIGÉSIMA SÉTIMA ENTREGA DOS Grammy Awards em fevereiro de 1985 foi interessante, para dizer o mínimo. A grande atração daquele ano foi Prince and the Revolution e o filme do Prince, *Purple Rain*. Todos estavam em polvorosa porque o Prince tinha "concordado" em se apresentar na premiação. Eu não estava nem aí.

Na tarde do evento, cheguei com meu guarda-costas para o ensaio/passagem de som. Todos que estavam ali iam se apresentar, tocar ou trabalhar no evento. Enquanto eu ficava de papo nos bastidores com Ray Davies, do Kinks; Stevie Wonder; Leonard Bernstein; John Denver; e outros dignitários da indústria musical, chegou a hora do Prince and the Revolution fazer a passagem de som.

A pedido do Prince, os produtores do Grammy tinham pintado de roxo um camarim/trailer enorme e o montado nos bastidores. Isso foi feito para que "sua baixeza real" e sua banda não tivessem que se preparar ou conversar com o resto de nós, plebeus. A porta do trailer foi aberta, e, cercados por quase uma dúzia de seguranças pessoais, Prince and the Revolution foram escoltados até o palco. Durante a caminhada de talvez 130 m, o guarda-costas líder (você deve se lembrar do idiota – barba preta e grisalha, parecido com o astro da luta livre "Superstar" Billy Graham?) ficou berrando ordens para as celebridades e a equipe nos bastidores.

— Não olhem para ele! Desviem os olhos! Olhem para outro lugar! Parem de encarar!

Quando Prince and the Revolution passaram por alguns de nós (eu suponho que eles tenham passado, nenhum deles podia ser visto por trás dos seguranças), o arrombado líder mandou Stevie Wonder *olhar para outro lugar!* Você está de sacanagem comigo?!

Naquela noite, apresentei o Prêmio de Melhor Performance de Artista Pop Masculino, com Sheila E., para um Phil Collins ausente, dizendo enquanto eu abria o envelope: "Essa é a primeira vez que um vagabundo entrega um destes".

Para mim *isso* era o mais importante. O fato de eles terem sido forçados a nos aceitar e reconhecer (a comunidade metal), de qualquer maneira, foi uma vitória. Aparecer em uma rede de televisão nacional no horário nobre – usando jeans e uma camiseta cortada – foi uma vitória moral tanto para mim quanto para o heavy metal.

Deixei o teatro logo depois da minha apresentação. Os produtores queriam que eu me sentasse na plateia, mas achei que isso seria monótono e tradicional demais para uma estrela do rock e do heavy metal como eu. Voltei para o hotel e me preparei para pegar o voo para o Japão e me reunir com a banda. Eu tinha coisas mais importantes para fazer do que ficar de papo e festejar com elitistas da indústria musical.

O heavy metal só foi oficialmente reconhecido pela Naras (ainda que com um desprezo inicial pelo Metallica, quando o prêmio foi dado ao Jethro Tull) quatro anos depois, mas gosto de acreditar que ajudei a abrir essa porta.

NASCE UMA ESTRELA DO ROCK

MAIS PARA O FINAL DE 1984, EU TINHA SIDO contatado pela Fundação Make-A-Wish. O último desejo de Robert, um garoto de dezesseis anos que estava morrendo de leucemia, era me conhecer. Não consegui acreditar. De todas as coisas que alguém poderia pedir como último desejo, fiquei surpreso por ter sido escolhido. De pronto, concordei em conhecê-lo com a condição de que isso não fosse um golpe publicitário e que Robert e eu fôssemos apenas passar algum tempo sozinhos. Eu não iria para lá para conhecer mais ninguém.

A visita deveria ter sido uma surpresa, mas no dia anterior à minha chegada ao hospital, recebi uma ligação. Infelizmente, o garoto não sobreviveria até a minha chegada, então, com a esperança de animá-lo e fazer com que ele aguentasse firme por mais algumas horas preciosas, disseram a ele que Dee Snider estava chegando para vê-lo. Ele permaneceu vivo só para poder me conhecer.

Quando Joe, Vic e eu chegamos ao hospital, primeiro conheci a família e os cuidadores de Robert, que me informaram que o que eu estava prestes a vivenciar poderia ser difícil. Devido ao estágio avançado da doença de Robert, um outrora jovem robusto agora pesava menos de 30 kg. Como resultado dos tratamentos com quimioterapia e radiação, Robert não tinha cabelo e não podia mais falar. Ele estava, porém, relativamente alerta e poderia me ouvir. Eu me preparei e entrei para conhecer meu fã mais dedicado.

Robert estava tão doente quanto eles tinham me informado, mas eu pude ver em seus olhos que ele me reconheceu. Fiquei sentado com ele por algumas horas, falando sobre tudo quanto era assunto, *exceto* sua doença ou seu futuro desolador. Falei apenas sobre coisas positivas e inspiradoras, sempre em termos futuros e de "*quando* você melhorar". Compartilhei com ele minhas histórias pessoais, falei sobre regimes fisiculturistas e suplementos para ganho de peso que o ajudariam a recuperar os quilos perdidos e reconquistar sua força quando ele saísse do hospital. Até comentei sobre a possibilidade de ele trabalhar com a equipe do Twisted Sister no futuro.

O tempo todo em que fiquei ali, Robert permaneceu quieto e imóvel, o esqueleto pálido de um garoto, mas seus olhos nunca se desviaram de mim. Depois de umas duas horas, pude perceber que ele estava exausto devido ao esforço, então lhe disse que conversaríamos mais quando ele melhorasse e deixei o pobre garoto doente para sempre.

No lado de fora do quarto, as efusivas demonstrações de gratidão da família foram emocionantes. Eu tinha dado ao filho e irmão deles seu último desejo, e eles estariam em dívida comigo para sempre. Deixei o hospital me sentindo pasmo por fazer alguma coisa que importava tanto para algumas pessoas, e fiquei contente por ter levado algum tipo de alegria para as últimas horas de um jovem cuja vida foi simplesmente curta demais. Senti um profundo sentimento de apreciação pela sorte que eu tinha e fiz uma oração silenciosa para a futura saúde do meu filho. Não conseguia mensurar a angústia que os pais de Robert deviam estar sentindo.

EM MARÇO DE 1985, O TWISTED SISTER E O IRON Maiden fizeram um show ao ar livre em Tempe, Arizona. Eu estava nos bastidores me aprontando quando Vic entrou no meu camarim, uma expressão de surpresa estampada no rosto.

— Ele está aqui, chefe. *Ele está aqui* — disse meu guarda-costas, incrédulo. Vic sempre me chamava de chefe.

— Quem está aqui? — Sempre havia alguém "aqui" naquela época, mas Vic estava sendo um pouco mais vago do que o normal.

— O garoto. O garoto doente.

Parei de aplicar minha maquiagem e me virei para Vic.

— Robert? O garoto da Make-A-Wish?

Vic assentiu.

Robert estava vivo?

— O que ele está fazendo aqui?

— Festejando — respondeu Vic, surpreso pela palavra que tinha acabado de sair da sua própria boca.

E estava mesmo. Depois da minha partida do hospital, a doença de Robert entrou em remissão e ele iniciou uma recuperação completa. Menos de seis meses depois, ele tinha saído do hospital, recuperado seu "peso de lutador" *e mais um pouco* (graças às minhas dicas de ganho de peso e treinamento) e estava trabalhando na área de construção civil! Robert estava nos bastidores de um show do Twisted Sister e do Iron Maiden recuperando o tempo que ele tinha perdido quando esteve doente. Foi incrível. Ah, sim... e ele queria saber quando poderia começar a trabalhar e a sair em turnê com a banda.

Telefonei para a mãe dele alguns dias depois para perguntar o que tinha acontecido – não que eu não estivesse me sentindo completamente feliz. Ela me contou que ainda que Robert tivesse entrado em remissão, os médicos tinham lhe dito para não criar muitas esperanças. Com o tempo, a doença retornaria e o fim ia chegar. Enquanto isso, ela estava incrivelmente feliz por ter o filho de volta mesmo que por pouco tempo e muito agradecida pela minha ajuda. Eu lhe garanti que não tinha feito nada e expressei meu contentamento pela felicidade de Robert e de sua família. Foi simplesmente maravilhoso.

Décadas mais tarde, fui contatado por Robert de novo. Além de ainda estar vivo (agora na casa dos quarenta anos), ele está casado e tem seus próprios filhos. A leucemia nunca retornou.

Algum tempo depois da minha visita ao hospital, recebi uma carta da Fundação Make-A-Wish agradecendo pela minha participação e explicando que desejos são concedidos *apenas* a crianças *com doenças terminais.* Aquela foi a primeira vez que *qualquer* beneficiário tinha sobrevivido.

Você acha que sou especial? Claro... mas não dessa maneira. Apenas tenho pensamentos positivos, e já foi comprovado que a energia é uma coisa maravilhosa que tem efeitos capazes de mudar nossa vida. É o mesmo tipo de AMP que impulsionou o sucesso do Twisted Sister. Infelizmente, no caso da banda, chegaria o dia em que minha vontade e motivação não seriam suficientes.

41
"CLIQUE, CLIQUE, BUM!"

NOSSO RETORNO À MECA DO HEAVY METAL (LOS Angeles) com o Iron Maiden não poderia ter sido mais triunfal. Agora com quase dois milhões e meio de discos vendidos apenas nos Estados Unidos (quase cinco milhões em todo o mundo) em menos de um ano, o Twisted Sister tinha passado de banda novata para competidor peso--pesado. Os ingressos para os shows da turnê Iron Maiden/Twisted Sister eram os mais requisitados da cidade, e todos os headbangers foram testemunhar. Mas no fundo eu sentia que havia alguma coisa errada. Eu não conseguia identificar o que era – e não me atreveria a tentar mesmo que pudesse –, mas, na primeira das cinco das nossas apresentações com ingressos esgotados na área de Los Angeles, tive a sensação de que o Twisted Sister tinha ficado tempo demais por lá.

As pessoas na plateia estavam reagindo, mas parecia que era quase como se estivessem com medo de *não* reagir. Esse não era o comportamento que eu estava buscando. Mais tarde descobriria que foi esse o caso em muitos dos shows do Twisted. Algumas pessoas presentes gritavam e aplaudiam por medo de serem avistadas por mim de cima do palco (ninguém estava a salvo dos meus olhos, que tudo viam) ou de tomarem uma surra dos fãs ensandecidos do Twisted. De qualquer modo, esse não era meu objetivo.

A voz de um único headbanger naquela noite ressoa em meus ouvido até hoje. Enquanto o Twisted Sister deixava o palco depois do show, ouvi uma voz masculina vinda das cadeiras que ficavam ao lado dos bastidores gritar para Blackie Lawless, do W.A.S.P., que estivera assistindo a nosso show da coxia: "Twisted Sister é um lixo! W.A.S.P. detona!".

Pelo canto do olho, vi Blackie se virar para aceitar o elogio desse fã, com isso, concordando em silêncio com a avaliação dele. Sim, o Twisted Sister é mesmo um lixo, ele insinuou.

Clique.

Esse foi o som do ferrolho do cadeado do *término* do Twisted Sister se encaixando. Alguma coisa no tom de voz daquele imbecil, no reconhecimento silencioso de Blackie Lawless e na *insanidade comedida* da plateia lotada naquela noite, me disse que aquilo era mais do que a opinião de um idiota. Aquele era um sentimento crescente na comunidade metal. Eu não disse nada a ninguém sobre isso – neguei aquele lapso momentâneo na minha positividade até mesmo para mim – e voltei para o camarim. Engolindo a amarga pílula do vislumbre de um futuro sombrio, até aquele momento eu não tinha contado nada disso a ninguém. Mas no meu subconsciente eu sabia.

NO SEGUNDO DIA DE NOSSA SÉRIE DE SHOWS COM o Iron Maiden na Long Beach Arena, em Los Angeles, foi meu aniversário de trinta anos. Ainda que a estrada até o topo tenha sido longa e árdua, o sucesso era finalmente meu. Seria de se pensar que isso fosse deixar a comemoração de um aniversário tão significativo muito mais doce. Foi o que pensei. Eu tinha fama, dinheiro, uma esposa incrível e um filho. Tinha conquistado meu objetivo de vida e estava fazendo um show em uma arena com os ingressos esgotados. Estava pronto para o aniversário de trinta anos de todos os aniversários de trinta anos. Mas isso não aconteceria.

Odeio admitir que tive um problema com o fato de estar fazendo trinta anos, mas não posso negar que tive um colapso sem precedentes (para mim) naquela noite.

Nos dias que precederam essa data, não tive nenhuma questão, afinal, eu não poderia estar em um lugar melhor naquele ponto da minha vida. Desde aquele dia infame, fiz aniversários de quarenta e cinquenta anos e lidei muito bem com os dois. A festa do meu aniversário de quarenta anos foi realizada em um parquinho infantil coberto. Pedi para Suzette desenhar o número 40 na lateral raspada da minha cabeça e usei uma fralda adulta por cima da minha calça a noite toda. *Não – eu não precisava dela!* Meu aniversário de cinquenta anos foi televisionado (talvez alguns de vocês tenham visto?), e comemorei esse marco durante quase duas semanas, levando toda a minha família para o Universal Studios, depois Suzette e eu fizemos uma viagem romântica de uma semana para as Ilhas Virgens Britânicas. Já tenho grandes planos para meu aniversário de sessenta anos. Não me esquivo dos marcadores de décadas da minha vida. Eu os aceito e os comemoro. (Ignorá-los não vai fazê-los ir embora.) Mas não o de trinta anos. Alguma coisa se apossou de mim naquela noite, algo que eu não consigo explicar... ou talvez consiga.

Devido ao entendimento a que cheguei na noite anterior, estava zangado e chateado quando subi no palco da arena e fiz uma das minhas apresentações mais intensas (a raiva sempre destacou o melhor/pior em mim). Lembro de bater meu pedestal de microfone no palco sem parar e de gritar de raiva (não no microfone) à medida que a emoção pura que eu estava sentindo, mas não conseguia explicar, tomava conta de mim. A resposta da plateia foi particularmente ótima naquela noite.

Depois do show, Suzette tinha planejado uma festa para mim nos bastidores, mas eu não queria saber de nada daquilo. Sentindo-me à beira das lágrimas (estou dizendo, isso quase nunca acontece!), eu não queria sair do camarim e não deixava ninguém entrar, exceto Suzette e Jesse.

Em um episódio bastante famoso do seriado *The Mary Tyler Moore Show*, Mary organiza uma festa surpresa para seu chefe, Lou Grant, e ele surta quando chega no apartamento de Mary e fica sabendo dela.

Lou não quer festa e não deixa nenhum dos convidados entrar. Um a um, Mary tenta convencer Lou a permitir que as pessoas que estão esperando no corredor entrem. "Você gosta do Murray. Por que você não deixa o Murray entrar?" "É só o Ted. Você conhece o Ted. O que você acha de deixarmos o Ted entrar?" E assim por diante. Bem, foi basicamente isso que aconteceu com Suzette. Enquanto eu ficava sentado abraçando meu filho como um cobertor de segurança, ela tentava me convencer a deixar entrar as diversas pessoas que queriam me ver.

— É o Marty. Você gosta do Marty. Por que você não dá só um oi para ele?

Fui bem menos cooperativo do que Lou Grant. Por fim, Suzette disse a todo mundo que a festa estava cancelada e guardou o bolo. Eu não estava a fim de ver ninguém nem de comemorar. Comemos um bolo customizado no dia seguinte (decorado com uma foto minha "pintada" à mão, muito antes de se tornar corriqueiro colocar fotos em bolos), mas não foi a mesma coisa. Eu tinha arruinado meu aniversário de trinta anos e todos à minha volta estavam pisando em ovos.

Depois de aceitar que eu talvez tenha tido uma crise, como tantas outras pessoas, por fazer trinta anos, tenho outra teoria para minha reação naquela noite. Lembra-se daquele momento *clique* sobre o qual contei a você? Acho que o real peso do que eu, no fundo, sabia ser verdade sobre o meu futuro e o da banda tinha me afetado em um nível mais profundo. Eu nunca teria sugerido isso na época e sei que não poderia ter explicado meu comportamento naqueles dias, mas, pensando bem agora, estou convencido de que a realidade do que meu subconsciente sabia estar acontecendo tinha me abalado até o meu âmago. De alguma maneira eu sabia que tinha estragado tudo.

A única coisa que me permiti reconhecer era que eu (Twisted Sister) estava *me tornando* superexposto. Estava na hora de acabar com entrevistas e contatos de qualquer tipo com a imprensa, mas havia um problema. As revistas tinham um tempo de aprovisionamento de três meses. O que quer dizer que demoravam três meses a partir do dia em que você fazia a entrevista até que ela chegasse às bancas. Se eu parasse de dar entrevistas no final de março, muitos artigos e fotos ainda seriam publicados até o início do verão. Quando você *acha* que pode estar sendo superexposto, você já era!

Clique.

Outro ferrolho se encaixando. Eu sabia bem no fundo que isso era verdade, mas ainda assim não queria aceitar como fato consumado. Eu podia consertar as coisas. Eu tinha tudo sob controle.

O TWISTED SISTER TERMINOU AS ÚLTIMAS DATAS COM o Iron Maiden, no dia 24 de março de 1985, concluindo onze meses de turnê e quatro meses de gravação e preparação para o maior disco e os melhores momentos de nossa carreira. Quase uma década depois de ter me juntado à banda, eu era oficialmente uma estrela do rock rica e famosa (sei que digo muito isso, mas eu gosto do som dessas palavras) e desfrutaria dos resultados do meu trabalho.

O retorno para casa não poderia ter sido mais glorioso. Suzette, Jesse e eu tínhamos nos mudado para uma casa cara no litoral norte de Long Island, em uma área exclusiva (ainda me lembro de cantar "Movin' on Up", a música-tema do seriado *The Jeffersons*, enquanto íamos para lá de carro pela primeira vez), e havia muitas coisas "de estrela do rock" que eu queria fazer. Cercamos e instalamos portões ao redor de toda a área do nosso terreno, construímos uma piscina e compramos um barco e mais carros, incluindo um Cadillac rabecão 1950. Tínhamos tantos carros para o *dia a dia*, que nossa seguradora nos excluiu porque não conseguia entender por que duas pessoas precisavam de tantos veículos. Eu tinha um mecânico que ia até a casa apenas para fazer revisões nos veículos por *falta de uso*. Eles estavam tendo defeitos porque não eram dirigidos o bastante!

Tínhamos profissionais para fazer tudo por nós: paisagistas, faz--tudo, governantas e diversos trabalhadores. Lembro de um dia em que

Suzette, que não estava caindo nessa história toda de "viver como uma estrela do rock", me pediu para ajudá-la a colocar um tapete em uma das salinhas em nossa casa (ela é do tipo que gosta de colocar a mão na massa), e eu disse a ela com repulsa: "Eu não coloco tapetes, eu *pago* pessoas para colocar tapetes!". Cara, pode apostar que vivi para me arrepender dessa afirmação.

Parei de cuidar das minhas finanças diárias, abri contas de crédito em todas as lojas da cidade e passei a mandar meu contador cuidar do detalhe irritante que era pagar as contas. Nós simplesmente íamos às lojas, dizíamos ao vendedor/açougueiro/farmacêutico/verdureiro/etc. o que queríamos, eles empacotavam tudo e mandavam a conta para meu contador. Dinheiro vivo? Não precisamos de maldito dinheiro vivo nenhum!

Compreenda, para um sujeito da classe operária que cresceu em uma família grande de classe média-baixa, foi obrigado a dar duro por tudo que queria, sem nunca ter dinheiro de verdade nem coisas realmente legais, e sempre com problemas financeiros, aquilo era um sonho que tinha se tornado realidade. Não precisar fazer nada por conta própria – ou pedir que um amigo ou parente fizesse para mim –, me preocupar com o custo, tentar barganhar ou perguntar "Quanto custa?" antes de comprar alguma coisa foi mesmo de enlouquecer. Eu *deveria ter* feito todas essas coisas, mas não fiz. Não era rico o bastante para simplesmente jogar dinheiro fora – poucas pessoas são. Mas aquele era o *meu* sonho de estrela do rock e eu o estava vivendo da maneira que o tinha visualizado. Além do mais, eu tinha certeza de que entraria muito mais dinheiro.

Eu me levantava ao raiar do dia todas as manhãs, lavava meu Mustang Boss 302 1969 totalmente restaurado (ninguém tocava no meu Mustang além de mim!), em seguida dirigia até a *minha* academia (ainda chamada Iron Masters) antes que abrisse, puxava ferro com *meu* guarda-costas pessoal, Vic, então voltava para *minha* linda casa para passar o dia com *minha* esposa e *meu* filho. Era hora da estrela do rock, e a vida era fácil.

AQUELA PRIMAVERA E O VERÃO FORAM ÓTIMOS, MAS eu também tinha trabalho a fazer. Eu filmava um episódio por mês do *Heavy Metal Mania* para a MTV em vários locais, incluindo minha academia, a oficina do meu mecânico e enquanto fazia um passeio em meu Jeep conversível pela cidade onde cresci. Também tinha assinado um contrato para escrever uma sequência para o livro best-seller de Pat Boone, *'Twixt Twelve and Twenty*, sobre a adolescência, portanto eu precisava fazer entrevistas/reuniões regulares com meu coautor, Phil Bashe (mais sobre isso depois).

Ah, e então teve o dia em que decidi afiar meus dentes da frente para transformá-los em presas.

Não lembro exatamente onde ou quando, mas certo dia tive essa ideia maluca (para dizer o mínimo) de que seria legal/louco mandar afiar meus dois incisivos centrais superiores para transformá-los em presas. Respondendo algumas perguntas comuns:

Doeu fazer isso?

Não. Não estávamos na Idade das Trevas, ele usou novocaína.

Eu me arrependo ou me arrependi?

Não. Foi uma loucura e eu obtive uma resposta ótima. Se me arrependo de alguma coisa, é de ter feito isso tão tarde na carreira do Twisted Sister. Eu poderia ter conseguido uma quilometragem maior com eles se tivesse feito isso antes.

O que aconteceu com eles?

Mandei fazer coroas para eles uns dois anos depois. Fiquei cansado deles bem depressa.

COMECEI A ESCREVER AS MÚSICAS PARA O PRÓXIMO disco do Twisted Sister que venderia a rodo (eu esperava), mas havia um problema. Minha inspiração não era bem a mesma.

Todas as músicas de todos os discos até então tinham sido escritas quando eu estava faminto e em um lugar de desespero e frustração.

Agora, eu não estava sentindo nada disso. Lembro-me de estar sentado à beira da piscina em um dia quente de verão, com cinco carros e um barco na entrada, tentando escrever letras para meu próximo hino sobre angústia adolescente... e eu não tinha nada! Nada de raiva, nada de frustração, nenhuma emoção genuína motivada pela angústia para usar como inspiração. O que diabos tinha para me deixar chateado? *Eu tinha tudo que já tinha sonhado, porra!* O verdadeiro significado desse problema ainda estava para me atingir. Eu era um gênio musical (ou foi o que pensei)... quem precisa de inspiração?

E falando em gênio musical, tinha me transformado em um completo megalomaníaco, assim definido: **megalomania** *sf.*, distúrbio psicopatológico caracterizado por fantasias delirantes de fortuna, poder ou onipotência.

Ah, sim, esse era eu. Na minha mente, o disco seguinte do Twisted Sister seria meu golpe de mestre e levaria o heavy metal para todo o grande público, me transformando e a minha banda não apenas no maior grupo de metal da história, mas também em um ds maiores do mundo. Ninguém poderia me convencer do contrário.

Meu plano era simples (para alguém com minhas qualidades óbvias): ter músicas no álbum que agradariam todos os segmentos do público do heavy metal, desde os pesos-leves atraídos pelos grandes hits do pop-metal aos headbangers mais radicais. Teria metal mais pesado, metal para cantar junto, *speed metal*, uma *power ballad* e todas as outras variações do metal nele. Eu até tinha o cover perfeito para o disco.

Nos primórdios de nossa carreira, o Twisted Sister costumava tocar o clássico do Shangri-Las, "Leader of the Pack". Nossos primeiros fãs adoravam essa música, e a incluímos em nosso primeiro lançamento por uma gravadora independente, o EP *Ruff Cutts*, portanto eu sabia que até mesmo nosso público mais fiel gostava dela. O Mötley Crüe tinha acabado de ter um grande sucesso com o cover deles para "Smokin' in the Boys Room", do Brownsville Station, por isso tinha certeza de que iríamos arrasar com nosso cover. "Leader of the Pack" agradaria todo mundo, incluindo os *pais* dos nossos fãs, que conheciam a versão original de quando eram jovens. Com essa música, eu estava certo de que o Twisted Sister conquistaria o mundo. Será que eu era um babaca presunçoso e confiante ou o quê?! Como disse, *a perfeita definição de megalomaníaco.*

Dessa vez, não escrevi mais músicas do que o necessário para o disco nem coloquei as músicas para votação. Escrevi apenas as canções necessárias para o álbum e as entreguei para a banda, dizendo: "Essas são as músicas que vamos gravar. Ponto-final". Embora eu tenha certeza de não ter dito isso diretamente para eles. Éramos todos passivos-agressivos demais como banda àquela altura para sermos tão diretos assim uns com os outros. É provável que eu tenha dito isso ao nosso empresário, Mark Puma, que embelezou o que eu disse antes de passar as informações para eles. Ele sempre fazia isso.

O PRIMEIRO INDÍCIO QUE TIVE DE QUE PODERIA HAVER alguma coisa errada com meu plano de mestre surgiu quando o lendário produtor Bob Ezrin viajou do Canadá até minha casa para ouvir as músicas novas. Bob já produziu alguns dos maiores discos de glam rock de todos os tempos, como *Destroyer,* do Kiss; *Berlin,* do Lou Reed; e quase tudo o que a banda original do Alice Cooper gravou, portanto pensei que ele seria a escolha perfeita para o Twisted Sister.

Todos tínhamos conhecido Ezrin quando estivemos em turnê no Canadá e gostamos dele. Entre o imenso talento e a ótima personalidade de Bob, achei que ele seria uma boa mudança em relação ao nosso último produtor, Tom Werman, o oposto polar.

A Atlantic Records não queria que trocássemos de produtor, referindo-se ao velho ditado "Em time que está ganhando não se mexe". A ideia aceita era: se você teve um sucesso com certa combinação de artista/produtor/compositor, você não mexia na fórmula para o disco seguinte. Faz sentido. O Mötley Crüe gravou seu disco de sucesso, *Shout at the Devil,* com Tom Werman e, apesar de suas opiniões sobre ele (eu ouvi coisas), o usaram de novo para o disco seguinte, *Theatre of Pain*, e obtiveram um grande sucesso. Mas se o Twisted Sister concordava com uma coisa como banda era que não queríamos trabalhar com Tom Werman nunca mais. Pelo menos eu acho que eles concordavam.

A Atlantic Records nos forçou a usar um produtor que não queríamos em *Stay Hungry*. Agora que eu tinha o poder, isso não aconteceria de novo.

Bob Ezrin estava empolgado com a possibilidade de trabalhar com o Twisted. Por que não estaria? Tínhamos vendido mais de cinco milhões de discos em todo o mundo, além disso éramos um dos maiores nomes do rock, alunos das bandas que ele tinha ajudado a estabelecer e fãs de seu trabalho, *gigantes* em sua terra natal, o Canadá – e, para ser honesto, já fazia algum tempo que ele não trabalhava com uma banda realmente grande. Isso lhe renderia um bom pagamento e seria uma oportunidade incrível para ele.

Bob e eu tínhamos conversado bastante por telefone sobre as músicas nas quais eu estava trabalhando, e ele estava animado para ouvi-las. Quando chegou à minha casa, toquei para ele as demos que o Twisted Sister tinha gravado para o álbum que eu chamaria de *Come Out and Play*. Mais uma decisão que eu tinha tomado sem consultar a banda. Até compartilhei com ele minha visão sobre as roupas, a arte da capa, os vídeos e a turnê mundial. Contei a ele sobre as enormes quantidades de tempo, esforço e dinheiro que estavam sendo investidas no que eu sabia que seria o ápice da carreira do Twisted Sister. Eu achava que Bob tinha voltado para o Canadá todo empolgado.

Alguns dias depois, Ezrin me telefonou. Bob não tem papas na língua e não acreditava que as músicas eram boas o bastante para o sucessor de *Stay Hungry*. Ele destacou que a maioria das músicas em *Stay Hungry* eram em escalas maiores, enquanto todas as músicas que eu tinha escrito para o novo disco eram em escalas menores. Quando disse a ele que "I Wanna Rock" é em escalas menores, Ezrin respondeu: "Tá, mas ela passa a *impressão* de ser em escalas maiores" (e passa mesmo).

Depois de me contar todas as coisas que ele achava erradas com o novo material, Bob com todo o respeito *recusou* a oferta de produzir o novo disco do Twisted Sister. O quê?! Não pude acreditar. Aquele era o sujeito que tinha consertado álbuns questionáveis de muitos de seus artistas e os transformado em discos de sucesso ao literalmente coescrever muitas das músicas... *e ele estava recusando?* Ele sequer se *ofereceu* para trabalhar no desenvolvimento do material para o disco!

Clique.

Ali estava ele de novo; aquele som repugnante. Meu subconsciente o registrou por completo, mas meu consciente indomável, não. Eu não podia. Minha recusa em aceitar as coisas como elas eram foi (e ainda é) o que me ajudou a superar tudo. Foi o que me fez sobreviver ao ensino médio e a escapar de uma vida previsível definida para mim por outros. Foi o que me fez conquistar Suzette, o amor da minha vida. Foi o que me transformou em uma legítima e dedicada estrela do rock. Eu não podia aceitar nenhum tipo de destino final negativo. Citando o maior e mais inspirador poema de todos os tempos, "Invictus":

Eu sou o mestre do meu destino;
Eu sou o capitão da minha alma.

O barulho de um *clique* – minhas suspeitas – não poderia estar certo. O que diabos Bob Ezrin sabia, de qualquer maneira?

Muita coisa, ao que parece.

COM BOB EZRIN AGORA REMOVIDO DAS OPÇÕES, A BANDA e eu avaliamos uma curta lista de produtores de heavy metal cujo trabalho sempre admiramos. Depois de uma série de telefonemas e cartas de solicitações de informações, o lendário produtor do Scorpions, Dieter Dierks, foi contratado. Ficamos animados pra caramba por enfim termos um produtor de cujo trabalho gostávamos, que compreendia nosso gênero musical e estava sinceramente empolgado para trabalhar conosco.

O que não sabíamos era que os maiores sucessos de Dieter com o Scorpions tinham em essência sido coproduções com a banda. Estávamos cometendo um erro ao lhe dar rédea solta.

O ÁLBUM *COME OUT AND PLAY* [COAP] FOI GRAVADO em Nova York e Los Angeles entre agosto e outubro de 1985. O disco, sua capa, as roupas, os vídeos subsequentes e a turnê faziam parte do meu grande plano projetado para ter um apelo verdadeiro junto ao grande público. Todos os elementos dessa iniciativa foram planejados com cuidado, e com o peso do sucesso de *Stay Hungry* me apoiando, as pessoas saíam correndo para executar minha visão. Por que não deveriam? Além do enorme sucesso internacional da banda, o conceito da iniciativa para *COAP* era realmente brilhante... modéstia à parte.

Fazia muito tempo que eu estava ciente da fragmentação entre o público do heavy metal; tinha certeza de que apenas o Twisted Sister e eu podíamos unificá-lo.

Além de uma seleção mais focada das músicas, tivemos alguns artistas convidados em uma faixa estrondosa no estilo do rock dos anos 1950 chamada "Be Chrool to Your Scuel". Alice Cooper fez um dueto comigo nela; Billy Joel tocou um piano no estilo de Jerry Lee Lewis; Clarence Clemons, da E Street Band, de Bruce Springsteen, detonou um solo de saxofone; e Brian Setzer, do Stray Cats, tocou guitarra rockabilly. Esse time de estrelas com certeza atrairia atenção de toda a comunidade roqueira.

Clarence Clemons era um músico profissional. Quando o consultamos sobre tocar no disco, tudo o que ele quis saber era se estávamos dispostos a pagar seus honorários. Negócio fechado. Dito isso, Clarence era um sujeito incrível com quem trabalhar, e o que ele fez com essencialmente cinco notas e uma palheta naquele saxofone dele foi absolutamente incrível. Ninguém fazia aquele tipo de coisa melhor do que ele[108].

Brian Setzer era um velho fã do Twisted Sister e um amigo da banda da região de Long Island, por isso foi necessário apenas um telefonema para tê-lo a bordo. Se você quer uma autêntica guitarra solo no estilo dos anos 1950, Brian é o cara.

Já mencionei como conhecer Billy Joel mudou minha vida – e sequer sou fã dele. Ele apenas foi uma inspiração muito grande como um sujeito que tem os pés no chão.

A ÁREA PARA ONDE SUZETTE E EU TÍNHAMOS NOS mudado ficava em Lloyd Neck. No litoral norte (conhecida como "Gold Coast" – Costa do Ouro – por suas propriedades extravagantes) de Long Island (imortalizada no livro e no filme *O Grande Gatsby*), é uma ilha ligada ao continente e à cidade de Lloyd Harbor por uma ponte. Billy Joel era outra celebridade residente (na verdade, antes de mim). Após minha mudança para lá, os colegas músicos de Long Island, Taylor Dane (também de Baldwin) e em seguida "Debbie" Gibson também "subiram de vida" depois que seus primeiros sucessos chegaram ao topo das paradas.

Naquela época, Billy era casado com a modelo Christie Brinkley e um pouco mais furtivo do que quando era solteiro. Isso é compreensível. No caso de casais de celebridades, um mais um é igual a *três*. Você tem a fama de cada uma das partes e o casal tem a própria fama. Lembro-me de passar de carro pela casa de Billy às margens da água certo dia e ver um enorme barco pesqueiro ancorado a mais ou menos 15 m da costa, lotado de pescadores apenas sentados ali espiando pelas janelas panorâmicas dele e de Christie. Terrível. Enfim, ainda que não saíssemos

---

108 Enquanto escrevia estas palavras, recebi a notícia de que Clarence teve um AVC. Esquisito. Eu não pensava nele há anos. Alguns dias depois, ele morreu. Descanse em paz, meu amigo.

"CLIQUE, CLIQUE, BUM!"

juntos, entrar em contato com Billy foi bastante simples. Telefonei para ele e lhe perguntei se estava interessado em tocar nessa faixa.

— Sei que o heavy metal não é a sua praia, Billy — eu disse —, mas essa é uma música mais rock and roll dos anos 1950, não metal.

— *Heavy metal não é a minha praia?* — retrucou Billy. — Com quem você acha que está falando, porra? — Billy parecia puto da vida. — Eu estava tocando heavy metal quando você ainda usava as porras das fraldas!

É verdade. Depois de sua banda de clubes, o Hassles, Billy Joel formou uma banda em 1970 com o baterista do Hassles, Jon Small (que passou a dirigir os vídeos do Billy, assim como um vídeo do Twisted Sister), chamada Attila. Com um órgão – ligado a pilhas de amplificadores Marshal – e uma bateria, a lendária capa do disco (incluindo um logo do Attila muito metal) consistia em Billy Joel cabeludo (e de bigode) e Jon Small vestidos dos pés à cabeça com autênticos trajes de batalha medievais – incluindo elmos, cotas de malha e peles de animais – *em um frigorífico!* Não dá para ficar mais metal que isso!

Apresentei minhas humildes desculpas e implorei a Billy – um antepassado do heavy metal – por perdão. Billy aceitou-as com muita cortesia e concordou em agitar a faixa do Twisted. Fiel ao tipo de homem que é, Billy apareceu para a sessão sozinho, sem nenhuma fanfarra, detonou e foi embora. Que cara legal.

O ÁLBUM FOI GRAVADO NO HIT FACTORY, NA CIDADE de Nova York, e no Record Plant, em Los Angeles. O Hit Factory foi o único estúdio em que já estive onde uma banda que vende dois milhões e meio de cópias no mercado doméstico é tratada como qualquer bandinha de segunda categoria. Mal podíamos esperar para deixar o "Shit Factory"[109], como o rebatizamos, e viajar para Los

---

109 *Hit Factory*, Fábrica de Sucessos, e *Shit Factory*, Fábrica de Merda. [N.T.]

Angeles, onde sabíamos que seríamos tratados como os deuses do metal que éramos.

Que diferença dezoito meses fizeram! Ao passo que o Twisted Sister ainda era uma banda batalhadora durante as gravações do *Stay Hungry*, agora éramos estrelas do rock. O condomínio Oakwood em Burbank era coisa do passado. Agora a banda ficava em hotéis bacanas no coração de West Hollywood. E eu? Suzette, Jesse e eu nos mudamos para a casa de Marty Callner em Beverly Hills e vivemos em grande estilo. Suzette e a esposa de Marty, Aleeza, tinham se tornado ótimas amigas, e Jesse e (até então) os quatro filhos de Marty (Dax, Chad, Lynn e Ariel) se davam muito bem. Moramos lá por quase dois meses, e os Callner fizeram com que nos sentíssemos completamente em casa.

As gravações correram muito bem. Foi ótimo trabalhar com Dieter Dierks, e seu engenheiro, Eddie Delana, também era um sujeito excelente. O Record Plant de fato tratava o Twisted como deuses e seus estúdios estavam cheios de outros gigantes do metal, como o Judas Priest. Dieter levou os caras do Dokken para fazer alguns vocais de apoio em umas faixas, e Alice Cooper e Clarence Clemons passaram por lá para gravarem suas partes em "Be Chrool to Your Scuel". Foi tudo muito rock and roll.

O único evento desagradável que aconteceu durante as gravações do disco não veio da banda, do estúdio, do produtor ou de outros músicos, mas de um ator. Um ator de segunda categoria de filmes B.

Outro dos meus filmes favoritos de todos os tempos é *The Warriors: Os Selvagens da Noite*. Esse filme lendário sobre gangues dirigido por Walter Hill é sem dúvida um dos mais legais de seu gênero. O título do nosso quarto disco veio de uma música que eu tinha escrito chamada "Come Out and Play[110]", que teve origem de um momento memorável em *The Warriors: Os Selvagens da Noite*, quando o vilão, Luther, provoca

---

110 Que pode ser traduzido como "saia e venha brincar". [N.T.]

repetidas vezes os Warriors entoando: "Warriors, come out to play[111]". Decidi que queria que nosso álbum começasse com esse canto, um pouco modificado ("Twisted Sister, come out and play!"), e quis contratar o ator que representou Luther, David Patrick Kelly, para gravá-lo.

Quando conversei com David e lhe contei sobre meu plano, ele *recusou* a oferta, dizendo cheio de birra: "Não quero reprisar o mesmo personagem". Ele estava de sacanagem?! Desde que participou de *The Warriors: Os Selvagens da Noite,* ele tinha participado de outros três filmes, *A Morte nos Sonhos, 48 Horas* e *Comando para Matar* e representou praticamente o mesmo canalha choroso em cada um deles. Em *48 Horas* ele até era chamado de Luther! Esse é praticamente o único papel que ele já representou.

No instante em que encerrei a ligação com *o ator dramático,* Joe Gerber e eu encontramos um jeito de fazermos isso por conta própria. Joe tilintou as três garrafas com perfeição para criar o ritmo, fiz uma imitação bastante fiel da voz lamentosa de David Patrick Kelly e isso não nos custou nem um centavo.

NO ÁLBUM COME OUT AND PLAY, AINDA QUE ESTIVESSE cheio de músicas ótimas (modéstia à parte) e que Dieter Dierks tenha feito excelentes contribuições nos arranjos, o som sofreu bastante por causa dos exageros de sua produção e do processamento dos sons. *Desculpe, Dieter.* Você é um sujeito legal e talentoso, e eu sinceramente amo você, mas, no final das contas, você não era a pessoa certa para o trabalho.

Seria de se pensar que acrescentar mais e mais camadas de música e tecnologia em cada faixa faria o disco soar mais cheio. Isso tem o efeito oposto. Isso faz as músicas parecerem menos cheias. Não es-

---

111 Warriors, saiam para brincar. [N.T.]

CALA A BOCA E ME DÁ ESSE MICROFONE

tou dizendo que a culpa do fracasso de *COAP* recai sobre os ombros de Dieter – não recai –, mas o som nesse disco, e como ele soava no rádio, com certeza não ajudou. Ainda que o plano fosse fazer com que *Come Out and Play,* do Twisted Sister, fosse *o* álbum das festas de 1985 (tudo parte do meu golpe de mestre megalomaníaco!), devido ao atraso na escolha de um produtor, não seria possível mantermos a data de lançamento para meados de outubro. Isso queria dizer que não conseguiríamos garantir locais de exposição, promoção, anúncios etc. de primeira para o nosso disco. Decidido (será que alguma coisa poderia me impedir?), fui incansável ao impulsionar minha equipe para conseguir um lançamento para o fim de novembro, mesmo não sendo o ideal. Mas estou me adiantando.

Antes mesmo de terminarmos de gravar o álbum, um pedido incomum chegou ao escritório dos empresários do Twisted Sister. Mal sabia eu que estava prestes a me tornar um advogado de defesa sob o holofote nacional.

42
"SR. DEE SNIDER... A IRMÃ DESVAIRADA"

EM MAIO DE 1985, A ESPOSA DO SENADOR AL GORE, Tipper, passou a arrancar os cabelos depois de perceber que a letra de "Darling Nikki", do Prince, era sobre masturbação. Com outras três "esposas de Washington", ela fundou uma organização chamada Parents Music Resource Center (PMRC)[112].

A missão do PMRC era instruir os pais sobre as "tendências alarmantes" na música popular. Elas alegavam que o rock encorajava/glorificava a violência, o uso de drogas, o suicídio, as atividades criminais etc. e buscavam a censura e/ou classificação das músicas. Lembro-me de pensar o seguinte: quem daria ouvidos à tagarelice vazia de um bando de abelhudas de Washington com tempo livre demais nas mãos? Muitas pessoas deram.

Estávamos na Era Reagan, e os ultraconservadores estavam no poder. O fato de o PMRC e sua caça às bruxas – quer dizer, *audiências no Senado* – terem sido iniciativas predominantemente democratas diz muita coisa sobre a mentalidade política e social da época. O mesmo ambiente que tinha estimulado a Década da Decadência estava agora tentando colocar um fim nela.

---

112 Centro de Recursos Musicais para os Pais, em português. [N.T.]

À medida que a primavera se transformava em verão, e a voz do PMRC ficava cada vez mais alta, eu ainda permanecia praticamente ignorante e completamente indiferente ao que estava acontecendo. Eu tinha coisas mais importantes para fazer. Quando o escritório dos nossos empresários recebeu a ligação pedindo que eu fosse para Washington e testemunhasse no dia 19 de setembro, na audiência do Senado (ilegal, como você verá), sobre a inclusão de selos classificatórios em discos, tive que fazer um pouco de pesquisa para descobrir o que estava acontecendo. Assim que me dei conta do que era, não hesitei em aceitar o convite. Considerei a situação o equivalente metafórico de carregar o estandarte em batalha. Tinha certeza de que toda a comunidade do rock me seguiria.

Eu tinha sido convidado a falar não apenas porque "We're Not Gonna Take It" estava na notória lista do PMRC, chamada Filthy 15 – as 15 Obscenas –, uma lista com as músicas que eles consideravam mais ofensivas, mas naquela época, graças à minha superexposição desenfreada, eu era o rosto mais reconhecível do heavy metal. Quem melhor para convidar? Tenho certeza de que, ao olharem minhas fotos, verem meus vídeos e ouvirem minha música, eles estavam certos de que eu seria o perfeito otário do heavy metal para servir de exemplo para outros.

Joe Gerber – formado em uma das mais prestigiadas universidades do país e um sujeito muito inteligente – e eu entramos em confinamento imediato. Com apenas duas semanas até a audiência, eu precisava me instruir sobre o assunto e ficar bem informado sobre o PMRC, os senadores diante dos quais eu estaria falando e todos os seus comparsas. Joe realizou a pesquisa (eram os anos 1980 – não era possível apenas clicar um botão) e até compareceu a comícios/discursos do PMRC para descobrir tudo o que podia sobre o inimigo. Ele se reportava a mim todos os dias e me passava as informações que tinha reunido, o que eu absorvia como uma esponja.

Estava previsto que eu fizesse uma declaração de minha opinião sobre o assunto para os senadores. Joe e eu trabalhamos sem parar no meu discurso, refinando-o até que ele se transformasse na derradeira arma de destruição do PMRC. Fomos definitivamente diabólicos! Eles não faziam ideia de com quem estavam lidando. Na verdade, deveriam ter convidado Vince Neil.

Outra parte importante da preparação para a audiência era examinar as perguntas que eles poderiam me fazer e as declarações que, com certeza, fariam contra mim para organizar minhas respostas e meus contra-argumentos. Joe e eu não deixamos nada ao acaso. A única coisa da qual sabíamos que eu não conseguiria me esquivar eram perguntas sobre o uso descontrolado das iniciais SMF pelo Twisted Sister. Mas será que eu queria fazer isso?

Na semana anterior à minha aparição, recebi um pedido do comitê do Senado solicitando uma cópia do meu discurso. O quê? Aparentemente, todos os que testemunham diante do Senado precisam entregar suas declarações, com antecedência, para o comitê, para que possam lê-las e preparar seus contra-argumentos. Eles estavam de brincadeira?! Eu não aceitaria isso. Não estava disposto a mostrar as cartas que tinha na mão, a não ser, claro, que os senadores estivessem dispostos a compartilhar *suas* declarações comigo. Meu empresário notificou o comitê a respeito da minha posição e eles responderam que não seria necessário ver meu discurso com antecedência. É provável que eles estivessem caindo de rir da minha presunção e audácia. O que um imbecil como Dee Snider poderia dizer que fosse fazer alguma diferença em relação a qualquer coisa?

Eles estavam prestes a descobrir.

CHEGUEI EM WASHINGTON, D.C., COM MINHA COMITIVA na noite anterior à audiência. Joe Gerber, meu braço direito, estava comigo, assim como Vic, meu guarda-costas. Pedi ao meu pai – veterano da guerra da Coreia e um patriota – que me acompanhasse, achando que ele gostaria de ter uma oportunidade única de ver a capital da nossa nação bem de perto. Ele topou. Meu querido amigo e deus dos vídeos de rock, Marty Callner, e sua esposa, Aleeza, viajaram da Costa Oeste para me apoiar enquanto eu entrava em batalha. Além de nosso ótimo relacionamento, Marty sentia uma ligação direta com o que estava acontecendo. Seu vídeo de "We're Not Gonna Take It" estava em constante exposição sempre que eu, o Twisted Sister ou a música eram destacados. Fiquei feliz em tê-lo ao meu lado.

No dia da audiência, acordei no meu quarto de hotel sem sentir nenhuma agitação que fosse. Me sentia destemido. Com orgulho de mim mesmo por nunca me render ao decoro, vesti minhas roupas roqueiras de sempre para o evento: jeans apertados, cinto com fivela de tigre, botas de couro de cobra, regata do Twisted Sister e colete de brim desfiado da banda. Arrematando com meu brinco de dente, óculos de aviador e um pouquinho de rímel, eu estava pronto para dar um couro no PMRC.

Antes de sair, peguei o discurso no qual Joe e eu tínhamos trabalhado com tanto zelo, dobrei de propósito como a lição de casa de um garoto malcriado e o enfiei no meu bolso de trás. Esse era meu enganoso toque final. Eles não saberiam o que os tinha atingido!

O trajeto até o prédio do Senado foi bastante revelador. As ruas estavam apinhadas de manifestantes (a favor e contra), espectadores e imprensa. Foi uma loucura total. A audiência sobre a inclusão de selos classificatórios em discos foi possivelmente uma das que tiveram maior comparecimento e cobertura da imprensa realizada diante de um comitê do Senado. Só de pensar que aquele garoto impopular de Baldwin, Long Island, estava bem no centro daquela controvérsia era de pirar a cabeça. Hoje, quando vejo filmagens minhas naquele evento, não consigo sequer compreender o quanto tive de ser presunçoso para entrar naquele ambiente hostil com a atitude que demonstrei. Um belo exemplo de alguém cheio de si.

A audiência foi realizada diante do Comitê do Comércio, Ciência e Transporte do Senado dos EUA, e o que foi mais irritante a respeito disso (além do óbvio) é que ela foi, em essência, um procedimento ilegal. O

"SR. DEE SNIDER... A IRMÃ DESVAIRADA"

fórum de uma audiência congressional só pode ser usado para abordar assuntos de possíveis legislações, ainda assim, em suas observações de abertura, o presidente do comitê, o senador John Danforth, enfatizou: "O motivo para esta audiência não é promover nenhuma legislação, mas apenas proporcionar um fórum para difundir a própria questão, ventilar e levá-la ao conhecimento do público". *Mas que porra?!* Será que as esposas dos membros do comitê, Albert Gore, John Danforth e Ernest Hollings – todas as três mulheres afiliadas ao PMRC –, tinham usado seu injusto poder de influência e charme feminino com os maridos para criar um fórum para sua causa que ninguém mais poderia ter? *Ah, pode apostar que sim!*

Quem sabe quanto do dinheiro dos contribuintes foi usado para financiar aquele circo político e caça às bruxas ultraconservadora? É repugnante pensar que os representantes do nosso governo podem usar seus cargos políticos, de maneira irresponsável, para satisfazer suas esposas carentes. E estávamos falando sobre a Primeira Emenda! Não da Segunda, Terceira, nem mesmo da Quarta... *a porra da Primeira!* Isso não foi uma reconsideração tardia por parte dos nossos antepassados: "Ah, é, vamos colocar alguma coisa nesse negócio de Constituição sobre liberdade de expressão". Não! Essa foi a porcaria da primeira coisa que eles pensaram em registrar!

Como se isso não bastasse, antes que a audiência sequer fosse realizada, a RIAA[113], o órgão gestor da indústria musical, concordou com a inclusão de um selo que dizia Warning Parental Advisory [aviso aos pais, em português]. Eu estava indo a Washington para lutar uma batalha que já tinha sido perdida?! Volto a dizer: *mas que porra?!*

A audiência foi exatamente o circo midiático que você pode imaginar. Frank Zappa, John Denver e eu fomos introduzidos para representar o ponto de vista dos músicos. Enquanto Frank e eu aguardáva-

---

113 Associação Americana da Indústria da Gravação. [N.T.]

mos nos "bastidores" (em algum escritório) para testemunhar, ficamos admirados com a insanidade do momento e nos perguntamos de que lado John Denver ficaria. Sabíamos que deveria ser do nosso, mas ele era o típico norte-americano, além de ser uma estimada figura pública. Na verdade, ele testemunharia depois de uma reunião com a Nasa para discutir a possibilidade de se tornar o primeiro músico a ir ao espaço! Não dá para ser mais norte-americano do que isso.

Enquanto Zappa e eu aguardávamos, balançávamos a cabeça em desgosto diante do discurso frívolo da senadora Paula Hawkins. Segurando uma imagem ampliada da capa do disco *Pyromania*, do Def Leppard, ela gritou: "A mensagem é clara: queime, querida, queime!". Queimar o quê? A mulher com certeza era pirada e, fico feliz em dizer, não foi reeleita para outro mandato depois desse discurso vergonhoso.

Houve um momento de júbilo quando o senador Exon, de Nebraska, durante suas observações sobre Tipper Gore, disse: "Se não estamos aqui para falar sobre um regulamento federal e não estamos aqui para falar sobre uma legislação federal, qual é o propósito dessas audiências diante do Comitê de Comércio? Será que alguém poderia me responder isso?".

Uma verdadeira onda de aplausos irrompeu da tribuna na sala de audiências.

É claro, quando Exon voltou a falar – depois de ter sido bombardeado freneticamente por assistentes, que lhe explicaram as ramificações políticas de sua declaração, tenho certeza –, recuou e aplaudiu os esforços do PMRC, dando a entender que procuraria uma maneira, se possível, de eliminar aquela "imundície ultrajante" da "música entremeada com pornografia". Que bela maneira de defender suas crenças, senador.

Quando chegou a hora de Zappa testemunhar, pediu para meu pai ficar de olho em seus filhos, Dweezil e Moon Unit, que estavam lá com ele, enquanto ele discursava. Meu pai se sentiu honrado. Até hoje ele conta a história da vez em que "Frank Zipper me pediu para vigiar Moon Weasel e Unit".

"SR. DEE SNIDER... A IRMÃ DESVAIRADA"

Frank era um homem brilhante e acabou com aqueles idiotas de Washington, mas quando fez imitações zombeteiras das vozes dos nossos oponentes, nos deixou vulneráveis a críticas. Não me entenda mal, eles mereciam tudo o que lhes foi dito, mas em um debate, no instante em que você começa a ridicularizar qualquer coisa a respeito de seus oponentes, além de suas posições, você se torna vulnerável a censuras. E foi exatamente o que aconteceu.

O senador Gorton, do estado de Washington, partiu para o ataque quando chegou sua vez de falar: "Só posso dizer que considero sua declaração grosseira, imensa e insensivelmente ofensiva para com as pessoas que estiveram aqui antes; que você tenha conseguido sujar o nome da Primeira Emenda da Constituição dos Estados Unidos, se eu acreditasse que você possui a mínima compreensão sobre ela, o que acredito que você não tenha".

Nossa! A imprensa fez a festa com essa declaração explosiva e até chegaram a usar um vídeo *meu* em ligação a ela porque eu tinha uma aparência mais estranha do que a de Frank. Você não pode dar munição desse tipo para seus inimigos usarem contra você. Pelo menos certifique-se de que eles tenham dado duro por ela.

Quando John Denver foi chamado, você não vai acreditar na bajulação e adulação que se seguiu. Os senadores o adoravam! Frank e eu assistíamos em um monitor de televisão, indignados e ansiosos, esperando para ouvir o que John tinha a dizer... *e então JD deu um couro neles!*

— Permita-me deixar bem claro que sou firmemente contra a censura de qualquer tipo em nossa sociedade e em qualquer outro lugar do mundo.

POW!

— Sr. Presidente, a supressão das pessoas de uma sociedade começa, em minha concepção, com a censura da palavra escrita ou falada. Era assim na Alemanha nazista.

BAM! Você tinha que ver os caras se dispersando quando John os atingiu com essa.

Durante a parte da acareação tanto do testemunho de Zappa quanto de Denver, Al Gore fez um grande papel de bobo, começando suas perguntas ao Zappa com: "Sempre fui fã da sua música, acredite ou não. Respeito você como um artista bastante original e talentoso ao extremo". *Ah, por favor!* Para John Denver, Gore teve de dizer: "É uma honra poder fazer algumas perguntas. Sou um fã há muito tempo, Sr. Denver". *Ah, minha nossa!* Que puxa-saco!

Finalmente, chegou minha hora de falar, e fui formalmente introduzido na sala: "A seguir temos o Sr. Dee Snider... a Irmã Desvairada"[114].

Que porcaria de apresentação foi essa?!

As portas da sala foram abertas e entrei. Botas de pele de cobra de salto alto estalando no chão enquanto eu caminhava. Todos na plataforma me encararam em choque, enquanto a armada da imprensa enlouquecia filmando e tirando fotos. Com quase todas as pessoas na sala usando ternos e vestidos para aquele evento importante – até mesmo Zappa e Denver estavam usando ternos e gravatas –, minhas vestimentas tudo, menos normais eram um pouco inquietantes para os "caretas". *Meus dentes da frente tinham sido afiados até virarem presas, pelo amor de Deus!* Ei, eles queriam um headbanger para suas audiências... foi o que tiveram.

Caminhei até a mesa, tirei meu colete, expondo uma camiseta estampada com meu próprio rosto cheio de maquiagem aos berros, tirei meu discurso do bolso traseiro, me sentei e o desdobrei sobre a mesa. Joe Gerber já estava sentado à mesa (sim, aquele é o agora lendário Joe Gerber à minha direita, em todas as filmagens que você encontra do meu testemunho na audiência), onde ele deveria estar, considerando o quanto ele tinha dado duro para aquela audiência e para escrever o discurso que eu estava prestes a fazer. Ele era meu braço direito.

---

114 O autor foi apresentado como se ele próprio fosse o Twisted Sister, ou seja, a Irmã Desvairada. [N.T.]

Naquele momento, pouco antes de começar a falar, a magnitude do que eu estava fazendo me atingiu. Aquilo era Washington, DC! Aquelas pessoas eram importantes. O mundo estava assistindo! *Que porra eu estava fazendo ali?!*

Quando comecei a ler, a mão que segurava o papel começou a tremer sutilmente. Estava nervoso. Tratei logo de me controlar e, mais ou menos no segundo parágrafo, já tinha recuperado minha presunção. *Eu era a porra do Dee Snider, maldição! Era isso que eu estava fazendo ali!*

DECLARAÇÃO DE DEE SNIDER PARA O SENADO
19 DE SETEMBRO DE 1985

Não sei se é de manhã ou de tarde. Vou dizer os dois. Bom dia e boa tarde. Meu nome é Dee Snider. Soletra-se S-N-I-D-E-R. Recebi um pedido para vir aqui apresentar minhas opiniões sobre "o assunto do conteúdo de certas gravações fonográficas e sugestões de que pacotes fonográficos sejam rotulados para fornecerem um aviso para futuros compradores sobre o conteúdo sexualmente explícito ou outras coisas potencialmente ofensivas".

Antes de tratar desse assunto, gostaria de contar ao comitê algumas coisas sobre mim. Tenho trinta anos. Sou casado. Tenho um filho de três anos. Nasci e fui criado como cristão e ainda sou fiel a esses princípios. Acreditem ou não, não fumo, não bebo nem uso drogas. De fato, toco e escrevo músicas para uma banda de rock and roll chamada Twisted Sister, que é classificada como heavy metal, e me orgulho de escrever músicas que são consistentes com as supracitadas crenças. Já que parece que sou a única pessoa se dirigindo ao comitê hoje que foi alvo direto das acusações feitas pelo supostamente responsável PMRC, gostaria de aproveitar esta ocasião para falar em um âmbito mais pessoal e demonstrar o quão injusto todo o conceito de intepretação e julgamento líricos pode ser e quantas vezes isso pode equivaler a nada menos do que um atentado contra o caráter. Tomei a liberdade de distribuir a vocês materiais e letras que se referem a essas acusações. Houve três ataques em particular que eu gostaria de abordar.

ACUSAÇÃO Nº 1

Este ataque foi encontrado em um artigo escrito por Tipper Gore, o qual recebeu o privilégio de uma página inteira no jornal da minha cidade natal, Long Island. Neste artigo, a Sra. Gore alegava que uma das minhas músicas, "Under the Blade", encoraja sadomasoquismo, bondage e estupro. A letra que ela citou não tem absolutamente nenhuma relação com esses tópicos. Pelo contrário, a letra em questão é sobre cirurgia e o medo que ela inspira nas pessoas. Além disso, o leitor desse artigo é levado a acreditar que os três versos que ela cita são interligados na música, mas, como vocês podem ver, ao ler a letra, os primeiros dois versos citados são uma frase editada do segundo verso e o terceiro verso é uma citação errônea de um verso do refrão. Que a autora me cite de maneira errônea é curioso, visto que fazemos questão de publicar todas as nossas letras no encarte de todos os álbuns. Como criador de "Under the Blade", posso afirmar categoricamente que os... únicos aspectos de sadomasoquismo, bondage e estupro nesta canção estão na mente da Sra. Gore.

ACUSAÇÃO Nº 2

O PMRC levou a público uma lista das quinze letras de músicas que eles consideram algumas das mais ofensivas. Nesta lista, se encontra nossa música "We're Not Gonna Take It", para a qual foi atribuída a classificação V, indicando conteúdo lírico violento. Vocês notarão, com base na letra diante de vocês, que não existe absolutamente nenhum tipo de violência sendo cantado ou implicado em nenhum lugar da música. Bem, me surpre-

ende que o PMRC possa ter confundido nossa representação em vídeo para essa música com o significado da letra. Não é segredo nenhum que os vídeos costumam representar enredos completamente desvinculados da letra da música que acompanham. O vídeo de "We're Not Gonna Take It" apenas teve a intenção de ser um desenho animado com atores humanos representando variações do tema Papa-Léguas/Coiote; cada uma das cenas de ação foi selecionada de minha extensa coleção pessoal de desenhos animados. Vocês notarão quando assistirem ao vídeo inteiro que depois de cada catástrofe sofrida pelo nosso vilão, ele reaparece na próxima sequência incólume do ataque anterior, completamente intacto.

A propósito, fico muito contente em destacar que a organização filantrópica que auxilia as populações carentes, United Way of America, recebeu permissão para usar partes do nosso vídeo de "We're Not Gonna Take It" em um programa que estão produzindo sobre a questão das mudanças nas famílias norte-americanas. Eles fizeram esse pedido pela sua "maneira jovial de tratar o assunto da comunicação com adolescentes".

ACUSAÇÃO Nº 3

Na última terça-feira, um fórum público referente à controvérsia lírica foi realizado em Nova York. Entre os palestrantes, estava a Sra. Gore. Ao tentar conter o maremoto de sentimentos contra essas classificações vindo da audiência, a Sra. Gore fez a seguinte declaração: "Concordo que essa é uma pequena porcentagem de todas as músicas, graças a Deus. Mas está se tornando mais popular. É só olhar para as camisetas que a garotada usa e você vai ver o Twisted Sister e uma mulher algemada meio que com os braços e as pernas esticados". Isso é uma mentira descarada. Além de nunca termos vendido uma camiseta desse tipo, sempre nos esforçamos para nos afastarmos do sexismo em nossos produtos, discos, produções de palco e vidas pessoais. Além disso, sempre promovemos a crença de que o rock and roll não deve ser sexista, mas deve atender tanto os homens quanto as mulheres. Acredito que uma acusação desse tipo é irresponsável, danosa à nossa reputação e difamatória. Desafio a Sra. Gore a apresentar tal camiseta para confirmar sua alegação. Estou cansado de encontrar jovens na rua que me contam que não podem mais tocar nossos discos por causa das desinformações que seus pais estão recebendo do PMRC na TV e nos jornais.

Essas são as únicas três acusações que consegui encontrar. Todas elas são totalmente infundadas. Quem sabe quantas outras coisas falsas e irresponsáveis podem ter sido ditas sobre minha banda ou sobre mim. Acontece que existe uma área em que estou em pleno acordo com o PMRC, assim como com a Associação Nacional de Pais e Mestres e provavelmente com a maioria dos pais neste comitê. Ou seja, é meu trabalho como pai monitorar o que meus filhos assistem, ouvem e leem durante seus anos de pré-adolescência. A total responsabilidade disso recai sobre os ombros da minha esposa e os meus, porque não existe mais ninguém capaz de fazer esses julgamentos além de nós. *Os pais podem agradecer ao PMRC por lembrá-los de que não existe nenhum substituto para a orientação parental. Mas é aí onde o trabalho do PMRC termina.*

A beleza da literatura, da poesia e da música está no fato de que elas deixam espaço para que a audiência insira sua própria imaginação, suas experiências e seus sonhos às palavras. Os exemplos que citei anteriormente deixam bem claro que a música do Twisted Sister está sendo interpretada de maneira bastante errônea e sendo julgada de maneira injusta por adultos supostamente bem informados. Não podemos permitir que isso continue. Não existe nenhuma autoridade que tenha o direito ou o discernimento necessário para fazer esses julgamentos, não eu, não o governo federal, não um comitê da indústria fonográfica, não a Associação de Pais e Mestres, não a RIAA, e com certeza não o PMRC. Gostaria de agradecer ao comitê por seu tempo e espero que meu testemunho ajude vocês a esclarecer esse assunto.

Meu discurso deixou todos atordoados. Será possível que o que eu estava dizendo era verdade? "We're Not Gonna Take It" não é sobre violência? "Under the Blade" não é sobre sadomasoquismo e *bondage*? Nada de drogas? Nada de álcool? Casado, com um filho? Cristão? *Quem diabos era aquela aberração?!*

As perguntas dos senadores vieram em seguida e, graças a todo trabalho de preparação com Joe, lidei com elas com desenvoltura. Meu momento favorito – e mais notável – foi quando o presidente do comitê, o senador Danforth, me disse depois do meu discurso: "Sr. Snider, vamos supor que exista alguma música que, digamos, glorifique o incesto; *não a sua...*".

Vitória!

Então, o momento que eu tanto aguardei tinha chegado. Foi a vez do senador Gore se pronunciar.

Antes que ele pudesse dizer uma palavra que fosse, disparei um alerta:

— Com licença. Você também vai me dizer que é um grande fã da minha música?

Todos na tribuna e *todos* os senadores riram da minha cutucada no puxa-saco.

Gore ficou furioso.

— Não, não sou fã da sua música. — Sem desperdiçar nenhum segundo, Al partiu para a jugular. — Sr. Snider, qual é o nome do seu fã-clube?

Joe e eu tínhamos ensaiado essa até cansar.

— O fã-clube se chama SMF Friends of Twisted Sister.

O senador Gore ficou todo empolgado. *Ele tinha me pegado agora.*

— E o que significa cada uma das letras em *SMF*?

Joe e eu tínhamos discutido o fato de não haver como escapar dessa pergunta, então aproveitei a oportunidade de dizer a palavra com F, em um prédio federal, na frente do mundo todo. *Bem legal quando você pensa nisso.*

— Elas significam *Sick Mutha Fucking Friends of Twisted Sister*.

— Esse também é um grupo cristão? — rebateu o Sr. Todo-Arrogante.

Isso me deixou puto da vida. Odeio pessoas com uma atitude "olha como sou certinho". *Como se ele não falasse palavrão?* Nas palavras imortais do falecido Redd Foxx: "Se você diz que não fala palavrão, vamos lá fora comigo e eu vou prender sua mão na porta de um carro. Você vai dizer *merda, caralho e filho da puta!*".

Controlando minha raiva, disse ao Gore, com uma jogada de cabelo que foi ouvida em todo o mundo:

— Não acredito que obscenidades tenham alguma coisa a ver com o cristianismo. Obrigado. — *Otário.*

Ficamos indo e vindo por algum tempo, com Gore tentando defender a honra de sua esposa. *Tipper precisava* arranjar *um pouco de honra antes que ele pudesse defendê-la!* Quando o debate passou à ideia aparentemente louca que ofereci sobre os pais assumirem responsabilidade pelo que os filhos escutam, Al e eu tivemos essa pequena conversa:

— Vamos supor que as letras não sejam publicadas — perguntou o senador Gore. — Então que escolha um pai tem? Sentar e ouvir *todas* as músicas do disco?

— Bom, se eles estiverem realmente preocupados, acho que eles têm que fazer isso.

Mostrando-se completamente incrédulo diante da minha sugestão, Gore rebateu:

— Você acha que é *razoável* esperar que os pais façam isso?

Isso era fácil demais.

— Ser um pai *não* é algo razoável — respondi, e todos na sala emitiram um coletivo "*Uau!*".

Toma essa!

Em seguida, foi a vez do senador de Washington, D.C., Jay Rockefeller. Ah, um vagabundo estava para sair no braço com um esnobe elitista! O merdinha pulou direto na minha jugular:

— Na veemência com a qual você atacou a esposa do senador Gore, detectei uma atitude defensiva de sua parte, uma falta de convicção sobre sua posição quanto a esse assunto.

Joe e eu queríamos que esse assunto fosse trazido à tona. Todo o aspecto incestuoso daquela audiência do PMRC/Senado era quase impossível de suportar. Queríamos destacar isso e o senhor engomadinho preparou o palco de maneira perfeita.

— Em primeiro lugar, eu não estava atacando a esposa do senador Gore — respondi. — Estava atacando *um membro do PMRC*.

— Você estava atacando a esposa do senador Gore por seu nome — respondeu Rockefeller.

— *O nome dela é Tipper Gore, não é?* — Ao que parece ele tinha se esquecido disso. — Eu *não* disse *a esposa do senador*. Eu disse *Tipper Gore*.

Xeque-mate.

Ao final do meu testemunho, saí da sala e um repórter enfiou um microfone na minha cara.

— Dee, como você se sente?

Sem nem pensar, respondi:

— Sujo.

Essa era a verdade. Nasci nos anos 1950 e cresci nos anos 1960 e 1970. Fui criado acreditando que Washington, D.C., era meio que como Oz; um lugar bonito, especial, onde pessoas excelentes cuidavam do nosso bem-estar e faziam grandes coisas. Claro que eu tinha vivenciado Watergate, o escândalo Irã-Contras e a eleição de um ator de filmes B e cagueta de Joe McCarthy/Comitê de Atividades Antiamericanas para o cargo político mais alto de nosso país, mas eu me atinha à crença infantil de que algumas boas pessoas ainda estavam trabalhando por nós. Não mais. Sentado cara a cara com aqueles oportunistas motivados por interesses pessoais, eles arrancaram o último fiapo de esperança que eu ainda preservava.

Não me entenda mal. Não sou antiamericano de forma alguma. É só que agora sei que a política é um negócio sujo, feio e egoísta, não é lugar para um homem justo, honesto e decente. As pessoas costumam me perguntar se algum dia eu consideraria a ideia de entrar para a política. De jeito nenhum. Sou respeitável demais para sobreviver.

Depois da coletiva de imprensa – onde servi pizza e refrigerante –, voei de volta para casa naquela tarde. Era o aniversário de três anos de Jesse e eu voltei com a sensação de que tinha me encarregado de fazer alguma coisa verdadeiramente positiva, por uma causa importante, e que tinha mandado bem. Eu tinha representado a música que amo e lutado com sucesso contra a negatividade injusta em relação a ela e, analisando o quadro geral, tinha defendido os preciosos direitos da Primeira Emenda de todos os norte-americanos. Eu, um zé-ninguém dos subúrbios de Long Island.

MINHA ALEGRIA TEVE VIDA CURTA. NO INSTANTE EM que cheguei em casa e liguei a televisão nos noticiários, fui bombardeado por relatos distorcidos do que tinha acontecido na audiência daquele dia. Ainda que Frank Zappa, John Denver e eu tivéssemos dado uma surra coletiva no PMRC e nos paus-mandados de seus maridos, os telejornais diários e os jornais noticiaram que o resultado foi na melhor das hipóteses um empate para nós e na pior que os roqueiros levaram uma bela de uma surra. Eles estavam dizendo que tínhamos perdido o debate.

O telejornal *ABC Nightly News*, em uma demonstração sensacional de imprensa amarela, pegou os comentários do senador Gorton sobre o deboche que Zappa tinha feito das esposas de Washington e os combinou com uma filmagem *minha sentado lá como se eu estivesse recebendo um sermão dele!* Em seguida, pegaram minha declaração sobre "We're

Not Gonna Take It" – "Vocês notarão, com base na letra diante de vocês, que não existe absolutamente nenhum tipo de violência sendo cantado ou implicado em nenhum lugar da música" –, editaram para recortar as palavras "Vocês notarão, com base na letra diante de vocês, que" e colocaram em cima de uma cena do pai sendo arrastado pelas escadas retirada do vídeo de "WNGTI". Deturpação em cima de deturpação.

O que percebi tarde demais é que o ganha-pão dos repórteres desses jornais diários depende de seu acesso e do relacionamento com os políticos e as pessoas em Washington, D.C. Eles todos se conhecem e se tratam por seus primeiros nomes; não podem se dar o luxo de comprometer esses relacionamentos. Não havia como um repórter de um jornal diário da capital da nossa nação dizer que um roqueiro maltrapilho chegou na cidade e derrotou políticos experientes em seu próprio território. Claro, os repórteres de jornais mensais relataram o que tinha acontecido de fato, mas se lembre de que eles têm um tempo de aprovisionamento de três meses. A verdade só veio a público em dezembro. Àquela altura, o estrago já tinha sido feito e a opinião das pessoas estava formada. Demoraria um ano para que Frank, John e eu recebêssemos o reconhecimento e o apreço que merecíamos por nossos esforços.

Como se não bastasse, embora eu acreditasse que estava liderando a comunidade do heavy metal para a batalha contra esse assunto importante, descobri que *ninguém* se juntou a mim nessa luta. Fui deixado sozinho com o pinto na mão. Em grande parte, as outras bandas que tinham se transformado em alvos ficaram na surdina e não se pronunciaram sobre o assunto, esperando que a coisa toda fosse esquecida. Alice Cooper me disse que achava que eu era louco por sequer me defender. Ele disse, rindo, que, se fosse ele, teria dito ao comitê do Senado que era tudo verdade e se submetido à mercê do tribunal. Ele é um homem sábio.

Ronnie Dio me repreendeu publicamente por ter tido a audácia de falar em nome da comunidade do heavy metal enquanto eu afirmava repetidas vezes que eu *não* podia falar em nome de mais ninguém além de mim[115]. Mas o toque final veio quando descobri que, depois de envergonhar autoridades norte-americanas em público, meus telefones tinham sido grampeados e minhas correspondências estavam sendo verificadas pelos Federais. Eu tinha me tornado um inimigo público por me defender.

As coisas não pararam por aí.

A maioria dos fãs de rock estava totalmente apática. Eles não compreendiam como isso era importante. E daí se houvesse um aviso nos discos? Isso os ajudaria a saber quais discos eram legais! Eles não compreendiam que qualquer violação dos nossos direitos na Primeira Emenda poderia abrir as portas para futuras censuras ainda maiores. Eles não enxergavam como um adesivo de alerta poderia (e iria) ser usado para impedi-los de ficar sabendo ou até mesmo de ter acesso a esses "discos legais". As lojas, por fim, usariam o adesivo de alerta como uma maneira de segregar as gravações "ofensivas" das outras. Algumas sequer colocariam discos com adesivos de alerta em suas prateleiras, outras não venderiam discos "adesivados", e outras ainda usariam seu poder de compra para forçar as gravadoras a produzir versões editadas e censuradas especialmente para suas redes de lojas. É isso mesmo.

Aquela merda era séria, e a maioria da comunidade que comprava discos simplesmente não entendia.

Como resultado dos ataques do PMRC, do meu testemunho e da deturpação desenfreada da mídia sobre o que aconteceu naquele dia, o Twisted Sister e eu fomos transformados em garoto/banda-propaganda de tudo que havia de errado com o heavy metal. Quando os pais pensavam nos males do gênero, eles de imediato exibiam minha imagem. O Twisted Sister se transformou na banda que os pais usavam como o limite a ser usado com seus filhos. "Ok, filho, você

---

115 Ronnie mais tarde veio a público se desculpar por sua acusação injusta, depois que meu irmão, Mark Snider, que na época estava produzindo um programa na rádio nacional de heavy metal chamado *Metal Shop*, o informou sobre a minha posição na audiência. Obrigado, Mark.

pode comprar o disco do Mötley Crüe, mas não aquele do Twisted Sister!" "Mocinha, você pode ver o tal de Iron Maiden, mas pode esquecer aquele Twisted Sister!" A garotada sabia que éramos uma das bandas de metal menos ofensivas – e nossa popularidade estava diminuindo –, portanto eles ficaram felizes em nos "sacrificar" pelo bem do restante de suas bandas favoritas.

Lembro-me de conhecer um garoto depois de um dos nossos shows da turnê do *Come Out and Play*, que o Dokken abriu, e ele não parava de falar que sua banda favorita de todos os tempos era o Twisted Sister, o tempo todo usando uma camiseta do Dokken novinha que ele tinha acabado de comprar na barraca de merchandising. Quando perguntei por que ele não tinha comprado uma camiseta do Twisted Sister, ele respondeu: "Se meus pais soubessem que eu estava vindo ver vocês nesta noite, eles me matariam!". Que ótimo.

Até mesmo a MTV nos usou como bode expiatório para pacificar os "pais preocupados". Depois de uma exibição inicial fraca para o disco *Come Out and Play* e do vídeo para "Leader of the Pack", eles decidiram banir nosso vídeo de "rock zumbi" para "Be Chrool to Your Scuel", que incluía participações de Bob Goldthwait, Lainie Kazan, o mestre do terror Tom Savini e Alice Cooper. Disseram que o conteúdo zumbi era "nojento demais" para a MTV e nenhuma edição daria um jeito nele. O quê?! Não era pior do que "Thriller", a obra cheia de zumbis de catorze minutos de duração ganhadora do MTV Award, de Michael Jackson, mas o nosso era impossível de ir ao ar? Como os fãs, a MTV descobriu que poderia aplacar os pais ao banir o Twisted Sister e que isso teria pouco efeito em sua audiência. Canalhas.

Clique. Clique. Clique.

Antes mesmo que o nosso disco *Come Out and Play* estivesse terminado, os vídeos filmados ou a turnê mundial começado, todas as peças da implosão da nossa carreira que teria proporções épicas estavam se encaixando... e nós sequer a vimos chegando.

43
O QUE VOCÊ QUER DIZER COM "NINGUÉM APARECEU"?

EM ANTECIPAÇÃO DA FUTURA DEMANDA POR PRODUTOS DO Twisted Sister, decidimos filmar nossos dois primeiros videoclipes com antecedência e criar uma compilação de vídeos para *Come Out and Play*, que incluiria "We're Not Gonna Take It" e "I Wanna Rock", todos conectados por um vago enredo. Essa era mais uma coisa que a banda teria de financiar.

De novo, juntamos forças com Marty Callner (por que procuraríamos outra pessoa?), ele e eu planejamos criar mais vídeos do tipo que a audiência da MTV esperava do Twisted Sister: comédias de rock divertidas e cheias de risadas.

Pela primeira vez, Marty me deixou cuidar da criação dos roteiros por conta própria. Desde minhas experiências maravilhosas criando os dois primeiros videoclipes (tive pouco envolvimento no vídeo de "The Price"), eu tinha decidido a me tornar roteirista. Não tinha ideia de como fazer algo assim, mas isso nunca havia me impedido antes. Eu aprenderia. Estava claro que tinha ideias que as pessoas achavam interessantes; só precisava aprender a maneira certa de apresentá-las para as produtoras e os estúdios de filmagem. Dito isso, eu estava mais do que preparado para escrever as próximas obras de arte em vídeo do Twisted Sister.

"Leader of the Pack" seria o nosso primeiro single e vídeo. Tinha certeza de que essa era a faixa que romperia quaisquer barreiras que restavam para o Twisted Sister e nos levaria ao nível de Springsteen, Prince e Madonna. Não, não estou brincando! Acreditava que eu/nós éramos a banda que poderia levar o metal ao grande público.

Preciso destacar que *El Presidente* da Atlantic Records foi uma das poucas pessoas que questionaram (abertamente) minha escolha dessa música. Em uma longa conversa telefônica, na qual me recusei a ouvir qualquer outra opinião a não ser a minha, ele me disse: "Essa faixa ou vai fazer do Twisted Sister a maior banda do mundo ou ela vai acabar com sua carreira".

Clique.

Assegurei ao confuso presidente da minha gravadora que ele não tinha nada com que se preocupar. O Twisted Sister vinha tocando "Leader of the Pack" desde os dias nos clubes; ela estava em um dos nossos primeiros lançamentos, *Ruff Cutts.* Nosso público mais fiel com certeza a adoraria. A versão original do Shangri-Las foi um genuíno megassucesso mundial que chegou ao primeiro lugar das paradas em 1964 e tinha passado pelo teste do tempo. Quase todo mundo conhecia a versão original do Shangri-Las. Aquela era a faixa para lançar primeiro, insisti. Espere só até ele ver o vídeo.

Dando continuidade à ideia de incluir ícones do cinema como estrelas convidadas nos vídeos, Marty e eu nos deparamos com Bob Goldthwait, que tinha acabado se tornar uma estrela bem-sucedida com seu papel em *Loucademia de Polícia 2,* com Zed, e estava estourando como comediante de stand-up. Uma oferta foi feita por intermédio de seus agentes e ele aceitou o papel. "Bobcat" e eu logo nos tornamos amigos íntimos.

A cena de abertura de "Leader of the Pack" foi filmada em uma loja, em noite de Halloween, na Santa Monica Boulevard, em West Hollywood – bem no meio do desfile anual de Halloween. Assim como o mesmo desfile em West Village, Nova York, ele é dominado pela comunidade gay local, que liberava – às vezes literalmente – tudo. É muito divertido.

Lembro-me de estar sentado dentro de uma van comercial na rua do lado de fora do local da filmagem, escondido da multidão de foliões, com as portas abertas para que eu ainda pudesse ver o que estava acontecendo, quando uma drag queen de passagem me avistou, virou e começou a cantar: "You're gonna burn in hell!". Demais! Espere... *quê?*

As filmagens de ligação entre todos os quatro vídeos foram feitas em Los Angeles, em uma siderúrgica desativada onde as cenas do "mundo do futuro", do filme *Exterminador do Futuro*, tinham sido gravadas. Elas exigiam a reunião dos atores principais de todos os três vídeos "atuados" e do que ainda estava por vir. Dax Callner (o garoto que se transformou em mim em "We're Not Gonna Take It"), Bob Goldthwait (o lojista em "Leader of the Pack" e futuro professor em "Be Chrool to Your Scuel") e o garoto gordo (queria muito lembrar o nome dele!) de "I Wanna Rock" estavam todos reunidos.

O vídeo de "Leader of the Pack" inclui uma mudança sutil – mas importante – em relação aos anteriores. Uma que não fiz de maneira consciente, mas que diz muita coisa: o Twisted Sister não chega a se apresentar como uma banda no vídeo. Sequer chegamos perto de instrumentos musicais. Todos os vídeos anteriores, no final, retornavam ao que fazíamos de melhor: detonar no palco. Não aquele. Não vou nem especular sobre o significado disso, mas tenho certeza de que um psiquiatra se esbaldaria com as "ramificações psicológicas dessa decisão subconsciente". Isso com certeza foi um erro criativo de minha parte. Nós, do Twisted Sister, sempre deveríamos ter permanecido roqueiros do heavy metal acima de tudo. Ponto-final.

O segundo vídeo de *Come Out and Play*, para "Be Chrool to Your Scuel", foi caro e incrivelmente complicado. Minha ideia era ter um professor jovem (Bobcat Goldthwait) com dificuldades para se conectar com sua turma. Completamente desrespeitado pelos alunos (como tantos professores jovens do ensino médio são), o professor encontra consolo ao ouvir sua banda favorita, Twisted Sister, em seu Walkman na sala dos docentes. Sim, chegou a passar pela minha cabeça que teve o professor sendo cruel com os garotos no vídeo de "I Wanna Rock" e agora os alunos é que seriam cruéis (mais ou menos) com o educador. Para mim, a música do Twisted tinha um apelo ao grande público, e essa foi uma maneira de expressar isso. Fazê-lo pode ter sido mais um de uma série que gosto de chamar Os Maiores Erros de Dee Snider.

De volta ao conceito do vídeo. Enquanto ouvia nossa música, o professor pega no sono e sonha que se transformou em Dee Snider, seus colegas de trabalho se transformaram nos outros integrantes do Twisted Sister e em Alice Cooper, e a escola se transformou em uma "escola para zumbis". Ótima ideia, certo? Executá-la foi uma história completamente diferente. Não só precisávamos de uma escola que pudéssemos destruir, pintar e encher de teias de aranha para nosso cenário, como também de uma escola cheia de alunos que seriam transformados em zumbis e encheriam as cenas na sala de aula, nos corredores, no ginásio e na cantina.

Mais uma vez, eu tinha de conseguir o melhor. Como fã de *Despertar dos Mortos* e do gênero de terror em geral, sabia que havia apenas uma pessoa capaz de fazer a maquiagem especial para as filmagens: Tom Savini. O homem era (e ainda é) uma lenda da maquiagem para filmes de terror e estabeleceu o padrão para maquiagens de zumbis. Nenhuma outra pessoa serviria. Tom concordou em trabalhar no vídeo e também em atuar (você o viu em filmes como *Um Drink no Inferno* e *Planeta Terror*). Ele foi escolhido para o papel de professor que se transforma em Alice Cooper, que já estava confirmado para as filmagens. Bônus.

Encher a escola com alunos transformados em zumbis não seria um problema. Tantos fãs apareceram quando anunciamos as audições abertas para "I Wanna Rock", que tivemos de chamar a polícia para controlar a situação. O Twisted Sister era uma banda maior do que nunca; a quantidade de fãs que apareceria para essas audições abertas seria uma loucura. Pela minha proeminência e a grande multidão prevista,

Marty Callner achou melhor que eu ficasse de fora da escolha do elenco. Marty e sua equipe, com a força de segurança contratada para controlar a multidão, cuidariam disso. Lembro-me de me despedir de Callner e sua equipe naquela noite; Marty estava levando um megafone para que pudesse se dirigir à enorme multidão que estávamos esperando.

Quando eles voltaram algumas horas depois, toda a equipe de produção parecia bastante abatida.

— Como foi? O que aconteceu? — perguntei.

— Não tinha ninguém lá — respondeu Marty.

Clique.

— O que você quer dizer com "não tinha ninguém lá"? — perguntei, completamente confuso.

— Ninguém apareceu para as audições abertas. Não se preocupe, podemos contratar um monte de figurantes.

Ninguém apareceu? Que negócio era esse? Eu tinha ouvido os anúncios no rádio e visto a enorme propaganda no jornal musical local. Não havia como as pessoas não saberem da audição. Por que elas não apareceram? Eu tinha tantas outras questões relacionadas à produção e gravação com as quais lidar, que parei de pensar nisso de imediato. Tinha de ser só um acaso infeliz.

Com Bob Goldthwait, Alice Cooper, Tom Savini e Lainie Kazan, como a moça da cantina, a gravação de "Be Chrool to Your Scuel" foi incrível. A transformação da escola e a maquiagem de zumbi que Tom Savini aplicou em nossos extras[116] foram de primeira. Demorou tanto tempo para aplicar a maquiagem neles, e a filmagem no primeiro dia avançou até tão tarde, que pedimos aos nossos zumbis se eles se importariam de voltar para casa de maquiagem, dormir com ela e voltar no dia seguinte "prontos para as câmeras". Todos eles concordaram e tiveram alguma história para contar na manhã seguinte.

---

116 Alguns anos depois, enquanto eu assistia ao vídeo com meus filhos, avistei um então desconhecido Luke Perry (normal e transformado em zumbi) na sala de aula.

"Be Chrool to Your Scuel" acabou virando um dos nossos melhores vídeos. Uma pena que ninguém conseguiu assisti-lo.

A INICIATIVA DE "COME OUT AND PLAY" FOI UM empreendimento enorme e exigiu uma grande soma de dinheiro, muito maior do que a banda poderia pagar ou que a gravadora estava disposta a desembolsar. Eu aceitava apenas o melhor para cada aspecto do projeto. O dinheiro entraria depois do lançamento do álbum *Come Out and Play* e assim que a turnê começasse. De minha parte, dinheiro não era nenhum empecilho.

Imitando a especialidade das capas dos álbuns do meu herói, Alice Cooper, a capa de *COAP* foi do tipo *pop-up* em relevo única, feita sob encomenda. Além dos gastos óbvios do projeto e da mecânica da capa, o disco *COAP* incluía uma tampa de bueiro com o logo TS que fazia com que eu pulasse para fora quando a tampa era levantada. Nada de tampa de bueiro falsa em miniatura para o Twisted Sister. Para a sessão de fotos para a capa, insisti que uma tampa de bueiro verdadeira de ferro fundido fosse feita com um trecho de "rua" asfaltada de quatro metros por quatro metros onde a tampa do bueiro seria depositada. Agora isso que é heavy metal[117] (e asfalto).

Para dar um aspecto autêntico à arte de grafite usada na capa e na contracapa, contratamos uma equipe dos melhores grafiteiros de Nova York. Eles trabalharam na capa do disco, desenharam nossos logos individuais para a parede de grafite, fizeram a arte em nossos adereços de palco e até mesmo grafitaram minhas roupas de palco para a turnê.

A contracapa do álbum foi um projeto e tanto. Eu não queria aceitar que os logos grafitados dos integrantes da banda fossem desenhados

---

117 Trocadilho com a palavra heavy metal, que quer dizer, literalmente, metal pesado, associando--a à tampa do bueiro. [N.E.}

sobre a foto depois que tivéssemos tido nossas fotos tiradas diante da parede. Eu insistia que tudo tinha de ser autêntico, e alugamos um estacionamento vazio com uma parede que nossos artistas "marcaram". A pintura da parede enorme e a sessão de fotos demoraram dois dias, mas não levamos em consideração um grande problema que surgiu.

Grafiteiros são territorialistas, e ter outro grupo de artistas de outra parte de Nova York marcando paredes ali quase causou uma completa guerra de territórios. Tivemos de contratar seguranças vinte e quatro horas por dia para evitar que a arte fosse estragada e proteger todos os envolvidos de ataques em potencial. No instante em que a sessão de fotos terminou, a parede foi pintada e tudo voltou a se acalmar.

A turnê mundial de *COAP* precisava ser grandiosa. Minha ideia para o palco era ter uma rua urbana, incluindo uma calçada. O projeto incluía um prédio de apartamentos de arenito vermelho de três andares com janelas superiores acessíveis para performances durante o show, havia a fachada de uma loja de doces por onde Eddie sairia, um ferro-velho pelo qual Mark the Animal entraria no palco, um carro incendiado que Jay Jay usaria para sair para o palco, tudo sob uma ponte de trem. A "rua" (área de apresentação) tinha até uma recriação da tampa de bueiro da capa (feita de madeira para que eu pudesse levantá-la sem me humilhar) por onde eu rastejaria e subiria no palco. A bateria de A.J. foi pintada e projetada para parecer latas de tinta e de lixo que "emergiam" pelas portas da frente do prédio de arenito vermelho no começo de cada show. Era fantástico!

Eu queria que o palco se parecesse um pouco com um palco da Broadway, não com um show de rock. Todas as luzes, os amplificadores, os gabinetes de alto-falantes e outros equipamentos ficavam escondidos para não estragarem o visual teatral da produção. Trazer essa visão à vida foi um enorme empreendimento.

Mais uma vez, Suzette desenhou e costurou todas as roupas de palco, e sem limites de orçamento, ela se superou. Pela primeira vez, a banda (além de mim) deixou para trás as calças de lycra e vestiu jeans ras-

O QUE VOCÊ QUER DIZER COM "NINGUÉM APARECEU"?

gados, o que deu início a uma nova tendência no mundo do hair metal. Ao longo da história do Twisted Sister, os desenhos de Suzette foram inovadores e influenciaram grande parte dos estilos dos anos 1980, mas ela não recebeu nenhum crédito por isso.

Como você pode imaginar, foi extremamente caro projetar, construir e transportar um show como esse de cidade em cidade. Eram precisos uma enorme equipe, uma quantidade de caminhões e ônibus sem precedente e, é claro, tudo tinha de ser do bom e do melhor. Ou seja: muito dinheiro. Eu não dava a mínima. Éramos a porra do Twisted Sister, uma das maiores bandas do mundo (eu achava), e aquela seria a derradeira declaração da minha carreira e com sorte... *o fim da minha carreira no rock.*

Aqueles de vocês que estão por dentro devem estar pensando: *Ele queria que o álbum e a turnê fossem um fiasco?*. Claro que não. Enquanto eu escrevia essa afirmação, na verdade, dei risadinhas, porque essa é a primeira vez que me dei conta de que meu desejo tinha sido realizado, mas não da maneira que eu queria. Valeu, Satã. *Estou brincando!*

Sempre planejei me aposentar do rock aos trinta e cinco anos e viver feliz para sempre. Costumava fazer essa declaração em entrevistas e até proclamei isso em resposta a uma pergunta na audiência no Senado. O senador Rockefeller me perguntou sobre minha habilidade de monitorar a música que meu filho escuta, que na época estava com três anos, quando ele tivesse doze, se eu sempre estava na estrada. Respondi: "Para ser totalmente honesto, estarei aposentado daqui a nove anos". *Bem aposentado.* Na melhor das hipóteses eu visualizava mais um álbum e uma turnê depois daquele, então eu precisava fazer aquele valer a pena.

Então, de onde tiramos o dinheiro para financiar tudo isso? Por não ser um cara bom com números, não posso apresentar todos os pontos específicos, mas sei que a gravadora desembolsou seu investimento "normal" (o pagamento adiantado para o orçamento de gravação e de alguns custos dos vídeos que teríamos de reembolsar) e a banda entrou com o que dava. Também conseguimos dinheiro com os distribuidores do vindouro *home video*, mas o maior influxo de dinheiro veio na forma do maior adiantamento jamais dado a uma banda por uma empresa de merchandising.

A Winterland Productions de San Francisco era a maior empresa de merchandising de rock da época. Eles – como praticamente todo mundo – sabiam que o disco e a turnê que viriam depois de *Stay Hungry* seriam gigantescos. Eles queriam ficar a cargo de nosso merchandising e concordaram em nos dar um milhão de dólares como adiantamento pelas vendas futuras para garantir o acordo. Isso era exatamente o que precisávamos para fazer com que toda a iniciativa virasse realidade, e *todo mundo* concordou em investir todo o adiantamento na produção. A banda não ficou com nem um centavo. Deveríamos estar comprometidos. Quero dizer, *estávamos* bastante comprometidos.

Nosso acordo com a Winterland tinha uma ressalva. Os advogados deles insistiram que cada um de nós assinasse o contrato pessoalmente e não como uma corporação, nos tornando individualmente responsáveis pelo adiantamento total. Não sei ao certo se entendi isso direito na época, mas mesmo que tivesse entendido, eu teria assinado de qualquer maneira. Nem em um zilhão de anos as coisas fracassariam. Mas fracassei.

Não acho que nenhum empresário ou advogado que se preze deveria deixar seu cliente assinar pessoalmente algo como aquilo, não importa o quanto o artista insista. Eu na época era um rinoceronte em modo de ataque e ninguém poderia ter me feito mudar de ideia sobre nada, mas alguém deveria ter comprado o dardo tranquilizante mais poderoso disponível e me abatido antes que eu assinasse. Mas, para ser justo, acho que eles (nosso empresário e advogado) devem ter "tomado do mesmo veneno". Todos eles acreditavam que Dee Snider e o Twisted Sister não eram capazes de fracassar.

Mas fracassei. *Pra valer.*

COME OUT AND PLAY ESTAVA AGENDADO PARA SER lançado pouco antes do Dia de Ação de Graças, e as encomendas antecipadas das lojas de discos foram enormes. Ao passo que elas tinham inicialmente comprado cinco, seis ou talvez uma dúzia de cópias de *Stay Hungry* antes de seu lançamento, dessa vez elas estavam comprando trinta, quarenta, cinquenta ou até mesmo cem cópias em antecipação da grande demanda do período das festas. Esse foi o primeiro de nossos álbuns a ser disponibilizado no novíssimo formato de disco compacto – o recheio definitivo para as meias de Natal –, portanto as lojas estavam encomendando LPs, fitas cassete *e* CDs. Todos tinham certeza de que *COAP* seria o presente de Natal para o roqueiro em sua casa.

Assim que foi lançado, o single "Leader of the Pack" teve uma boa recepção nas rádios e na MTV, com centenas de estações adicionando-o ao seu repertório e a MTV transformando o vídeo em Clipe Mais Pedido da Semana, colocando-o de imediato em alta rotatividade. Lembro-me de assistir à estreia mundial do vídeo na MTV, e do VJ Mark Goodman apresentando-o, dizendo: "Aqui está, pela primeira vez em qualquer lugar, outro vídeo *caricatural* do Twisted Sister".

Clique.

Caricatural? O Twisted Sister não era um desenho animado. Ou será que era? Essa, com certeza, não era minha intenção.

No dia em que "Leader of the Pack" foi lançado nas rádios, passei o dia inteiro em uma turnê por todas as estações de rádio na área com mais fãs do Twisted Sister, a região dos três estados, para lançar o single. Em uma limusine acompanhado de meu guarda-costas, Vic, e um representante da Atlantic Records, começamos ao raiar do dia e fomos de estação em estação o dia todo. Eu esperava encontrar fãs enfileirados diante das estações para me conhecer quando eu chegasse. Não tive essa sorte. A falta de fãs me chocou. O que diabos estava acontecendo?

Clique.

Então, chegou o dia em que ouvi "Leader of the Pack" na rádio pela primeira vez. Quando a música entrou logo depois de outra faixa popular de rock, "LOTP" tinha um som terrível. Não só ela não "estourava", como também soava como se tivesse caído em um buraco. Não havia como ela chamar a atenção de um ouvinte de rádio casual.

Clique.

A verdadeira demanda pelo álbum *Come Out and Play* foi tudo menos impressionante. Ele estava vendendo, mas com certeza não estava saindo voando das prateleiras. Mas tudo é relativo, não é? Quando estávamos começando, tínhamos sorte se uma loja de discos tivesse em estoque três ou quatro cópias do nosso álbum. Antes de o SoundScan (rastreio computadorizado de vendas) começar a ser usado nos anos 1990, os representantes das gravadoras ligavam para as lojas a cada semana para ver como o produto estava vendendo, se três das quatro cópias tivessem sido vendidas e a loja tivesse recebido algumas pessoas procurando o álbum, o vendedor da loja dizia algo como: "Eles estão vendendo como água!".

Palavras impressionantes para ouvir sobre uma banda.

Agora, vamos voltar ao quarto álbum, com trinta ou quarenta cópias nas prateleiras. A mesma loja pode ter vendido vinte cópias na primeira semana, mas quando ela recebeu aquela ligação da gravadora e o vendedor foi verificar e viu que ainda havia vinte cópias nas prateleiras, ele provavelmente disse algo como: "Temos um monte deles". Isso passa uma impressão bastante diferente, não? E ainda assim tínhamos vendido cinco vezes mais do que antes!

Lembro quando o álbum *For Those About to Rock,* do AC/DC, foi lançado; ele foi o sucessor de *Back in Black*, que tinha vendido mais de dez milhões de cópias (agora já vendeu quarenta e cinco milhões de cópias em todo o mundo). As expectativas estavam tão altas, que, quando vendeu *apenas* três milhões e meio de cópias, a indústria musical o chamou de fracasso. *Três milhões e meio de cópias?! For Those About to Rock* um fiasco?! O Twisted Sister estava sofrendo dessa mesma mentalidade da indústria (ainda que com certeza não no mesmo nível).

Sem dúvida, estou dando desculpas para as vendas vagarosas do disco, mas só estou tentando mostrar o que esse álbum estava enfrentando.

E as coisas ficaram piores.

Enquanto nos aproximávamos das Festas, tendo acabado de concluir uma semana de ensaios gerais com o enorme palco novo para nossa turnê futura, eu estava dominado por incertezas. As vendas de ingressos antecipados para os shows vindouros foram modestas. De qualquer forma, eu ainda tinha certeza de que assim que caíssemos na estrada e começássemos a fazer o que fazíamos de melhor – tocar ao vivo – tudo entraria nos eixos e o plano de mestre de *Come Out and Play*, no fim das contas, seria o sucesso gigantesco que estava destinado a ser.

Quem dera.

44
E, ENTÃO, A BOMBA EXPLODIU

APESAR DA CRESCENTE PREOCUPAÇÃO SOBRE O FUTURO DO disco e da turnê de *Come Out and Play*, ainda passei as festas me sentindo uma estrela do rock. *Mais do que tudo, eu sou adaptável.* Sempre consigo encontrar um modo de racionalizar minha situação ou me posicionar para continuar seguindo em frente. Oras, foi assim que conquistei Suzette. O mesmo ego descontrolado que levou você (me refiro a qualquer músico batalhador) ao topo não permitirá que você acredite ou reconheça que pode estar perdendo sua estrela. Eu era uma estrela do rock rica e famosa e nada poderia ou iria mudar isso. Era o que eu pensava.

O Natal estava chegando, e Suzette, Jesse e eu fomos ver a árvore de Natal no Rockefeller Center como uma verdadeira estrela do rock e sua família; fomos de limusine. Quando Jesse e Suzette saíram para visitar a árvore, eu a espiei por uma janela um pouquinho aberta, para que ninguém me reconhecesse. Eu quase pude sentir seu cheiro. Enquanto espiava, meu motorista (meu amigo de infância, Russ DiBenadetto) me disse:

— O Howard Stern estava falando de você hoje.

— Quem é Howerd Stern? — Sinceramente não sabia. Eu vinha sendo um vampiro do rock desde 1974. Nunca ouvia rádio durante o dia.

Howard estava cuidando da transmissão vespertina da K-Rock (das 14h às 16h) e, embora estivesse ganhando fama bastante depressa, ele nem de perto era o colosso que se tornaria alguns anos depois.

— Ele estava falando como acha você feio — continuou Russ.

— Ah, é? — Dei risada. Eu tinha criado uma carapaça tão espessa ao longo dos anos, que nada do tipo conseguia me afetar. Existe um velho ditado: "Falem mal, mas falem de mim". Contanto que falem meu nome o mais correto possível (a pronúncia errada, *Schneider*, é um pouco irritante), eles podem dizer qualquer merda que queiram... contanto que não tentem dizer na minha cara.

— É — continuou Russ —, ele vai aparecer no David Letterman hoje à noite.

— É mesmo? — Eu me virei para olhar pela janela do outro lado da limusine. Estávamos estacionados bem na frente do 30 Rockefeller Center[118], onde o *Late Night with David Letterman* era gravado todos os dias — Que horas são? — Uma ideia estava se formando em minha mente.

— Cinco horas... Por quê?

Tinha sido convidado para o programa do Letterman mais cedo naquele ano e conhecia seu cronograma de filmagem. O programa noturno era filmado por volta das 17h todas as tardes.

— Vou dar ao Howard Stern um gostinho da realidade — dito isso, saí do carro em disparada e entrei no 30 Rock.

Além de ter um dos rostos mais reconhecíveis do rock (e estávamos em Nova York, minha base principal), a equipe sabia quem eu era graças à minha aparição. Visto que aqueles eram tempos diferentes em se tratando de segurança, de imediato fui bem recebido pela equipe da NBC e acompanhado ao estúdio do Letterman. Saí do elevador e outra vez fui recebido de braços abertos por todos que trabalhavam no programa.

— Onde está o Howard Stern? — perguntei.

Supondo que eu fosse um amigo, eles me guiaram até o camarim dele. Bati com raiva na porta, gritei: "Howard Stern!", em seguida abri a porta com violência.

---

118 Não é mais permitido estacionar na frente do 30 Rockefeller Center; eles fecharam a rua por motivos de segurança.

No interior do camarim encontravam-se uma atraente mulher negra (Robin Quivers), um sujeito bastante normal de cabelos um pouco longos (Fred Norris) e um nerd alto de óculos, de cabelo meio afro e bigode (nada parecido com sua aparência de hoje) com uma expressão de terror no rosto. Aquele tinha de ser o Howard Stern.

— O que você disse sobre mim, seu filho da puta?! — gritei enquanto atacava como o boneco da tribo Zuni, da *Trilogia do Terror*, de Karen Black. Os outros assistiam em choque enquanto eu agarrava o Howard e o prendia contra a parede. Howard se encolheu de medo, como era esperado; eu sou um cara alto e assustador.

Então, comecei a rir.

— Você não está com raiva? — perguntou Howard, sem confiar em minha mudança de atitude.

— É claro que não. Estou cagando e andando para o que você diz. (Contanto que não seja na minha cara.) Estava só zoando com você.

Com isso, começamos a conversar. Howard era um ano mais velho do que eu, tinha crescido em uma cidade perto da minha, era o melhor amigo de um sujeito da minha vizinhança (Dr. Lou) e até tinha matado o tempo no mesmo parque que eu (Coes Neck Park). Em uma tentativa de impressionar o homem com a maior juba do rock, Howard pegou uma foto dele da época do ensino médio, com cabelo extremamente longo. *Eu me lembrava dele!* Ele era o sujeito branco e alto com cabelo maluco que jogava basquete com todos os garotos negros. Quando contei ao Howard como era minha aparência (cabelo afro-castanho, grande, crespo e dividido no meio, com um bigode), ele se lembrou de mim como o sujeito com cabelo maluco que ele costumava ver jogando *paddle ball* perto das quadras de basquete.

Conforme a conversa desenrolava, ficou claro que éramos bastante parecidos. Estávamos com nossas esposas havia anos, não bebíamos nem usávamos drogas, morávamos bem perto um do outro no litoral norte e ele tinha uma filha (Emily) da mesma idade de Jesse.

Por não ter nenhum amigo de verdade de igual estatura, achei que Howard e eu poderíamos nos tornar amigos. Ele era um nerd, mas parecia ser um sujeito muito legal. Eu era um sujeito legal – que costumava ser um nerd. Sugeri que nos reuníssemos com nossas esposas e nossos filhos algum dia e trocamos números de telefone. Howard e eu só fomos nos encontrar de novo alguns meses depois, mas fiquei sabendo que ele – do modo como eu viria a descobrir seu feitio – saiu tagarelando no dia seguinte como sempre quis um amigo que fosse uma estrela do rock, e quem ele arrumou? *Dee Snider*. Ao que parece, ele poderia ter se saído muito pior.

QUANDO ENSAIAMOS PARA A TURNÊ MUNDIAL DE *Come Out and Play* com a produção de palco completa pela primeira vez, foi algo definitivamente formidável. O cenário de rua de Nova York, a iluminação dramática e a abertura incrivelmente poderosa com cada integrante da banda emergindo de uma peça diferente do cenário eram uma beleza de se ver. O Twisted Sister tinha reinventado a roda de um show dramático de metal. Uma pena nunca termos pensado em filmar sua curta vida para a posteridade.

Cada um dos elementos do meu conceito em camadas elaboradas também estava perfeito. Desde o formato do álbum às roupas, o merchandising, o programa de turnê e o *home video*, cada aspecto dele foi executado com perfeição.

No dia 8 de janeiro, iniciamos a turnê em Binghamton, Nova York, para uma casa com metade de sua capacidade. Mesmo com uma forte banda de abertura, o emergente Dokken, os números não foram bons. As vendas de ingressos no geral para nossos futuros shows também foram medianas. Éramos a atração principal em arenas e não estávamos nem chegando perto de esgotar os ingressos. Continuei dizendo a mim mesmo que só estávamos tendo um começo morno, e assim que as notícias sobre o nosso show maravilhoso se espalhassem e nos aproximássemos de fato das datas dos shows, as vendas de ingressos melhorariam. Elas tinham de melhorar.

Antes de um show, eu sempre entrava em meu modo de ataque. Estava me preparando para uma batalha. O público metal pode ser notoriamente difícil, e eu acredito que você precisava mostrar a eles quem é o chefe logo de cara, ou você pode ser comido vivo. Quando subi no palco naquele primeiro show da turnê em Binghamton, pronto para a guerra, fui recebido por gritos de deleite dos jovens fãs de pop-rock que tinham ido nos ver. Eles gostavam de nós, realmente gostavam de nós.

Para piorar as coisas, o repertório que eu tinha preparado para a turnê era o nosso típico ataque metal – leve pelo lado do metal mais pop, pesado pelo lado do verdadeiro metal. Era o repertório completamente errado para aquela plateia. Eles ficaram bastante confusos com músicas como "The Fire Still Burns" e "Tear It Loose". Eles queriam ouvir as músicas divertidas e engraçadas.

O público do Twisted Sister mais fiel ao metal tinha desaparecido.

Cabum!

O último ferrolho do cadeado da derrocada de nossa carreira se encaixou, e o barulho foi ensurdecedor. Os verdadeiros SMFs, nossos fãs originais, os fãs fiéis que tinham estado conosco desde o comecinho... tinham nos abandonado. Sei que eles sentiam que nós os tínhamos abandonado.

Para o show seguinte, joguei fora o repertório que tinha escrito (e ensaiado) para a turnê e criei um muito mais "feliz". Precisávamos atender o público que tínhamos, não o que gostaríamos de ter.

Algo confuso em relação à turnê foi a fanfarra da imprensa antes de cada show. Não combinava com as fracas vendas de ingressos. Em cada cidade, a imprensa exigia que eu fizesse uma coletiva de imprensa (nunca as fazia com a banda). Com todo esse interesse por parte da imprensa mainstream, eu não conseguia entender por que as vendas de ingressos não estavam sendo mais fortes. Por volta do quarto ou quinto show a ficha caiu.

Depois de responder à costumeira torrente de perguntas sobre a audiência do Senado/PMRC, interrompi o evento e fiz uma pergunta à imprensa. "Alguém aqui tem alguma pergunta sobre o Twisted Sister, nosso álbum ou nossa turnê?"

Silêncio.

Eu me dei conta de que ninguém da imprensa ou da mídia parecia se importar com a banda. Frank Zappa e Tipper Gore estavam fazendo o circuito dos programas de entrevistas, dando continuidade ao debate sobre censura e mantendo o assunto bastante vivo, mas eu não tinha nenhum interesse em fazer isso. Eu era uma estrela do rock, não um político.

Aquela foi a última coletiva de imprensa que fiz enquanto seguíamos nos apresentando noite após noite para um público bastante aquém. Começando pelo noroeste, estávamos tocando em nossa região mais forte, portanto tivemos alguns vislumbres de esperança. Dois shows com ingressos esgotados no Radio City Music Hall e uma arena com os ingressos quase esgotados na Filadélfia, mas à medida que nos afastávamos do noroeste, nossos números começavam a despencar.

Tínhamos tantas coisas trabalhando contra nós. Como eu disse antes, por sermos os garotos-propaganda de tudo que havia de errado no rock, nos tornamos a banda que os pais proibiam os filhos de verem. E a maior parte do nosso novo público precisava da permissão do papai e da mamãe (e às vezes de suas companhias) para frequentar nossos shows. Perfeito.

E havia aquela cidade no Texas que tinha de fato aprovado uma lei específica para manter o Twisted Sister longe de lá. Ao banir qualquer performance que promovia o oculto, as drogas e o álcool, as bestialidades, o sexo pervertido ou a violência, os governantes da cidade estavam certos de que tinham tomado todas as precauções necessárias para manter a banda bem longe. Quando – sabendo que nossa música e filosofia não tinham nada a ver com essas coisas –marcamos uma data mesmo assim, os pais da comunidade, preocupados, foram ao nosso show e se sentaram bem na fileira da frente, prontos para prestar queixas e fazer com que o show fosse interrompido e que fôssemos presos por infringir a nova lei. Ao final do show, aqueles pais na fileira da frente estavam *literalmente* em cima do palco agitando com a gente.

No dia seguinte à nossa partida, os políticos locais ajustaram a lei para limitar os níveis de decibéis nos shows. Era tão limitador, que nunca poderíamos voltar. O Twisted Sister não tinha sossego.

Um mês após o início da nossa turnê planejada para "não ter fim" pelos EUA, estávamos perdendo dinheiro. Não podíamos admitir que a turnê era um completo fiasco, portanto fingi estar com pólipos na garganta e cancelamos as datas remanescentes. Mergulhados em dívidas e sabendo que não tínhamos como levantar a quantia de dinheiro de que precisávamos para reembolsar a Winterland (a empresa de merchandising que tinha nos dado um adiantamento de um milhão de dólares), ainda assim não tivemos escolha a não ser jogar a toalha. *Dissemos* que voltaríamos a nos reunir e concluir a turnê assim que a primavera e o verão chegassem – uma época muito melhor para turnês de rock nos Estados Unidos – mas estávamos nos enganando. Isso nunca aconteceria.

VOLTEI DERROTADO PARA CASA. SEM DÚVIDA, EU TINHA sido derrubado para valer, mas ainda assim me recusei a aceitar a realidade do que estava acontecendo comigo e com a banda. Estávamos acabados. Tínhamos lutado por tanto tempo para alcançar o sucesso e agora – menos de dois anos depois de termos conseguido – já estávamos de saída. Ao que parecia, estávamos nessa direção havia algum tempo. Aí que está o problema. Todo aspirante a artista – de qualquer tipo – sonha em alcançar o sucesso, enxergando-o como algum tipo de linha de chegada ou linha do gol. Nos enxergamos fazendo a volta da vitória ou comemorando o gol, para em seguida vivermos felizes para sempre. Ninguém nos conta que "alcançar o sucesso" é apenas mais um ponto da jornada. *Mantê-lo* é uma história bem diferente. Mas isso dificilmente acontece para a maioria de nós.

A expectativa de vida para o sucesso da maioria das bandas de rock naquela época era de três a cinco anos; hoje em dia está mais para de um a três. Os Ozzy Osbourne, os Eric Clapton e os U2 da vida são exceção, não a regra. Eles são o 0,00001 por cento. O resto de nós? Acabamos antes mesmo de conseguirmos qualquer coisa.

Quando você não se transforma em um sucesso até seu terceiro ou quarto álbum, está endividado com sua gravadora por todos os orçamentos de gravação, vídeos, ajuda de turnê e por qualquer outra besteira que foram acumulando ao longo dos anos e que eles têm permissão de debitar da sua conta, você está afundado em dívidas, meu bem. Um disco que vendeu bem só serve para quitar as dívidas. Você precisa manter sua carreira para ganhar algum dinheiro de verdade.

Os direitos autorais das minhas músicas eram sagrados – com exceção de alguma contabilidade criativa ou ajuste de direitos feitos pela gravadora. Mas eu ainda ganhava bastante dinheiro com a venda de discos. O restante da banda estava se aproximando do platô em que o dinheiro de verdade começa a entrar, mas não havia nenhum platô para o Twisted Sister – apenas uma queda vertiginosa aguardando do outro lado.

Então, por que não acionei os freios, reduzi a velocidade e guardei todo o dinheiro que eu tinha ganhado? Você está brincando? Eu era uma estrela do rock, aquele era meu sonho, e o ego que tinha me mantido motivado depois das decepções em minha carreira – o ego que tinha me convencido de que eu seria um sucesso – não me permitia aceitar ou acreditar que a situação atual da banda era definitiva. Eu poderia dar uma dúzia de motivos para explicar por que as coisas iriam mudar e melhorar. Ninguém conseguia enfiar bom senso na minha cabeça.

Voltei para casa, fiquei na surdina e continuei vivendo em grande estilo. A imprensa roqueira e o mainstream tinham noticiado o cancelamento da nossa turnê devido à minha "operação na garganta", e ser pego em uma mentira descarada apenas pioraria ainda mais os problemas que a banda estava tendo. O imbecil de um empresário de outras bandas já estava se manifestando – há quem diga ser gente boa –, alertando as pessoas da indústria musical dizendo que estávamos mentindo sobre o motivo do cancelamento da turnê e que ela e o álbum eram um completo fiasco.

Com "Leader of the Pack" fracassando no rádio e na MTV, precisávamos liberar nossa arma secreta: o clipe de "Be Chrool to Your Scuel", antes do que tinha sido planejado originalmente. Para nossa grande surpresa, não só a MTV baniu nosso vídeo, como também nossa gravadora desistiu completamente do álbum *Come Out and Play*.

O presidente da gravadora – o sujeito que nunca quis contratar o Twisted Sister para começo de conversa – decidiu não lançar o single seguinte após o fracasso de "Leader of the Pack"! Isso era uma loucura. Tínhamos vendido cinco milhões de cópias de *Stay Hungry* em todo o mundo, e ele não daria uma segunda chance ao disco novo?!

Parecia que *El Presidente* usou o "banimento" de nosso vídeo pela MTV para justificar sua posição. Sem MTV, sem lançamento do single de "Be Chrool to Your Scuel". Sem single, sem mais nenhum suporte para *Come Out and Play*.

Enquanto tentávamos desesperadamente encontrar uma maneira de burlar o decreto da MTV, fizemos uma descoberta surpreendente. Ainda que, a princípio, o argumento da MTV para banir o vídeo de "BCTYS" fosse o seu "conteúdo assustador", a verdade era muito mais apavorante. Um dos novos figurões da MTV era um antigo executivo júnior da Atlantic Records. Fomos informados de que ele tinha recebido um pedido da Atlantic Records, de seus antigos empregadores, dizendo-lhe para se certificar de que o vídeo de "Be Chrool to Your Scuel", do Twisted Sister, nunca visse a luz do dia. Para mim, esse foi o último prego no caixão da nossa carreira.

45
"NÓS TODOS CAÍMOS"

O CANCELAMENTO DA TURNÊ NORTE-AMERICANA PARA promover *Come Out and Play* foi como uma morte que ninguém queria reconhecer ou lamentar. Todos nós simplesmente voltamos para casa e esperamos a parte europeia da turnê. A turnê de *Come Out and Play* do Twisted Sister pela Europa tinha sido muito aguardada e foi um enorme sucesso, mas já era um pouco tarde demais.

Se tivéssemos passado mais tempo no exterior na turnê de *Stay Hungry*, poderíamos ter evitado a gigantesca superexposição nos Estados Unidos e aumentado ainda mais o número de seguidores na Europa. Os ingressos de todos os nossos shows por lá esgotaram e o disco *Come Out and Play* estava se saindo bem – melhor do que *Stay Hungry* em alguns países.

Mesmo no Reino Unido, onde o executivo da WEA tinha prejudicado o disco *Stay Hungry* por ter sido um mão de vaca com a postagem, o Twisted Sister estava vivenciando um aumento de popularidade. Quando esteve presente em uma das noites com ingressos esgotados no lendário Hammersmith Odeon, e ouviu os aplausos para "We're Not Gonna Take It", o dito executivo foi entreouvido dizendo: "Talvez eu devesse ter apoiado aquele disco". Imbecil.

O sucesso da turnê europeia proporcionou ao Twisted Sister um vislumbre do que poderia ter sido e um breve alívio da realidade do fracasso que tivemos em nosso maior território e nossa terra natal.

Agora sei que, além de ter calculado e julgado de maneira errada o sucesso da banda na América do Norte e ao redor do mundo, continuei fazendo todas as coisas erradas na minha carreira ainda por muitos anos. Não quero dar desculpas, e com certeza não quero apontar o dedo para ninguém, a não ser para mim mesmo, mas o sucesso sem dúvida anuviou meu juízo. Minha visão só foi clarear quando cheguei ao fundo do poço seis anos depois. Mas eu ainda tinha uma queda longa e difícil pela frente.

Os últimos shows do Twisted Sister da turnê de *Come Out and Play* foram na Itália. Bem, mais cedo naquele ano, em abril, sob o comando do presidente Ronald Reagan, os Estados Unidos tinham feito ataques aéreos de retaliação contra a Líbia por seu bombardeio, e anteriormente, naquele mesmo mês, contra uma discoteca em Berlim, que era bastante frequentada por soldados norte-americanos. Ainda que de longe os norte-americanos aplaudissem essa demonstração de força, o Twisted Sister descobriu que os europeus não estavam achando muito legal a ideia de jatos norte-americanos largando bombas em seus quintais dos fundos, por assim dizer. Quando você está a apenas algumas centenas de quilômetros de algo assim, você sente os efeitos muito mais do que quando está a milhares de quilômetros de distância. Alguns europeus não escondiam o sentimento de descontentamento em relação aos norte-americanos naquela época – em especial os italianos.

Recebemos notícias de que, na Itália, algumas bandas norte-americanas estavam sendo atacadas aos cuspes, e uma banda teve seu ônibus de turnê incendiado (ninguém foi ferido). Ao ouvir isso, quisemos cancelar nossos shows por lá. Sabia que, se fosse confrontado dessa maneira por alguns idiotas italianos (nesse caso), eu não conseguiria apenas dar a outra face e me afastar. É a minha natureza "contra-atacar", digamos, e eu podia ver que, naquele clima político atual, isso não poderia resultar em nada bom (possivelmente em encarceramento bem longe de casa). Cancelar esses dois shows na Itália parecia fazer mais sentido.

"NÓS TODOS CAÍMOS"

Em vez disso, nossos empresários optaram por fazer com que fôssemos recebidos no aeroporto por uma falange de guarda-costas, que nos cercaram (à la Prince and the Revolution no Grammy) e nos escoltaram a todos os lugares aonde íamos, certificando-se de que não houvesse nenhum problema. Isso funcionou para mim.

O último show do Twisted Sister na turnê do *COAP* aconteceu no dia 2 de junho de 1986, com o Motörhead, em Bolonha, Itália. Essa seria a última vez que o "verdadeiro" Twisted Sister tocaria junto em catorze anos. Claro, Jay Jay French adora alardear o fato de que houve três vocalistas, quatro guitarristas, dois baixistas e sete bateristas (e quatro botos gordos) no Twisted Sister desde sua criação – *e que ele é o único integrante original!* –, mas isso é apenas uma tentativa de minimizar a importância de qualquer outro integrante da banda e maximizar a sua. Isso tudo é papo-furado.

Apenas *cinco* integrantes do Twisted Sister sempre serão importantes: Dee Snider, Eddie "Fingers" Ojeda, Mark "the Animal" Mendoza, A.J. Pero... e Jay Jay French. Nenhum fã dá a mínima para os outros onze ex-integrantes – a não ser por propósitos históricos da banda –, e, dos cinco que importam, apenas um está sendo pago para escrever sobre sua vida... e não é o Jay Jay. Só estou dizendo...

Nosso voo da Europa de volta para casa foi o sinal oficial do fim de toda a iniciativa de *Come Out and Play*. Para a banda (além de para mim), o álbum e tudo o que o acompanhou simbolizariam o clímax do que tinha dado errado com o Twisted Sister e seria o foco de nossa queda de alturas vertiginosas. Apesar de o álbum ser nosso segundo mais vendido e segundo mais conhecido na América do Norte, e de ser bem-sucedido por toda a Europa e em grande parte do mundo, até hoje tocamos poucas, quando tocamos alguma, músicas do *COAP* ao vivo, e "Leader of the Pack" nunca é mencionada em hipótese alguma. Ela é, sim, uma lembrança desagradável e dolorosa para os integrantes da minha banda.

Por mais que estivesse em negação sobre a gravidade da situação, bem lá no fundo eu sabia que *o verdadeiro sofrimento estava apenas começando.*

CALA A BOCA E ME DÁ ESSE MICROFONE

A MAGNITUDE DO MEU FRACASSO LEVOU UM TEMPO para assentar. Nem mesmo a notícia de que a versão do álbum em CD – uma mídia nova em 1985 – era oficialmente a primeira da história a ser "cortada"[119] (claramente mais um pouco de retaliação por parte da Atlantic Records) me abalou de fato. O mesmo ego que tinha me levado ao topo e àquela situação complicada não me permitia aceitar ou acreditar no tamanho da queda que o Twisted Sister tinha sofrido. Nós éramos a porra do Twisted Sister, pelo amor de Deus!

Na superfície, ainda estava convencido de que isso era apenas um mero contratempo que poderia ser e seria consertado, mas em meu subconsciente comecei a desmoronar. Sabia que *eu* tinha estragado tudo e assumi total responsabilidade pelo fracasso da banda. Sei que acabei de repassar tudo em detalhes, bem como as pessoas que estavam trabalhando contra nós/mim, mas eu culpava a mim mesmo por *permitir* que aquelas coisas acontecessem. Eu deveria ter sido mais esperto. *Foi tudo minha culpa.*

Com a aceitação da responsabilidade, veio a vergonha. Eu estava envergonhado pelos meus fracassos e enojado de mim mesmo. E se *eu* não conseguia me aguentar, quem mais eu poderia esperar que me aguentasse? À medida que começava a desmoronar emocionalmente, afastei todos ao meu redor. *Por que eles iriam querer ter alguma coisa a ver comigo?*, pensei eu. Portanto, antes que algum deles pudesse me abandonar, eu lhes poupei o trabalho e comecei a me livrar deles. Lembro que Alice Cooper queria que eu "retribuísse o favor" e cantasse em seu próximo disco. Não retornei suas ligações porque não conseguia acreditar que ele *de fato* me queria em seu disco. Ele deveria estar pedindo por obrigação.

Minha banda, meus amigos, minha família – um por um os afastei por coisas que fizeram a mim, mas, na verdade, os estava afastando an-

---

119 Discos são "cortados" quando a gravadora interrompe a produção e vende o estoque remanescente a preços bastante reduzidos.

476

EU ESTAVA
ENVERGONHADO
PELOS MEUS
FRACASSOS E
ENOJADO DE MIM
MESMO. E SE EU
NÃO CONSEGUIA
ME AGUENTAR,
QUEM MAIS
EU PODERIA
ESPERAR QUE ME
AGUENTASSE?

tes que eles tivessem uma chance de me rejeitar. Eu sabia que devia ser uma vergonha para todos eles.

A coisa mais triste e mais catastrófica que fiz foi alienar pouco a pouco a única pessoa que sempre estivera ao meu lado: Suzette, minha esposa – e como resultado meu jovem filho, Jesse, também. Ao longo dos anos, eu tinha ficado cada vez mais insuportável. Eu era (e acredito que ainda seja) um típico narcisista e tinha passado a acreditar que o sol girava ao me redor. Começando nos clubes e bares e piorando aos poucos com o crescimento do Twisted Sister, eu agia como se soubesse tudo, e minhas necessidades e preocupações vinham antes das dos outros. A única coisa que eu tinha a meu favor, que convenceu Suzette a me dar uma chance, era que ela achava que eu era um cara legal. Com o decorrer do tempo, desgastei essa qualidade e me transformei em qualquer outra coisa menos nisso. E isso quando as coisas estavam indo bem.

Quando tudo desmoronou, em vez de unir forças com a única pessoa que esteve me apoiando e à minha carreira infalivelmente, ergui uma parede entre nós e a afastei de mim. *Por que Suzette iria querer ficar com um perdedor como eu?* À medida que minha carreira seguia em uma espiral descendente, eu me convencia de que seria melhor para Suzette – e para Jesse – se eu seguisse sozinho.

Acredito mesmo que Suzette e eu somos uma das maiores histórias de amor de nossa geração. Estávamos destinados a ficar juntos, e está claro que nossa vida se juntou por motivos conhecidos... e ainda não conhecidos (quem sabe o que nossos filhos ou os filhos de nossos filhos realizarão?). Agora, há mais de trinta e cinco anos juntos, estou mais convencido disso do que nunca. Mesmo assim, quase joguei tudo isso fora – incluindo meu filho e o subsequente nascimento dos nossos três filhos – porque eu era orgulhoso demais para aceitar, ou admitir, que precisava de ajuda. E Suzette era a única pessoa que me ajudou aquele tempo todo.

"NÓS TODOS CAÍMOS"

EU ME CONVENCI DE QUE TUDO ENTRARIA NOS EIXOS
com o lançamento do meu próximo disco. Mas o que esse disco deveria
ser? Visto que o Twisted Sister tinha se transformado em uma banda
mais mainstream e que a comunidade metal tinha praticamente dado
as costas para nós, eu acreditava que minha próxima jogada deveria ser
um álbum ainda mais mainstream. E tinha certeza de que meu lançamento seguinte deveria ser um disco solo. Eu não tinha nenhuma intenção de sair do Twisted Sister, só achava que dar um tempo da banda
e fazer meu próprio álbum era a coisa mais inteligente a se fazer. Isso
daria ao Twisted uma oportunidade de dar um tempo do público e – eu
acreditava – nos permitiria organizar um retorno em dois anos, depois
que a poeira baixasse.

Eu planejava chamar meu projeto paralelo de *Me and the Boys* e seria muito diferente do Twisted Sister. Para começar, eu planejava ter um
tecladista e um saxofonista (minha experiência com Clarence Clemons
teve um enorme impacto em mim), e as músicas que estava escrevendo
eram muito mais influenciadas pelo pop. Estava ouvindo e estudando
muitas coisas de Bryan Adams, e acreditava que sua mistura de rock
e pop seria o equilíbrio certo para mim. Até visualizei uma mudança
de imagem radical, vendo essa banda como um monte de sujeitos que
você encontraria de bobeira no estacionamento do 7-Eleven local usando jeans rasgados, Converse All Stars, camisetas e jaquetas – quase um
visual dos primórdios do punk. Essa era a foto que eu queria para a capa
do álbum.

Enquanto eu trabalhava nas músicas para o disco, continuei a filmar episódios do *Heavy Metal Mania* para a MTV, trabalhava em meu
livro, *Dee Snider's Teenage Survival Guide* [O Guia de Sobrevivência
para Adolescentes do Dee Snider], no meu primeiro roteiro[120] e passava
muito tempo no *The Howard Stern Show.*

---

120 Esse longo processo autodidata, por fim, me levou a escrever e vender ideias de roteiros, sit-
coms e reality shows, além de escrever, coproduzir e estrelar *Strange Land.*

HOWARD E EU, JUNTO COM SUZETTE E SUA ESPOSA,
Alison, começamos a socializar e nos tornamos amigos. Nosso relacionamento cresceu, além de nosso envolvimento no programa. Digo *nosso* porque enquanto eu tinha minha fluência no conteúdo do *Howard Stern Show*, Suzette estava ajudando Howard a desenvolver sua imagem.

Desde que conheci Howard e, então, o *ouvi* no rádio, não consegui entender por que ele tinha aquele visual. Eu dizia a ele: "Você é um pirata da rádio; por que diabos se parecesse com um contador?". Howard perguntou que visual ele *deveria* ter, e Suzette e eu mostramos a ele. No início, eu lhe dava algumas das minhas roupas. Suzette se tornou sua estilista, levando-o para fazer compras, escolhendo suas roupas e cortando seu cabelo. Eu o convenci a começar a usar óculos escuros em vez dos comuns.

— Por quê? — perguntou Howard.

— Porque vai fazer seu nariz parecer menor — respondi. Ei, funciona para mim.

Em seu filme, *O Rei da Baixaria*, nos anos 1980, Howard já tinha seu visual "Dee Snider moreno"[121]. Isso foi uma licença criativa por parte do roteirista, necessária para o arco da história do filme. Na verdade, o visual completo do hair metal dos anos 1980 de Howard só atingiu seu auge muito mais tarde. Graças à Suzette.

Uma das maiores influências que tive no *Stern Show* foi a introdução de comediantes na programação regular do programa. Meu camarada Bob Goldthwait estava em turnê, indo a Nova York para fazer uma apresentação. Contei a ele sobre o *Stern Show* e como achava que o programa seria um lugar ótimo para ele promover sua apresentação. Bobcat disse que topava. Quando telefonei para Howard e sugeri que ele recebesse Bob no programa, ele me disse que não recebia comediantes porque "eles só sabem fazer as mesmas rotinas". Eu disse a

---

121 Para minha frustração, à medida que a estrela de Howard ascendia e a minha afundava, as pessoas começaram a me dizer que eu parecia com Howard Stern!

Howard que uma nova escola de comediantes estava surgindo, como Bobcat e Sam Kinison, que eram afiados e usavam muitos improvisos. Howard não ficou convencido, mas concordou em dar uma chance a Goldthwait. Bobcat detonou no *The Howard Stern Show* e, como resultado de suas repetidas participações e seu sucesso, Howard foi levado a convidar Kinison, Andrew Dice Clay, Gilbert Gottfried, Pat Cooper, entre outros. Ótimos comediantes se tornaram uma marca registrada do programa (e ainda são) e são responsáveis por algumas das transmissões mais lendárias de Howard.

Com a banda inesperadamente longe da estrada e com tempo de sobra nas mãos, comecei a aparecer com regularidade no programa de Stern e eu mesmo tive algumas participações bastante lendárias. O programa de Howard tinha sido transferido de volta para as manhãs, então, já que eu morava bem perto dele, ia à sua casa às 5h da manhã, e pegávamos uma limusine (dirigida por Ronnie, seu lendário motorista, é claro) até a cidade. Howard meditava durante o percurso de meia hora, enquanto eu ficava sentado em um estado meio de coma – *eram 5h da manhã!* Começando às 6h, eu me sentava como membro do programa durante as cinco horas de transmissão, depois Howard e eu voltávamos para casa de limusine. Em algumas semanas, eu fazia isso diversas vezes. Adorava a equipe original com Howard, Robin Quivers, Fred Norris, Jackie Martling e Gary Dell'Abate e não me cansava de ficar só de papo e fazer piadas com eles durante horas a fio. Eu me sentia como um membro da equipe e ficava honrado por ser tratado como um por todos os envolvidos. Foi uma experiência incrível. Essa camaradagem era o que faltou para mim na minha banda por tantos anos.

Howard Stern foi a primeira pessoa a reconhecer o valor que eu tinha além de ser o vocalista do Twisted Sister. À medida que minha carreira musical começava a declinar e a indústria do entretenimento se afastava cada vez mais de mim, o *Stern Show* continuava a me receber. Certo dia, perguntei a Howard por quê, e ele respondeu: "Dee, não me importa *quem* você seja, *o importante é o que você é.* Já me ofereceram grandes estrelas para entrevistar e recusei porque elas são chatas no ar. Você é ótimo na rádio. Os ouvintes o adoram".

Além de realmente precisar ouvir algo assim em uma época sombria, minhas participações no programa de Howard me levaram a fazer trabalhos de *voice-over*, meus próprios programas de rádio, programas de televisão, filmes e muito mais. Além de Howard me apoiar diante de agentes e produtores, por causa das minhas participações no programa, as pessoas começaram a perceber que eu tinha mais a oferecer do que "We're Not Gonna Take It". *Obrigado, Howard. Amo você, cara.*

46
COMO SE DIZ "PUTA MERDA!" EM RUSSO?

MEU PRIMEIRO LIVRO, *DEE SNIDER'S TEENAGE SURVIVAL Guide*, não foi ideia minha. Fui abordado pela Doubleday Publishing para escrever uma continuação para um livro popular dos anos 1950 chamado *'Twixt Twelve and Twenty*[122], escrito por um cantor chamado Pat Boone. Por ser um artista popular da época com quem – ao que parece – os jovens se identificavam, seu livro sobre se tornar um adulto foi best-seller. Os editores da Doubleday me viam como uma personalidade popular moderna (Pat Boone?) a quem os jovens dariam ouvidos. Nunca tinha pensado em escrever um livro assim, mas aceitei o desafio... e o cheque. Como na época eu não estava à altura do desafio de escrever o livro por conta própria, um jornalista de rock chamado Philip Bashe foi encarregado de trabalhar comigo.

Phil fez extensas entrevistas comigo sobre uma grande variedade de assuntos relacionados à adolescência, desde panelinhas na escola, masturbação até lidar com a morte, e eu lhe relatei meus pontos de vista e minhas opiniões detalhadas sobre tudo. Seu trabalho era transcrever as fitas das entrevistas e deixá-las em formato de livro com quaisquer fatos e informações pertinentes (tais como números da linha direta da Prevenção de Suicídio ou como entrar em contato com a Paternidade

---

122 *Entre os Doze e os Vinte*. [N.T.]

Planejada) que seriam úteis para meus leitores. Eu queria que o livro desse a impressão de que um irmão mais velho ou um tio legal estivesse conversando com você, não que fosse muito intelectualizado – *como este livro* – apenas uma conversa direta, em termos que um adolescente pudesse entender.

Quando *Dee Snider's Teenage Survival Guide* foi lançado, a não ser pela *Christian Science Monitor* (que censurava o livro por ele ser pró-escolha), todas as revistas, desde a *Psychology Today* a *Circus,* disseram que ele era o melhor livro já escrito sobre se tornar um adulto. Ele estava muito além de todas as outras publicações e era uma dádiva de Deus para os adolescentes. Todos os outros foram escritos por um professor, psicólogo, médico, pai ou pastor.

Muitos anos depois, o irmão da maravilhosa empresária assistente do Twisted Sister (e futura empresária do Widowmaker), Pam Rousakis, voltou de um programa de intercâmbio universitário de verão na então União Soviética.

— Eles estão usando seu livro como material didático — disse ele.

— O *Teenage Survival Guide?* — perguntei. Esse era o único livro que eu tinha escrito, mas devia ter entendido errado.

— Sim. Ele está sendo usado como livro didático.

— Em uma faculdade soviética? De jeito nenhum.

— Não estou brincando. Eu também não consegui acreditar.

Tommy não era do tipo que fazia piada com esse tipo de coisa, mas mesmo assim...

Alguns anos depois, recebi a notícia de que meu livro estava sendo publicado em fascículos na única revista para adolescentes soviética. Será que isso era possível?! Em meados dos anos 1980, o único canal de televisão soviético tinha exibido uma foto minha, com toda minha maquiagem, dizendo: "Este é Daniel Dee Snider, de Baldwin, Nova York. Ele é o típico exemplo da decadência norte-americana. Não é possível saber se ele é um homem ou uma mulher". Talvez na União Soviética não fosse possível. Eu podia imaginar um soviético enorme, cheio de esteroides, praticante de arremesso de peso fitando minha foto cheio de afeto no vestiário de sua academia: "Olha só a Dee Snider. Ela não é linda?".

Ainda não conseguia acreditar que eles estavam lendo meu livro atrás da Cortina de Ferro, até conhecer um fã russo, que me trouxe *todas* as edições da revista adolescente soviética que tinha publicado meu livro.

Depois da queda do Muro de Berlim e da dissolução da União Soviética, meus agentes receberam uma ligação de um editor russo que queria lançar minha obra em capa dura. Um acordo foi feito e o livro foi lançado. A minha foto original na capa, com os cabelos longos, loiros e cacheados, tinha sido retirada e substituída pelo desenho "chamativo" de alguns adolescentes "maneiros". Pouco tempo depois, recebi uma ligação do *Moscow Times* querendo uma entrevista. Eles queriam saber como me sentia a respeito do fato de todas as crianças russas terem de ler meu *Teenage Survival Guide.* Meu livro era leitura obrigatória?!

Até hoje recebo notícias de pessoas (norte-americanas e russas) que me dizem como meu livro as ajudou quando elas estavam crescendo e mudou a vida delas. Exemplares, se conseguir encontrá-los, podem custar centenas de dólares. Vai entender. Meus próprios filhos já leram o livro por conta própria e dizem que é ótimo, mas que lhes dá um pouquinho demais de informações sobre seu pai. Ninguém precisa saber sobre a primeira vez que seu pai se masturbou. Naquela época, só tentei ser o mais honesto e franco possível com meus leitores. Agora, com quatro filhos e netos, não sei se ainda poderia ser tão honesto assim sobre minha adolescência, mas fico feliz por ter sido.

COM MINHA CARREIRA MUSICAL EM QUEDA LIVRE, depois de sair do *Heavy Metal Mania* porque eu estava sendo superexposto (e a MTV não queria me pagar), e com meu casamento entrando em colapso, de alguma forma, tanto meu empresário quanto as gravadoras me convenceram a realizar a próxima jogada errada na minha carreira: transformar meu álbum solo em um disco do Twisted Sister.

Não me lembro de como eles me convenceram, mas, nas profundezas de uma depressão funcional cada vez mais intensa, eu estava me tornando cada vez menos confiante. Nem um ano após o fracasso do Twisted Sister e meu, voltamos ao estúdio e começamos a trabalhar em um disco novo, dessa vez com o lendário produtor do Ratt, Beau Hill. Assegurado pelo presidente da Atlantic Records de que a gravadora daria total apoio ao novo disco do Twisted e restabeleceria a banda, Hill concordou em trabalhar em um navio que estava afundando.

Durante o relativo hiato de alguns meses, A.J. Pero tinha saído do Twisted Sister para gravar um álbum solo com uma banda chamada Cities. Ainda que eu sempre soubesse como ele estava infeliz em "tocar como um macaco" (ou seja, batidas diretas e simples), como ele chamava, nunca consegui entender por que ele tinha saído. O Twisted Sister não estava fazendo nada na época, por que não simplesmente gravar o disco do Cities como um projeto paralelo? Estávamos recebendo salários semanais durante todo o tempo em que estivemos separados, ele poderia ter recebido seus cheques enquanto trabalhava no álbum do Cities, o qual não rendeu nada.

Anos depois, quando finalmente lhe fiz essa pergunta, A.J. me explicou que, quando contou ao Jay Jay que queria ter um projeto paralelo, Jay Jay lhe disse que ele não poderia ficar no Twisted Sister e tocar com o Cities; ele teria de fazer uma escolha. Com as coisas no Twisted Sister estando tão incertas, e com A.J. querendo tocar e mostrar às pessoas suas habilidades como baterista (acredite em mim quando digo que A.J. Pero consegue tocar absolutamente *qualquer estilo*), ele se demitiu. O baterista seguinte do Twisted Sister, Joe Franco, é incrível e tem muita experiência (ele escreveu *o* livro sobre bumbo duplo, o padrão na indústria, usado na Berklee College of Music) e um amigo de longa data de todos nós. Ele esteve na banda Good Rats durante nossos dias de clubes, mas tinha passado a trabalhar com uma tonelada de bandas em estúdio, incluindo o Chilliwack, do Canadá, e a artista da Atlantic, Fiona, na época o amor de Beau Hill[123]. Ele era a escolha perfeita.

Love Is for Suckers reflete musicalmente a direção mais comercial que eu queria tomar em meu disco solo, enquanto as letras refletem meu estado mental sorumbático. Eu estava zangado com o mundo e não via um futuro para meu relacionamento com Suzette. Quando começamos a gravar o álbum em Nova York, fiquei enfurnado em um hotel e nunca voltava para casa.

Em uma derradeira tentativa para salvar nosso casamento, Suzette e eu concordamos em nos consultar com um conselheiro matrimonial. Com um relacionamento de mais de dez anos e um filho maravilhoso juntos, muita coisa estava em jogo com um divórcio em potencial. No instante em que o terapeuta começou a conversar comigo, ficou terrivelmente claro onde – ou será que deveria dizer, *com quem* – jazia o problema.

Surpresa, surpresa! Era eu cuja carreira estava em total colapso. Em vez de me agarrar ao meu relacionamento com minha sempre compassiva esposa e parceira, estava descontando tudo nela, assim como em todas as outras pessoas no meu mundo. O terapeuta disse que eu precisava passar algum tempo trabalhando com ele um a um antes que ele pudesse tratar de quaisquer problemas que Suzette e eu tivéssemos como casal. Aceitei seu diagnóstico, mas lhe disse que eu de jeito nenhum trilharia um caminho de sessões de terapia semanais que durariam a vida toda até que eu pudesse aos poucos colocar as coisas de volta no eixo. Combinei de vê-lo todos os dias por duas ou três horas seguidas, até que resolvêssemos as coisas e, como esperado, o terapeuta e eu remoemos a lama e o lodo de uma vida repleta

---

123 Joe viria a trabalhar comigo em muitos outros projetos e tocar bateria em alguns dos maiores discos de Mariah Carey, Celine Dion e outras divas pop.

de questões pessoais[124]. Ao final das gravações na primavera de 1987, Suzette e eu tínhamos reatado e estávamos a caminho de nos tornarmos mais fortes do que nunca... e ela engravidou pouco tempo depois. Uma pena eu não poder dizer o mesmo sobre o Twisted Sister. Estarmos reatados e mais fortes... *não grávidos.*

A GRAVAÇÃO EQUIVOCADA DE LOVE IS FOR SUCKERS

como um álbum do Twisted Sister não fez absolutamente nada para melhorar minha situação com a banda. As coisas só pioraram. Talvez o grupo todo devesse ter feito terapia.

Embora o álbum fosse tecnicamente um disco do Twisted Sister, não fiz nada diferente enquanto o gravava do que se ele fosse meu álbum solo. Fiz um disco com um som mais comercial, convidei músicos para tocar diversas passagens e usei o que quis do arsenal de talentos do Twisted Sister. Não estou dizendo que foi tudo tão simples assim – ainda tive de jogar todos os tipos de jogo político –, mas por fim esse foi o resultado.

Para deixá-lo menos ainda com cara de disco do Twisted Sister do que já estava, eu/nós decidimos retirar a pintura de guerra e maneirar nas nossas roupas para combinar com todas as outras bandas de hair metal da época. Brilhante! A banda que praticamente tinha criado o gênero hair metal estava abandonando seu visual para se encaixar com as bandas que vieram depois dela. Burrice. Até fiz uma sessão de fotos usando cores pastel e jeans desbotados, calçando Converse All Stars. O quanto isso não tinha nada a ver com o Twisted Sister?!

Love Is for Suckers, ainda que um ótimo disco com potencial para ser sucesso, *não* foi um disco do Twisted Sister. Claro, existem alguns

---

124 Para constar, esta é uma maneira maravilhosa de tratar suas questões, e se você puder arcar com os custos e dedicar o tempo necessário, realmente recomendo fazer isso. Fazendo as coisas dessa maneira, você pode de fato ver as melhoras e as mudanças acontecendo.

momentos que, sem dúvida, é "Twisted" ("Wake Up the Sleeping Giant", por exemplo), mas com o compositor do Twisted Sister (eu) concebendo as músicas depois de escrever apenas canções do Twisted antes disso, e o Twisted Sister tocando as músicas, o som e a atitude do TS apareceriam de alguma maneira.

O álbum foi lançado em agosto e – se prepare – a Atlantic Records não fez tudo em seu poder para divulgar o disco! Que grande surpresa. A gravadora fez o básico para um lançamento de um LP. Filmamos um típico vídeo de hair metal para nosso single "Hot Love", com Jon Small, o ex-baterista de Billy Joel and the Hassles/Atilla, que tinha passado a produzir vídeos (mais conhecido por seu trabalho nos vídeos de Billy Joel). Assim que foi lançado, o vídeo de imediato foi colocado em uma "rotatividade inexistente" na MTV. Claro, o Twisted Sister ajudou a estabelecer e definir a MTV como uma rede de televisão, e ajudei a criar e apresentei o que se tornou o incrivelmente bem-sucedido *Headbangers Ball*, mas o que tínhamos feito por eles recentemente? *Otários.*

A promoção do álbum foi limitada, assim como qualquer tipo de apoio verdadeiro por parte da gravadora. Para citar Beau Hill: "Saí para procurar o disco nas lojas e encontrei uma cópia embaixo de um hambúrguer comido pela metade no depósito". Não foi bem o apoio irrestrito que tinha sido prometido pelo *El Presidente*.

Para ser justo com todas as partes culpadas, no verão de 1987, o Twisted Sister ainda estava sofrendo da surra que tinha levado em 1986. Não havia se passado o tempo necessário para que a poeira baixasse e a comunidade metal estivesse preparada e aberta para um retorno da banda. Por isso queria gravar um disco solo. Eu acreditava que ele teria sido um sucesso – o mais provável é que ele *não* tivesse sido um sucesso –, mas, mais importante do que isso, ele teria dado à banda e aos fãs uma oportunidade de recuperar o fôlego, reagrupar e voltar com muito mais força em, digamos, 1988 ou 1989. Creio que, se tivéssemos seguido meu plano, o Twisted Sister não teria se separado. Claro, teríamos sido crucificados, tido nossa carne arrancada da carcaça ainda trêmula e nossos ossos pisoteados até virarem pó pelo grunge no início dos anos 1990, mas não teríamos nos separado!

A turnê de *Love Is for Suckers* não durou muito tempo e foi deprimente de tão decepcionante. Aos fazermos a turnê com os então emergentes Great White e TNT, fui lembrando de nossa primeira turnê com a banda Blackfoot, que na época estava no fim de sua carreira. Eu os enxergava como ultrapassados, e ali estávamos nós na mesma posição. Depois da glória da turnê de *Stay Hungry* e da – ainda que fracassada – magnitude da turnê mundial de *Come Out and Play*, viajando agora de cidade em cidade, uma sombra de nossas antigas e poderosas identidades (usando as sobras das rampas de palco do Stryper porque elas eram mais baratas!), foi patético e triste. Como se não bastasse, nosso amigo e engenheiro de som, Charlie "Sexta Irmã" Barreca, e o amigo e gerente de viagem/gerente de turnê/coempresário de longa data da banda, Joe Gerber, já não estavam mais trabalhando com a banda.

Joe Gerber tinha pedido demissão depois de ter sido negada "uma fatia do bolo" que há muito lhe tinha sido prometida. Ele sempre tinha recebido a garantia da banda de que seus anos de dedicação e serviço seriam recompensados; Joe confiou que faríamos a coisa certa. Quando a banda finalmente se reuniu antes do lançamento de *Come Out and Play* para decidir o que lhe dar, a maioria votou (eu não) em dar a Joe uma insultuosa estrutura de bônus com um teto que lhe daria uma chance de ganhar alguma quantia verdadeira somente se o inferno congelasse. A namorada de Joe na época, Stacey Sher (ex-assistente de produção da Creamcheese Productions, agora uma importante produtora de Hollywood), chamou o fiasco do álbum e da turnê de *COAP* de "a maldição do teto". Magoado pelo voto de não confiança da banda, Joe, sendo o profissional que é, permaneceu ao longo da turnê de *COAP*, depois saiu.

Com o nosso engenheiro de som, Charlie Barreca, foi outra história. Integrante do Twisted Sister desde que Jay Jay ressuscitou a banda no outono de 1975, o estilo de mixagem de som de Charlie se tornou uma questão controversa para alguns de nós. Ele era um enorme fã do

COMO SE DIZ "PUTA MERDA!" EM RUSSO?

Grateful Dead e acreditava em um som ao vivo, seco e direto. Alguns dos integrantes do grupo (em especial Mark Mendoza e eu) queriam um som ao vivo mais "tratado" (usando eco e coisas assim) para fazer com que os shows refletissem melhor nossos álbuns. Charlie e eu costumávamos bater de frente por causa disso, mas com amor. Barreca era o amigo e integrante de nossa equipe mais dedicado e fiel – *ele teria feito qualquer coisa pela banda.*

Com o som ainda mais polido do álbum *Love Is for Suckers*, a banda sabia que as exigências para nosso som ao vivo seriam muito maiores (até tivemos o tecladista de Billy Squier e amigo de longa data, Alan St. John, atrás do palco durante a turnê, para implementar alguns dos elementos do som do disco). O grupo fez uma reunião e decidiu com unanimidade que era hora de nos despedirmos de Charlie. Bastante justo. Quando a discussão passou a ser sobre como daríamos a notícia a ele, supus que o achariam digno de ter uma reunião de banda. Afinal de contas, ele era integrante do grupo. Os outros não viam as coisas dessa maneira. Depois de mais de uma dúzia de anos de luta – ficando lado a lado conosco nas trincheiras –, eles queriam despedir Charlie com uma *carta oficial do empresário!* Não consegui acreditar. Quando eu lhes disse que telefonaria para Charlie pessoalmente e lhe informaria que estava sendo mandado embora, os integrantes da minha banda fizeram uma votação para me impedir de ligar! Inacreditável.

A turnê de *LIFS* chegou ao fim, sem cerimônias, no dia 10 de outubro de 1987, em Minneapolis, devido à falta de interesse dos fãs e das vendas decepcionantes do disco.

Dois dias depois, anunciei meu desligamento oficial da banda.

Às vezes, o fim de um relacionamento é causado por um evento ou momento bastante grave que muda tudo. Na maioria das vezes, ele é o efeito cumulativo de uma série de questões menores que vão acumulando até o ponto de ebulição. Claro, costuma haver a última gota que faz o copo transbordar, mas esse é apenas outro sintoma, não a doença que coloca um fim a uma relação.

Como você já leu, desde o início, minha banda e eu tivemos problemas que aos poucos cresceram, se multiplicaram e infeccionaram. "Sem receber tratamento", as coisas que costumavam ser aborrecimentos sem importância se transformaram em condições insuportáveis sob as quais trabalhar. Em vez de tratar essas situações à medida que seguíamos em frente, nossos empresários (incluindo Jay Jay) optaram por colocar curativos nas feridas que infeccionaram e acabaram virando cânceres intratáveis. Para ser justo, como documentei, foram feitas tentativas para tratar de algumas dessas questões, mas, mesmo quando isso acontecia, havia pessoas que se recusavam a falar abertamente. O resultado: o término de uma banda de rock realmente ótima. O Twisted Sister detonava mesmo.

A pior parte para mim é a maneira como tudo acabou: *com um gemido*. Desde o dia em que me juntei ao Twisted Sister, éramos uma força a ser levada em conta. Éramos o Esquadrão da Demolição. Éramos *sempre* a banda a ser vencida. Acabar com tudo de maneira tão silenciosa foi um insulto a tudo pelo que tínhamos lutado tanto e conquistado. A maioria do público sequer ficou sabendo que tínhamos nos separado... *mas será que tínhamos?*

A banda nunca se dissolveu oficialmente. Até onde sei, dois dos três parceiros remanescentes, Mark e Jay Jay (àquela altura cunhados – Jay Jay se casou com a irmã de Mark, Jody), usaram seu voto majoritário para tirar Eddie da banda, fazendo dos dois o Twisted Sister oficial. Depois dessa jogada audaciosa (será que Eddie sabia?), eles passaram a... *fazer praticamente nada até o meu retorno em 2002.* Obviamente era eu quem os estava empacando.

Ah, sim. Em 1992, eles lançaram seu depoimento pessoal, *Big Hits and Nasty Cuts*, que não incluía nenhuma música do *Come Out and Play* nem do *Love Is for Suckers* (álbuns que ambos desprezavam), mas que tinha fotos de todas as encarnações da banda antes de Eddie, Mark, A.J. e eu entrarmos. *Quem é que dava a mínima?* Com exceção de Jay Jay, nenhum daqueles outros integrantes do Twisted Sister sequer tocava em alguma das músicas no CD *Big Hits and Nasty Cuts.*

Depois de mais de onze anos e milhares de shows com a banda, eu estava por minha conta. Que bom que não fiz aquela tatuagem do logo do Twisted Sister que pensei em fazer.

AO CHEGAR EM CASA DEPOIS DO TÉRMINO DO Twisted Sister, eu estava dominado por uma grande gama de emoções. Minha casa sempre tinha sido meu oásis, e com as coisas de volta aos eixos com Suzette, eu não poderia estar mais feliz. Mas sair do Twisted Sister, ainda que fosse um grande alívio depois de meses e anos de problemas internos, foi de partir o coração. Eu não só achava que o Twisted seria a banda que me levaria ao topo, como também que eu ficaria nela para sempre. *Eu adorava estar no Twisted Sister.* Eu nunca considerei, de fato, começar do zero.

Então, havia minhas finanças. Eu tinha sido péssimo com dinheiro durante toda a minha vida, sempre vivendo com base no pagamento seguinte (e às vezes mais) antes mesmo de ter feito o trabalho. Eu não conseguia lembrar de uma época em que não estivesse devendo grana para alguém ou para alguma empresa. Não importava quanto dinheiro eu ganhasse, sempre usava o que ainda não tinha. Eu era irresponsável de doer.

Até o disco *Come Out and Play*, eu estava conseguindo me virar. As coisas estavam sempre melhorando, portanto não tinha problema em receber adiantamentos (dinheiro sem juros sobre ganhos futuros). Mesmo depois de *Come Out and Play* (que vendeu por volta de um milhão de cópias pelo mundo), eu ainda não estava completamente fora da jogada. Dee Snider era considerado um curinga. Eu poderia ressuscitar.

Mas, depois da absoluta falta de interesse por *Love Is for Suckers*, minha vaca proverbial tinha ido para o brejo. Eu não só tinha ficado sem opções para conseguir adiantamentos legítimos (ao contrário de empréstimos reais ou agiotas), como também a Winterland, a empresa de merchandising que tinha adiantado um milhão de dólares para o Twisted Sister, esperava o momento certo de atacar.

Ainda devíamos a Winterland quase todo aquele adiantamento revolucionário, e visto que a turnê de *LIFS* tinha sido cancelada e eu tinha saído da banda, seus advogados me enviaram uma intimação. Eles queriam o dinheiro e queriam que eu pagasse *tudo*. Cada integrante do grupo tinha assinado o contrato com eles *pessoalmente*, não como uma corporação ou uma banda, fazendo com que cada um de nós fosse responsável pelo débito total, caso nos tornássemos inadimplentes. Visto que eu era o integrante com mais dinheiro e bens, eles queriam que este que vos escreve pagasse a quantia total. Sem pressão.

Meu pessoal explicou a eles que eu estava bastante disposto a reembolsar um quinto do total devido, visto que era apenas um dos cinco integrantes do grupo. Se eles insistissem que eu pagasse toda a dívida de um milhão de dólares, declararia falência e eles não receberiam nada. A isso a Winterland respondeu que queria que eu devolvesse *todo* o dinheiro, e que eles não se importavam se eu declarasse falência e eles não recebessem nada, *eles queriam fazer do Twisted Sister um exemplo para os outros.* Que bando de sujeitos legais, hein?

Com isso pairando sobre minha cabeça, parti para o que se transformaria em meu derradeiro fim e meu período mais longo de inatividade. Claro, eu não fazia ideia disso na época. Como qualquer túnel longo e sombrio, eu tinha o pensamento otimista de que eu logo chegaria ao fim dele. *Eu estava errado.*

47

"COLOCANDO O 'DESESPERO' EM DESPERADO"

NO ROCK AND ROLL, A DUPLA VOCALISTA/GUITARRISTA solo é icônica: Robert Plant e Jimmy Page, Steven Tyler e Joe Perry, Mick Jagger e Keith Richards. Em quase todas as melhores bandas de rock com um vocalista principal, sempre há aquele *guitar hero* "coadjuvante", no palco e nas fotos, ao seu lado, definindo a banda e proporcionando aos fãs um equivalente musical ao frontman bombástico. Não no Twisted Sister.

O Twisted Sister tinha dois guitarristas sólidos, mas nenhum deles tinha esse tipo de ligação com o público. Eddie Ojeda é um excelente guitarrista, mas acho que lhe falta o elemento espalhafatoso para comandar a verdadeira adoração do público. Quando entrei para o Twisted Sister, achava que Jay Jay French seria esse cara, e no começo o público sentia uma ligação com ele. Costumavam nos chamar de As Torres Gêmeas do Rock and Roll.

Os guitarristas virtuosos dos anos 1960 e 1970 permaneciam com os pés plantados com suas guitarras bem alto ao redor do pescoço. Os espalhafatosos corriam pelo palco, quase arrastando a guitarra no chão, tocando riffs "água com açúcar" que maravilhavam a plateia, mas que eram tecnicamente vazios. Muita firula, pouco conteúdo. É claro que existem exceções, mas em grande parte isso era verdade; você era o primeiro ou o último. Jay Jay era o último, e as pessoas costumavam ficar impressionadas com suas palhaçadas no palco (para grande decepção de Eddie Ojeda).

Então Eddie Van Halen mudou tudo.

No dia em que Eddie Van Halen entrou em cena, o jogo mudou. Ele mostrou ao público, e a um mundo de aspirantes a guitarristas, que era possível ter tudo: ser espalhafatoso e ativo no palco, tecnicamente formidável e se divertir pra caramba fazendo os dois. Quando Randy Rhoads apareceu dois anos depois, o destino do guitarrista da velha guarda todo exagero/nenhuma substância estava selado: ninguém mais se deixava enganar.

Portanto, o Twisted Sister avançou pela estrada da fama e da fortuna internacionais com aquela peça do quebra-cabeça faltando. *Não tínhamos um deus da guitarra.*

Ainda que esteja apontando dedos, preciso direcionar um para mim mesmo. Eu não estava disposto a reconhecer isso naquela época, mas em todas essas duplas lendárias de vocal/guitarra, o frontman proporcionava outra coisa além de uma voz distinta e habilidades performáticas: *apelo sexual.* Todos aqueles frontmen lendários tinham as garotas/mulheres fazendo de tudo para chegar até eles. Cada um deles faz parte do que ficou conhecido no ramo como *cock rock. Eu era tudo, menos isso.* Nunca tive muito apelo com as mulheres. Pelo contrário, afugentava as garotas. Claro, algumas consideram minhas travessuras e atitude atraentes, mas a maioria, não. Portanto, mesmo que eu tivesse um Jimmy Page ou um Eddie Van Halen ao meu lado, no Twisted Sister, eu não possuía esse atributo necessário. Meio que sou cheio de firula.

No entanto, à medida que eu avançava em meu mundo pós-Twisted Sister, acreditava que poderia fazer a transição para o cock rock e sabia que a pedra angular da minha banda nova teria de ser a dupla vocalista/guitarrista. Eu precisava ter a substância assim como o elemento espalhafatoso. Precisava encontrar meu deus da guitarra. Eu tinha alcançado a fama e a fortuna e me tornado uma estrela do rock, mas queria ser reconhecido como um dos grandes. Ficava puto por ser descredibilizado

"COLOCANDO O 'DESESPERO' EM DESPERADO"

como fogo de palha e um artista de um hit só. O estilo performático e musical da minha escolha tinha me prejudicado e limitado o respeito e a apreciação do público do rock por mim. Uma grande parte do universo do rock me considerava "sortudo". *Sortudo?!* Batalhar durante oito anos e meio, fazer milhares de shows e ser rejeitado por todas as gravadoras – diversas vezes por algumas delas – até você finalmente conseguir o sucesso não é sorte. É estupidez, talvez, mas com certeza não é sorte. Eu tinha de fazer tudo isso de novo e provar que meus detratores estavam errados. Meu sucesso não era um acidente: tive que me dedicar a fazer algo e, contra todas as possibilidades, tive minhas conquistas. Fazer tudo isso de novo – e melhor do que da primeira vez – faria com que eles calassem a porra da boca!

Parte do meu regime de treinamento físico era uma corrida habitual de 8 km em uma reserva natural próxima. Durante essas corridas – sempre com raiva no coração, meu maior motivador –, costumava ouvir tanto bandas novas (o *Appetite for Destruction,* do Guns N' Roses, não só me motivava, como também me proporcionou meu melhor tempo de corrida – cinco minutos por quilômetro!), quanto fitas de guitarristas em potencial para meu novo projeto.

Certo dia, eu estava ouvindo uma banda nova da Inglaterra chamada Mammoth e me deparei com o guitarrista perfeito, supondo que fosse *um* guitarrista e ele estivesse disposto a sair de sua banda. Depois de investigar um pouco, descobri que os caras da banda tinham contratado um guitarrista irlandês chamado Bernie Tormé para gravar as faixas. Tinha ouvido falar de Bernie tanto pelos seus lançamentos solos egocêntricos (Bernie Tormé's Electric Gypsies – ele via a si mesmo como um Jimi Hendrix branco) quanto por sua passagem formidável, ainda que curta, pela banda de Ozzy Osbourne, depois da morte de Randy Rhoads.

Bernie recebeu a ligação para assumir o lugar de Randy pouco depois deste morrer. Ao que parece, Bernie foi um dos poucos guitarristas que *não* foram insensíveis o bastante para pedir a vaga de trabalho enquanto o corpo de Randy ainda estava quente. Um guitarrista que conheço, que permanecerá anônimo, chegou a acordar Ozzy em seu quarto de hotel, horas depois de Randy Rhoads ter morrido, para pedir a vaga. Ozzy não ficou nada satisfeito. Bernie Tormé não só teve que aprender todas as músicas, como também teve que tocar usando a técnica "hammer-on" (apertar as cordas no braço da guitarra usando a mão da palheta) pela qual Randy era famoso[125]. Duas semanas depois, Bernie estava no palco do Madison Square Garden, mandando ver com sua guitarra. Maravilhoso. Ozzy pediu a Bernie que se juntasse à banda em caráter permanente, e – "no maior erro de minha carreira" (palavras do próprio Bernie) – ele recusou. Bernie tinha acabado de sair do Gillan (a banda pós-Deep Purple do vocalista Ian Gillan). Bernie foi o guitarrista da banda antes de Janick Gers) e estava desfrutando de grande fama na Europa. Ele recebeu uma proposta bem grande para um projeto solo (toda aquela coisa do "Hendrix branco") e tinha certeza de que seria uma estrela maior do que o Ozzy. Opa.

Bernie e eu nos unimos com ideias para uma nova banda. Eu não queria ser um artista solo. Nunca quis isso. O rock and roll deve ser tocado por um grupo, e com Bernie eu agora tinha a pedra angular para uma nova banda que não só me levaria de volta ao topo como também mostraria ao mundo que eu era tudo, menos um artista passageiro e sortudo de um truque só e que chegara ao sucesso por acaso. Em poucas semanas, Bernie Tormé veio para os Estados Unidos para começar o longo processo excessivamente demorado de compor, montar a banda e gravar nosso primeiro álbum.

Mas eu ainda tinha de lidar com aquele pequeno lance desagradável da falência.

---

125 Aqui o autor deve ter se confundido. A técnica "hammer-on" é a execução de uma nota apertando a corda no braço do instrumento sem palhetar. Usar as pontas dos dedos no braço do instrumento com a mão da palheta é a técnica chamada de "tapping". [N.T.]

"COLOCANDO O 'DESESPERO' EM DESPERADO"

FALÊNCIA É UMA PALAVRA ASSUSTADORA, MAS LOGO descobri que existem dois tipos diferentes: *o de pessoas ricas* e *o de pessoas pobres*. Eu me encaixava na primeira categoria àquela altura – e aprenderia sobre a segunda muito em breve.

Pessoas com mais dinheiro e recursos não perdem quase nada nesse processo ridículo. Ao contratar o melhor escritório de advocacia especializado em falência, fui guiado com cuidado pelo processo – completamente legal – de proteger a maioria dos meus bens e de não entregar nada significativo para meus credores. A não ser pela falta do Jeep e do Cadillac rabecão na minha garagem, eu sequer teria sabido que alguma coisa tinha acontecido. Minha casa, a grande maioria das minhas posses, meus direitos autorais/catálogo de músicas – praticamente tudo permaneceu seguro e intocado pelo processo.

Minha atual condição econômica (sem dinheiro nenhum) era perfeita para o que eu estava prestes a enfrentar. A falência me permitiu anular quase todos os contratos nos quais eu estava amarrado – incluindo o contrato de licenciamento com a Winterland – e recomeçar completamente do zero. Seria de se pensar que uma falência fosse deixar alguns potenciais parceiros de negócios desconfiados de se envolverem comigo, mas foi o completo oposto. As empresas consideravam minha pós-falência algo positivo. No ponto de vista delas, eu estava livre de relações passadas e responsabilidades financeiras – *e eu só poderia declarar falência de novo em dez anos.*

O processo de falência foi longo e demorado, mas, assim que finalizado, fiquei livre para fechar novos contratos de gravação e publicação. Apesar do derradeiro fracasso do Twisted Sister, encontrei um pouco de interesse em meu novo projeto e uma pequena guerra de ofertas entre gravadoras. No final das contas, assinei um belo contrato com a Elektra Records, cortesia do executivo de A&R, Brian Koppelman.

Brian Koppelman era um leal e original SMF do TS e filho do magnata da edição musical, Charles Koppelman. Enquanto ainda estava na faculdade estudando para obter seu diploma em advocacia,

Brian tinha descoberto Tracy Chapman. O sucesso do disco de Tracy tinha lhe rendido um emprego importante como A&R na Elektra e o transformou na voz jovem a ser ouvida pelos alienados executivos do alto escalão. O momento não poderia ter sido melhor para eu entrar em contato com Brian.

Por ter crescido em Long Island, Brian tinha visto o Twisted Sister quarenta e cinco vezes nos clubes antes mesmo de termos um contrato de gravação. Essa foi minha primeira oportunidade de questionar um dos SMFs originais do Twisted, e perguntei ao Brain por que ele tinha ido ver minha banda tantas vezes.

— Porque eu acreditava que você acreditava — respondeu ele com a clareza de um idiota sábio.

O que diabos isso queria dizer? Insisti que ele me desse uma explicação.

— Quando via você naquele palco, cantando e esbravejando como vocês chegariam ao topo, e com tamanha convicção, não tive outra escolha a não ser acreditar e seguir vocês.

Uau. Que belo exemplo do poder da gritaria positiva.

Sua confiança em mim agora passou para o meu novo projeto, e Brian conseguiu para o Desperado (o nome da minha nova banda) um ótimo contrato.

A<small>CABEI</small> D<small>E</small> R<small>ESUMIR</small> <small>UM</small> <small>ANO</small> <small>E</small> <small>MEIO</small> D<small>A</small> <small>MINHA</small> vida em um punhado de páginas. Quem dera tivesse sido assim tão fácil. Desde que saí do Twisted Sister até a época em que assinei um novo contrato de gravação foi um período longo e frustrante que avançou a passos de tartaruga, com o único ponto brilhante sendo o nascimento do meu segundo filho, Shane Royal Snider, no dia 29 de fevereiro de 1988.

O ano de 1988 foi bissexto e, ao ver como Suzette estava para dar à luz por volta dessa época, lhe disse como seria legal ter um bebê bissexto. Suzette disse que veria o que ela podia fazer a esse respeito e – sempre a esposa obsequiosa – deu à luz nosso segundo filho nesse dia.

Suzette tinha voltado a estudar com o intuito de obter sua licença de cabeleireira para melhorar seu valor como maquiadora profissional antes do nascimento de Shane. Ela retornou para concluir as mil horas obrigatórias de treinamento pouco depois de ter bebê. Por estar longe da estrada e em casa por um período prolongado pela primeira vez, tive a oportunidade de cuidar de Shane enquanto Suzette estava na escola (com a ajuda de nossa babá) e vivenciar muitas das coisas que não pude experimentar com Jesse, por não ter estado presente. Ainda que eu tivesse adorado a oportunidade de criar vínculos com meu recém-nascido, isso serviu para enfatizar todas as coisas que tinha perdido com meu primeiro. Uma bênção conflitante.

O PROCESSO DE MONTAR MINHA NOVA BANDA NÃO

foi nem de perto tão recompensador. Bernie e eu escrevemos juntos mais de cem músicas enquanto esperávamos que todos os meus problemas financeiros fossem resolvidos. Ao coescrever com alguém pela primeira vez, descobri que ter um verdadeiro músico criando as partes musicais levou minhas músicas a outro patamar. Isso acrescentava uma dimensão inteira que antes faltava em minha música.

Eu gostaria de me desculpar com os caras do Twisted Sister por não deixar com que fizessem parte da composição comigo enquanto estive na banda. Infelizmente, o modo como nosso relacionamento evoluiu ao longo dos anos impediu que eu trabalhasse com outras pessoas. Seriam necessários um enorme sucesso e minha saída da banda para que eu finalmente me libertasse de toda a bagagem emocional que tínhamos desenvolvido e permitisse que outra pessoa fizesse parte do meu processo. E, acredite em mim, isso não aconteceu da noite para o dia.

Pelo lado positivo, escrever todas aquelas músicas e trabalhar juntos durante tantos meses permitiu que Bernie e eu nos concentrássemos em nossa visão para como a banda deveria ser. Ela passou de uma extensão do meu conceito *Me and the Boys* com teclado e saxofone para um power trio com vocais, à la Led Zeppelin.

A banda Desperado enfim ganhou corpo com um jovem baixista inglês com quem Bernie tinha trabalhado chamado Marc Russel e pelo ex-baterista do Iron Maiden, Clive Burr.

Sempre fui fã do estilo criativo de tocar de Clive Burr. Diga o que quiser sobre seu substituto no Maiden, Nicko McBrain (um grande sujeito e um grande baterista), mas Clive Burr ajudou a definir o som do Iron Maiden que serviu de modelo para tudo o que vem sendo feito desde então. Aqueles três primeiros álbuns nos quais ele tocou ainda são o cerne do legado do Iron Maiden. Eles devem muito ao Clive e, para crédito deles, demonstram seu apreço. Clive adoeceu recentemente, acometido por esclerose múltipla, e os rapazes do Iron Maiden vêm sendo incrivelmente solidários e generosos. Eles são pessoas muito boas.

Ainda sem nenhum contrato de gravação em mãos e usando salários semanais de uma banda inteira, viajei para o Reino Unido para ensaiar, gravar demos das músicas, fazer uma sessão de fotos (fiéis ao nosso nome, a banda passou a se vestir como foras da lei do Velho Oeste, incluindo as esporas), e o que mais fosse preciso fazer com a banda nova no final de 1988. Durante uma estadia de dois meses, o Desperado fez um único show, em um clube em Birmingham, sob o pseudônimo The Clinky Bits, uma referência ao "tilintar" que nossas esporas e joias faziam.

Com minha nova banda musicalmente ajustada e pronta para detonar, voltei para casa para passar as festas, esperei que o acordo com a Elektra fosse confirmado e os contratos redigidos. Isso demorou meses e meses. Foi enlouquecedor. Enquanto isso, minha situação financeira – que tinha sido organizada menos de um ano antes – estava se deteriorando bem depressa.

Quando o contrato por fim ficou pronto e foi assinado, já era tarde demais. Eu estava sustentando primeiro Bernie Tormé, então o restante do Desperado, e todas as despesas suplementares (acomodação, equipa-

"COLOCANDO O 'DESESPERO' EM DESPERADO"

mento, passagens de avião, diárias etc.) desde o fim de 1987. Enquanto nos preparávamos para entrar em estúdio para gravar, quase dois anos depois, eu já tinha voltado a me endividar. O enorme adiantamento e o orçamento da Elektra para o primeiro álbum não eram suficientes para me salvar.

Como se não bastasse, Suzette e eu tivemos uma surpresa maravilhosa não planejada: ela estava grávida de nosso terceiro filho.

Pouco antes da pré-produção do novo álbum começar, tomei uma decisão que deveria ter tomado muito tempo antes. Tínhamos que vender nossa casa e nos mudar para um lugar menor. Digo que *eu* tomei a decisão porque tentei esconder de Suzette a gravidade dos nossos problemas econômicos, em parte porque não queria que ela se preocupasse, mas em grande parte porque não queria ouvi-la me dizer o óbvio: precisávamos fazer alguma coisa drástica para consertar a situação.

Em minha defesa, pensei em vender a casa (que tinha dobrado de valor desde que a tínhamos comprado) diversas vezes, mas meu empresário continuava me convencendo a ficar com ela. "Imóveis são ouro", dizia ele, e eram mesmo. Mas ele estava pensando em termos de como ele, um sujeito comum, lidaria com a situação: segure sua casa custe o que custar e reduza todas as outras despesas. Eu não podia fazer isso. Era uma estrela do rock. Eu tinha uma imagem pública a manter. Sério. Percepção é realidade, e se as pessoas ainda percebem você como uma estrela do rock, você é uma estrela do rock. Se o público vê você como um imprestável falido, é isso o que você é. Além do mais, eu não tinha dúvida, assim que lançasse o disco do Desperado, tudo voltaria aos eixos, eu estaria de volta ao topo das paradas e todos os meus problemas monetários estariam resolvidos.

Enquanto eu seguia para Woodstock com a banda e nosso produtor, Peter Coleman, em outubro, para começar as gravações, embora eu tivesse aceitado o fato de que precisávamos vender a casa, bem lá no fundo tinha certeza de que isso não seria necessário. Suzette, por outro lado, agora conhecia muito bem a gravidade da nossa situação e passou a preparar a casa para ser vendida. Sendo uma mulher ciente do valor de todo dólar, Suzette não gastaria mais dinheiro que não tínhamos para contratar pessoas para realizar os serviços. Grávida de cinco meses e meio, ela fez tudo sozinha, independentemente do tamanho do trabalho.

POR ALGUMA QUESTÃO DE PROGRAMAÇÃO, TIVEMOS alguns dias de folga no começo de dezembro. Suzette estava se matando ao preparar a casa para ser vendida. Dizia a ela o tempo todo para ir com calma, que eu contrataria profissionais para cuidar dos serviços estrênuos, mas Suzette não é do tipo que espera. Ela continuou trabalhando e se esforçando demais. Suzette estava em uma missão para deixar a casa pronta para ser vendida logo depois das festas. A cada mês que passava, afundávamos mais no buraco financeiro. Pouco antes de eu voltar para casa naquela semana, telefonei e descobri que ela estava literalmente de quatro, esfregando o piso da cozinha. Ela estava grávida de mais de sete meses!

Meu retorno a Woodstock estava marcado para a tarde do dia 7 de dezembro, mas primeiro fui com Suzette ao ginecologista para sua consulta mensal de rotina, para ver como andava a gravidez. Suzette deitou-se na maca, os pés nos estribos humilhantes, e sua ginecologista de longa data, a Dra. Deborah Zitner, começou o exame.

De repente o rosto da médica empalideceu.

— Vocês precisam ir para o hospital imediatamente.

Ficamos chocados com essa declaração, a realidade completa do que isso podia significar nem perto de nos atingir.

— Ok — respondi com calma —, só vamos dar uma passadinha em casa e pegar as coisas da Suzette. — Morávamos a apenas quinze minutos do consultório.

Ainda branca feito um fantasma, a Dra. Zitner disse:

— *Não*. Vocês não vão dar nenhuma paradinha. Vocês precisam ir direto para o Schneider Children's Hospital. Eles têm especialistas que podem ajudar vocês. Vocês vão ter esse bebê hoje.

"COLOCANDO O 'DESESPERO' EM DESPERADO"

Completamente confusos, e agora mais do que um pouco preocupados, entramos no carro e seguimos para o SCH em vez de irmos ao nosso hospital local, que ficava a um quarteirão de distância. Estávamos familiarizados com o hospital. Ficava a quase uma hora de distância. Jesse tinha nascido no Long Island Jewish Medical Center, e o Schneider Children's Hospital era sua ala especializada em nascimentos prematuros e bebês com problemas de nascimento. Ser obrigado a ir para lá não era uma coisa boa.

Quando chegamos ao hospital, estavam nos esperando e correram com Suzette até uma sala. Um médico chegou logo depois e nos deixou morrendo de medo.

Ele explicou que Suzette não estava apenas parcialmente dilatada (o que quer dizer que o processo inicial do nascimento tinha começado), como também a placenta (a bolsa que segurava nosso filho nascituro) tinha se soltado e descido para o canal de parto. Normalmente, depois de uma gravidez *completa* de quarenta semanas (completamente desenvolvida), a bolsa da futura mãe se rompe (a placenta se rompe), e o bebê desce através do canal de parto, livre da bolsa. Nosso bebê ainda estava na bolsa, ainda não desenvolvido por completo e já estava começando a sair pela vagina da minha esposa. Era por isso que a Dra. Zitner tinha ficado tão alarmada. Ela viu o bebê, na placenta, começando a nascer em seu consultório!

Como se isso já não bastasse, uma prática que agora é padrão para que os médicos possam se proteger de quaisquer litígios de imperícia médica, nosso obstetra (ele na verdade era um sujeito legal) nos fez a ladainha sobre as coisas que poderiam dar errado com nosso bebê prestes a nascer prematuro... *incluindo morte.*

Uma das melhores coisas sobre uma gravidez completa e normal é que quando a mulher chega àquele último mês de gestação, ela está tão cansada daquilo e de todas as indignidades (falta de ar, dores na lombar, pés inchados, azia, suores, ter de urinar o tempo todo, dificuldade para dormir... será que preciso continuar?), que está para lá de pronta para passar pelo quer que seja necessário para dar à luz. Dê a ela um bisturi e ela mesma tirará o bebê. É claro que estou exagerando, mas é apenas para enfatizar minhas observações. Mental, emocional e fisicamente, ao final, a maioria das mulheres está pronta para dar à luz.

Infelizmente, com menos de trinta e três semanas de gravidez – adiantada em sete semanas e meia – Suzette não estava nem perto desse ponto. Tendo isso em conta, junto com a expressão de pânico no rosto da Dra. Zitner e a enorme lista de coisas aterrorizantes que poderiam dar errado recitada pelo nosso novo médico, ela estava – compreensivelmente – surtando. Eu não estava para dar à luz e estava surtando. Só saberíamos sobre a saúde e a condição do nosso filho quando ele nascesse, e isso era bastante assustador. Fomos completamente pegos de surpresa por aquele nascimento prematuro.

Eles induziram o parto (deram medicamentos à minha esposa) para que Suzette estivesse completamente dilatada. No instante em que Suzette foi levada da sala para que pudessem prepará-la para o parto, telefonei para meu empresário.

Xingando-o de filho da puta de todas as maneiras que eu conhecia, descontei toda a minha frustração, o medo e a raiva nele. Fui irracional em culpá-lo pela prematuridade de nosso bebê, acreditando que os esforços hercúleos de Suzette para preparar a casa para ser vendida enquanto estava grávida tinham causado aquilo. Se ele não tivesse ficado me falando para não vender a casa (quando eu poderia estar disponível para ajudar), isso nunca teria acontecido. Que Deus o ajudasse se tivesse alguma coisa errada com nosso bebê!

Nosso terceiro filho, Cody Blue Snider, nasceu no dia 7 de dezembro de 1989. Ele pesava apenas dois quilos e se parecia com um frango esquelético, mas, tirando isso, era bastante saudável. Mesmo assim, era prematuro e teria de ser monitorado na unidade neonatal até que ganhasse um pouco de peso e eles tivessem certeza de que ele estava bem. Até bebês prematuros saudáveis enfrentam problemas em potencial. Por exemplo, Cody parou de respirar certa noite. Por quê? Porque é isso que bebês prematuros às vezes fazem. Eles não são desenvolvidos o bastante para *lembrar* de respirar o tempo todo.

Por sorte, as UTIs neonatais de hoje monitoram os bebês para prevenir coisas como essa e têm alarmes que disparam para que as enfermeiras cutuquem os bebês com delicadeza para que eles voltem a respirar. Assustador pra cacete, não? Pode apostar que sim. Felizmente, Cody não apresentou mais nenhum problema de saúde e ganhou peso suficiente para que pudéssemos levá-lo para passar as festas em casa. Que alegre presente de Natal!

INFELIZMENTE, CODY NÃO SERIA NOSSO ÚLTIMO SUSTO com nascimentos prematuros. Em 1996, Suzette engravidou pela quarta vez, dessa vez da nossa filha, Cheyenne, e depois de apenas alguns meses de gravidez, começou a dilatar e correu o risco de abortar.

Para evitar uma dilatação cervical maior e que o bebê descesse para o canal de parto, Suzette foi internada no Schneider Children's Hospital, onde ela foi obrigada a permanecer em repouso em uma *maca reclinável* e tomar uma variedade de medicamentos (alguns deles potencialmente letais) pelo tempo que ela e eles pudessem evitar o nascimento do bebê. A esperança era aumentar o peso de nascimento de nossa filha e acelerar seu desenvolvimento físico para que ela pudesse sobreviver.

Quando Cheyenne Jean Snider enfim nasceu na noite de Halloween de 1996 (eu estava na sala de parto usando uma máscara do Leatherface, claro), Suzette estava grávida de trinta e três semanas e o peso de Cheyenne era de 2,5 kg. Para um bebê prematuro, ela estava acima do peso. Como seu irmão, ela teve de passar algum tempo na unidade neonatal sob observação.

Embora tivéssemos tido sorte por não termos sofrido com nenhum dos problemas de saúde graves, enquanto você fica ali sentado dia após dia na UTI neonatal, não consegue evitar notar todos os bebês e as famílias ao redor que são menos afortunadas. Alguns bebês nascem pesando menos que uma lata de refrigerante! Muitos prematuros e suas famílias precisavam suportar uma vida inteira de problemas e dificuldades de saúde.

Alguns anos depois, descobri (na verdade eles me descobriram) que a pesquisa e os esforços da instituição March of Dimes ajudam aquelas famílias menos afortunadas a lidarem com nascimentos prematuros e problemas de nascença. Por me tornar Grande Marechal, liderar minha própria marcha e por fim me tornar um porta-voz nacional de suas iniciativas por meio da marcha Bikers for Babies Ride, encontrei uma maneira de dar algo em troca e demonstrar meu apreço pela sorte que minha família teve com nossos dois filhos prematuros.

48
"O QUE VOCÊ QUER DIZER QUANDO DIZ QUE NÃO OUVIU O DISCO?"

POR FIM, TERMINAMOS A GRAVAÇÃO E A MIXAGEM do álbum *Ace,* do Desperado, no fim daquele inverno e, em seguida, começamos o longo processo de preparar o disco para o lançamento. Com minhas finanças pessoais ainda piorando, as coisas pareciam demorar mais e avançar ainda mais devagar. Foi um inferno.

Eu achava doloroso ao extremo assistir à MTV. O hair metal era uma força enorme a ser levada em conta naquela época, e ser obrigado a ver bandas que tinham aberto para o Twisted Sister em turnê ou, pior ainda, tinham nos assistido nos clubes (olá, Bon Jovi e Poison) serem o centro das atenções estava me matando. O Twisted Sister – a banda que tinha criado o gênero hair metal, que tinha ajudado a levá-lo ao grande público e cujos vídeos tinham mudado esse meio de comunicação por completo – tinha sido totalmente esquecido pela MTV. Até mesmo meu programa *Heavy Metal Mania* tinha virado o *Headbangers Ball* e estava sendo apresentado por alguém que eu *sabia* que estava sendo pago. Não muito, tenho certeza, mas sei que Riki Rachtman recebia alguma coisa!

Na primavera, Suzette e eu finalmente vendemos nossa casa. Ainda que seu valor tenha dobrado no final dos anos 1980, o mercado imobiliário estava perdendo forças bem depressa no inverno de 1989/1990 (que época perfeita, hein?). Mas, por fim, no dia do batismo e da festa de

Cody, um casal foi ver a casa e ficou comovido pela magia de um lindo dia de primavera e pelo amor familiar que jorrava de todos nós naquele evento importante. Embora o valor de mercado de nossa casa tivesse caído consideravelmente, ainda tivemos um bom lucro, resolvendo nossos problemas financeiros temporariamente.

O plano era comprar uma casa nova na Flórida, perto de onde grande parte da família de Suzette morava. Com minha carreira e atual banda "internacionais", já não precisava morar em Nova York como em meus dias com o Twisted Sister. Com as iminentes ausências que, com certeza, resultariam de minha preparação para o lançamento de um disco importante e subsequente grande turnê para estabelecer uma banda nova, fazia todo sentido mudar para a Flórida, onde Suzette e nossos filhos teriam o apoio de sua família amorosa.

Enquanto eu lidava com as questões do pré-lançamento do disco em Nova York, Suzette seguiu para a Flórida e encontrou a casa perfeita. Era incrível o quanto nosso dinheiro valia por aqueles lados. Enquanto isso, o verão começava, a data de nossa grande mudança e a do lançamento do meu álbum se aproximavam. Todas as peças estavam finalmente voltando a cair nos devidos lugares.

Aí está essa palavra de novo... *cair*.

ESTAVA AGENDADO PARA O DESPERADO GRAVAR O VÍDEO do primeiro single do nosso novo disco, "There's No Angels Here", em agosto. Esse single e o restante das músicas no álbum eram o ponto alto de mais de dois anos de esforços criativos, durante os quais eu tinha dedicado muito tempo a atingir um crescimento artístico. Depois de estudar os vocais de Paul Rodgers, eu tinha remodelado meu estilo vocal consideravelmente. Mergulhar mais fundo em minhas influências mais calcadas no blues, tais como Led Zeppelin, Humble Pie e Bad Company, e coescrever com Bernie Tormé também tinham melhorado minhas habilidades de composição. O álbum *Ace* tinha – e ainda tem – algumas das melhores músicas que eu já escrevi, gravei ou cantei[126]. Eu mal podia esperar para soltá-lo sobre o que eu achava ser um público desconfiado.

Eu estava literalmente fazendo as malas para viajar para a Inglaterra para gravar nosso vídeo quando recebi um telefonema devastador do meu empresário, Mark Puma. A Elektra Records tinha desistido do Desperado e engavetado nosso álbum.

A notícia me atingiu como se eu tivesse recebido a notícia da morte de um parente. Desmoronei em uma cadeira e ouvi uma explicação de como meu disco – que já tinha número de catálogo e estava no banco de dados da Elektra, programado para ser lançado em poucas semanas – tinha chegado ao fim. Brian Koppelman – o fã que nos tinha assinado – tinha deixado a gravadora em troca de uma oferta melhor em uma gravadora nova chamada Giant Records. Sentindo-se insultada pela saída de Brian, a Elektra se vingou dele ao "engavetar" *todos* os projetos nos quais ele estava trabalhando. Como se fôssemos objetos inanimados, a Elektra Records colocou fim em nossa carreira. Eu não conseguia acreditar.

Quando perguntei que bases legais permitiam que eles fizessem isso, aconteceu que uma pequena frase – na verdade uma *palavra* em nosso contrato acabou com a gente. "Gravação *comercialmente* viável" em vez de "gravação *tecnicamente* viável" fazia toda a diferença do mundo. *Tecnicamente viável* quer dizer que você coloca o disco no aparelho e ele toca. *Comercialmente viável* quer dizer que o álbum que você entrega tem de ser vendível, *o que é completamente subjetivo*. O que é *vendível* é tão variável que a frase fica a cargo da opinião do indivíduo. Essa fraseologia é acrescentada de propósito aos contratos como uma saída para a gravadora. Um bom advogado a identificará, contestar seu lugar no contrato e fazer com que seja mudada. Infelizmente, eu não tinha o melhor dos advogados – nem dos empresários, aliás.

---

126 O CD *Ace,* do Desperado, foi lançado por gravadoras independentes em 2006.

CALA A BOCA E ME DÁ ESSE MICROFONE

Tinha ouvido uma história sobre o presidente da Elektra, Bob Krasnow – não um fã de heavy metal – tentando fazer a mesma coisa com o Mötley Crüe em seu segundo álbum, *Shout at the Devil*. Os empresários do Mötley, McGhee/Thaler, irromperam no escritório de Krasnow e ameaçaram fazer tudo que fosse possível com a Elektra Records se eles não lançassem o disco. Krasnow – enojado não só por ter de conversar com aquelas pessoas, como também por ter uma banda como o Mötley Crüe em sua gravadora eclética – cedeu às suas exigências, prometendo não fazer nada pelo disco e dizendo que o deixaria "morrer por conta própria". Essa história foi contada a um conhecido meu enquanto eles assistiam ao Bob Krasnow – usando uma bandana do Mötley Crüe – de pé em sua cadeira cantando "Shout at the Devil" com o Crüe no Madison Square Garden depois de o disco ter vendido mais de dois milhões de cópias. Que bela maneira de se manter fiel às suas crenças.

É assim que grandes empresários lidam com a situação. Meu empresário sequer conseguiu fazer com que Bob Krasnow retornasse suas ligações.

Quando conversei com Krasnow (quem eu nunca tinha conhecido – outro erro do meu empresário) e lhe perguntei como ele era capaz de fazer aquilo, o arrombado respondeu:

— Dee, não é nada pessoal; são só negócios.

Nada pessoal?! Não dava para ser mais pessoal.

— Tenho certeza de que seu grupo é muito bom — continuou ele.

O quê?! Ele nem tinha *ouvido* o nosso disco?!

— Ei — lembro que ele disse —, se a decisão fosse só minha, eu me livraria de todas as bandas de heavy metal que já temos em nossa gravadora.

A audácia daquele merdinha! Aquelas "bandas de heavy metal" que ele estava falando sobre se livrar incluíam Metallica, Mötley Crüe e The Cult. Estávamos em 1990; o *Black Album*, do Metallica; o *Dr. Feelgood*, do Crüe; e o *Sonic Temple*, do The Cult, estavam vendendo milhões e milhões de cópias! Inclua aí a banda da Elektra bastante influenciada pelo metal, o Queen, e aquelas bandas de heavy metal estavam pagando o salário daquele desgraçado arrogante e mantendo a gravadora viva!

Durante o ano seguinte, meu advogado tentou me tirar e a minha banda daquele contrato de gravação, conseguir de volta os direitos autorais de nossas músicas e obter o direito de licenciar nosso disco por outra gravadora por um preço justo. A Elektra Records não queria me liberar do contrato nem permitir que eu regravasse as músicas, e a única coisa que eles aceitariam como pagamento para o uso das fitas másteres era um reembolso total do dinheiro que eles tinham disponibilizado para o acordo – quinhentos mil dólares, ou cinquenta mil dólares por música.

Isso gerou problemas para mim em muitos níveis diferentes. O meio milhão de dólares que a Elektra gastou foi uma quantia exorbitante, elevada pelo interesse de outras gravadoras, um bônus de contratação e dinheiro gasto para o desenvolvimento do projeto. O custo real da gravação do álbum não chegava nem perto disso. Além do mais, com a Elektra engavetando o disco depois de gastar tanto dinheiro, mesmo que outras gravadoras gostassem do que ouvissem – *principalmente* se gostassem do que ouvissem –, se perguntariam o que havia de errado com Dee Snider e o Desperado para que tivéssemos sido largados. A real explicação simplesmente não fazia sentido: a Elektra comeu meio milhão de dólares para se vingar de um sujeito do A&R que se demitiu?

Quando recebemos um pouco de interesse de gravadoras menores que queriam lançar o disco, a Elektra se manteve firme em sua exigência de um reembolso total. Eles preferiam não ter nada a ter alguma coisa. Eu simplesmente não conseguia entender a posição que eles estavam tomando. Por fim, depois de meses de luta com a gravadora, alguém me deu a resposta, em uma conversa confidencial. Disseram que a carreira do Dee Snider parecia estar morta e enterrada, mas ele poderia ressuscitar. O ponto de vista da gravadora era: é melhor dar como perdido meio milhão de dólares do que correr um risco, abrir mão do disco e permitir que ele seja um sucesso por outra gravadora. Isso acabaria com a carreira de qualquer um que me liberasse.

Isso eu conseguia entender. Eles estavam certos. Não lido bem com esse negócio de estar morto e enterrado.

Enquanto lutava para salvar alguma coisa do que agora eram três anos de esforços e centenas de milhares de dólares gastos do meu próprio bolso (além do meio milhão da Elektra), Suzette e eu fomos forçados a reavaliar a situação de nossa moradia. Comprar outra casa estava agora fora de questão. Todos os esforços de Suzette nessa área foram em vão. Estávamos em agosto e tínhamos de nos mudar até setembro. Nossa única escolha foi alugar uma casa na Flórida até decidir o que diabos eu faria. Estava chegando ao meu limite... quando Ric Wake entrou em cena.

ENTRE O INÍCIO E MEADOS DOS ANOS 1980, O TWISTED Sister gravava as demos em um estúdio em Merrick, Long Island, chamado Bolognese. Administrado e de propriedade de um motorista de limusine e tocador de acordeão chamado Lou Bolognese, servia muito bem para as gravações da pré-produção do álbum.

Ao voltarmos ao Bolognese Studios para gravar as versões demo das músicas do disco *Come Out and Play*, conheci ali um jovem engenheiro inglês chamado Ric Wake. Um garoto bacana, aspirante a produtor e tinha assinado um contrato empregatício draconiano com Lou Bolognese para "o auxiliar" no estúdio (leia-se: fazer qualquer trabalho que precisasse ser feito, desde trabalhar como engenheiro a limpar o banheiro) e mixar discos de doze polegadas de músicas de discoteca para a cena local de clubes. Em troca, Ric tinha permissão de morar na sala da caldeira com seu esperançoso futuro empresário, Dave Barrat, praticar seu ofício quando o estúdio não estivesse sendo usado e ganhar algo por volta de cem dólares semanais. Ric e Dave estavam tão falidos, que costumavam dividir um jantar "especial" de *chow mein* no restaurante chinês local todas as noites, apanhando o maior número de sacos de macarrão e sachês de molho de pato gratuitos quanto possível. Essa era a refeição diária deles.

Certo dia, durante um momento tranquilo nas gravações, Ric perguntou se eu poderia ouvir uma música que ele tinha gravado. Ele a tinha escrito, cantado todas as partes vocais, tocado todos os instrumentos (exceto a bateria), gravado as faixas (com ajuda do engenheiro Bob Cadway) e a mixado, tudo durante os momentos em que o estúdio não estava sendo usado e à noite.

Fiquei de queixo caído com o trabalho do garoto.

Mais ou menos uma semana depois, cheguei ao estúdio e encontrei Ric extremamente abalado. Quando lhe perguntei qual era o problema, à beira das lágrimas, ele me contou que tinha pedido a Lou Bolognese para liberá-lo de seu contrato de servidão – quer dizer, *contrato empregatício* – e Lou tinha ameaçado quebrar as pernas dele. Ric estava aterrorizado.

Bem, para jovens ingleses como Ric e seu camarada Dave, qualquer ítalo-americano com sotaque do Brooklyn deveria ser membro da máfia. Quando Lou os ameaçou, eles o levaram bastante a sério. Eu não só conhecia mafiosos de verdade – o que Lou não era –, como também sabia que Lou estava negociando com a Island Records, uma subsidiária da Atlantic, para distribuir seus álbuns de músicas de discoteca. Lou esperava dar o passo gigantesco de tocador de acordeão para magnata dos discos. Aposto que essa seria a primeira vez que algo assim aconteceria.

Entrei no escritório do Lou e me sentei. Lou ficou feliz em ter a atenção de uma verdadeira estrela do rock.

— Você ameaçou quebrar as pernas do Ric? — perguntei. Por que ficar enrolando?

Lou foi pego de surpresa.

— Dee... quando eu disse para o Ric, "vou quebrar suas pernas", não quis dizer *literalmente*, eu quis dizer *figurativamente*. — Bem eloquente para um "mafioso".

— Então, Ric pode pedir demissão se quiser?

— É claro. Ele pode ir embora quando quiser — respondeu Lou, do canto onde eu o tinha encurralado.

Parti para o ataque final.

— Isso é bom, Lou, porque eu não acho que a Island Records gostaria de saber que alguém com quem eles estão pensando em fazer negócios usa ameaças de violência para conseguir o que quer.

— Acredite em mim — disse Lou, entrando em pânico —, o garoto entendeu errado minhas intenções. Ele pode ir embora quando quiser.

Saí do escritório do Lou e dei as boas notícias ao Ric. Ele não conseguia acreditar.

— Pode acreditar — disse eu —, mas vá embora assim que puder, antes que ele mude de ideia. Você assinou um contrato, afinal de contas.

Ric e Dave fizeram as malas o mais rápido que conseguiram e foram embora naquela mesma noite.

Mais ou menos uma semana depois, levei Ric ao Cove City Sound Studios, um grande estúdio de gravação em Long Island, de propriedade do saxofonista do Billy Joel, Richie Cannata. Eu gravava ali de tempos em tempos. Apresentei Richie e seu sócio, Clay Hutchinson, ao Ric, contando a eles como aquele garoto tinha um talento incrível e como deveriam lhe dar uma chance. Com a minha garantia (e depois de ouvir o som excelente de suas faixas), deixaram Ric trabalhar de graça no estúdio durante as noites (geralmente das 3h ou 4h da madrugada até as 10h ou 11h da manhã).

Ric de imediato começou a trabalhar em segredo com outra artista presa a um contrato terrível com Lou Bolognese, Leslie Wunderman, também conhecida como Little Leslie Wonder. Dentro de um ano, Ric tinha gravado um álbum completo com ela, Leslie se livrou de seu contrato com Lou, e Ric convenceu o magnata das gravadoras, Clive Davis, a contratá-la para a Arista Records. O novo nome artístico de Leslie (pelo qual ela me dá créditos que não mereço) era Taylor Dayne. Seu primeiro álbum produzido por Ric Wake, *Tell It to May Heart*, teve quatro músicas no Top 10 e ganhou platina dupla nos Estados Unidos (além de sucesso mundial). A carreira de produtor de Ric Wake disparou como um foguete.

Ric Wake era/é uma daquelas pessoas leais que nunca se esquecem do que você faz por elas. Isso é raro e maravilhoso, mas não foi o motivo de eu tê-lo ajudado. Tão poucas pessoas estenderam uma mão a mim ou ao Twisted Sister, que prometi ajudar outros artistas batalhadores sempre que pudesse. Não quero que outras pessoas passem pelo mesmo inferno que eu. Isso acaba com a alegria dentro de você.

FIQUEI TÃO DEVASTADO PELA DESTRUIÇÃO DA MINHA

carreira e das minhas finanças pessoais pela Elektra Records que fiquei quase catatônico. Ric Wake agora morava em uma casa enorme construída sob encomenda a apenas poucos quilômetros de mim. Desde que o conheci no Bolognese Studios, tínhamos nos tornado grandes amigos (e ainda somos).

Ric foi até a minha casa para conversar comigo.

— Você vai voltar direto para o estúdio e começar a trabalhar em uma banda nova e em um álbum novo.

Destaquei o óbvio:

— Mas eu não tenho dinheiro nem um contrato de gravação.

— Não se preocupe com isso. Você pode gravar em meu estúdio de graça enquanto montamos uma banda nova e conseguimos um contrato.

Ric era agora o *coproprietário* do Cove City Sound Studios e uma pessoa poderosa e influente na indústria musical. Desde seu sucesso com Taylor Dayne, ele tinha produzido discos de platina múltipla de Mariah Carey, Celine Dion e Jennifer Lopez, e continua me dando crédito por lhe ter proporcionado um ponto de partida. Agora ele estava devolvendo o favor.

Mesmo assim, estava me sentindo derrotado, além de estar encaixotando as coisas de casa com Suzette para nossa mudança para a Flórida em algumas semanas.

— Ric, agradeço sua oferta, mas não estou com muita vontade de gravar algo.

— Estou cagando e andando para o que você está com vontade de fazer. Você vai voltar para o estúdio. *Você não vai desistir!* — Ric não queria aceitar um não como resposta. Ele podia ver como eu estava derrotado e tentava me forçar a voltar à ativa.

Portanto, pouco depois de nos mudarmos de nossa casa em Long Island e de nos acomodarmos na bela casa rural que Suzette tinha encontrado em Coral Springs, Flórida, voei de volta a Nova York e comecei a trabalhar em novas músicas para uma banda nova e uma gravadora nova. Eu não tinha nada disso. Era início de 1991 e eu estava começando da estaca zero.

O primeiro item da agenda era me libertar do contrato com a Elektra Records. Eles não tinham realmente largado o Desperado; engavetaram o disco e *suspenderam* meu contrato, me impedindo de gravar com qualquer outra gravadora. Meu advogado, que me representou quando assinei pessoalmente o contrato com a Winterland e o contrato com a Elektra com as palavras "comercialmente viável", tentava me livrar da Neglect-tra (um nome que Joe Lynn Turner, do Rainbow – outra vítima da Elektra Records – tinha inventado) havia meses, mas foi tudo em vão.

O advogado de entretenimento de longa data do Twisted Sister, e que agora era meu, era Clay Knowles, ex-guitarrista de uma banda com o primeiro baixista do Twisted, Kenny Neill. Ele representava a banda desde seus primórdios nos clubes, e Clay exibia com orgulho na parede de seu escritório o álbum *Stay Hungry* de platina dupla que tínhamos lhe dado de presente. O disco brilhava sozinho.

Ric Wake tinha ligações com as pessoas mais influentes da indústria musical, que faziam as coisas acontecerem, e insistiu que eu conhecesse seu advogado, Bobby Flax, da Grubman, Indursky & Schindler, o escritório de advocacia mais poderoso da indústria do entretenimento.

— Esse cara vai conseguir ajudar você — prometeu Ric.

Eu não conseguia ver como, visto que Clay Knowles tinha esgotado todos os caminhos possíveis (a um grande custo para mim) tentando endireitar minha situação com a Elektra.

Quando Ric e eu entramos nos escritórios de advocacia da Grubman, Indursky & Schindler para nossa reunião com Bobby Flax, quase fui cegado pelos discos de platina e de ouro de praticamente todos os principais artistas da indústria musical que cobriam as paredes. Em seu auge, a firma representou uma grande porcentagem dos principais artistas do mundo. Incrível. O único sucesso do meu advogado era o Twisted Sister.

Ric foi muito bem recebido. Por que não seria? Tinha produzido alguns dos maiores clientes da Grubman, Indursky & Schindler, e eles também representavam Ric. Notoriamente, a Grubman, Indursky & Schindler (junto com a maioria dos grandes escritórios de direito do entretenimento) também era contratada pelas maiores gravadoras. Isso significava que ela negociava de ambos os lados na maioria das transações, mas no fim das contas se comprometia com quem pagasse mais. Não dava para ficar mais incestuoso do que isso!

Bobby Flax me pediu para explicar a ele minha situação – o que me levou mais ou menos três minutos – então pegou o telefone e discou um número de cor.

— Steve? Aqui é o Bobby.

Ele ouviu por um segundo, depois respondeu:

— Ela está bem. Como está a Mindy?

Com quem diabos ele estava conversando? E enquanto eu pagava a ele?!

— Claro, claro. Vamos jantar com as garotas semana que vem. — Bobby continuou sua conversa casual. — Ouça, estou sentado aqui com Dee Snider e preciso livrar ele de um contrato. — Bobby ouviu de novo. — Parece justo. Peça à sua secretária para redigir alguma coisa e me mandar por fax para as assinaturas. Vejo você quinta-feira no campo de golfe.

Com isso, Bobby desligou e se virou para mim com uma postura despreocupada.

— Você está livre para gravar com quem quiser e pode usar as fitas másteres originais do Desperado ou regravar as músicas a uma taxa de cinco mil dólares por faixa, com dois pontos de comissão.

O quê?! Eu estava livre do meu contrato e podia usar as faixas originais a uma taxa acessível? *Ele estava de brincadeira?!*

Não estava. Com um breve telefonema para "um amigo", ele tinha resolvido todos os meus problemas – como um favor para Ric!

Fiquei atordoado. Tinha desperdiçado quase um ano e gastado milhares de dólares tentando escapar da gravata que a Elektra estava me dando e perdido o pouco interesse que havia pelo Desperado por parte de duas gravadoras independentes de metal. As duas caíram pelo caminho porque não conseguiram pagar o meio milhão de dólares que a Elektra estava exigindo por mim e pela minha banda. Eles com toda certeza teriam tido condições de pagar cinquenta mil dólares, mas agora esses navios já tinham zarpado.

Livre dos infortúnios que a Elektra me trazia, pude recomeçar. Esperava usar os rapazes do Desperado em minha nova banda – eles também tinham sido abatidos por toda aquela confusão – e tanto Bernie Tormé quanto Marc Russel subiram a bordo de imediato. Infelizmente, Clive Burr não podia se envolver se não houvesse pagamento. Para ser justo com Clive, nem todo mundo está disposto ou pode trabalhar de graça.

Com o baterista Joe Franco substituindo Clive, começamos a escrever e gravar versões demo das músicas com esperança de conseguir um novo contrato e voltar a colocar nossas carreiras musicais de volta nos eixos. Bernie Tormé e eu trabalhamos nas músicas, cada um em seu continente, enquanto Marc Russel se mudou para os Estados Unidos e passou a morar na casa de Ric Wake. Mais outro gesto generoso por parte de Ric. Eu estava de volta aos negócios.

À MEDIDA QUE AS SEMANAS E OS MESES SE ARRASTAVAM, sem nenhum tostão entrando, tive de usar o lucro que tínhamos conseguido com a venda da casa para manter a família longe do buraco. O dinheiro que esperávamos poder usar para comprar uma casa nova para nós cinco estava diminuindo aos poucos. A troca de estilo de vida e a mudança para a Flórida com certeza tinham reduzido nossas despesas mensais, mas não o suficiente. Mesmo assim, eu acreditava firmemente que era uma estrela do rock e que estava vivenciando apenas outro contratempo temporário, que em breve seria retificado. Eu precisava cair na real.

Suzette e eu não nos acostumamos com a vida na Flórida logo de cara. Depois do primeiro mês, quisemos correr gritando de volta a Nova York. No segundo mês, pensamos seriamente em acabar com nossa própria vida. No terceiro mês, estávamos começando a nos adaptar e, depois de seis meses, nossos ânimos tinham se acalmado e nos tornamos típicas pessoas da Flórida.

Nossa vida familiar era maravilhosa. Ainda que eu estivesse passando muito tempo em Nova York, sempre que eu voltava para a Flórida era como estar de férias. Suzette e as crianças me buscavam no aeroporto em seu Jeep rosa-choque (estrelas do rock têm de ter suas carangas) e me levavam para casa para passarmos dias e mais dias de um estilo de vida típico de aposentados. Meu relacionamento com Suzette continuava a ficar cada vez mais forte, apesar das preocupações financeiras crescentes.

A necessidade de nos preparar para dias difíceis e encontrar maneiras de viver mais economicamente parecia estar nos unindo ainda mais. Até mesmo a perda da minha popularidade e do meu reconhecimento teve um lado positivo: fui capaz de relaxar e começamos a agir como uma família normal pela primeira vez. Sei que isso pode soar prosaico para a maioria de vocês, mas, acredite, um grau de normalidade em uma vida anormal tem suas vantagens. Era uma luz brilhante no fim de um túnel cada vez mais escuro.

POR MAIS QUE RIC WAKE TENTASSE - E USASSE
toda sua considerável influência –, ele não conseguiu encontrar uma
gravadora para um novo projeto de Dee Snider em 1991. Embora as
bandas de hair metal e heavy metal estivessem bastante em alta, para a
indústria, minha carreira não poderia estar mais morta e enterrada nem
meu valor mais baixo. Ric – um enorme crente em sua habilidade de
julgar talento e músicas, e em Dee Snider – se recusou a desistir. Em um
esforço derradeiro para conseguir um contrato para mim, ele inaugurou
sua *própria* gravadora, a Esquire Records, para lançar meu álbum.

Eu não poderia ter ficado mais surpreso com esse gesto insano. A
ideia de alguém levantar o capital, abrir instalações, contratar funcionários e organizar a distribuição só por mim ainda me faz balançar a
cabeça em descrença até hoje. Mas foi isso que o Ric fez.

Quando eu finalmente estava pronto para começar a gravar o novo
álbum, o projeto sofreu outro enorme contratempo quando Bernie Tormé teve de ser internado depois que encontraram uma mancha preta
em seu pulmão durante um raio X de rotina. Quando Bernie acordou
– em uma tenda de oxigenação – de sua biopsia, ouviu seu médico dizer
pela tenda: "Tenho boas e más notícias". *Uh-oh.* Essas são palavras que
você nunca quer ouvir em um hospital.

A boa notícia era que a mancha no pulmão de Bernie não era câncer, era apenas uma mancha. A má notícia? Eles tinham perfurado o
pulmão de Bernie durante a biopsia. Como resultado, Bernie tinha uma
longa estadia no hospital pela frente, seguida de mais um tempo de
recuperação e um período prolongado sem poder voar. As cabines pres-
surizadas dos aviões poderiam fazer com que seu pulmão entrasse em
colapso de novo. Bernie Tormé não poderia fazer parte da banda. Estávamos vivendo sob uma nuvem de azar ou o quê?!

Seguindo ótimas recomendações de uma grande quantidade de
pessoas que eu respeitava, o guitarrista Al Pitreli foi convocado para
substituir Bernie. Al tinha trabalhado com uma boa quantidade de artistas
grandes e pequenos, mais notavelmente com Alice Cooper no álbum e na

turnê Trash (e desde então com o Megadeth e a Trans-Siberian Orchestra), e tinha tudo o que precisávamos para o tipo de banda que estávamos montando, exceto uma coisa: sua personalidade. Achei que Al era um filho da mãe arrogante e presunçoso e fiz uma previsão para Marc Russel e Joe Franco de que ele não duraria seis meses comigo. Eu estava errado. Al Pitrelli permaneceu comigo por dois discos e turnês, mais tarde me ajudou a criar e gravar o projeto Van Helsing's Curse, comigo e Joe, e continua sendo um grande amigo até hoje. Desculpe, Al, julguei mal você.

A música da minha nova banda consistia em sobras de Tormé/Snider da época do Desperado; algumas regravações das faixas do álbum *Ace,* do Desperado; um cover de um clássico de Howlin' Wolf ("Evil"); e duas músicas originais de Pitrelli/Snider, incluindo o que seria nosso primeiro single e vídeo, "The Widowmaker".

O título da faixa foi tirado de uma banda malfadada de Luther Grosvenor, também conhecido como Ariel Bender (Spooky Tooth, Mott the Hoople), e Bob Daisley (Rainbow, Ozzy Osbourne) de mesmo nome. Estranhamente, o pai do meu baixista, Marc Russel, tinha sido gerente de turnê do Widowmaker original.

Quando eu estava lutando para encontrar um nome para a banda nova, Ric Wake disse:

— Por que você não usa o nome da sua música e chama a banda de Widowmaker?

Explicamos que já havia existido uma banda chamada Widowmaker.

— Nunca ouvi falar — comentou Ric. — Eles eram populares?

— Não — respondi.

— Quando estiveram na ativa?

— Em meados dos anos 1970.

— Isso foi há, tipo, vinte anos! — exclamou Ric. — Quem se importa?!

Na verdade, quase ninguém se importava, exceto Marc Russel, que tinha aprendido a tocar com o baixista do Widowmaker, Bob Daisley.

— Meu pai vai tirar o maior barato de mim se eu estiver em uma banda chamada Widowmaker — reclamou Marc —, não posso fazer isso.

Pensei por um minuto, depois rebati:

— E se eu conseguir a bênção de Bob Daisley?

Marc disse que isso o faria se sentir um pouco mais confortável, então telefonei para Daisley.

— Ei, Bob, aqui é o Dee Snider. Como você se sentiria se eu usasse o nome Widowmaker para minha banda nova?

— Estou cagando e andando — respondeu Daisley. — A gente fodeu tudo com esse nome!

Bênção recebida.

Não fomos os primeiros a reciclar o nome de uma banda. O deus da guitarra Gary Moore teve uma banda chamada Skid Row muito antes da banda norte-americana de mesmo nome, e houve um Trixter antes que a banda de Nova Jersey de mesmo nome começasse a cantar "Give It to Me Good". Não fomos os primeiros e com toda certeza não seríamos os últimos.

O Widowmaker tinha nascido.

Com a arte para a capa do álbum, viria a próxima indignidade. Fui informado de que, devido ao conteúdo lírico do CD, a complexa ilustração da capa (melhor em conceito do que em execução) que eu tinha dado tão duro para criar com o departamento artístico da Esquire Records precisaria ter um adesivo de Parental Advisory. Não consegui acreditar.

— Achei que colar um adesivo no seu disco fosse opcional — disse eu.

— E é, e nossos distribuidores colocam adesivos nos discos deles — contou Ric Wake. — Algumas lojas não vendem nenhum disco com conteúdo explícito sem um adesivo.

Um dos meus temores sobre esses selos de aviso estava se tornando realidade. Colocar adesivos em seu disco não era exatamente opcional se as lojas não fossem vender seu disco caso você não os colocasse. Pior ainda, algumas lojas estavam usando o adesivo para segregar os discos, ou, pior ainda, para não colocar o disco nas prateleiras ou sequer vendê-lo. Em um verdadeiro impasse com algumas lojas, se você *não* colocasse o adesivo em seu disco com conteúdo explícito, elas não o venderiam e, se você *colocasse* o adesivo nele, elas não o venderiam. *Isso não é a porra de uma opção, se quer saber!*

Quando eu achava que as coisas não poderiam piorar, elas pioraram.

— Ah, é — acrescentou Ric —, não é um adesivo, ele tem de fazer parte da arte da capa.

O quê?! Ele estava de sacanagem comigo! Indignidade em cima de indignidade. Eles pegaram a arte da capa e fizeram com que o selo de advertência fosse uma parte física dela, algo que não poderia ser retirado depois da compra. *A ideia era de pirar a cabeça!* Aqueles imbecis conservadores estavam tomando para si a responsabilidade de manipular a visão de um artista. Não me entenda mal, não estou dizendo que a arte da capa de *Blood and Bullets* era um trabalho de gênio, mas a própria ideia de fazer algo assim era um insulto a todos os artistas.

— Ou você faz isso, ou eles não distribuem o seu CD — terminou Ric, depois de ouvir uma dissertação longa cheia de impropérios merecedora de seu próprio adesivo de Parental Advisory.

Se eu soubesse disso com antecedência, teria transformado a capa do álbum no adesivo de Parental Advisory e colocado um quadrado do tamanho de um adesivo com a arte do álbum em cima do adesivo.

Isso é o que é conhecido como ironia.

49
MIJANDO CONTRA O VENTO

NA PRIMAVERA DE 1992, O DISCO BLOOD AND BULLETS, do Widowmaker, foi lançado para um público literalmente desavisado pela novata gravadora independente Esquire Records. Depois de uma ausência de quatro anos e meio da cena musical, Dee Snider – meio que – tinha uma banda nova e um álbum lançado. Digam aleluia, porra!

Quando o verão chegou, o CD tinha feito tantos avanços na cena, que a banda estava pronta para entrar em turnê. Em agosto, depois de uma semana de ensaios, *Windowmaker* (o primeiro anúncio da banda nas rádios tinha pronunciado nosso nome errado) fez sua apresentação de estreia na casa noturna Live Wire, em Stanfordville, Nova York. Em essência, essa foi minha primeira vez de volta aos palcos em quase cinco anos. Nunca pensei que ficaria afastado por tanto tempo.

O Widowmaker ficou em turnê até o fim de 1992, deixando aos poucos as pessoas cientes sobre meu novo projeto e aumentando as vendas do disco. Tínhamos cruzado um grande platô, para uma gravadora independente, de cinquenta mil CDs vendidos e estávamos começando a mostrar sinais de vida, quando o último prego foi martelado no caixão da minha carreira criativa e estabilidade financeira. A Esquire Records fechou suas portas. Na verdade, ela não fechou as portas exatamente, o governo canadense confiscou todas as propriedades e fechou as portas com correntes. Os financistas canadenses da Esquire Records

526

tinham levantado seu dinheiro de um modo *questionável*, e as autoridades canadenses não ficaram felizes com isso.

Com a morte da gravadora do Widowmaker, veio o fim da disponibilidade do disco, o fim da turnê e o fim da banda. Simples assim, eu estava acabado e sem opções. Nada de adiantamentos da gravadora ou da editora musical (eu estava no vermelho), nada de adiantamentos sacados do cartão de crédito ou compras no cartão de crédito (os limites dos cartões estavam estourados), nada de mais linhas de crédito ou empréstimos (eu era um grande risco de crédito). Eu estava cem por cento, absolutamente, sem dúvida, completamente acabado. *Xeque-mate, porra.*

VOLTEI PARA MINHA MARAVILHOSA FAMÍLIA - MEU oásis – para as festas e, em 1993, comecei desesperadamente a planejar meus próximos passos... e eu não tinha nenhum. Estava mergulhando ainda mais na criação de roteiros (algo que eu tinha começado depois das minhas experiências fazendo vídeos de rock) e estava trabalhando no meu terceiro roteiro, *The Junk Squad*. Um filme para a família, baseado em meus filhos e em seus amigos do nosso bairro em Coral Springs, que chegou a ser vendido (duas vezes para estúdios diferentes, mas ele nunca foi produzido), mas isso só aconteceria alguns anos depois.

As últimas reservas do dinheiro da venda da nossa casa estavam chegando ao fim, e comecei a tomar atitudes financeiras desesperadas, como vender nossas posses, sacar dinheiro do plano de aposentadoria e vender valiosas ações da Disney que meu pai tinha dado como presente para as crianças.

Quando conheci Suzette, soube que, se conseguisse conquistar seu coração, eu teria alguém que me amaria pelo que sou e que ficaria comigo nos tempos bons e ruins. Bem, as coisas tinham ficado *realmente ruins*, mas nunca houve a menor dúvida de que ela ficaria ao meu lado durante esses tempos mais sombrios. Começamos com nada, conseguimos tudo e, agora, embora eu/nós tivéssemos perdido tudo, Suzette ainda permanecia ao meu lado. Eu tinha escrito a música do Desperado "Ride Through the Storm"[127] sobre ela, e, desde que Bernie Tormé e eu a escrevemos em 1988, as coisas tinham ido de mal a pior.

A tempestade tinha se transformado em um furacão de categoria 5.

É claro, já não podíamos arcar com os custos de nossa linda casa alugada na Flórida, portanto, no verão de 1993, Suzette e eu fomos para Nova York e procuramos um imóvel para alugar muito mais econômico para onde levar nossa família. Eu não conseguia ver nenhuma perspectiva de trabalho para mim na Flórida (sequer sabia que tipo de trabalho eu poderia arrumar) e achava que minhas chances de encontrar algum tipo de emprego seriam melhores no norte.

As casas que fomos ver eram aterrorizantes. Condições de vida empobrecidas em bairros de classes mais baixas eram tudo o que podíamos pagar. Eu não podia me ver morando nelas e ver as pessoas mais cedo ou mais tarde compreenderem que era o Dee Snider, vocalista da banda de platina múltipla Twisted Sister, que morava ali. Que a coitada da minha família também tivesse que sofrer pelos meus fracassos me fazia sentir ainda pior. A verdadeira humilhação do enorme rebaixamento pelo qual teríamos de passar começou a me atingir.

Depois de ficar sem tempo e sem opções, e prestes a fechar um acordo para ficar com uma das terríveis escolhas que Suzette e eu tínhamos encontrado, um anúncio novo de imóvel apareceu no jornal. Na área dos imóveis com os quais estávamos lidando, parecia ser bom demais para ser verdade: uma casa adequada para alugar em um bom distrito escolar, pelo preço certo. Corremos lá para ver e a arrebatamos de imediato. Levando tudo em consideração, ela era perfeita. Bom, pelo menos não era horrível.

Uma transportadora tinha levado nossas coisas para a Flórida em agosto de 1990, já na última semana de agosto de 1993, nós empacota-

---

127 Ela foi gravada e lançada mais tarde em um álbum solo pela Koch Records, *Never Let the Bastards Wear You Down*, como "Ride Through the Storm (Suzette's Song Part 2)".

mos todos os nossos pertences, carregamos dois caminhões de mudança alugados e, com a ajuda do irmão de Suzette, Billy, fizemos nós mesmos a mudança de volta a Long Island. Nossa família e nossos amigos nos encontraram no destino final e ajudaram a enfiar 325 m² de mobília e pertences em uma casa de 175 m². Tivemos que vender todos, exceto um, dos nossos carros – o Jeep rosa – e reduzimos o que pudemos, mas ainda ficamos com um porão cheio de coisas que esperamos um dia poder usar para mobiliar nossa *própria* casa de novo.

APÓS UMA SEMANA AMONTOANDO MINHA FAMÍLIA E o que tinha sobrado de nossos pertences em nossa decrépita casa alugada em Long Island, meu cachorro foi atropelado por um carro e morreu. *Você está de sacanagem comigo, porra?!* Era como viver em uma terrível música country: "Eu perdi tudo, depois meu cachorro morreeeeu!". Que pesadelo do cacete! Foi assim que as coisas continuaram a despencar, apesar disso, eu ainda não estava derrotado. Por quê? Porque minha esposa e meus filhos estavam todos bem, e eu era saudável e forte o suficiente para me levantar todos os dias e tentar de novo. Esse era, e ainda é, meu único critério para permanecer positivo e continuar lutando.

Imagine o contrário: eu tenho todo o dinheiro, fama e sucesso do mundo, mas minha vida familiar é uma confusão. Para mim, essa é a definição de uma verdadeira tragédia. Claro, queremos e desejamos ter tudo, mas as coisas nem sempre funcionam assim – principalmente não para mim... *naquela época.*

Sem nenhuma renda para sustentar nossa família, Suzette de imediato se prontificou a arrumar um emprego e conseguiu um trabalho de meio período em um salão de cabeleireiro local. Ainda que detestasse fazer isso, ela o fez porque era o que precisava ser feito. Imagine que você está trabalhando em um salão de beleza, lavando o cabelo de alguém e, no meio da conversa (ou fofoca) as pessoas descobrem que você é a esposa do Dee Snider, a estrela do rock. É possível prever a pergunta que se segue todas as vezes: "Por que você está trabalhando aqui?". O grande público vê a fama no rock da mesma maneira que os aspirantes a estrelas do rock: uma linha de chegada. A maioria acha que, uma vez que elas ouvem a pessoa no rádio ou a veem na televisão, ela deve estar garantida para a vida toda. Quem dera.

O dinheiro que Suzette ganhava trabalhando em meio período no salão certamente ajudava, mas não era o suficiente para pagar todas as contas, e eu com certeza não depositaria o peso do bem-estar da família sobre os ombros só dela. Mas, se eu não podia gravar ou cantar músicas, o que mais eu estava qualificado a fazer? Enquanto minha mente a mil repassava as poucas escolhas de trabalho que uma ex-estrela do rock sem nenhum outro talento, treinamento ou habilidade poderia realizar, uma oportunidade foi apresentada a mim. Ainda que bastante humilde.

Meu irmão, Matt, e sua esposa, Joyce, eram donos de alguns negócios e precisavam de um assistente administrativo para atender o telefone, cuidar de alguns aspectos simples da contabilidade e fazer ligações. Esse emprego subalterno pagava apenas cinco dólares por hora. Matt sabia que eu estava procurando por algum tipo de trabalho, mas hesitava em sequer mencioná-lo para mim, por medo de insultar seu irmão mais velho, a estrela do rock. *Quando ele o fez, agarrei a oportunidade.*

Ainda que o trabalho pagasse muito mal, ele tinha dois aspectos valiosos: o escritório do meu irmão não ficava em uma área pública e, como estávamos no início dos anos 1990 e os computadores não eram onipresentes como são hoje, Matt disse que eu poderia dizer às pessoas que estava ali usando o computador do seu escritório para trabalhar em um novo roteiro. Eu seria um empregado à paisana!

Com apenas um carro na família, eu não podia deixar minha esposa e filhos sem transporte. Felizmente, o escritório do meu irmão não ficava muito longe. Todas as manhãs, eu subia em minha bicicleta e pedalava 6 km até o trabalho, atravessando um cemitério no caminho. Isso me fez pensar na perspectiva da qual Marty Callner tinha me deixado

FOI ASSIM QUE AS COISAS CONTINUARAM A DESPENCAR. APESAR DISSO, EU NÃO ESTAVA DERROTADO. POR QUÊ? PORQUE MINHA ESPOSA E MEUS FILHOS ESTAVAM TODOS BEM; E EU ERA SAUDÁVEL E FORTE O SUFICIENTE PARA ME LEVANTAR TODOS OS DIAS E TENTAR DE NOVO.

ciente naquele dia, quase dez anos antes, em Los Angeles: *pelo menos eu ainda estava acima do chão!*

ENTRE OS DUZENTOS DÓLARES QUE EU ESTAVA ganhando por semana e o dinheiro que Suzette estava levando para casa, mal estávamos conseguindo sobreviver – e ainda tínhamos dívidas. Vislumbrando nossa segunda falência em menos de cinco anos (apenas eu tinha pedido falência na primeira vez; agora Suzette teria de pedir), eu queria tentar de tudo para resolver as coisas antes de renunciar o que devíamos e destruir por completo o que tinha sobrado de nosso crédito.

Entrei em contato com o departamento de consolidação de dívidas da organização sem fins lucrativos Better Business Bureau para discutir a possível ajuda deles em fazer com que de alguma maneira nossos credores pegassem leve conosco. A única maneira que a BBB tinha de examinar minha situação era olhando meus "livros", então, eu precisava levá-los até os escritórios deles em Manhattan e encontrá-los cara a cara. *Aquele era o meu pior pesadelo!* Não conseguia imaginar uma situação mais embaraçosa, mas eu tinha de fazer. Não tinha ninguém para culpar pela confusão financeira em que estávamos metidos a não ser eu mesmo. Quase desejei que eu bebesse e usasse drogas, porque assim pelo menos poderia colocar a culpa dos meus erros no álcool e nas drogas.

Juntei todos os registros financeiros, restituições do imposto de renda e extratos bancários que demonstravam meu desastre financeiro, fui à estação Long Island Rail Road e viajei até a cidade. Na BBB, me sentei com todos os outros que sofriam de dívidas esmagadoras e aguardei a minha vez. Mesmo com o cabelo preso para trás e usando um boné, tinha certeza de que todos ali me reconheceram, embora ninguém tenha dito nada. Por que diriam? Será que algum deles, em seus sonhos mais loucos – será que eu, em meus sonhos mais loucos, aliás –, imaginaria que Dee Snider, da banda de rock Twisted Sister, que tinha vendido milhões de discos, estaria sentado ao lado deles em um banco do departamento de consolidação de dívidas da Better Business Bureau?

Quando chegou a minha vez, entrei no escritório e apresentei meu caso. Fiquei enrolando sobre o que exatamente eu tinha feito como artista para ganhar a vida.

Enfim, a examinadora perguntou:

— Que tipo de artista você era?

— Cantor.

— Que tipo de música você canta?

— Rock. — Eu não revelaria mais do que fosse necessário.

— Em uma banda?

— Sim — respondi, lutando contra a maré.

Eu podia ver que ela estava claramente ficando cansada de brincar de Vinte Perguntas.

— Sr. Snider, você era cantor de qual banda?

— Twisted Sister — resmunguei.

Felizmente, minha assistente social permaneceu indiferente. É provável que essa tenha sido a única vez em que fiquei feliz por ninguém dar a mínima.

Depois de analisar todos os números e minha situação, ela concluiu que a BBB não podia fazer nada para me ajudar. Meu único recurso era pedir falência... *de novo*. Dessa vez não seria nenhum tipo de falência luxuosa, de ponta, tudo-cuidado-pelos-melhores-advogados, nada-a--perder-com-cheiro-de-rosas-no-final. Esse seria o tipo de falência faça-você-mesmo, coloque-a-mão-na-massa, recomece-da-estaca-zero. O único lado positivo era que já tínhamos chegado ao fundo do poço e não tínhamos mais nada a perder.

Ter de recomeçar da estaca zero é tão desagradável quanto você pode imaginar. Bazares beneficentes se tornam seus amigos (e graças a Deus por eles), e recortar cupons é uma necessidade. Você não pode fazer nada a não ser que encontre uma pechincha ou uma liquidação –

tudo tem de ser comprado a preço de banana – e que presente são os restaurantes com bufês coma à vontade. As crianças adoram.

Não me entenda mal; não existe nenhuma vergonha em fazer essas coisas. Foi a época em que lidamos da maneira mais inteligente com nosso dinheiro. É só que depois de ter lutado tanto e de finalmente ter chegado ao topo, ter perdido tudo e desmoronado... viver daquele jeito era um lembrete constante do meu enorme fracasso.

A parte mais difícil para nós era o impacto que isso teria nas crianças. Todos os pais querem que os filhos tenham o melhor de tudo; especialmente as coisas que eles nunca tiveram. Ter de dizer não para nossos filhos foi terrível. Fazia com que nos sentíssemos pais ruins. Sequer deixávamos que eles entrassem em lojas de conveniência conosco porque não tínhamos dinheiro sobrando para lhes comprar um doce. Estávamos duros pra cacete!

Algo que é ao mesmo tempo uma bênção e uma maldição quando você está mal das pernas é o fluxo de parentes e amigos. Embora você agradeça a ajuda e aprecie suas "doações", você se sente ainda pior e detesta a pena que eles sentem da sua família. Uma dessas doações veio de meu irmão Doug. Ele tinha uma minivan 1984 da Toyota (estranhamente o ano de meu maior sucesso) que ele tinha comprado de nosso irmão Matt (e pela qual ainda devia duas parcelas do pagamento) e que usava como veículo de manutenção de sua loja de ferragens/cortadores de grama. Doug e seus funcionários tinham rodado tanto com ela, que o hodômetro marcava mais de 215 mil km e havia enormes buracos no piso. O carro ainda rodava muito bem, mas tinha uma aparência e um cheiro de merda, portanto Doug se livraria dele. Ele me perguntou se eu queria ficar com o carro. Agarrei a oferta.

Com um pouco de trabalho duro, algumas folhas de metal para tapar os buracos no piso e um tapete cortado à mão, Galileo (o apelido que dei ao carro porque ele se parecia muito com a espaçonave da série original de *Jornada nas Estrelas*) estava pronto para transportar nossa tribo para onde precisássemos ir. Ficamos muito gratos por ter esse carro.

CERTO DIA, SUZETTE VEIO ATÉ MIM COM OUTRA IDEIA de como ela poderia ganhar mais algum dinheiro extra. Noivas prestes a se casar e suas damas de honra costumavam pagar um profissional para fazer suas maquiagens e cabelos no grande dia; ela tinha visto muitas delas no salão de beleza onde trabalhava. Suzette achava que poderia ganhar dinheiro indo às casas das noivas no dia do casamento e cuidando delas mediante o pagamento de uma taxa. Exceto pelo fato de eu estar mandando minha esposa e a mãe dos meus filhos para casas de completos estranhos, parecia ser uma boa ideia. Estávamos desesperados. Tudo o que ela precisava era de clientes, então eu imprimi panfletos para colocar nos para-brisas dos carros estacionados no mesmo salão de festas em que tivemos nossa recepção de casamento onze anos antes. *Eu tinha oficialmente chegado ao fundo poço.*

Quando saí naquela noite, não me permiti sentir pena de mim mesmo. Eu ainda tinha "aquilo". Aquela sensação de estar completo que eu tinha descoberto enquanto dirigia com minha jovem família todos aqueles anos antes. Com exceção da quase separação entre mim e Suzette alguns anos antes, nunca tinha perdido "aquilo" e, por todos os altos e baixos, "aquilo" tinha sido a única constante que me mantinha motivado. Contanto que eu tivesse Suzette e as crianças – e que eles estivessem felizes, seguros e saudáveis –, eu tinha tudo. Desde que pudesse me levantar todos os dias e continuar lutando para fazer o que era certo – proporcionar a eles o melhor que pudesse –, não tinha nada do que reclamar. Choramingar e reclamar gera energia negativa, e sempre tento me manter positivo. Com Suzette, Jesse, Shane e Cody na minha vida, um teto sobre nossa cabeça e comida na barriga – ainda que houvesse muitas outras coisas para conquistar e almejar –, eu tinha tudo do que precisava.

Eu ainda tinha "aquilo".

EPÍLOGO

POR MAIS DIFÍCIL QUE PAREÇA, AS COISAS DE FATO pioraram. Em meados de 1990, meu único talento óbvio se tornou obsoleto. Com a chegada do grunge, foi como se eu tivesse passado a vida inteira estudando e trabalhando em um campo da medicina em que a doença tenha sido curada. As pessoas que compravam discos já não tinham mais interesse no meu estilo de cantar, de me apresentar, de me vestir ou de escrever músicas. O heavy metal – em especial o meu estilo – não podia estar mais morto e enterrado.

Lancei um segundo disco do Widowmaker, dessa vez pela novata CMC Records (de novo graças a Ric Wake, Pam Rousakis Praetorius e companhia), *Stand By for Pain*. Esse ótimo disco tentou abraçar as mudanças da época, mas como um executivo da MTV comentou: "A garotada quer seus próprios heróis do rock, não os de seus irmãos". Talvez não fosse bem assim no caso de Ozzy Osbourne, mas com certeza era assim no meu.

Visto que eu precisava fazer outras coisas para pagar as contas, não pude dedicar o tempo que o Widowmaker precisava para chegar ao sucesso. Eu cheguei a alocar dois meses para fazer uma turnê e ajudar a promover o CD, mas fomos forçados a parar quando nosso baterista, Joe Franco, prendeu a mão na porta de uma van no caminho para um show. Esta foi a gota de água que fez o copo transbordar. As coisas já não estavam indo bem, e eu estava cansado de dirigir para uma cidade para um show[128] e descobrir que não havia nenhum CD nas lojas. O apoio da gra-

---

128 Durante meus dias pós-Twisted Sister, sempre insisti em dirigir a van que levava a banda de cidade em cidade. Não que eu quisesse dirigir, mas enxergava isso como uma autoflagelação pelo meu fracasso. Estava me punindo.

vadora era deplorável. Meu irmão Mark, que tinha passado da produção de programas de rádio para a promoção de discos, observou que o fato de eu estar ciente da quantidade dos meus produtos disponíveis nas lojas queria dizer que eu estava ficando velho demais para um jogo de gente jovem. Ele disse que as mesmas condições devem ter existido nos primórdios do Twisted Sister, mas eu era ingênuo demais para saber e simplesmente continuei batendo minha cabeça heavy metal contra a parede até que os fãs da banda e as lojas de discos passaram a *exigir* nosso álbum. O jovem Dee Snider não "alocava" tempo para uma turnê e telefonava para as lojas de discos locais para descobrir quantos itens do "produto" estavam nas prateleiras. O jovem Dee Snider abaixava a cabeça, fincava seus saltos de doze centímetros e atacava.

Mark tinha razão.

Outro dos meus irmãos, Matt, depois de eu relatar minha necessidade enlouquecedora de provar que não era um artista de um hit só, disse as seguintes palavras, que mudaram minha vida:

— Precisa ser música?

— O quê?

— Bom, se você for um sucesso em outra área, isso não vai provar que não foi um acidente? Isso não provaria que não foi sorte?

Ele estava certo. O tempo todo, estive lutando contra a maré para provar meu valor, quando poderia muito bem ter provado que eu tinha razão ao ser bem-sucedido em outra coisa.

Mas o quê? O que mais eu sabia fazer?

AO LONGO DAS QUASE DUAS DÉCADAS SEGUINTES, EU faria bastante coisa diferente e seria bem-sucedido em muitas delas. Minha longa escalada de volta ao topo foi repleta de muita luta, esforço, amor e muitas outras "Lições de Vida do Dee". Mas você vai ter de esperar pelo *Cala a Boca e Me Dá Esse Microfone – Parte 2* para ler a respeito delas. (Sinto muito.) Em resumo, comecei gerenciando estúdios para uma série de compositores para a editora de Ric Wake (era difícil para eles agirem cheios de ego com alguém que tinha vendido mais discos do que eles), então passei a trabalhar no departamento de criação de uma empresa de brinquedos (obrigado, Don Spector e Balzac). Desse ponto em diante, minhas carreiras tanto com *voice-over* quanto na rádio floresceram. Além de todos os comerciais e documentários aos quais emprestei minha voz, em 2000, fui a voz da rede de televisão MSNBC (*"Hardball with Chris Matthews.* Hoje à noite na MSNBC!"). Minha carreira na rádio me levou de um programa de metal noturno em Long Island (obrigado, WRCN!); a um bem-sucedido programa de entrevistas matinal em Hartford, Connecticut (WMRQ), em Richmond, Virginia (WRXL); e depois a um programa noturno na Filadélfia (WMMR). Enquanto escrevo estas palavras, meu programa de rádio semanal, *The House of Hair,* está entrando em seu décimo quinto ano e pode ser ouvido em mais de duzentas estações na América do Norte.

A chegada do *The House of Hair,* em 1996 – um programa dedicado à *minha* época do heavy metal –, refletiu uma mudança no clima musical. Ainda que o hair metal com certeza não estivesse voltando, as pessoas estavam lembrando dele com afeto. Os valores minimalistas das produções de palco e as mensagens "a vida é uma droga e eu quero morrer" da era do grunge fez com que alguns fãs de rock ansiassem pela Década da Decadência e a atitude do dedo do meio dos roqueiros dos anos 1980. De repente, minha música não era mais uma vergonha, e eu tenho os extratos de publicação[129] para provar. No fim das contas, paguei todo o dinheiro que tinha recebido como adiantamento ao longo dos anos e nunca voltei a entrar no vermelho de novo. Me engane trinta e sete vezes e o idiota sou eu!

O interesse nostálgico pelo rock dos anos 1980 levou a uma reunião do Twisted Sister. Instigados pela primeira vez para o *Eddie Trunk's*

---

129 Extratos de publicação são documentos que refletem a venda de música, a divulgação nas rádios e o licenciamento (comerciais, televisão, filmes etc.). Quando há muita atividade, eles sempre são acompanhados de um cheque bem gordo.

New York Steel, um festival organizado para ajudar as famílias de policiais, bombeiros e socorristas que perderam a vida nos ataques de 11 de setembro, temos feito shows com ingressos esgotados, para públicos enormes, ao redor do mundo, há mais de uma década.

Minha carreira como roteirista também vem se saindo bem, visto que vendi duas ideias para programas de televisão e alguns roteiros. Também estrelei no único filme que escrevi e que foi produzido, *Strange Land*. Isso me levou a atuar e trabalhar na televisão.

Fiz muitos trabalhos na TV (como apresentador, participante em reality-shows e ator) e alguns outros filmes também, desde minha chegada ao fim do poço no início dos anos 1990, incluindo *Growing Up Twisted, Gone Country, O Rei da Baixaria* e o filme produzido pela VH1, *Warning: Parental Advisory*. De alguma maneira, me tornei uma das vozes da minha geração. Como Alice Cooper disse, acho que eles simplesmente se acostumaram comigo.

EM 2010, RECEBI UMA PROPOSTA PARA ESTRELAR NO bem-sucedido *Rock of Ages*, um dos cem espetáculos que estão há mais tempo em cartaz na Broadway, centralizado na cena de clubes da Sunset Strip, em Los Angeles, nos anos 1980. Apresentando as maiores músicas daquela época – *incluindo duas das minhas músicas!* –, o espetáculo lança luz sobre uma era musical que os críticos e historiadores do rock tratam com desdém, mas que o público amava, e ainda ama.

Mas as coisas não pararam por aí.

Enquanto escrevo este livro, faço parte do elenco da temporada 2012 de *Celebrity Apprentice* (e me saí bem) e gravei um álbum cheio de participações especiais chamado *Dee Does Broadway*. Minha carreira está seguindo em uma nova direção e estou me transformando em uma estrela ainda maior do que jamais fui nos anos 1980. Até tive minhas lembranças publicadas!

FOI EM PÉ, NO PALCO DO BROOKS ATKINSON THEATRE, na noite de estreia, fazendo minha reverência de agradecimento, que a total compreensão do quão longe eu tinha chegado tomou conta de mim. Suzette e meus filhos, agora crescidos – incluindo minha neta, Logan Lane –, estavam no teatro, e a plateia estava de pé, aplaudindo, enquanto atrás de mim o elenco repetia o refrão de "Don't Stop Believin'", do Journey. A letra me atingiu como uma tonelada de tijolos:

"Don't stop believin'. Hold on to that feeling'!" *Não pare de acreditar. Atenha-se a esse sentimento!*

Nos anos desde aquela noite terrível colocando panfletos em carros, lutei, batalhei e sofri em meu caminho de volta ao topo. Agora eu estava fazendo uma reverência na Broadway? Como o poderoso tinha caído... *e voltado a se erguer!*

Ao longo de tudo, minha esposa e meus filhos permaneceram ao meu lado, mas havia uma palavra – um poema – que também tinha me inspirado a nunca desistir. Escrito por William Ernest Henley – um homem que sofreu de tuberculose durante toda a vida –, ele é intitulado "Invictus".

Do fundo desta noite que persiste
A me envolver em breu – eterno e espesso,
A qualquer deus – se algum acaso existe,
Por minha alma insubjugável agradeço.

Nas garras do destino e seus estragos,
Sob os golpes que o acaso atira e acerta,
Nunca me lamentei – e ainda trago
Minha cabeça – embora em sangue – ereta.

Além deste oceano de lamúria,
Somente o Horror das trevas se divisa;

EPÍLOGO

Porém o tempo, a consumir-se em fúria,
Não me amedronta nem me martiriza.
Por ser estreita a senda – eu não declino,
Nem por pesada a mão que o mundo espalma;
Eu sou dono e senhor de meu destino;
Eu sou o comandante de minha alma.

Nunca pare de acreditar... *Invictus!*

AGRADECIMENTOS

Ron Starrantino

Mick Foley

Joe Gerber

Dave Marfield

Randy Jackson

Jesse Blaze Snider

John French

Adam Green

Eddie Ojeda

Mark Mendoza

Anthony Pero

Alfred "Ralph" Allen

Savage Steve Holland

Lisa Marber-Rich

David Katz

Traci Ching

Don Specter

Eric Hermann

Larry Meistrich

Cooch Luchese

Danny Stanton

Sheryl Buckridge

Terri Baker

Mitchel H. Perkiel

Matt Mangus

Kevin McPartland

Pam Edwards

Steve Lehman

Jay Beau Jones

Eric Sherman

Eric Luftglass

Ric Krim

Chuck LaBella

Greg Bavaro

Michael Caputo

Ed Schlesinger

Acima de tudo, à minha esposa e aos meus filhos, por seu apoio e encorajamento constantes ao longo de tudo e durante todo este processo de escrita. Amo todos vocês mais do que jamais saberão.

**COMPRE UM
·LIVRO·**
doe um livro

*Sua compra tem
um propósito.*

*Saiba mais em
www.belasletras.com.br/compre-um-doe-um*

Este livro foi composto em Linux e impresso em pólen bold 70 g pela BMF Gráfica e Editora, em novembro de 2021.